AF224457

If you would like more information about the Jude Project or information about other resources in Farsi, or other languages, visit www.judeproject.org or email us at:

info@judeproject.org

The Farsi Translation of

Jesus Driven Ministry by Ajith Fernando

Jesus Driven Ministry Copyright © 2002 by Ajith Fernando
Published by Crossway, a publishing ministry of Good News Publishers
Wheaton, Illinois 60187, U.S.A.
This edition published by arrangement with Crossway. All rights reserved.

No part of this publication may be reproduced, stored in re-trieval system, or transmitted in any form or by any means- for example, electronic, photocopy, recording- without the prior written permission of the publisher. The only exception is brief quotation in printed reviews.

Farsi edition of this book is Published by Jaaamonline
A division of the Jude Project
P.O Box 532 Ashburn, VA 20146
www.JudeProject.org

Printed in the United States of America
First Printing 2026
Cover Design: Ninet Shahverdian
Layout: Jude Project
ISBN: 978-1-941693-59-9

www.ingramcontent.com/pod-product-compliance
Lightning Source LLC
Chambersburg PA
CBHW032144050726
47591CB00001B/71

AF228024

خدمت مسیح محور

آجیت فرناندو

سرشناسه: خدمت مسیح‌محور
نویسنده: آجیت فرناندو
ترجمه و ویرایش: سارا آزاد و گروه ویرایش انتشارات جهان ادبیات مسیحی
ناشر فارسی: انتشارات جهان ادبیات مسیحی
چاپ: اول، ۲۰۲۶
شابک: ۹۷۸۱۹۴۱۶۹۳۵۹۹

هرگونـه نسـخه‌برداری، چـاپ، توزیـع و دخـل و تصـرف در ایـن اثـر بـدون اجـازهٔ ناشـر مطابـق قانـون حـق مولـف ممنوع و منـوط به کسـب اجازهٔ رسـمی از ناشـر اسـت. ارجاعـات کتاب‌مقدسـی از ترجمـهٔ قدیـم، هـزارهٔ نـو و ترجمـهٔ مـژده اسـت. حـق چـاپ بـرای انتشـارات مربوطـه محفوظ اسـت.

این کتاب را
در کمال قدرشناسی
برای یاری بی‌انتها در خدمتم
از طریق شایستگی‌های که در آنها بود و در من نبود
به میلواگانام بالاکریشنان، جیتو سِناتیراجا، چندران ویلیامز، مارودو پاندیان، و تیموتی گادوین
تقدیم می‌کنم. – آجیت فرناندو

ترجمهٔ این اثر را
با کمال احترام و سپاس
بابت خدمات آشکار و نهان ایشان به کلیسای ایران به
ایلیا، آلبرت، سابرینا و ویولت
تقدیم می‌کنیم.– انتشارات جهان ادبیات مسیحی

فهرست مطالب

سخن ناشر

اولیـن دلیـل انتشـار ایـن کتـاب قرابت فرهنگـی نویسـنده با دنیـای خدمـت در میان فارسـی‌زبانان کنونـی اسـت. آجیـت فرنانـدو امـروز در میانـۀ دهـۀ هفتـم زندگـی خـود همچنـان بـا پایـداری و مداومـت در سـری‌لانکا در میـان راهبـران و خدمتگـزاران انجیـل کار می‌کنـد. ایـن کتـاب بـرای اولیـن بـار در سـال ۲۰۰۲ میـلادی بـه زبـان انگلیسـی بـه طبع رسـید و همچـون سـایر کتاب‌های فرنانـدو، بـا فروتنـی برآمـده از شـرق و نـگاه عمیـق و سـاده بـه کتاب‌مقدس و خدمـت عیسـی، همـۀ مخاطبـان مسـیحی را از شـرق گرفتـه تـا غـرب تحـت تاثیـر قـرار می‌دهـد. فرنانـدو مردی اسـت بی‌آلایـش کـه کتابهـا و تعالیمـش بزرگانـی چـون جـی. آی. پکـر را مـورد سـتایش خـود قـرار داده و توجـه دنیـای مسـیحیت غـرب را بـه خـود جلـب کـرده اسـت.

هنـر فرنانـدو، علیرغـم اینکـه از زمینـۀ کلیسـای متدویسـتی می‌آیـد کـه شـاید جایـگاه تاریخـی محکمـی در میـان مسـیحیان فارسـی‌زبان نداشـته باشـد، در نـگارش کتاب‌هایـش و نـگاه کتاب‌مقدسـی او آنچنـان قدرتمنـد اسـت کـه فراتـر از منازعـات فرقـه‌ای هـر نـوع خواننـده از هر زمینـۀ فرقـه‌ای را بـه مخاطب خـود بـدل می‌کنـد. ایـن موهبتـی اسـت کـه خـدا بـه فرنانـدو بخشـیده کـه مـا را نیـز مخاطـب خـود کنـد. مـا عمیقـا در انتشـارات جهـان ادبیـات مسـیحی بـه ایـن مهـم بـاور داریـم و معتقدیـم کتابـی چـون خدمـت مسـیح‌محور نیـاز امـروز و فـردای نزدیـک کلیسـای فارسـی‌زبان اسـت.

مـا بـاور داریـم ایـن کتـاب بـرای همـۀ خادمیـن و راهبـران انجیـل، اصطلاحـی کـه مـا در اکثر ادبیـات انتشـاراتی خـود از آن بـه جـای کلمـۀ «رهبـر» و خدمتگـزار بـه جـای کلمـۀ «خادم» اسـتفاده می‌کنیـم، مفیـد و موثـر خواهـد افتـاد. از ایـن رو، امیدواریـم تاثیـر مطالعـۀ ایـن کتـاب را در آینـدۀ خدمـات شـبانی و سـایر امـور خدمـت مسـیحی مشـاهده کنیـم.

انتشارات جهان ادبیات مسیحی

سپاسگزاری

مـن تصمیـم گرفتـم ایـن کتـاب را بـه پنـج مـرد تقدیـم کنـم کـه کمک‌هایشـان در طـول سال‌هـا بـرای خدمـت مـن بی‌نهایـت ارزشـمند بـوده اسـت. آنهـا نـه بـه عنـوان واعـظ، بلکـه بـا کمک‌هـای عملی‌شـان مـرا از اشـتباهات متعـدد نجـات دادنـد، ضعف‌هایـم را جبـران کردنـد و بـا کمـال میـل بـار سـنگینی را از دوشـم برداشـتند. مایلوگانـام بالاکریشـنان، جیتو سِـناتیراجا و چِنـدران ویلیامـز همگـی حسـابدار و مدیـران لایـق و اعضـای هیـات مدیـره سـازمان «جوانـان بـرای مسـیح»، دوسـتان و مشـاوران و محـرم اسـرار مـن هسـتند. مـارودو پاندیـان و تیموتـی گادویـن دسـتیاران موفـق مـن در سـازمان «جوانـان بـرای مسـیح» بودنـد و عمـلا هـر دو بـه نوعـی عضـوی از خانـوادهٔ مـا شـدند و خدمـت دواطلبانـهٔ آنهـا بـرای مـن فرصتـی را گشـود تـا در میـان مشـغله‌های خدمـت بتوانـم بنویسـم، مطالعـه کنـم و تعلیـم بدهـم.

اینجـا، بایـد از دو نفـر کـه در دوران نوجوانـی تاثیـر زیـادی بـر مـن داشـتند یـاد کنـم: شـبان و میسـونر ایرلنـدی، جـورج گـوود و ریـس سـازمان «جوانـان بـرای مسـیح»، سـم شـراد کـه هـر یـک بـه شـیوه‌ای متفـاوت شـکوه خدمـت را بـه نمایـش گذاشـتند و بی‌تردیـد مرا در مسـیری قـرار دادنـد کـه بـه خدمـت تمام‌وقـت ختـم شـد. هـر آنچـه دربـارهٔ خدمـت می‌نویسـم، حاصـل مشـارکت بـا اعضـای تیمـم در سـازمان «جوانـان بـرای مسـیح» و کلیسـای ماسـت. مـن از ایـن بابـت بـه آنهـا مدیونـم. رابـرت کولمـن اسـتاد و معلمـم در دانشـگاه الاهیـات دو کتـاب «ذهـن اسـتاد» و «نقشـه اصلـی بشـارت» را نوشـت کـه تاثیـر عمیقـی بـر زندگی مـن گذاشـتند و نشـان دادنـد کـه زندگـی عیسـی چـه الگـوی قدرتمنـدی بـرای خدمـت اسـت. (نـک. ارجاعـات)

در طـول سـال‌ها دهـها زندگی‌نامـه و خودزندگی‌نامـه خوانـده‌ام کـه واقعـا دیـدگاه مـن نسـبت بـه خدمـت را شـکل داده‌انـد. بنابرایـن، مسـیحیانی چـون آگوسـتین قدیـس، بیلـی بـری، اف. اف. بـروس، ایمـی کارمایـکل، سـاموئل چادویـک، جـی. کـی. چسـترتون، ریمونـد اِدمَـن، جـی. اُ. فریـزر، بیلـی گراهـام، کشـیش هسـی، اسـتنلی جونـز، ایزوبـل کـوون، سـی. اس. لوئیـس، هنـری مارتیـن، دی. ال. مـودی، چارلـز اسـپرجن، سـادهو سـوندار سـینگ، هادسـون تیلـور، آر. ای.

توری، و جان و چارلز وسلی را به‌عنوان اساتید خود می‌دانم. امیدوارم این فهرست بلند، اشتهای شما را برای خواندن زندگی‌نامه‌ها برانگیزد که یکی از مطمئن‌ترین راه‌های خدا برای برکت به خدمت‌گزاران خود است.

همچنین از کلیسای مشایخی در هالیوود سپاسگزارم (به ویژه کشیش ارشد آن، دکتر آلن می‌نان، و مدیران امور خدمت بشارتی، دکتر جک و آنا کر)، و از لوران و مرل گرانت، اد و کی گادوین، و فیلیپ و گلوریا بروکس، که در خانه‌هایشان را برای من گشودند تا در آن‌ها «پنهان» شوم و این کتاب را بنویسم. بار دیگر باید از خداوند برای همسر مهربانم، نلون، و فرزندانم، نیرمالی و آسیری، که عشقشان به خداوند و خدمت او کار مرا دلپذیر کرده، سپاسگزاری کنم. نلون، منشی‌ام خانم شهانا باربوت، و همکارانم مایوکا و روشن پررا، تمام یا بخشی از نسخهٔ اولیهٔ این کتاب را خواندند و اصلاحات زیادی را اعمال کردند. بسیار خوشحالم که دوباره با انتشارات کراس‌وی روی کتابی کار می‌کنم و به‌ویژه از لیلا بیشاپ تشکر می‌کنم که با تخصص خود در ویراستاری به غنای این کتاب افزود.

مقدمه

در فـرودگاه سـنگاپور بـودم تا بـا پـرواز ایرلانـکا بـه سـریلانکا برگـردم کـه متوجـه شـدم در پـروازم بیـش از تعـداد لازم بلیـط فروختـه شـده و از ایـن موضـوع نگـران شـدم. مـن صندلـی‌ای نداشـتم. فـردای آن روز یـک مراسـم خانوادگـی مهـم داشـتیم و شـدیدا واجب بـود کـه بـه خانه برسـم. بـا چنـد پـرس و جـو متوجـه شـدم کـه مدیـر دفتـر ایرلانـکای سـنگاپور در مدرسـه‌ای درس خوانـده کـه عمـوی مـن ناظـم آنجـا بـود و همچنیـن، پسـر عمویـم را هـم می‌شناسـد. گرفتـاری پیش‌آمـده را بـه او گفتـم و ترتیبـی داد کـه بتوانـم در «صندلـی مهمانـدار» داخـل کابیـن بنشـینم.

فرصـت فوق‌العـاده‌ای بـه دسـت آمـد تا شـاهد خلبانـی یـک هواپیمـا باشـم. وقتـی هواپیمـا آمـادۀ پـرواز بـود، یکـی از خلبانـان فهرسـتی از چیزهایـی سـاده را خوانـد کـه بایـد بررسـی می‌شـدند. فهرسـتی نسـبتا طولانـی بـود؛ کاپیتـان بـا بررسـی هـر مـورد، رضایـت خـود از مطابقـت بـا معیارهـای مـورد نیـاز را اعـلام کـرد. بـا خـودم فکـر کـردم، مطمئنـا آنهـا بایـد هـزار بـار ایـن فهرسـت را خوانـده باشـند. چـرا بایـد بـاز هـم تـک تـک مـوارد را پیـش از هـر پـرواز دوبـاره بخواننـد؟ جـواب البتـه روشـن بـود. حتـی اگـر یـک چیـز کوچـک هـم بـه درسـتی کار نکنـد، پـرواز هواپیمـا خطـرات زیـادی خواهـد داشـت. تـک تـک و همـۀ ایـن مـوارد – هرچقـدر هـم کـه سـاده بودنـد – بایـد بررسـی می‌شـدند.

بـا خـودم فکـر کـردم کـه ایـن موضـوع چطـور در زندگـی مسیحـی صـدق می‌کنـد. بعضـی چیزهـای سـاده در خدمـت وجـود دارنـد کـه هرگـز در آنهـا رشـد نمی‌کنیـم و هرگـز هـم از اهمیـت آنهـا کاسـته نمی‌شـود. آلفونـس هیلدربرانـت همـکار مـن در «جوانـان بـرای مسیـح» در آلمـان، دربـارۀ مسیحـی مسـن‌تری برایـم گفـت کـه می‌گویـد راز طـول عمـر در خدمـت، «ایمـان کانون‌شـادی‌وار» اسـت. البتـه او بـه چیزهـای سـاده‌ای دربـارۀ زندگـی مسیحـی اشـاره می‌کـرد کـه مـا در کانـون شـادی یـاد می‌گیریـم. وقتـی چهل‌سـاله شـدم، بیشـتر بـه ایـن چیزهـای سـاده فکـر می‌کـردم. مـن بعضـی از راهبـران مسیحـی را دیـده بـودم کـه حیـات و

خدمــت آنهـا بعــد از چهـل سـالگی راکـد بـه نظـر می‌آمـد. بـرای همیـن، شـروع بـه جسـتجو دربـارهٔ رازهـای خدمـت بلنـد مـدت کـردم. ایـن کتـاب، قدمـی بـزرگ در ثبـت نتایـج آن جسـتجو اسـت کـه فکـر می‌کنـم تـا زمـان حیاتـم ادامـه خواهـد داشـت.

حـدود ده سـال پیـش بـا تعـدادی از دیگـر راهبـران «جوان‌تـر» در اردویـی بـودم کـه توسـط دکتـر لِیتـون فـورد اداره می‌شـد. بـه عنـوان بخشـی از پرسـتش شخصی‌مان، از مـا خواسـته شـده بـود تـا متنـی را انتخـاب کنیـم کـه عیسـی را بـه عنـوان یـک راهبـر نشـان می‌داد و آنچه دربـارهٔ راهبـری از آن متـن یـاد گرفتـه بودیـم را یادداشـت کنیـم. مـن، اگرچـه چرایـی آن را بـه خاطـر نمی‌آورم، بـاب ۱ مرقـس را انتخـاب کـردم. بـه قـدری یـاد گرفتـم کـه طـی ماه‌هـای بعد هـم مـواردی را بـه ایـن مطالعـه اضافـه می‌کـردم. نتیجـه، مجموعـه‌ای مطالعـات کتاب‌مقدسـی دربـارهٔ «رازهـای خدمـت بلنـد مـدت» از زندگـی مسـیح بـود کـه اول بـا داوطلبـان سـازمان جوانـان بـا مسـیح بـه اشـتراک گذاشـتم و سـپس بـا گروه‌هـای متعـددی از راهبـران و مبشـران مسـیحی در نقـاط مختلـف جهـان. آن مجموعـه، اکنـون بـه ایـن کتـاب تبدیـل شـده اسـت.

در بسـیاری از کتـب کتاب‌مقدسـی، بـاب اول اغلـب خلاصـهٔ خوبـی از تاکیـدات عمـدهٔ کل کتاب را ارائـه می‌دهـد. فکـر می‌کنـم ایـن مسـئله دربـارهٔ بـاب اول مرقـس هـم صـدق می‌کنـد. ایـن بـاب، شـرح قابل‌توجهـی از برخـی ویژگی‌هـای کلیـدی زندگـی و خدمـت عیسـی بـه دسـت می‌دهـد. پـس از اقتبـاس ایـن اصـول از بـاب ۱ مرقـس، سـعی کـردم آنهـا را از طریـق بقیـهٔ خدمـت عیسـی و کلیسـای اولیـه، بـه ویـژه همان‌طور کـه در اناجیـل و اعمـال رسـولان توضیـح داده شـده اسـت، دنبـال کنـم. بـرای مـن هیجان‌انگیـز بـوده کـه ببینـم ایـن مضامیـن چگونـه در کتاب‌مقدس بسـط یافتـه و بـه تصویـر کشـیده شـده‌اند.

۱

هم‌ذات‌پنداری با افراد

مـن مخالـف آن بـودم کـه ایـن کتـاب را بـا فصلـی دربـارهٔ احتیـاج بـه هم‌ذات‌پنداری بـا افـرادی کـه بـه آنهـا خدمـت می‌کنیـم آغـاز کنـم. چنیـن چیـزی بسـیار منفـی بـه نظـر می‌رسـید. امـا متنـی کـه انتخـاب کردیـم، اینگونـه شـروع می‌شـود و بایـد از ایـن ترتیـب پیـروی کنیـم. بـا ایـن وجـود، در حالـی کـه روی ایـن فصـل کار می‌کـردم، پـی بـردم کـه اینجـا کامـلا نقطـهٔ مناسـبی بـرای شـروع اسـت، چـون یـک ویژگـی اساسـی سـبک زندگـی خدمـت مسـیحی بـه شـمار مـی‌رود. مـن بـاور دارم کـه اگرچـه امـروزه صحبت‌هایـی دربـارهٔ خدمـت هم‌ذات‌پندارانـه و تجسـمی می‌شـود، امـا اگـر می‌خواهیـم کـه در خدمـت خداوندمـان موثـر و شـادمان باشـیم، همچنـان نیـاز بـه درک تـازه‌ای از معانـی آن وجـود دارد.

شواهد کتاب‌مقدسی

یوحنـا انجیـل خـود را بـا ارائـهٔ راز تجسـم بـا یـک تفکـر الاهیاتـی عمیـق شـروع می‌کنـد. مرقـس نیـز بـا معرفـی تجسـم شـروع می‌کنـد، امـا ایـن کار را بـه سـبکی «واضـح و سـریع»[1] انجـام می‌دهـد کـه ویژگـی انجیـل اوسـت. او ابتـدا انتظـار بـرای یحیـای تعمیـد دهنـده را ثبـت می‌کنـد، کـه آمـد تـا راه را بـرای ماشـیح مهیـا سـازد (۱: ۲-۳). سـپس خدمـت یحیـی را توصیـف می‌کنـد کـه «در بیابـان ظاهـر شـد و بـه جهـت آمـرزش گناهـان بـه تعمیـد توبـه موعظـه می‌نمـود» (۱: ۴). مرقـس می‌گویـد: «تمامـی مـرز و بـوم یهودیـه و جمیـع سـکنهٔ اورشـلیم نـزد وی بیـرون شـدند» (۱: ۵). اورشـلیم شـهر بـزرگ نخبـگان مذهبـی بـود. متـی می‌گویـد، در میـان افـرادی کـه آمـده بودنـد، «بسـیاری از فریسـیان و صدوقیـان» حضـور داشـتند (متـی ۳: ۷).

سپس مرقس در آیهٔ ۹ با بیان، «در آن ایام که عیسی از ناصرهٔ جلیل آمده در اردن از یحیی تعمید یافت» یک تقابل واضح را نشان می‌دهد. ناصره در جلیل محلی بود که نتنائیل،[۲] یکی از همراهان جلیلی پرسید، «مگر می‌شود که از ناصره چیزی خوب پیدا شود؟» (یوحنا ۱: ۴۶). به نظر می‌رسد که حتی افراد محلی جلیل نیز به زادگاه عیسی با تحقیر نگاه می‌کردند.

اما این همهٔ ماجرا نیست. عیسی رفت و «در اردن از یحیی تعمید یافت» (مرقس ۱: ۹). چرا یک نجات‌دهندهٔ بی‌گناه باید خود را به یک «تعمید توبه به جهت آمرزش گناهان» (۱: ۴) بسپارد؟ متی چنین ثبت کرده است که، «یحیی او را منع نموده، گفت: "من احتیاج دارم که از تو تعمید یابم و تو نزد من می‌آیی؟"» (متی ۳: ۱۴). پاسخ عیسی کلیدی بر دلیل این است که چرا او خود را به تعمید سپرد: «الان بگذار زیرا که ما را همچنین مناسب است تا تمام عدالت را به کمال رسانیم» (متی ۳: ۱۵). کریگ بلومبرگ توضیح می‌دهد که جملهٔ «تا تمام عدالت را به کمال رسانیم» یعنی «تکمیل تمام چیزهایی که بخشی از رابطهٔ مطیعانه با خدا را شکل می‌دهند.»[۳] عیسی شخصا نیازی به تعمید نداشت، چون گناهکار نبود. اما برای همهٔ افراد دیگر این کار بخشی از به کمال رساندن تمام عدالت بود. عیسی به عنوان خدمت‌گزار آنها در این تجربه همراه ایشان شد. دانلد انگلیش می‌گوید، «او در تعمید شرایطی را به اشتراک می‌گذارد که در آن مردم از نیازهای دقیق‌شان آگاه می‌شوند تا آن نیازها را برطرف کنند.»[۴]

او با اینکه برایش ضرروتی نداشت، اما برای همذات‌پنداری با آنانی که قرار بود به آنها خدمت کند، خودش را به این رسم مذهبی سپرد. چنین همذات‌پنداری‌ای ویژگی تمام حیات عیسی بر روی زمین بود. در اینجا این موضوع رنجی برای عیسی به همراه نداشت. اما بیشتر زندگی او تصویری از بهای سنگینی است که برای همذات‌پنداری با ما و ناجی ما بودن، پرداخت کرد.

الاهیـدان بـزرگ آمریکایـی، جاناتـان ادواردز، نشـان داده اسـت کـه قربانـی‌ای کـه مسـیح انجـام داد در واقـع از تجسـم شـروع شـد – زمانـی کـه او خـودش را خالـی کـرد و بـه شـکل یـک خدمت‌گـزار درآمـد – و تـا آنجـا پیـش رفـت کـه گنـاه جهـان را بـر خـود گرفت.[۵] نکتـهٔ ادواردز ایـن اسـت: زمانـی کـه خداونـد آسـمان‌ها تخت ازلـی خـود در جـلال را رهـا کـرد و بـه یـک کـودک درمانـده تبدیـل شـد، یـک خـلا بی‌پایـان پـر شـد. به همیـن دلیـل اسـت کـه قربانی‌ای کـه ایـن مـرد بـه تنهایـی انجـام داد بـرای پرداخـت بهـای گنـاه تمـام جهـان کافـی اسـت. آن یـک قربانـی بی‌نهایـت بـزرگ بـود.[۶]

عیسـی در آخـور بـه دنیـا آمـد چـون در مسافرخانه جایـی نبـود. او در کودکـی مجبـور شـد بـه عنـوان پناهنـده بـه مصـر فـرار کنـد، چـون زندگـی در شـهرش بـرای او امـن نبـود. بعد از اینکه برگشـت، در شـهری گمنـام بـزرگ شـد کـه اکثر افـراد انتظـار نداشـتند «چیـزی خـوب» در آن پیـدا شـود (یوحنـا ۱: ۴۶). بـا اینکـه او خداونـد خلقـت بـود، گفتـه شـده کـه از پـدر و مـادر خـودش اطاعـت می‌کـرد (لوقـا ۲: ۵۱). بـه عنـوان یـک جـوان او احتمـالا بایـد شـغل پـدرش را کـه مـرده بـود ادامـه می‌داد و بـه همیـن دلیـل از تحصیـلات بالاتـر محـروم شـد. زمانـی کـه عیسـی خدمتـش را شـروع کـرد ایـن موضـوع بـرای او یـک عـدم صلاحیـت بـه شـمار می‌رفـت (یوحنـا ۷: ۱۵). بـا ایـن حـال تمـام ایـن محرومیت‌هـا بـرای بخـش اعظمـی از جمعیـت جهـان رایـج اسـت.

او مثـل همـهٔ مـا متحمـل درد عاطفـی می‌شـود. زمانـی کـه بـه عنـوان یـک نوجـوان در معبـد اورشلیم وقـت گذرانـد و بـا راهبـران آنجـا صحبـت کـرد، پـدر و مـادرش او را درک نکردنـد (لوقـا ۲: ۵۰). خانـواده‌اش در ابتـدا فکـر کردنـد کـه دیوانـه اسـت و او را بـاور نکردنـد (مرقـس ۳: ۲۱). او بـا اینکـه می‌رفـت تـا ایلعـازر را از مـرگ برخیزانـد، امـا بـه خـودش اجـازه داد تـا تحـت تاثیـر اشـک‌های خواهـر ایلعـازر قـرار بگیـرد و گریسـت (یوحنـا ۱۱: ۳۵). نزدیک‌تریـن دوسـتانش قلـب خدمـت او را درک نکردنـد. یکـی از ایـن دوسـتان از پـول مشترک‌شـان دزدی (یوحنـا ۱۲: ۶) و بعـدا بـه او خیانـت کـرد. یکـی دیگـر از دوستانش شـدیدا انـکار کـرد کـه او را می‌شناسـد. یـک شـب قبـل از مرگـش، کمـی بعـد از اینکـه او خدمت‌گـزاری خـود را بـا شسـتن پاهـای

این دوستان نشان داد، آنها بین خود بحث می‌کردند چه کسی بزرگ‌تر است (لوقا ۲۲: ۲۴). سپس زمانی که دستگیر شد او را رها و فرار کردند (متی ۲۶: ۵۶). مخالفانش مدام او را به ناحق متهم می‌کردند، و حتی کارهای مهربانانهٔ او را به بعلزبول که رئیس دیوها بود نسبت می‌دادند (متی ۱۲: ۲۴). از طریق اتهامات نادرست، آنها بالاخره موفق شدند او را به صلیب بکشند.

برخی از اتفاقات خاص در زمان خدمت او، به وضوح این پارادوکس را نشان می‌دهند که خداوند تمام خلقت که به هیچ چیز نیاز ندارد، نیازمند چیزی شده است:

- خالق همه چیز چهل روز بدون غذا ماند پس «گرسنه بود» (متی ۴: ۲) و این خطر وجود داشت که برای رفع گرسنگی از راه اشتباه وسوسه شود.

- کسی که صاحب تمام هستی است جایی برای سر گذاشتن نداشت (متی ۸: ۲۰).

- سپس می‌بینیم که او به افراد بسیاری خدمت می‌کند، آنقدر که فرصت غذا خوردن نداشت. پس به شاگردانش گفت، «شما به خلوت، به جای ویران بیایید و اندکی استراحت نمایید.» اما او نمی‌توانست استراحت کند چون جمعیت به دنبالش می‌آمدند. بنابراین به جای استراحت، به مردم تعلیم داد. اما بعد از یک جلسهٔ تعلیم طولانی، او توانست به پنج هزار نفر با پنج تکه نان و دو ماهی غذا بدهد (مرقس ۶: ۳۱- ۴۲). پس خالق غذا و زمان وقتی برای تغذیه یا استراحت نداشت، اما قادر بود غذای یک نفر را چندین برابر کند تا پنج هزار نفر را غذا دهد.

- وقتی عیسی متوجه شد دوستش ایلعازر بیمار است، مانند دفعات قبل و در موقعیتی دیگر(لوقا ۷: ۶-۱۰)، به بیماری فرمان نداد که از بین برود. او تقریبا ۳۰ کیلومتر از بیت عنیا تا یهودیه پیاده رفت (برخی از محققین می‌گویند که مسافت تقریبا ۱۴۰ کیلومتر بود) (یوحنا ۱۱). این سفر به طور خاص قابل توجه است، زیرا اخیرا منطقهٔ یهودیه را که به او با دشمن بودند ترک کرده بود تا از تلاش آنها برای دستگیری‌اش اجتناب کند، و به منطقه‌ای در جنوب اردن رفت تا در آنجا خدمتی موثر داشته باشد (یوحنا ۱۰: ۳۹-۴۲). شاگردان شرایط این سفر را بیان کردند: «ای معلم، الان یهودیان می‌خواستند تو را سنگسار کنند؛ و آیا باز می‌خواهی بدانجا بروی؟» (یوحنا ۱۱: ۸).

- سپس در شام آخر، خداوندِ همه، کسی که شاگردان او را «استاد» خطاب می‌کردند، حوله‌ای برداشت و با انجام کار یک خادم، یعنی شستن پای آنها، حیرت‌زده‌شان کرد (یوحنا ۱۳).

- اوج انتخاب عیسی برای محروم‌سازی خود از حقوق خویش برای نجات بشریت، در مرگ او ظاهر می‌شود. رنجی که در باغ می‌کشد نشان می‌دهد که تحمل این موضوع برای او دشوار است. او آسوده‌خاطر از مرگ خود عبور نکرد. رویکرد او با رویکرد شهیدان مسیحی در طول تاریخ که با خوشحالی به استقبال مرگ‌شان رفتند در تضاد است. اما مرگ او متفاوت بود، زیرا پسر بی‌عیب خدا را، «که گناه نشناخت در راه ما گناه ساخت» (دوم قرنتیان ۵: ۲۱). ارتباط، عمق و اتحاد تثلیث که مغز ما نمی‌تواند آن را به اندازهٔ کافی درک کند، قرار بود به حدی در هم بشکند که عیسی فریاد برآورد: ««الاهی الاهی چرا مرا واگذاردی؟» (مرقس ۱۵: ۳۴). اینطور گفته شده که مارتین لوتر در حال تامل بر این آیه، بعد از زمان زیادی با ناامیدی برخاست و فریاد زد، «خدا توسط خدا رها شد! چه کسی می‌تواند این را درک کند؟» با این حال در زمان دستگیری خداوندمان، او گفت که می‌تواند فرشتگان خدا یا خدمت‌گزاران خود را بخواند تا از این اتفاق جلوگیری کنند (متی ۲۶: ۵۳؛ یوحنا ۱۸: ۳۶).

پولس به طور واضح عظمت خود پَست‌سازی داوطلبانهٔ عیسی را در یک باب به یادماندنی، شرح می‌دهد:

که چون در صورت خدا بود، با خدا برابر بودن را غنیمت نشمرد، لیکن خود را خالی کرده، صورت غلام را پذیرفت و در شباهت مردمان شد؛ و چون در شکل انسان یافت شد، خویشتن را فروتن ساخت و تا به موت بلکه تا به موت صلیب مطیع گردید (فیلیپیان ۲: ۶-۸).

کسی که با خدا برابر بود هیچ شد. خداوندِ تمام خلقت، یک برده شد. خالق زندگی مُرد. پادشاهی که فرمانروای تاریخ بود مطیع مرگ شد. او که بی‌گناه بود بهای گناه

(یعنـی مـرگ) را پرداخـت.

تمـام زندگـی مسـیح پارادوکسـی بـود ناشـی از نیـاز بشـریت گناهـکار بـه رهایـی. او بارهایـی را بـه دوش کشـید کـه نبایـد، و از چیزهایـی دسـت کشـید کـه حـق مسـلم او بودنـد. و کمـی قبـل از اینکـه دنیـا را تـرک کنـد بـه شـاگردانش گفـت: «چنانکـه پـدر مـرا فرسـتاد، مـن نیـز شـما را می‌فرسـتم» (یوحنـا ۱۵: ۱۲-۱۳). پـس خدمـت او خدمـت مـا هـم می‌شـود. در شـام آخـر او بـه شـاگردانش گفـت کـه آنهـا هـم مثـل او بایـد جان‌شـان را بـرای دیگـران بدهنـد (یوحنـا ۱۵: ۱۲-۱۳). سـپس ادامـه داد کـه تمایـل آنهـا بـه گذشـت از حیـات خـود بـرای دیگـران نشـان می‌دهـد کـه دوسـتان او هسـتند (یوحنـا ۱۵: ۱۴).

پولـس تـا حـد زیـادی در عمـل تجسـم و هم‌ذات‌پنـداری بـا افـرادی کـه خدمتگـزار آنهـا بـود از اسـتادش پیـروی کـرد. او ایـن موضـوع را بـه خوبـی در اول قرنتیـان بـاب ۹ توضیـح می‌دهـد و بـه چندیـن حـق مسـلم خـود اشـاره می‌کنـد کـه از آنهـا دسـت کشـید تـا بتوانـد در خدمتـش موثرتـر باشـد (اول قرنتیـان ۹: ۱-۱۸). او سـپس می‌گویـد، «زیـرا بـا اینکـه از همـه کـس آزاد بـودم، خـود را غـلام همـه گردانیـدم [بـه معنـای واقعـی کلمـه یعنـی: خـودم را بـردۀ همـۀ انسـان‌ها کـردم]، تـا بسـیاری را سـود بـرم» (اول قرنتیـان ۹: ۱۹). سـپس می‌گویـد چطـور «یهـود»، «اهـل شـریعت»، و «بی‌شـریعت» شـد تـا مـردم متعلـق بـه ایـن اقشـار را بـه دسـت بیـاورد (آیـات ۲۰-۲۱).

در آیـۀ بعـدی او کلمـه‌ای را کـه ترجمـۀ قدیـم «چـون» (ترجمـۀ شـریف آن را «ماننـد») ترجمـه کـرده حـذف می‌کنـد و می‌گویـد «ضعفـا را ضعیـف شـدم تـا ضعفـا را سـود بـرم» (آیـۀ ۲۲). او مثـل (ترجمـۀ شـریف) یـک فـرد ضعیـف نشـد؛ او واقعـا ضعیـف شـد. فکـر می‌کنـم همـۀ مـا در خدمت‌مـان دوسـت داریـم از موضـع قـدرت عمـل کنیـم. ضعیـف بـودن ضربـۀ بسـیار بزرگـی بـرای نفـس ماسـت. امـا ایـن چیـزی اسـت کـه خدمتگـزاران هسـتند: ضعیـف. پولـس پاراگـراف را بـا ایـن جملـه بـه پایـان می‌رسـاند، «همـه کـس را همـه چیـز گردیـدم تـا بـه هـر نوعـی بعضـی را برهانـم» (اول قرنتیـان ۹: ۲۲).

کلمهٔ دولـوس، کـه در عهـد جدیـد بـرای توصیـف خدمت‌گـزاری مـا اسـتفاده شـده اسـت، در اکثـر ترجمه‌هـا «خدمت‌گـزار» ترجمـه شـده اسـت (برخـی از ترجمه‌هـای انگلیسـی پانویسـی دارنـد کـه نشـان می‌دهـد کلمـهٔ یونانـی بـه معنـای «بنـده» اسـت). امـا ترجمـهٔ دقیق‌تـر «غـلام» اسـت.[۷] شـناخت کتاب‌مقدس و تجسـم، مسـتلزم ضعیـف شـدن بـرای دیگـران اسـت. البتـه نمی‌توانیـم ایـن کار را بـدون قدرتـی کـه از هویت‌مـان در مسـیح می‌آیـد انجـام دهیـم، و در مـورد ایـن موضـوع در فصـل ۳ بـا عنـوان «تاییـد شـده توسـط خدا» صحبـت خواهیـم کـرد.

بنابرایـن زندگی‌هـای مـا نیـز یـک پارادوکـس هسـتند. مـا فرزنـدان پادشـاه و خدمت‌گـزاران مـردم هسـتیم. مـا بهایـی می‌پردازیـم تـا بتوانیـم بـا افراد هم‌ذات‌پنـداری کـرده و بـه طـور موثـر بـه آنهـا خدمـت کنیـم.

چالش‌های وضعیت پست‌مدرن

در ایـن جامعـهٔ پسـت‌مدرن، داشـتن سـبک زندگـی خدمت‌گزارانـه‌ای کـه در آن مـا از حقـوق و برنامه‌های‌مـان بـرای چیـزی بـه غیـر از خودمـان می‌گذریـم، سـخت‌تر و سـخت‌تر می‌شـود. پست‌مدرنیسـم کـه گفتـه می‌شـود در ربـع سـوم قـرن گذشـته بـه طـور کامـل شـکوفا شـده، در میـان مسـائل دیگـر، واکنشـی بـه خردگرایـی سـخت گیرانـهٔ دوران مـدرن اسـت. متفکـران پسـت‌مدرن مدعی‌انـد کـه در دوران جدیـد بـه دلیـل بندگـی آن نسـبت بـه اصـول عقلانـی، عینـی، و علمـی، مـردم دچـار خـود دگربینـی شـده‌اند. آنهـا مدعی‌انـد کـه غرایـز درونـی طبیعـت انسـانی مـا مغلـوب تمایـل بـه سـودمندی و محدودیت‌هـای ناشـی از عقایـد مذهبـی مختلـف شـده‌اند.

در واکنـش، رویکـرد پسـت‌مدرن تاکیـد بیشـتری بـر جوانـب شـخصی زندگـی دارد – احساسـات «مـن»، اولویت‌هـای «مـن»، و غرایـز «مـن». نسـل پست‌مدرن اینطـور توصیـف می‌شـوند: «نسـلی کـه بـه صـورت غریـزی تحریـک شـده اسـت» کـه «در آن مـردم بـه جـای تفکر

ترجیـح می‌دهنـد کـه احسـاس کننـد.»[۸] افـراد پسـت‌مدرن بـا ایـن موضـوع کـه چیـزی بیـرون از آنهـا تصمیمـات و رفتارهای‌شـان را اداره کنـد، احسـاس راحتـی نمی‌کننـد.

برخـی، نتایـج حاصـل از تاکیـد پسـت‌مدرن بـر تجربـهٔ درونـی را می‌پذیرنـد. بـه طـور مثـال، روحانیـت از اهمیـت بیشـتری برخـوردار شـده و افـراد، دیگـر بـا اصـول خشـک مذهبـی کـه خالـی از گرمـای روحانـی اسـت، خشـنود نمی‌شـوند. امـا عـدم تمایـل بـرای ادارهٔ زندگـی اصولمنـد بـرای سـلامت روحانـی مـا خطرنـاک باشـد. راهبـران کتاب‌مقدسـی بایـد آنقدر نسـبت بـه مردم‌شـان متعهـد باشـند کـه بـرای کمـک بـه آنهـا از انجـام برخـی کارهایـی کـه دوسـت دارنـد خـودداری کننـد و وظایفـی را بـه انجـام برسـانند کـه بـه آنهـا علاقـهٔ چندانـی ندارنـد؛ و بـه خاطـر تعهدشـان بـه گروهـی از مـردم، در کار بـا آنهـا حتـی اگـر ناخوشـایند باشـد و بـه نظر بی‌ثمـر بیایـد، پشـتکار خواهنـد داشـت. احساسـات ایـن راهبـران ممکـن اسـت بگویـد، «ایـن کار را رهـا کـن و چیـزی را انجـام بـده کـه پرثمرتـر و خوشـایندتر اسـت. ایـن افـراد سـزاوار سرسـپردگی تـو نیسـتند.» امـا بـه دلیـل تعهـدی کـه ایـن راهبـران بـه مـردم دارنـد حاضـر نیسـتند از ایشـان دسـت بکشـند.

یـک بـار کـه در غـرب بـودم سخنرانی‌ای دربـارهٔ اضطـراب و فشـارهای خدمـت آمـاده می‌کردم. مـن کـه نسـبت بـه هـر چیـزی دربـارهٔ ایـن موضـوع کنجـکاو بـودم، وقتـی تعـداد قابـل توجهی از مسـیحیان بـه مـن گفتنـد کـه آنهـا یـا عزیزان‌شـان از تعهـدات آزاردهنـده‌ای کـه منجـر بـه اضطـراب و فشـار بـرای آنهـا شـده بـود، آزاد شـدند متعجـب شـدم. یـک نفـر از مسئولیتی سـخت دسـت کشـیده بـود، دیگـری کلیسـای پـر دردسـری را تـرک کـرده بـود، و یـک نفـر دیگـر از همسـری سخت‌گیـر جـدا شـده بـود. آنهـا شـهادت دادنـد کـه خـدا ایشـان را از درد رهانیـده اسـت. سـوال مـن ایـن بـود کـه آیـا خـدا می‌خواهـد آنهـا بـه خاطـر تعهدشـان بـه مـردم یـا اهدافـی کـه دارنـد درد را بپذیرنـد؟

در طـول دو سـال گذشـته زمانـی کـه یادداشـت‌های جـان وسـلی را می‌خوانـدم، از شـیوهٔ نسـبتا واقعـی او بـرای یادداشـت برخـی از ناامیدی‌هـا، سـختی‌ها، و رنج‌هـا در خدمتـش شـگفت‌زده

شـدم. چیزهایـی کـه اگـر آنهـا را تجربـه می‌کـردم برایـم «موضوعـی بـزرگ» بودنـد و بـه شـدت از آنهـا شـکایت می‌کـردم، بـه صورتـی کامـلا طبیعـی نوشـته شـده‌اند کـه گویـی اصـلا مشـکلات مهمـی نبوده‌انـد. متوجـه شـدم کـه درک مـن از انجـام خدمـت بـا درک وسـلی متفـاوت اسـت. مـا عـادت نداریـم کـه ناامیـدی و درد را تجربـه کنیـم. پـس زمانـی کـه بـا آنهـا مواجـه می‌شـویم، از آنهـا فـرار می‌کنیـم. امـا ناامیـدی و درد از ویژگی‌هـای ضـروری خدمـت جسـمانی هسـتند.

پـس اگـر حقیقتـا بـا مردممـان هم‌ذات پنـداری می‌کنیـم، بایـد انتظـار ناامیـدی و درد را داشـته باشـیم. اگـر اینطـور نباشـد، زمانـی کـه بـا آن برخـورد می‌کنیـم ممکـن اسـت غافلگیـر شـده و وسوسـه شـویم کـه ایـن کار را رهـا کنیـم و راهـی آسـان‌تر را انتخـاب کنیـم یـا آنقـدر سـرخورده شـویم کـه شـادی خدمـت را از دسـت بدهیـم. فکـر می‌کنـم امـروز افـراد زیـادی بـه ایـن دلیـل کـه کامـلا رنج‌هـای طبیعـی موجـود در خدمـت را پیش‌بینـی نکرده‌انـد در ایـن امـر از درد غیـر ضـروری رنـج می‌برنـد. ایـن درد باعـث می‌شـود زمانـی کـه آنهـا بایـد واقعـا در مصیبـت شـادی کننـد، ناخشـنود شـوند.

راه تعهـد بـه اصـول و اهدافـی کـه خـارج از مـا وجـود دارنـد، آنچنـان کـه در ابتـدا بـه نظـر می‌رسـد پُرهزینـه نیسـت. در درک مسـیحی از تحقـق، حقیقـت یـک هـدف واقعـی اسـت کـه پذیرفتـه شـده، و ایـن حقیقـت افـراد را آزاد می‌کنـد (یوحنـا ۸: ۳۲)، و در را بـه سـوی حیاتـی تحقق‌بخـش می‌گشـاید (یوحنـا ۱۰: ۱۰). فـداکاری بـرای اصـول، عواقـب عمیقا خشـنودکننده‌ای بـه همـراه دارد. عیسـی می‌گویـد، «زیـرا هـر کـه بخواهـد جـان خـود را حفـظ کنـد آن را از دسـت خواهـد داد، امـا هـر کـه بـه خاطـر مـن و انجیـل جـان خـود را فـدا کنـد آن را نجـات خواهـد داد» (مرقـس ۸: ۳۵). هجـده بـاب در کتاب‌مقـدس پیـدا کـرده‌ام کـه رنـج و شـادی را بـه هـم پیونـد می‌زننـد. ۹ پولـس ایـن موضـوع را بـه خوبـی بیـان می‌کنـد، «اکنـون از آن رنـج و زحمتـی کـه بـه خاطـر شـما می‌بینـم خوشـحالم، زیـرا بـه وسیلۀ رنج‌هـای جسـمانی خـود آنچـه را کـه از رنج‌هـای مسـیح بـرای بـدن او یعنـی کلیسـایش باقـی مانـده اسـت تکمیـل می‌کنـم. مـن طبـق ماموریتـی کـه خـدا بـرای خیریـت شـما بـه مـن عطـا فرمـود خادم کلیسا

هستم تا پیام خدا را کاملا اعلام نمایم» (کولسیان ۱: ۲۴- ۲۵). او در رنج‌هایی که به عنوان خادم مردم متحمل می‌شود شادی می‌کند. او حتی فکر می‌کند رنج‌هایش برای اتحاد با مسیح مصلوب الزامی هستند.[۱۰]

معتقدم که امروزه به دلیل چالش پست‌مدرن باید بیشتر بر این حقیقت که در سرود جورج مَتِسِن آمده است تامل کنیم، که می‌گوید «خداوندا، مرا دربند کن، تا آزاد شوم.»

من از این می‌ترسم که کلیسای غرب با ترسیم مسیحیتی برای اعضای خود که مذهبی دلپذیر اما فاقد ویژگی‌های ذاتی لازم است، صلاحیت خود به عنوان یک سازمان مبشر فرستنده را از دست بدهد. در دیدارهایی که از غرب داشتم رایج‌ترین چیزی که دربارهٔ موعظه‌هایم شنیدم این است: «از موعظه لذت بردم.» موعظات باید ما را آشفته و محکوم کنند، و به ما برای اطاعتی کامل و هزینه‌بر انگیزه بدهند. تعجب کردم که نتیجهٔ دلخواه مردم از موعظات، به جای تبدیل شدن به شاگردان اصیلی که دنیا را از این رو به آن رو خواهند کرد، لذت بردن است. اگر اینطور باشد، کلیسا شبیه به حالت پست‌مدرن شده است که احساسات درونی را مهم‌تر از تعهد به اصول می‌داند. یک ویژگی جزئی پرستش - لذت‌بخشی - تبدیل به یک ویژگی اصلی شده است. چنین کلیسایی می‌تواند از نظر کمّی رشد کند، اما قادر نخواهد بود مبشرینی را که دنیا به آنها نیاز دارد پرورش دهد؛ یعنی مردان و زنانی که بهای هم‌ذات‌پنداری با مردمی که به آنها خدمت می‌کنند را خواهند پرداخت و ناامیدی‌ها را تحمل می‌کنند. امروزه در تعلیم برای بشارت تاکیدی خوشایند بر انسان‌شناسی فرهنگی و مفهوم‌سازی وجود دارد. این می‌تواند یک کمک واقعی، برای، هم‌ذات‌پنداری مبشر باشد. اما اگر تمایل و توانایی پرداخت بهای سرسپردگی همراه آن نباشد این تعلیم بی‌فایده خواهد بود. و کلید پرداخت این بها، توانایی شناخت و ثابت‌قدمی با گروهی است که حتی زمانی که انجام آن ناامید کننده است فرد نسبت به آن تعهد دارد.

وقتی جوانان غربی به من می‌گویند احساس می‌کنند که به خدمت خوانده شده‌اند، و می‌پرسند برای آماده شدن چه کاری باید انجام دهند، معمولا اولین چیزی که به آنها می‌گویم این است که به گروهی که به آن تعلق دارند بچسبند. این به آنها تعلیمی خوب در زمینهٔ هم‌ذات‌پنداری جسمانی می‌دهد، که کلید خدمت موثر بشارتی است. امروزه مسیحیان اغلب زمانی که کارها سخت می‌شوند خیلی زود کلیسا، سازمان، گروه کوچک، دوست، یا همسر خود را رها می‌کنند. افراد ترجیح می‌دهند جدا شوند تا اینکه از ناامیدی ناشی از کار کردن بر مشکلات عبور کنند. این تمایل منجر به روابط سطحی می‌شود، که به نوبهٔ خود منجر به کمترین عمق برای ثمرهٔ زحمات آنها می‌شود. در واقع، یادگیری این موضوع که بهای تعهد را بپردازیم کلید پرورش ثمرهٔ عمیق در خدمت در هرکجای دنیا است.

چند مثال از هم‌ذات‌پنداری ناامیدکننده

بگذارید از قسمت‌های مختلف در زندگی که هم‌ذات‌پنداری را تمرین کرده‌ام چند مثال بیاورم. از همسرم خواستم چند مثال از زندگی در خانه که احتمالا مهم‌ترین بخش زندگی ما برای هم‌ذات‌پنداری است، بیاورد. او دو مثال برایم آورد. زمانی که روی یک کتاب کار می‌کنم یا درگیر یک برنامه یا مشکل بزرگ هستم، آنقدر مشغول می‌شوم که نمی‌توانم در گفتگوی هنگام صرف غذا به طور کامل شرکت کنم. من از نظر فیزیکی آنجا هستم ولی از نظر احساسی نه. اگر می‌خواهم همسر و پدر خوبی باشم، باید خودم را تادیب کنم تا وقتی با هم هستیم به طور کامل روی خانواده‌ام تمرکز کنم، حتی اگر مسائل ضروری بسیاری ذهنم را درگیر کرده باشند.

همسرم همچنین گفت شب‌ها که خسته است باید در شستن ظرف‌ها به او کمک کنم (ما ماشین ظرف‌شویی نداریم). مردم سریلانکا معمولا بعد از ۸ شب شام می‌خورند و من شب‌ها سرحال می‌آیم و غالبا اکثر نوشته‌هایم را بعد از شام انجام می‌دهم. اغلب اشتیاق دارم که پشت میزم بنشینم و کارم را انجام دهم، اما باید اشتیاقم را کنترل

کنـم تـا بتوانـم بـا نیازهـای همسـرم هم‌ذات‌پنـداری کنـم.

چنـد سـال پیـش کـه از یکـی از مراکزمـان بـه نـام جوانـان بـرای مسیح بـه خانـه می‌رفتـم یکـی از کارکنـان از مـن خواسـت پیامـی را بـه خانـه‌ای واقـع در روسـتایی کـه قـرار بـود از آنجا رد شـوم برسـانم. وقتـی بـه آنجـا رفتـم، آن خانـواده از مـن خواسـتند تـا بمانـم و بـا آنها چـای بنوشـم. بـه آنهـا گفتـم کـه عجلـه دارم تـا بـه موقـع بـه یـک جلسـه برسـم، و سـریع آنجـا را تـرک کـردم. امـا در روسـتای مـا اجـازۀ پذیرایـی بـه میزبـان نـدادن و تـرک محـل بـه ایـن شـکل مودبانـه نیسـت؛ و شـایعه شـد کـه مدیـر جوانـان بـرای مسیح بـرای خانـۀ مـا آمـده امـا آنقـدر مغـرور بـود کـه بـرای نوشـیدن یـک فنجـان چـای پیش مـا نمانـد. بعـدا متوجـه شـدم اگـر نمی‌خواسـتم بـرای نوشـیدن یـک فنجـان چـای آنجـا بمانـم، اصـلا نبایـد می‌رفتـم.

زمانـی کـه در آمریـکا در مقطع فـوق لیسـانس درس می‌خوانـدم، عضـو یـک کلیسـا شـدم کـه گـروه بزرگسـالان داشـت. راهبـر ایـن گـروه، دانشـجوی سـال اول دانشـکدۀ الاهیـات و از نظر الاهیاتـی تعلیـم ندیـده بـود. ایـن بـرای مـن مایـۀ ناامیـدی بـود. امـا ایـن گـروه بزرگسـالان «کلیسـای مـن» بـود. پـس بـا اینکـه، اغلـب دوسـت نداشـتم بـه ایـن گـروه بـروم، امـا الاهیات مـن دربـارۀ بـدن (منظـور از بـدن کلیسـا اسـت کـه بـدن مسـیح می‌باشـد) ایـن آگاهـی را داد کـه نمی‌توانسـتم انتخـاب کنـم در ایـن گـروه حاضـر نباشـم. مشـارکت بخشـی از تعهـدم بـه کلیسـای محلـی بـود کـه بـه آن تعلـق داشـتم. در طـی زمـان دوسـتی‌های خارق‌العـاده‌ای در آن کلیسـا ایجـاد کـردم، و مشـارکتم در آن گـروه یکـی از شـادترین خاطـرات دوران جوانـی‌ام اسـت.

در بیسـت سـال گذشـته مـا در سـریلانکا بـر سـر مسائـل دو گـروه قومـی جنـگ داخلـی داشـتیم. مـن بـه قومیت سـینهالا زبـان تعلـق دارم کـه در اکثریـت هسـتند. برخـی کـه از قومیت تامیلی زبـان هسـتند می‌خواهنـد از سـریلانکا جـدا شـوند و کشـوری مسـتقل در شـمال و شـرق داشـته باشـند. مهاجمـان اغلـب بـه عنـوان بخشـی از استراتژی‌شـان بـه جنـوب می‌آینـد و در مناطـق اسـتراتژیک بمب‌گـذاری می‌کننـد. بـه همیـن دلیـل جوانـان اهـل قـوم تامیـل کـه در جنـوب

زندگی می‌کنند اغلب به عنوان مظنونین تروریستی دستگیر می‌شوند – یعنی افرادی که به گروه ببران تمایل تعلق دارند و علیه دولت می‌جنگند. من اغلب به عنوان فردی مسن‌تر که متعلق به گروه اکثریت است، می‌توانم به ادارهٔ پلیس بروم و ضمانت کنم که آنها عضو گروه ببرها نیستند، و آزادشان کنم. اگر این اتفاق در عرض سی و شش ساعت نیفتد، معمولا آنها را برای مدت زمان طولانی در بازداشت نگه می‌دارند. یکی از همکاران من پانزده ماه زندانی بود (و خداوند در زندان خدمتی با شکوه به او عطا کرد!). بنابراین زمانی که می‌شنوم فردی که می‌توانم کاملا او را ضمانت کنم دستگیر شده است، به ادارهٔ پلیس می‌روم. ممکن در آن زمان بسیار مشغول باشم، و امکان دارد شش ساعت را صرف این موضوع کنم.

بدین ترتیب، این وقفه‌ها بسیار پر هزینه هستند. اما این وقفه‌ها بخشی از هم‌ذات‌پنداری ما با درد مردم است. می‌گویند یک راهبر مشهور مسیحی گفته است وقتی خدا به او یادآوری می‌کرد که وقفه‌هایی که در کارش وجود دارند، کار او هستند، او به خدا دربارهٔ آنها شکایت می‌کرد. دنیس کینلا در این باره نصیحتی حکیمانه دارد: «همهٔ ما از اتفاقاتی خشمگین شده‌ایم که به نظر می‌رسد شریرانه طراحی شده‌اند تا آرامش ذهنی و برنامهٔ زندگی ما را به هم بزنند. اما باید به یاد داشته باشیم که خدا حاکم است؛ هیچ چیزی در زندگی ما بدون رضایت او اتفاق نمی‌افتد. پس باید با دقت به این آزردگی‌ها نگاه کنیم تا ببینیم آیا می‌توانیم دست خدا را در کار تشخیص دهیم؟»[۱۱] جان وسلی با یکی از واعظینش در حال قدم زدن بود که دید دو زن با هم دعوا می‌کنند. واعظ پیشنهاد داد که به راهشان ادامه دهند، اما وسلی به او گفت: «سمی بمان، بمان و موعظه کردن را یاد بگیر!»[۱۲] قطعا یک دعوا چیزهای زیادی در مورد طبیعت انسان می‌گوید.

برای ما که در سرزمینی زندگی می‌کنیم که در بحران جنگ، فساد، و اقتصاد در حال فروپاشی غرق شده، ناامیدی یک تجربهٔ هر روزه است. وقتی از سفر غرب به سریلانکا برمی‌گردم این موضوع را به شدت احساس می‌کنم. انجام کارها زمان زیادی می‌برد.

گاهـی چـون رشـوه پرداخـت نمی‌کنیـم، کارهـا هرگـز انجـام نمی‌شـود. بـه دلیـل اجـرای قانـون منـع عبـور و مـرور، کارهایـی کـه برنامه‌ریـزی کرده‌ایـم ناگهـان لغـو می‌شـوند چـون در ایـن ساعت‌هـا بایـد انجـام شـوند. مـاه گذشـته مـن چهـل سـاعت صـرف آمادگـی بـرای سخنرانـی در یـک کنفرانـس در لنـدن کـردم، امـا نتوانسـتم بـه موقـع بـه انگلیـس برسـم چـون بـه فرودگاه‌مـان حملـه شـده بـود. بـا ایـن حـال مـن بایـد بـه خـودم یـادآوری کنـم کـه تجربـۀ ایـن ناامیدی‌هـا بخشـی از همذات‌پنداری بـا مـردم اسـت کـه ناامیـدی بـرای آنهـا یـک تجربـۀ روزانـه اسـت. عیسـی چقـدر دربـارۀ شـاگردانش بـا ایـن موضـوع مواجـه شـد! مـا واعظیـن نبایـد سـعی‌مان ایـن باشـد کـه بـا محـول کـردن مسـائل ناخوشـایند بـه دیگـران از ناامیـدی اجتنـاب کنیـم تـا بتوانیـم بـر خدمـت موعظه‌مـان تمرکـز کنیـم. مواجهـه بـا ناامیـدی بخشـی از آمادگـی مـا بـرای موعظـۀ نافـذ اسـت.

در برخـی از حوزه‌هـای خدمتـی‌ام، افـرادی را داریـم کـه ضعـف آنهـا درد بسـیاری بـه زندگـی مـن وارد مـی‌آورد. آنهـا دربـارۀ آنچـه کـه مـا انجـام می‌دهیـم دچـار سـوء تفاهـم می‌شـوند و خشم‌شـان دربـارۀ کارهـای مـا را بـه دیگـران نشـان می‌دهنـد. توضیـح حقیقـت بـه ایـن افـراد معمـولا چندیـن سـاعت طـول می‌کشـد. و مـا همیشـه بـا زمـان در کشـمکش هسـتیم. وقتـی بـا ایـن افـراد کار می‌کنیـم معمـولا بـا دو وسوسـه مواجـه می‌شـویم. اولیـن وسوسـه ایـن اسـت کـه مشـکلات آنهـا را نادیـده بگیریـم و گویـی کـه هیـچ اتفاقـی نیفتـاده اسـت و بـه کارمـان ادامـه دهیـم. ایـن کار از نظـر زمانـی بـه نفـع ماسـت و همچنیـن احساسـی ناخوشـایند و درد را بـه همـراه دارد کـه ناشـی از گفتگـو بـا یـک فـرد خشـمگین اسـت. امـا عیسـی می‌گویـد اگـر متوجـه شـدیم فـردی بـا مـا مشـکلی دارد، بایـد فـورا بـه ملاقـات او برویـم. ایـن موضـوع آنقـدر ضـروری اسـت کـه بایـد هدیـه‌ای را کـه بـه قربانـگاه برده‌ایـم رهـا کنیـم و بـه ملاقـات فـرد مـورد نظـر برویـم (متـی ۵: ۲۳- ۲۴). عیسـی نگفـت کـه خشـم افـراد ضعیـف از ایـن قاعـده مسـتثنی اسـت. مـا بایـد برویـم، و بایـد درد و ناامیـدی ایـن گفتگـو را تحمـل کنیـم. همذات‌پنـداری بـا یـک گـروه یعنـی همذات‌پنـداری بـا افـراد ضعیـف و قـوی آن.

دومیـن وسوسـه ایـن اسـت بـه افـرادی کـه مـدام شـکایت می‌کننـد نشـان دهیـم در کلیسـا

پذیرفتـه نیسـتند. امـروزه اغلـب راهبـران مسـیحی بـه برخـی از اعضای‌شـان ایـن پیـام را می‌دهنـد: «اگـر موافـق راهـی کـه مـا می‌رویـم نیسـتید، پـس بایـد گـروه دیگـری را بـرای خودتـان پیـدا کنیـد.» امـا اگـر مـا آن خانـواده‌ای هسـتیم کـه ادعـا می‌کنیـم، نمی‌توانیـم ایـن کار را انجـام دهیـم. آیـا می‌توانیـد بـه عضـوی از خانـواده بگوییـد بـه ایـن دلیـل کـه از آنچـه در خانـواده اتفـاق می‌افتـد ناراحـت هسـتند، آنهـا را نمی‌پذیریـد؟ مـن فکـر می‌کنـم امـروزه ایـن اتفـاق می‌افتـد، امـا درک مسـیحی از خانـواده چنیـن چیـزی نیسـت. علیرغـم ادعای‌مـان دربـارهٔ اینکـه سـازمان‌ها و کلیسـاهای‌مان یـک خانـواده هسـتند، اغلـب آنهـا مثـل یـک شـرکت اداره می‌شـوند.

مـا در کنـار ایـن افـراد می‌مانیـم و بـا کمـال میـل ناامیـدی ناشـی از گفتگـو بـا آنهـا را تحمـل می‌کنیـم زیـرا معتقدیـم کـه در نهایـت توسـط چنیـن تعهـد پـر هزینـه‌ای زیـان نخواهیـم دیـد؛ و کنـار گذاشـتن احساسـات خـود در ایـن مـورد بـرای الاهیات‌مـان ضـروری خواهـد بـود. بایـد بـاور داشـته باشـیم کـه اگـر مفاهیـم درک کتاب‌مقدسـی از بـدن مسـیح را دنبـال کنیـم، برکـت خواهیـم یافـت. البتـه بـرای انجـام ایـن کار، بایـد رویکـردی نسـبت بـه زندگـی ایجـاد کنیـم کـه در آن الاهیـات مـا مهم‌تـر از تمایـلات و غرایـز طبیعی‌مـان باشـد ــ کـه کاری سـخت در ایـن دوران پسـت‌مدرن اسـت.

برخـی از افـراد رویکـردی را کـه در اینجـا توصیـه کردیـم نمی‌پذیرنـد، و می‌گوینـد کـه بسـیار زمان‌بـر اسـت و آنهـا را از خدمتـی کـه بـه آن خوانـده شـده‌اند منحـرف می‌کنـد. نسـل عمل‌گـرای مـا ناامیـدی ناشـی از هم‌ذات‌پنـداری را اتـلاف وقـت و انـرژی می‌دانـد. امـا در طـول زمـان ایـن رویکـرد منجـر بـه خدمتـی عمیق‌تـر همـراه بـا ثمـرهٔ پایـا خواهـد شـد. زمانـی کـه در بانـک مرکـزی مـا بمب‌گـذاری شـد، دو نفـر از همکاران داوطلب‌مـان بـه دلیـل مشـکوک بـودن بـه تـرور دسـتگیر شـدند. مـن می‌توانسـتم ضامـن آنهـا شـوم و آزادی‌شـان را تامیـن کنـم. امـا حـدود شـش سـاعت بـرای ایـن کار در ادارهٔ پلیـس بـودم.

در همـان زمـان، در حـال آمـاده کـردن درسـی دربـارهٔ غلاطیـان بـودم، پـس بـا خـودم چنـد

کاغذ و تفسیر غلاطیان را بـردم؛ مطالعـه کـردم و یادداشـت برداشـتم، گاهـی در صف ایسـتادم و گاهـی نشسـتم. در جایـی شخصی کـه تمـام لباسـش خونـی بـود کنـارم ایسـتاده بـود. او در سـاختمان بمب‌گـذاری حضـور داشـت و آمـده بـود تا گـم شـدن کارت شناسـایی‌اش را اطـلاع دهـد. همچنیـن زنـی در کنـار مـن بـود کـه بـه خاطـر کتک‌هـای شـوهرش صدمـه دیـده بـود. متوجـه شـدم کـه آنجـا می‌توانـد جـای بهتـری از میـز کارم در خانـه بـرای آماده‌سـازی درسـم باشـد، چـون در آنجـا مشـکلاتی جلـوی چشـمم بودنـد کـه انجیـل بـه برخـی از آنهـا اشـاره کـرده بـود؛ زمینـه‌ای عالـی بـرای بررسـی موضـوع از منظـر الاهیاتـی بـود.

همچنیـن، ناامیـدی و هم‌ذات‌پنـداری افـرادی تولیـد می‌کنـد کـه با دیـدن تعهـد ما به خودشـان، متقابـلا بـا تعهـد عمیق‌تـری نسـبت بـه کلیسـا یـا سـازمانی کـه مـا راهبـری می‌کنیـم، عمل می‌کننـد. دربـارهٔ ایـن موضـوع در فصـل ۱۱ بحـث خواهیـم کـرد.

وقتـی شخصـی بـه انـدازهٔ کافـی متعهـد اسـت تـا بهـای هم‌ذات‌پنـداری بـا افـراد را بپـردازد، یعنـی رویکـردی عمل‌گرایانـه نسـبت بـه خدمـت اتخـاذ می‌کنـد. تعهـد نتیجـه می‌دهـد، زیـرا تعهـد را در دیگـران بـه وجـود مـی‌آورد و خدمـت مـا را موثرتـر می‌کنـد.

۲

قدرت یافته از روح

اولیـن کار عیسـی در خدمتـش کـه توسـط مرقـس ثبـت شـده اسـت نشـان می‌دهـد او بـا مـردم هم‌ذات‌پنـداری می‌کنـد. دوم نشـان می‌دهـد او بـه خاطـر کاری کـه انجـام داده توسـط روح مسـح می‌شـود. تجسـم و مسـح شـدن هـر دو جوانـب اساسـی خدمـت مسـیحی هسـتند. یکـی نشـان می‌دهـد کـه چطـور بایـد بـه مـردم تعهـد داشـته باشـیم، در حالیکـه دیگـری نشـان می‌دهـد چطـور بایـد قدرت‌مـان را از خـدا بگیریـم. گاهـی افـرادی کـه بـه عنـوان «پـر از روح» شـناخته می‌شـوند نسـبت بـه فرهنـگ و نیازهـای بشـری بی‌احسـاس هسـتند و در نتیجـه خدمـات آنهـا صدمـه می‌بیننـد. امـا مشـکل جدی‌تـر زمانـی اسـت کـه افـراد حکیمانـه بـا مـردم هم‌ذات‌پنـداری کـرده و روش‌هـای درسـت را اتخـاذ می‌کننـد، ولـی بـا وجـود ایـن از نظـر روحانـی قدرتمنـد نیسـتند، چـون آنهـا بیشـتر بـر روش‌هـای خودشـان تکیـه می‌کننـد تـا بـه قـدرت روح.

قدرت برای خدمت عیسی

مرقـس می‌گویـد بعـد از تعمیـد، عیسـی «چـون از آب برآمـد، در سـاعت آسـمان را شـکافته دیـد و روح را کـه ماننـد کبوتـری بـر وی نـازل می‌شـود» (متـی ۱: ۱۰). فعلـی کـه «شـکافته» (اسکیزوو) ترجمـه شـده یعنـی «شـکافتن، پـاره کـردن، مجـزا کـردن یـا جـدا کـردن».[۱] مرقـس ممکـن اسـت در اینجـا بـه اشـعیا ۶۴: ۱ اشـاره کـرده باشـد: «کاش کـه آسـمان‌ها را منشـق سـاخته، نـازل می‌شـدی و کوه‌هـا از رویـت تـو متزلـزل می‌گشـت.» ایـن آیـهٔ اشـعیا یـک درخواسـت فـوری از خـدا بـرای نجـات اسـرائیل اسـت. اگـر مرقـس ایـن آیـه را در ذهنـش داشـته پـس ممکـن اسـت بـه ایـن موضـوع اشـاره کـرده باشـد کـه خـدا در حـال عمـل بـرای نجـات

قــوم خــود از طریــق فرســتادن ماشــیح اســت. حــالا خــدا ایــن ماشــیح را بــا نــزول روح‌القــدس مســح می‌کنــد.

گفتــه شــده روح «ماننــد کبوتــری» نــازل شــد. نمی‌توانیــم مطمئــن باشــیم کــه مرقــس دربــارۀ شــکل نــزول روح فکــر می‌کنــد یــا طریقــه‌ای کــه روح نــزول کــرد. همچنیــن نمی‌توانیــم مطمئــن باشــیم کــه مرقــس بــا اشــاره بــه کبوتــر قصــد بیــان چــه چیــزی را دارد، هرچنــد امــروزه پیشــنهادات بســیاری در ایــن مــورد مطــرح شــده اســت. امــا شــواهدی وجــود دارنــد کــه نشــان می‌دهنــد در یهودیــت قــرن اول کبوتــر بــا روح خــدا برابــر بــوده اســت.[۲]

ایــن اتفــاق همچنیــن اشــعیا ۶۱: ۱ را بــه مــا یــادآوری می‌کنــد: «روح خداونــد یهــوه بــر مــن اســت زیــرا خداونــد مــرا مســح کــرده اســت تــا مســکینان را بشــارت دهــم و مــرا فرســتاده تــا شکســته‌دلان را التیــام بخشــم و اســیران را بــه رســتگاری و محبوســان را بــه آزادی نــدا کنــم.» ایــن همــان آیــه‌ای اســت کــه عیســی چنــد روز بعــد، هنــگام شــروع خدمتــش در ناصــره آن را نقــل قــول کــرد (لوقــا ۴: ۱۸–۱۹). بعــد از نقــل قــول قســمت بیشــتری از ایــن بــاب، عیســی گفــت: «امــروز ایــن نوشــته در گوش‌هــای شــما تمــام شــد» (لوقــا ۴: ۲۱).

کمــی بعــد از ثبــت واقعــۀ نــزول روح، لوقــا دقــت کــرد دو بــار بــه ایــن موضــوع اشــاره کنــد کــه عیســی در رونــد مســح روح بــوده اســت. او می‌نویســد کــه درســت بعــد از تعمیــد «عیســی پــر از روح‌القــدس بــوده، از اردن مراجعــت کــرد و روح او را بــه بیابــان بــرد» (لوقــا ۴: ۱). ســپس پــس از توضیــح دربــارۀ وسوســه، می‌نویســد کــه «عیســی بــه قــوت روح، بــه جلیــل برگشــت و خبــر او در تمامــی آن نواحــی شــهرت یافــت» (لوقــا ۴: ۱۴). متــی نیــز از بابــی در اشــعیا اســتفاده می‌کنــد تــا رابطــه‌ای بیــن خدمــت عیســی و مســح توســط روح ایجــاد کنــد: «روح خــود را بــر وی [بنــدۀ مــن] خواهــم نهــاد تــا انصــاف را بــر امت‌هــا اشــتهار نمایــد» (متــی ۱۲: ۱۸، از اشــعیا ۴۲: ۱ نقــل قــول می‌کنــد). و متــی گفتــۀ عیســی را ثبــت می‌کنــد، «... مــن بــه روح خــدا دیوهــا را اخــراج می‌کنــم» (متــی ۱۲: ۲۸). پــس اناجیــل بــه وضــوح ایــن مســح توســط روح را بــه عنــوان کلیــد زندگــی و خدمــت مســیح معرفــی می‌کننــد.

تعمید با روح‌القدس

لوقـا ایـن قاعـدهٔ پـر شـدن از روح را، کـه در قلـب خدمـت مسیـح قـرار داشـت، بـه خدمـت مـا نیـز بسـط می‌دهـد. او می‌نویسـد کـه عیسـی می‌گویـد قـدرت روح یـک نیـاز ضـروری بـرای خدمـت اسـت. در انجیـل لوقـا، عیسـی درسـت بعـد از صـدور فرمـان اعظـم، می‌گویـد: «و اینک، مـن موعـود پـدر خـود را بـر شـما می‌فرسـتم. پـس شـما در شـهر اورشـلیم بمانیـد تـا وقتـی کـه بـه قـوت از اعلـی آراسـته شـوید» (لوقـا ۲۴: ۴۹). یـک اظهـار مشـابه در اعمـال رسـولان نشـان می‌دهـد قدرتـی کـه در اینجـا از آن صحبـت شـده اسـت از روح می‌آیـد: «و چـون بـا ایشـان جمـع شـد، ایشـان را قدغـن فرمـود کـه ”از اورشـلیم جـدا مشـوید، بلکـه منتظـر آن وعـدهٔ پـدر باشـید کـه از مـن شـنیده‌اید. زیـرا کـه یحیـی بـه آب تعمیـد می‌داد، لیکـن شـما بعـد از انـدک ایامـی، بـه روح‌القـدس تعمیـد خواهیـد یافـت“» (اعمـال رسـولان ۱: ۴-۵). کمـی بعـد عیسـی می‌گویـد کـه آمـدن روح منجـر بـه قـدرت بـرای شـهادت خواهـد شـد: «لیکـن چـون روح‌القـدس بـر شـما می‌آیـد، قـوت خواهیـد یافـت و شـاهدان مـن خواهیـد بـود...» (اعمـال رسـولان ۱: ۸).

متاسـفانه در مـورد ایـن متـون اختلافـات زیـادی وجـود دارد. آیـا تعمیـد بـا روح چیـزی اسـت کـه در زمـان ایمـان آوردن اتفـاق می‌افتـد؟ یعنـی یـک شـروع اسـت؟ یـا دومیـن تجربـه از پـر شـدن اسـت کـه بعـد از ایمـان آوردن اتفـاق می‌افتـد؟ فعـل باپتیزیـو بـا توجـه بـه متـن می‌توانـد هـر دو معنـی را داشـته باشـد. یـک واژه‌نامـهٔ معـروف می‌گویـد، در ادبیـات یونانـی ایـن کلمـه بـه طـور کلـی دارای معانـی مختلـف مفهـوم «در آب گذاشـتن یـا زیـر آب رفتـن» اسـت؛ و بـه صـورت اسـتعاری می‌توانـد معنـای فـرو کـردن در آب را نیـز داشـته باشـد.[۳] باپتیزیـو می‌توانـد دارای مفهـوم تمیـزی حاصـل از شستشـو نیـز باشـد و بنابرایـن بـه آنچـه کـه همـراه توبـه می‌آیـد اشـاره می‌کنـد. بدیـن ترتیـب ایـن کلمـه می‌توانـد بـرای شـروعی کـه بـه دنبـال توبـه و پاکـی می‌آیـد اسـتفاده شـود. ایـن کلمـه همچنیـن می‌توانـد بـه معنـای غوطـه‌رو شـدن در رودخانـه باشـد، کـه مفهـوم پـر شـدن را دارد. اینجـا کلمـه می‌توانـد بـرای تجربـهٔ پـر

شـدن کـه بعـد از آغـاز می‌آیـد استفاده شـود. فضـای کلـی متن و همچنیـن متـن خـاص مورد مطالعـه بـه مـا کمـک می‌کنـد تـا در مـورد معنایـش تصمیـم بگیریـم.

در جاهایـی کـه تعمیـد توسـط روح اتفـاق می‌افتـد متاسـفانه زمینـه مـا را مطمئـن نمی‌کنـد کـه منظـور کـدام یـک از ایـن دو گزینـه بـوده اسـت. بـه نظـر می‌رسـد باب‌هایـی کـه از لوقـا و اعمـال رسـولان نگـاه کردیـم بـه پـر شـدنی اشـاره می‌کننـد، کـه بعـدا اتفـاق افتـاد و بـه ایـن دلیـل بـود کـه شـاگردان قبـلا توبـه کـرده و بـه عیسـی ایمـان آورده بودنـد. شـکلی کـه تعمیـد توصیـف شـده اسـت ایـن را بیـان می‌کنـد کـه تمرکـز بـر پـر شـدن اسـت نـه بـر شـروع. لوقـا ۲۴: ۴۹ و اعمـال رسـولان ۱: ۸ از قـدرت صحبـت می‌کننـد. یحیـای تعمیـد دهنده دربـارهٔ عیسـی می‌گویـد، «او شـما را بـه روح‌القـدس و آتـش تعمیـد خواهـد داد» (لوقـا ۳: ۱۶). تمـام ایـن آیـات بـه ایـن اشـاره می‌کننـد کـه منظـور، تجربـهٔ پـر شـدن اسـت. اتفاقاتـی کـه در اعمـال رسـولان بـاب ۲ و در روز پنتیکاسـت رخ می‌دهنـد تاییدگـر ایـن موضـوع هسـتند.

آیـا مـواردی کـه در اعمـال رسـولان آمده‌انـد نمونه‌هایـی از یـک تجربـهٔ دوم اسـت کـه بعـد از ایمـان آوردن اتفـاق می‌افتـد؟ اگـر اینطـور اسـت، آیـا اینهـا معیـاری بـرای تمـام ایمانـداران هسـتند؟ آیـا تمـام افـرادی کـه بـا روح تعمیـد یافته‌انـد بایـد بـه زبان‌هـا صحبـت کننـد؟ برخـی می‌گوینـد ایـن چیزهـا معیـار هسـتند، و برخـی دیگـر می‌گوینـد ایـن نمونه‌هـا در اعمـال رسـولان اتفاقـات ویـژه‌ای در تاریـخ نجـات بودنـد، بنابرایـن نبایـد معیـار در نظـر گرفتـه شـوند. امـروزه بسـیاری از مسـیحیان بـه قدرتـی جدیـد در نتیجـهٔ پـر شـدن پـس از ایمـان شـهادت می‌دهنـد، و ایـن تجربیـات را بـا تعمیـد روح‌القـدس یکـی می‌داننـد. بـا ایـن حـال اول قرنتیـان ۱۳: ۱۲ می‌گویـد: «زیـرا کـه جمیـع مـا بـه یـک روح در یـک بـدن تعمیـد یافتیـم، خـواه یهـود، خـواه یونانـی، خـواه غـلام، خـواه آزاد و همـه از یـک روح نوشـانیده شـدیم.» در اینجـا متـن نشـان می‌دهـد کـه منظـور کل کلیسـا بـوده اسـت و تعمیـد در وهلـهٔ اول قـرار دارد، و زمانـی اتفـاق می‌افتـاد کـه ایمانـداران تـازه بـه کلیسـا می‌رفتنـد. وقتـی بـه شـواهدی کـه در بـالا آمده‌انـد نـگاه می‌کنیـم، نبایـد از اختـلاف نظرهـا دربـارهٔ ایـن موضـوع شـگفت‌زده شـویم. نظـر شـخصی مـن ایـن اسـت کـه ایـن موضـوع نبایـد مشـکل بزرگـی باشـد. تعمیـد چـه در

وهلهٔ اول اتفـاق بیفتـد چـه بعـدا، روشـن اسـت کـه شـیوهٔ اسـتفاده از شـکل تعمیـد بـه پرشـدن اشـاره می‌کنـد. بـرای یـک مسـیحی پـر شـدن معیـار اسـت. ایـن امـر در افسسـیان ۵: ۱۸ بـه مـا دسـتور داده شـده، «از روح پـر شـوید.» اگـر تعمیـد در وهلهٔ اول قـرار دارد، پـس پـری هـم در آن تعمیـد قـرار دارد، و از طریـق ورود بـه نجـات خـدا، زمینـه بـرای تعقیـب ایـن پـری فراهـم می‌شـود. روشـن اسـت کـه خـدا می‌خواهـد تمـام مسـیحیان از روح‌القدس پـر شـوند؛ پـس بـدون جنـگ بـر سـر اینکـه ایـن اتفـاق بـه چـه شـکل و در چـه زمانـی می‌افتـد، معتقـدم کـه تمرکـز مـا بایـد بـر ایـن باشـد کـه مطمئـن شـویم پـر شـده‌ایم. مـا بایـد بـا قـدرت روح زندگـی کنیـم و خدمت‌مـان را انجـام دهیـم.

رابرت کلمن می‌گوید:

وعـدهٔ [پـر شـدن از روح] عقیده‌ای دینـی اسـت کـه مـورد بحـث قـرار بگیـرد، بلکـه واقعیتـی اسـت کـه بایـد تجربـه شـود؛ و نـه یـک مزیـت جانبـی بـرای چنـد مسـیحی غیـور اسـت و نـه تعلیمـی خـاص از برخـی کلیسـاهای اوانجلیـکال. درسـت اسـت، ایـن وعـده امـکان دارد بـا نام‌هـای مختلفـی خوانـده شـود و بـا توجـه بـه دیدگاه‌هـای آمـوزه‌ای افـراد، تفسیرهـای مختلفـی از آن بشـود، امـا حقیقـت قدوسیـت فراگیـر روح‌القدس کـه مسـیح از آن برخـوردار بـود، اسـاس مسـیحیت عهـد جدیـد اسـت.[۴]

پُری به عنوان یک ویژگی زندگی

پر شـدن بـا روح‌القدس در کتـاب اعمـال رسـولان دو جنبـه دارد. یکـی شـیوهٔ زندگـی اسـت کـه بایـد تمـام مسـیحیان را توصیـف کنـد و دیگـری هـم مسـح بـرای چالش‌هـای خـاص اسـت.

پـس ابتـدا، پـر شـدن از روح یـک ویژگـی اسـت کـه مـردم را توصیـف می‌کنـد. وقتـی کلیسـای اورشـلیم بـه دنبـال افـرادی بـود تـا وظایـف اداری کلیسـا را بـه آنهـا بسـپارد، شـرط ایـن بـود کـه

آنها باید «نیک نام و پر از روح‌القدس و حکمت» باشند (اعمال رسولان ۶: ۳). استیفان و برنابـاس هـر دو بـه عنوان افـرادی پـر از روح توصیـف شده‌اند (اعمال رسولان ۶: ۵؛ ۱۱: ۲۴). فرمان پولـس کـه می‌گویـد «از روح پـر شـوید» (افسسیان ۵: ۱۸) نشـان می‌دهـد این چیزی است کـه بـرای همهٔ مسیحیان ضرورت دارد. امـا پـر شـدن از روح در اعمال رسولان شـرطی بـرای انتصاب بـه خدمـت یا توصیفـی از افـراد است. این نشـان می‌دهـد کـه برخی از افـراد در کلیسـا ممکـن است پـر نشـده باشـند. اینها مسیحیان غیرعـادی هستند.

پـس اولیـن ارجاع بـه پـر شـدن از روح بـه مـا یادآوری می‌کنـد کـه ایـن موضوع چیزی است کـه بایـد در زندگی‌مـان بـه دنبالـش باشـیم و از تمـام مسـیحیان انتظار مـی‌رود. ایـن شـرط در هنگام انتصاب افـراد بـه مقامـات کلیسایی نیـز بایـد بـه طـور ویـژه در نظر گرفتـه شـود. در کلیسـای اولیه، پـری روح هـم بـرای افـرادی کـه موعظه می‌کردنـد و تعلیم می‌دادنـد و هـم بـرای کسـانی کـه وظایـف اداری را انجام می‌دادنـد الزامـی بـود.

اگرچـه کتـاب اعمـال رسـولان ارجاعـات زیـادی بـه پـری روح بـه عنـوان یـک شـرط نـدارد، امـا ایـن موضوع جنبـهٔ عمدهٔ تعلیـم پولس دربارهٔ روح است. پولس بـر کار روح در تشـکیل شـخصیت مسـیحی تاکیـد زیـادی دارد. آشـناترین آیه‌هـای آن آیاتـی اسـت کـه فهرسـتی از ثمـرهٔ روح ارائـه می‌دهـد (غلاطیـان ۵: ۲۲-۲۳). عبـارت مربـوط بـه پـری اینجـا دیـده نمی‌شـود، امـا بـه وضـوح بـه آن اشـاره شـده است. بـه طـور خـاص در دو آیـهٔ بعـدی بـه پـری اشـاره شـده است، یعنـی زمانـی کـه پولـس می‌گویـد، «اگـر بـه روح زیسـت کنیـم، بـه روح هـم رفتـار بکنیـم» (غلاطیـان ۵: ۲۵). اینهـا راه‌هـای مختلـف بـرای توصیف شـرایط پـر شـدن از روح هسـتند. صحبـت او در مـورد عطایـای روح در اول قرنتیان ناگهـان قطـع می‌شـود تـا بتوانـد قسـمتی در مـورد برتـری محبـت بنویسـد (اول قرنتیـان ۱۳). او وقتـی می‌گویـد «محبـت خـدا در دل‌هـای مـا بـه روح‌القدس کـه بـه مـا عطا شـد ریختـه شـده است» (رومیـان ۵: ۵)، از زبـان پـری اسـتفاده می‌کند. کلمـه‌ای کـه در اینجـا «ریختـه شـده» ترجمـه شـده است (اِکـوو)، مفهـوم «زیـادی و فراوانـی» دارد.

در یـک مطالعـهٔ آمـاری از وقـوع موضوعـات معیـن در رسـالات پولـس، توانسـتم پنجـاه و نـه

مرجع را بیابم که هشتاد و یک آیه را در بر می‌گیرد و خدمت روح القدس را با ثمرهٔ روح و دیگر مسائل مربوط به تقدس در زندگی ایمانداران مرتبط می‌کند.[5] رومیان باب ۸ شرحی مقتدر از توانایی روح برای کمک به ماست تا موافق روح زندگی کنیم و نه موافق جسم.

پس نتیجه می‌گیریم وقتی کتاب‌مقدس از پُری روح به عنوان یک شرط صحبت می‌کند، از حالتی می‌گوید که در آن روح بر زندگی مردم حکمرانی می‌کند تا کار او، هم در رفتار و هم در خدمت آنها مشهود باشد. امروزه نیاز مبرمی به احیای این تاکید وجود دارد. جنبهٔ قدرت بخشی روح برای خدمت در کلیسا بسیار برجسته شده، و نمایش این قدرت در جذب افراد خارج از کلیسا به آن موثر بوده است. این موضوع خوب و مطلوبی است. اما به دلیل سمت و سوی کنونی بازاریابی کلیسا، آنقدر بر جنبهٔ جذب افراد خارج از کلیسا تاکید شده که نقش‌های دیگر روح به عنوان کسی که کمک می‌کند تا شخصیت شکل بگیرد حذف شده است.

نتیجهٔ غفلت از جنبهٔ دوم کار روح این است که ما شاهد وقوع شکست‌های اخلاقی و معنوی زیادی در بین افرادی هستیم که خدمت‌های قدرتمندی دارند و برخی از عطایای معجزه‌آسای روح را به نمایش می‌گذارند. وقتی متوجه شدم برخی از افراد که به نظر می‌رسد با قدرت از این هدایا استفاده می‌کنند، زندگی غیراخلاقی‌ای دارند یا به طرز چشمگیری در بروز برخی از میوه‌های روح ناتوان هستند، شگفت‌زده شدم، و تحیر من هنوز هم ادامه دارد. اما یک چیز قطعی است؛ زمانی که عدم تقدس این خادمان برجسته و «عطا یافته» مشخص شود، بی‌حرمتی به مسیح بی‌اندازه خواهد بود. همهٔ ما، از جمله مایانی که عطیهٔ اصلی‌مان موعظه و تعلیم است، باید مراقب دام شیطان باشیم که ما را به سمت غفلت از جنگ علیه عدم تقدس می‌برد. او ممکن است متقاعدمان کند که به دلیل قدرت آشکاری که در خدمت‌مان دیده می‌شود همه چیز رو به راه است.

قدرتی کـه بـه کار می‌بریـم مطمئنـا بـرای زمـان طولانـی همـراه مـا نمی‌مانـد. اگر بـر دوری از خـدا پافشـاری کنیـم، روزی ناگهـان خواهیـم دیـد کـه عطایای‌مـان مـا را تـرک کرده‌انـد، و قـادر نیسـتیم بـه خدمت‌مـان ادامـه بدهیـم. زندگـی مـا از خدمت‌مـان پیشـی می‌گیـرد، درسـت مثـل شمشـون کـه (خیلـی دیـر) متوجـه شـد قدرتـش زندگـی او را تـرک کـرده اسـت (داوران ۱۶: ۲۰)؛ و نتیجـهٔ آن بی‌حرمتـی بـه خـدا اسـت و معمـولا شرمسـاری بـرای مـا. بنابرایـن بایـد مـدام دربـارهٔ ایـن مـوارد هوشـیار باشـیم.

اول قرنتیـان ۱۳: ۱–۳ بـه عطایـای بزرگـی اشـاره می‌کنـد کـه معمـولا آنها را بـرای کلیسـا بسـیار ارزشـمند می‌دانیـم. امـا آنهـا بـا عبـارات نیش‌داری هـم همـراه هسـتند کـه هشـدار می‌دهنـد اگـر ایـن عطایـا همـراه بـا محبـت نباشـند هیـچ هسـتند. نصیحـت پولس بـه تیموتائـوس در ایـن آیـه بسـیار بـه جاسـت: «خویشـتن را و تعلیـم را احتیـاط کـن و در ایـن امـور قائـم بـاش کـه هـرگاه چنیـن کنـی، خویشـتن را و شـنوندگان خویـش را نیـز نجـات خواهـی داد» (اول تیموتائـوس ۴: ۱۶). ایـن راهنمایـی بـه دنبـال توصیـه‌ای بـرای برتـری در خدمـت می‌آیـد (آیـات ۱۴–۱۵). برتـری مهـم اسـت، امـا اگـر پشـتوانهٔ آن یـک زندگـی خداپسـندانه نباشـد بی‌فایـده اسـت.

متوجـه شـده‌ام گاهـی اجـازه می‌دهـم کـه سـازش و بی‌تفاوتـی تعهـدم را بـه آرامـی از بیـن ببرنـد. اگـر مراقـب نباشـم، ایـن چیزهـا می‌تواننـد زندگـی‌ام را نابـود کننـد. فکـر می‌کنـم چنیـن رفتـاری یکـی از راه‌هایـی اسـت کـه می‌توانیـم «باعـث رنجـش روح‌القدس» شـویم (افسسـیان ۴: ۳۰). ایـن آیـه در افسسـیان پـر اسـت از چیزهایـی کـه بـا آنهـا می‌توانیـم روح را برنجانیـم، مثـل «سـخن بـد» (۴: ۲۹)، «تلخـی و غیـظ و خشـم و فریـاد و بدگویـی و خباثـت» (۴: ۳۱). جالـب اسـت کـه متـن مشـابه دیگـری از پولـس می‌گویـد، «روح را اطفا مکنیـد» و در ادامـه دربـارهٔ از بیـن بـردن اسـتفاده از عطیـه‌ای مشـخص صحبـت می‌کنـد «نبوت‌هـا را خـوار مشـمارید» (اول تسـالونیکیان ۵: ۱۹–۲۰). پـس می‌توانیـم هـم از طریـق زندگـی غیـر خداپسـندانه و هـم از طریـق عـدم اسـتفادهٔ صحیـح از عطایـای روحانـی، روح را برنجانیـم.

کلیـد حفـظ پـری روح و زندگـی خداپسـندانه داشـتن قلبـی اسـت کـه پذیـرای روح‌القدس باشـد. اگـر بـه روح نـگاه کنیـم، او بـه مـا نشـان خواهـد داد کـه چـه زمانـی در راه‌هـای خطرنـاک حرکـت می‌کنیـم. یکـی از خدمت‌هـای او بـه مـا ایـن اسـت کـه معلم‌مـان باشـد (یوحنـا ۱۴: ۲۶)، و کتاب‌مقدس بـه مـا می‌گویـد کـه خدا مـا را بـه راه‌هـای عدالـت هدایـت خواهـد کـرد (مزمـور ۲۳: ۳). بعـد، او مطمئنـا بـه مـا نشـان خواهـد داد کـه چـه زمانـی از راهـی کـه خـدا بـرای مـا در نظـر دارد، منحـرف می‌شـویم. یکـی دیگـر از خدمـات روح بـه مـا ایـن اسـت کـه «جهـان را بـر گنـاه وعدالـت و داوری ملـزم» کنـد (یوحنـا ۱۶: ۸). کاری کـه او بـا جهـان انجـام می‌دهـد را مطمئنـا بـا آنهایـی کـه بـه او تعلـق دارنـد هـم انجـام خواهـد داد.

چطـور می‌توانیـم قلبـی داشـته باشـیم کـه پذیـرای تشـویق روح باشـد؟ پولـس می‌گویـد قبل از اینکـه عشـای ربانـی را بـه جا آوریـم بایـد خودمـان را بیازماییـم (اول قرنتیـان ۱۱: ۲۸). اگـر اینطـور اسـت، چقـدر بیشـتر بایـد قبل از اینکـه قـوم خـدا را در پرسـتش یـا شـهادت بـه او هدایـت کنیـم، خودمـان را بیازماییـم. پولـس دوبـاره می‌گویـد، «خـود را امتحـان کنیـد کـه در ایمـان هسـتید یـا نـه. خـود را بازیافـت کنیـد» (دوم قرنتیـان ۱۳: ۵). مزمورنویـس اینطـور دعـا می‌کنـد، «ای خـدا مـرا تفتیـش کـن و دل مـرا بشـناس. مـرا بیازمـا و فکرهـای مـرا بـدان، و ببیـن کـه آیـا در مـن راه فسـاد اسـت؟ و مـرا بـه طریـق جاودانـی هدایـت فرمـا» (مزمـور ۱۳۹: ۲۱-۲۴).

زمـان مناسب بـرای چنیـن آزمودنـی قبل از ایـن اسـت کـه بخواهیـم خـدا را در خدمت‌مان نشـان دهیـم. متوجـه شـدم کـه قبل از موعظـه، اغلـب در ایـن مـورد کـه مطمئـن شـوم چیزی مانـع کار خـدا از طریـق مـن نمی‌شـود، دچـار ناامیـدی می‌شـوم. احتمـالا نسـبت بـه چیزی در زندگـی‌ام بی‌توجـه بـوده‌ام، و بازبینـی موعظـه آن را بـه کانـون توجـه آورده اسـت. در چنیـن مواقعـی مـن در حالـت پذیـرش قـرار دارم، و روح اغلـب بـه مـن یـادآوری می‌کنـد کـه چـه چیزهایـی بایـد اصـلاح شـوند. گاهـی متوجـه می‌شـوم کـه بایـد بـا کسـی صحبـت کنـم یـا نامـه‌ای بنویسـم. اگـر نتوانـم ایـن کار را قبل از موعظـه انجـام دهـم بـه خداونـد قـول می‌دهـم کـه آن را بعـدا انجـام دهـم، و بعـد بـه آمادگـی بـرای موعظـه ادامـه می‌دهـم.

یـک واعـظ معـروف آمریکایـی، زمانـی کـه دربـارهٔ موعظـه مصاحبـه‌ای داشـت، گفت کـه صبـح یکشنبه اغلب ماشـینش را در پارکینـگ کلیسا پـارک می‌کنـد، و قبـل از پیـاده شـدن از همسـرش می‌خواهـد او را بـرای کاری کـه انجـام داده است ببخشـد. او می‌دانسـت بایـد قبل از نشـان دادن خـدا در منبر، ایـن موضـوع را برطـرف کند. یـک بـار کـه دی. ال. مـودی در حال موعظـه بـود، شـخصی را در بیـن حضـار دیـد کـه بـا او مشـکل داشـت. بی‌درنـگ از مخاطبیـن خواسـت کـه بایسـتند، یـک سـرود را اعـلام کـرد، و زمانـی کـه مـردم سـرود می‌خواندند رفت و بـا آن شـخص صلـح کـرد؛ سـپس بـه منبـر برگشـت، از مـردم خواسـت کـه بنشـینند و بـه موعظـه ادامـه داد.⁶

جـورج مولـر بعـد از اینکـه از مدیریـت یتیم‌خانـه‌اش بازنشسـته شـد (۱۸۹۸–۱۸۰۵)، در سـن هفتـاد سـالگی وارد یـک خدمـت بشـارتی سـیار شـد و تـا سـن هشـتاد و هفت سـالگی بـه آن ادامـه داد. در طـول ایـن هفـده سـال او ۳۲۱۰۰۰ کیلومتر سـفر و در چهـل و دو کشـور خدمـت، و تقریبـا بـرای سـه میلیـون نفر موعظـه کـرد. بـا توجـه بـه اینکـه اینهـا قبـل از زمـان اختـراع هواپیمـا و سیسـتم‌های صوتـی اتفـاق افتاده‌انـد، ایـن ارقـام شـگفت‌انگیزند.

کسـی از مولـر راز زندگـی طولانـی‌اش را پرسـید. او سـه دلیـل ارائـه داد. دومیـن دلیـل، لذتـی بـود کـه در خـدا و کار او احسـاس می‌کـرد. سـومین، نشـاطی بـود کـه از کتاب‌مقدس دریافت می‌کـرد و قـدرت احیـا کننـدهٔ مسـتمری کـه کتاب‌مقدس در وجـود او ایجـاد می‌کـرد. اولیـن دلیـل مربـوط بـه ایـن مبحـث اسـت – «خـودش را ریاضـت مـی‌داد تـا همیشـه وجدانـی بی‌لغـزش نسـبت بـه خـدا و مـردم داشـته باشـد.»⁷

او بـه گفته‌هـای پولـس خطـاب بـه فلیکـس اشـاره می‌کنـد (اعمـال رسـولان ۱۶: ۲۴). کلمـهٔ آسـکئو کـه در ترجمـهٔ قدیـم «ریاضـت» و در ترجمـهٔ شـریف «سخت‌کوشـی» ترجمـه شـده اسـت یعنـی «بـا تعهـد خـود را بـه فعالیتـی وا داریـم.»⁸ کاری اسـت کـه بـا یـک سرسـپردگی بـزرگ آن را انجـام می‌دهیـم. اینکـه زندگی‌مـان را بـا کارهـای روحانـی بـی هـدف بگذرانیـم، بـار بزرگـی اسـت. بـار احسـاس تقصیـر، نیـروی‌مـان را از بیـن می‌بـرد و مـا را ضعیـف و

بی‌بهــره از پــری روح می‌کنــد.

از ایـن می‌ترسـم کـه رفتـار نسـل حاضـر از راهبـران مسـیحی طـوری باشـد کـه بـه نسـل بعـدی نمونـه‌ای بسـیار ضعیـف از خداترسـی ارائـه کنیـم. اگـر ایـن جریـان را متوقـف نکنیـم، می‌توانیـم مسـئول شـیوع بدبینـی در نسـل جـوان باشـیم؛ نسـلی کـه در آن، دیگـر تعالیـم احترامـی ندارنـد، چـون راهبـران نسـل قبـل ایـن تعالیـم را بـا زندگـی مقـدس زینـت نداده‌انـد (تیطـس ۲: ۱۰). ایـن وضعیـت بـه نوبـۀ خـودش می‌توانـد بـه عصـر تاریکـی دیگـری منجـر شـود، یعنـی زمانـی کـه مسـیحیت اسـمی و ناتوانـی ماننـد آفتـی بـه جـان کلیسـا میفتنـد.

کلمـات سـادۀ یـک سـرود نشـان‌دهندۀ فریـادی اسـت کـه بایـد در قلـب هـر خدمتگـزار انجیـل وجـود داشـته باشـد:

بگذار زیبایی عیسی در من دیده شود:
تمام مهربانی و پاکی شگفت‌انگیز او.
ای روح الاهی، تمام ذات مرا پاک کن،
تا زمانی که زیبایی عیسی در من دیده شود.

البتـه، اثربخشـی دراز مـدت در خدمـت، نتیجـۀ حیاتـی اسـت کـه پـری روح ویژگـی آن اسـت. عیسـی می‌گویـد: «هـر کـه تشـنه باشـد نـزد مـن آیـد و بنوشـد. کسـی کـه بـه مـن ایمـان آورد، چنانکـه کتـاب می‌گویـد، از بطـن او نهرهـای آب زنـده جـاری خواهـد شـد.» یوحنـا می‌گویـد: «امـا ایـن را گفـت دربـارۀ روح کـه هـر کـه بـه او ایمـان آرد او را خواهـد یافـت» (یوحنـا ۷: ۳۷-۳۹). یـک دلیـل عمـده بـرای فرسـودگی بالایـی کـه امـروزه در خدمـت وجـود دارد می‌توانـد ایـن باشـد کـه مـا بـه جـای خدمـت بـا منابـع بی‌پایـان روح، بـا قـدرت خـود خدمـت می‌کنیـم. سـوزان پرل‌مَـن کـه یکـی از راهبـران خدمتـی بـه اسـم «یهودیـان بـرای عیسـی» اسـت، می‌گویـد: «فرسـودگی زمانـی اتفـاق میفتـد کـه بـه جـای روغـن، فتلیـه می‌سـوزد.»

فکر می‌کنم بزرگترین ترس من برای خودم این است که پری روح را که این خدمت از آن سرچشمه می‌گیرد، از دست بدهم. مردم در نگاه اول متوجه خدمت من در جسم نمی‌شوند. فکر می‌کنم که من دانش، تجربه، و توانایی‌های کافی را دارم که بتوانم افراد را برای مدت زمان قابل‌توجهی فریب بدهم. آنها حتی اگر متوجه این موضوع شوند، اشاره‌ای به آن نمی‌کنند. اما از نظر موفقیت در دستورکار پادشاهی، یک مردود هستم که از خدمتی که پذیرش خدا را می‌خواهد، محروم می‌شوم. اما آگاهی از اینکه پولس هم با این ترس زندگی می‌کرد، تسلی‌بخش است. او می‌گوید: «بلکه تن خود را زبون می‌سازم و آن را در بندگی می‌دارم، مبادا چون دیگران را وعظ نمودم، خود محروم شوم» (اول قرنتیان ۹: ۲۷).

بی‌واسطگی روح

باید در این موضوع به یک نکتهٔ دیگر دربارهٔ کیفیت زندگی افرادی اشاره کنم که با روح پر شده‌اند. عیسی گفت، برای شاگردان بهتر است که برود تا تسلی‌دهنده بیایند (یوحنا ۱۶: ۷). آیات بعدی در توصیف کار روح می‌آیند که جهان را محکوم می‌کند. اما فکر می‌کنم بتوانیم اینطور استنباط کنیم که یکی از برکاتی که عیسی دربارهٔ آمدن روح به آن اشاره کرد، بی‌واسطگی حضور روح بود. او نه فقط گاهی اوقات (مثل حضورش در کنار شاگردان زمانی که عیسی بر روی زمین بود) بلکه دائما با ماست. به نظر می‌رسد حضور خدا یکی از ویژگی‌های عهد جدید است که ارمیا و دیگران آن را پیش‌بینی کرده بودند، یعنی زمانی که شریعت بر قلب‌های قوم خدا نوشته می‌شود و آنها خداوند را از نزدیک می‌شناسند (ارمیا ۳۱: ۳۱-۳۴؛ نک. حزقیال ۱۱: ۱۸-۲۰). در زمان عهد عتیق بی‌واسطگی روح را فقط تعداد کمی که امتیازی ویژه داشتند تجربه می‌کردند.

عهد جدید مرحله‌ای تازه در بی‌واسطگی رابطهٔ ما با خدا از طریق روح را شرح می‌دهد (رومیان ۸: ۹، ۱۱؛ اول قرنتیان ۳: ۱۶؛ ۶: ۱۹؛ دوم قرنتیان ۱۳: ۱۴؛ فیلیپیان ۲: ۱). او بر

روح مـا شـهادت مـی‌دهـد، و مـا را مطمئـن مـی‌کنـد کـه فرزنـدان خـدا هسـتیم (رومیـان ۸: ۱۵-۱۶). خـدا وجـودی دور نیسـت کـه بـا او رابطـه‌ای کامـلا ذهنـی داشـته باشـیم؛ مـا واقعـا او را تجربـه مـی‌کنیـم. مـا قـدرت او را در زندگـی روزانه‌مـان تجربـه مـی‌کنیم (لوقـا ۲۴: ۴۹؛ اعمـال رسـولان ۸: ۱). در واقـع، در کتـاب اعمـال رسـولان دریافـت روح نـه تنهـا از نظـر ذهنـی بـاور شـد، بلکـه چیـزی بـود کـه شـخصا تجربـه شـد (اعمـال رسـولان ۸: ۱۷-۱۹؛ ۱۹: ۶). در اعمـال رسـولان زمان‌هـایی هسـتند کـه ایمانـداران بـه وضـوح مـی‌دانسـتند کـه روح بـا کلام هدایت‌کننـده بـا آنهـا صحبـت کـرده اسـت (اعمـال رسـولان ۱۳: ۲- ۴؛ ۱۶: ۶-۷). گاهـی اوقـات همانطـور کـه خدمـت اغابـوس نبـی ایـن موضـوع را نشـان داد، ایـن هدایـت از طریـق کاربـرد عطیـۀ روحانـی مـی‌آمـد (اعمـال رسـولان ۱۱: ۲۷- ۲۸؛ ۲۱: ۱۰-۱۱؛ نـک. اول قرنتیـان ۱۲ و ۱۴).

در طـول قرن‌هـا مسـیحیان از سـنت‌های الاهیاتـی مختلـف در کلیسـا ایـن حـس بی‌واسـطگی خـدا از طریـق روح‌القـدس را تجربـه کرده‌انـد. امـا اغلـب یـک راست‌دینـی خشـک بـه کلیسـا حملـه کـرد تـا چنیـن تجربـه‌ای را خفـه کنـد. در طـول سـال‌هـا، احیاگری‌هایـی اتفـاق افتـاد کـه مسـیحیان ایـن بی‌واسـطگی روح را دوبـاره تجربـه کردنـد، طـوری کـه دوبـاره بـه خـط مقـدم زندگـی مسـیحی برگشـته اسـت. در سـه قـرن گذشـته، ایـن امـر از طریـق طرفـداران وسـلی و بیـداری کاریزماتیـک اتفـاق افتـاد.

در واقـع، اعتقـاد بـه بـرکات بی‌واسـطگی روح مـورد سوءاسـتفاده قـرار گرفـت. برخـی از مسـیحیان ادعـا کردنـد کـه خـدا چیزهـای خاصـی بـه آنهـا گفتـه اسـت کـه احتمـالا بیشـتر زادۀ ذهـن خودشـان بـود. و گاهـی ایـن کار خیلـی آسیب‌زننـده بـود. امـا اسـتفادۀ نادرسـت از عطیـه نبایـد باعـث عـدم اسـتفاده از آن شـود. مشـکلات بایـد باعـث شـوند کـه مـا دستورالعمل‌هایی بـرای اسـتفادۀ درسـت از آن ایجـاد کنیـم، یعنـی همـان کاری کـه پولـس در اول قرنتیـان ۱۲-۱۴ انجـام داد.

یکـی از نتایـج تجربـۀ بی‌واسـطگی روح جنـب و جوشـی تـازه در پرسـتش اسـت. مسـیحیان

اولیـه ایـن را در روز پنتیکاسـت بـا شیوه‌ای کـه خـدا را سـتایش کردنـد، نشـان دادنـد (اعمال رسـولان ۲: ۱-۱۲). پولـس درسـت قبـل از اینکـه بـه اهالـی افسـس پنـد بدهـد کـه از روح پُـر شـوند (افسسـیان ۵: ۱۸)، گفـت، «بـا یکدیگـر بـه مزامیـر و تسـبیحات و سـرودهای روحانـی گفتگـو کنیـد و در دل‌هـای خـود بـه خداونـد بسـرایید و ترنـم نماییـد. و پیوسـته بـه جهـت هـر چیـز خـدا و پـدر را بـه نـام خداونـد مـا عیسـای مسـیح شـکر کنیـد» (۵: ۱۹-۲۰). می‌گوینـد منـازل متدوسـیت‌های اولیــه از صـدای سـرود خواندن‌شـان شـناخته می‌شـدند.[۹] امـروز کل کلیسـا در نتیجـۀ بیـداری کاریزماتیـک تحریـک شـده تـا بـه برتـری و جنـب و جوش پرسـتش دوبـاره فکـر کنـد؛ و ایـن موضـوع کلیسـا را در سراسـر جهـان بـه موسـیقی‌های جدیـد زیـادی مجهـز کـرده اسـت (کـه بعضـی از آنهـا خوبنـد و بعضـی خیلـی خـوب نیسـتند!).

پُری به عنوان مسحی برای خدمت

دومیـن راهـی کـه مفهـوم پُـری از روح بـرای آن اسـتفاده شـده، مسـح بـرای چالش‌هـای خـاص اسـت. می‌بینیـم کـه از ایـن موضـوع چندیـن بـار در اعمـال رسـولان اسـتفاه شـده اسـت. لوقـا شـرح خـود از اولیـن جـواب پطـرس در برابـر راهبـران یهـودی بـه اتهامـات علیـه کلیسـا را اینطـور شـروع می‌کنـد: « آنـگاه پطـرس از روح‌القـدس پـر شـده، بدیشـان گفـت...» (اعمـال رسـولان ۴: ۸). روح او را پـر کـرد تـا بتوانـد بـه شـکل مناسـب پاسـخ دهـد، چـون عیسـی وعـده داده بـود کـه، «و چـون شـما را گرفتـه، تسـلیم کننـد، مَیندیشـید کـه چـه بگوییـد و متفکـر مباشـید بلکـه آنچـه در آن سـاعت بـه شـما عطـا شـود، آن را گوییـد زیـرا گوینـده شـما نیسـتید بلکـه روح‌القـدس اسـت» (مرقس ۱۳: ۱۱). ایـن یـک مسـح بـرای مواجهـه بـا مخالفـت اسـت. در ایـن موقعیـت راهبـران یهـود «قدغـن کردنـد کـه هرگـز نـام عیسـی را بـر زبـان نیاورنـد و تعلیـم ندهنـد» (اعمـال رسـولان ۴: ۱۸). شـاگردان اینطـور جـواب دادنـد، «مـا را امـکان آن نیسـت کـه آنچـه دیـده و شـنیده‌ایم، نگوییـم» (آیـۀ ۲۰)، و سـپس پیـش باقـی ایمانـداران رفتنـد و چیـزی را کـه اتفـاق افتـاده بـود گفتنـد. ایـن اولیـن بحـران بزرگ بـرای کلیسـا بـود. بزرگ‌تریـن وظیفـۀ آنهـا غیرقانونـی اعـلام شـده بـود. وقتـی ایمانـداران «ایـن را شـنیدند، آواز خـود را بـه یـک دل بـه خـدا بلنـد» کردنـد. در ایـن دعـا آنهـا گفتنـد، «و الان ای خداونـد، بـه تهدیـدات

ایشان نظر کن و غلامان خود را عطا فرما تا به دلیری تمام به کلام تو سخن گویند» (آیهٔ ۲۹). خدا فورا به این دعا پاسخ داد: «و چون ایشان دعا کرده بودند، مکانی که در آن جمع بودند به حرکت آمد و همه به روح‌القدس پر شده، کلام خدا را به دلیری می‌گفتند» (آیهٔ ۳۱). این هم مسحی است که می‌توان با آن در میان مخالفت با ایمان بود.

زمانی که با مخالفت و بحران مواجه می‌شویم، اغلب عکس‌العمل اشتباه نشان می‌دهیم. همانطور که واکنش‌های زیر نشان می‌دهند، می‌توانیم بیش از اندازه محتاط شویم و بگوییم: «دیگر هرگز جایی که دشمنان هستند شاهد نخواهم بود.» «هرگز دیگر کاری خارج از قاعده انجام نمی‌دهم.» «این کلیسا آمادهٔ تغییر نیست یا علاقه‌ای به آن ندارد.» «من برای این کار مناسب نیستم. شاید باید از آن دست بکشم.» گاهی اوقات در واکنش‌های‌مان بیش از حد پرخاشگر می‌شویم. زمانی که مشایخ تصمیمی غیرمنطقی گرفتند تا به یک جلسهٔ جوانان که تا حدی بحث‌برانگیز بود، اجازهٔ برگزاری ندهند، کشیش اینطور پرسید: «این چیزی است که مشایخ می‌گویند؟ خب، من کشیش هستم و به آنها نشان خواهم داد اختیار دارم که این برنامه را تایید کنم.» یا نامه‌ای با لحنی تند از طرف یکی از اعضا می‌آید که ما را متهم به کاری اشتباه می‌کند و ما با نامه‌ای که لحنی تندتر دارد جواب می‌دهیم و چند نسخه از آن را برای دیگران هم می‌فرستیم.

وقتی مورد حمله قرار می‌گیریم، واقعا به حکمت و جسارتی نیاز داریم که از روح می‌آید. به همین دلیل در چنین شرایطی خیلی مهم است که منتظر هدایت و قدرت خداوند شویم. زمانی که با مشکلی مواجه می‌شویم معمولا اولین واکنش ما تلاش برای یافتن راه‌حل برای آن است؛ و اغلب زمانی به سراغ دعا می‌آوریم که تمام چیزهای دیگری که امتحان کرده‌ایم کارساز نبودند.

بزرگترین بحرانی که در خدمت با آن مواجه شدم، چند سال پیش زمانی اتفاق افتاد که بعضی از کارمندان از تصمیماتی خاص ناراحت بودند. آنها احساس کردند که من به

عنوان راهبرشان بـه آنهـا خیانـت کـردهام. وقتـی بـه خشـم آنهـا گـوش میکـردم، دردهـای عمیقـی را تجربـه کـردم. در ایـن زمان خـدا قاعـدهای را بـه مـن یـاد داد کـه از نظـرم خیلی مفیـد اسـت: در زمـان بحـران، قبـل از اینکـه افـراد مخالـف را ملاقـات کنیـم، بایـد بـه ملاقـات خـدا برویـم. خدمـت مـا در درجـهٔ اول واکنشـی بـه خشـم و عـدم پذیـرش مـردم نیسـت؛ و از پذیـرش مـا توسـط خـدا بـه عنـوان خدمتگـزاران ارزشـمندش و از پـری توسـط روح سرچشـمه میگیـرد تـا بتوانیـم بـا چالشهایـی کـه بـا آنهـا مواجـه میشـویم مقابلـه کنیـم.

گاهـی اوقـات در زمـان ایـن بحـران، مـن بـرای سـاعتها در اتاقـم تنهـا میمانـدم – فکـر و دعـا میکـردم و کلام او را میخوانـدم – و آگاه بـودم کـه در حضـور خـدا هسـتم؛ و بعـد بـا قوتـی کـه از بـودن در حضـور خـدا گرفتـه بـودم بـه دیـدن آن افـراد رفتـم. بـاور دارم کـه جـواب خشـم آنهـا را بـا روح دادم و نـه بـا جسـم. مطمئنـم بـا ایـن کار بـدون اینکـه بخشـی از آن مشـکل شـوم، عاملـی بـرای شـفا شـدم. رویارویـی یعقـوب در تمـام شـب بـا خـدا، یعنـی زمانـی کـه شـنید بـرادرش عیسـو بـا لشـگری بـزرگ بـرای دیدنـش میآیـد، مثالـی خـوب از ایـن قاعـده اسـت (پیدایـش ۳۲: ۲۲–۳۲). میدانیـم کـه یعقـوب بـه عنـوان مـردی ترسـو بـه آن کـوه رفـت، امـا صبـح فـردا بـا برکتـی غنـی بـرای مواجهـه بـا چالـش پیـش عیسـو رفـت.

سـومین مثال در اعمـال رسـولان دربارهٔ پـری بـه عنوان مسـح، درسـت قبـل از مـرگ اسـتیفان میآیـد. او سـخنرانی بـزرگ خـود را بـا متهـم کـردن افـراد بـه سـرپیچی از شـریعت و مصلـوب کـردن ماشـیح آنهـا تمـام میکنـد (اعمـال رسـولان ۷: ۵۱–۵۳). آیـات بعـدی میگوینـد، «چـون ایـن را شـنیدند دلریـش شـده، بـر وی دندانهـای خـود را فشـردند.» گفتـه شـده کـه، «امـا او از روحالقـدس پـر بـوده، بـه سـوی آسـمان نگریسـت و جـلال خـدا را دیـد و عیسـی را بدسـت راسـت خـدا ایسـتاده و گفـت: "اینـک آسـمان را گشـاده، و پسـر انسـان را بـه دسـت راسـت خـدا ایسـتاده میبینـم"» (آیـات ۵۵–۵۶). چیـزی کـه در ادامـه میآیـد توصیـف مـرگ اسـتیفان اسـت کـه بـا سنگسـار توسـط جمعیـت خشـمگین اتفـاق افتـاد.

در اینجـا اسـتیفان بعـد از دریافـت روح عملکـردی خدمتـی اجـرا نکـرد. چالشـی کـه مقابـل او

قـرار دارد تجربـهٔ مرگـی دردنـاک اسـت. پـس ایـن، مسـحی بـرای مواجهـه بـا مـرگ اسـت. و شـکل مشـخصی از مسـح کـه اینجـا رخ می‌دهـد، دیـدی تـازه نسـبت جـلال عیسـی اسـت. نمونه‌هـای زیـادی در تاریـخ وجـود دارنـد کـه قـوم خـدا دیـد تـازه‌ای نسـبت خـدا و طبیعـت او را در زمـان بحـران عمیـق تجربـه می‌کننـد. در سـالی کـه عزیـا کـه پادشـاهی درسـتکار بـود مـرد و پادشـاهی شـریر جایگزیـن او شـد، اشـعیا گفـت، «خداونـد را دیـدم کـه بـر کرسـی بلنـد و عالـی نشسـته بـود، و هیـکل از دامن‌هـای وی پـر بـود» (اشـعیا ۶: ۱).

واعـظ بـزرگ هنـدی سـادو سـاندر سـینگ، وقتـی مسـیحی شـد خانـواده‌اش کـه سـیک بودنـد او را تـرک و مسـموم کردنـد. بعـدا او نزدیـک بـه خانـهٔ خانـواده‌اش موعظـه می‌کـرد، و تصمیـم گرفـت بـه دیـدن پـدرش بـرود. سـاندر سـینگ می‌گویـد کـه چـه اتفاقـی افتـاد: «چـون بـا مسـیحی شـدن خانـواده را بی‌آبـرو کـرده بـودم، ابتـدا پـدرم نخواسـت مـن را ببینـد، یـا مـرا بـه خانـه راه دهـد. امـا کمـی بعـد بیـرون آمـد و گفـت، "خیلـی خـوب، امشـب می‌توانـی اینجـا بمانـی؛ امـا بایـد صبـح زود بـروی. دیگـر نمی‌خواهـم تـو را ببینـم".» سـینگ می‌گویـد: «مـن سـاکت مانـدم، و آن شـب او بـرای مـن جایـی بـا فاصلـه درسـت کـرد کـه مبـادا آنهـا یـا ظروف‌شـان را ناپـاک کنـم، و بعـد برایـم غـذا آورد، و بـا ظرفـی از فاصلـهٔ بـالا روی دست‌هایـم آب ریخـت تـا آن را بنوشـم، درسـت مثـل کسـی کـه بـه یـک مطـرود آب می‌دهـد.»

او ادامـه می‌دهـد: «پـدرم کـه زمانـی مـن را خیلـی دوسـت داشـت، حـالا آنقـدر از مـن متنفـر بـود کـه لمسـم نمی‌کـرد.» تحمـل ایـن موضـوع خیلـی سـخت بـود. «وقتـی ایـن رفتـار را دیـدم، نتوانسـتم جلـوی اشـک‌هایی کـه از چشـمم می‌ریختنـد را بگیـرم.» معتقـدم کـه در آن زمـان او پـری روح را تجربـه کـرد. او می‌گویـد، «علیرغـم همـهٔ این‌هـا، قلـب مـن بـا آرامشـی غیرقابـل توصیـف پـر بـود؛ و بـرای ایـن رفتـار از او تشـکر هـم کـردم... و بـا احتـرام خداحافظـی کـردم و رفتـم. در زمینـی از خـدا تشـکر کـردم و زیـر یـک درخـت خوابیـدم، و صبـح بـه راهـم ادامـه دادم.»[۱۰]

سال‌هـا بعـد پدر سـاندر سـینگ هم مسـیحی شـد.

یک شهید مسیحی به شخصی که آتشی برای کشتن او روشن می‌کرد لبخند می‌زد. آن شخص از دیدن او که لبخند می‌زد خیلی ناراحت بود و از او پرسید چرا می‌خندد. شهید جواب داد، «من جلال خدا را دیدم و خوشحال شدم.»

زمان‌های مرگ واقعی و عاطفی، یعنی هنگامی که برای عدالت رنج می‌کشیم، خیلی سخت هستند. خشم یک واکنش طبیعی است، چون ما کار اشتباهی انجام ندادیم، در حالیکه افرادی که در رده‌های بالا هستند واضحا اشتباه می‌کنند. این موقعیت‌ها شخصیت مسیحی ما را به صورت کامل امتحان می‌کنند؛ و ما برای مواجهه با آنها به حمایت فیض کافی خدا نیاز داریم. ما به لمسی خاص از جانب خدا نیاز داریم – مسحی با پری روح.

چهارمین وقوع پری به عنوان مسح برای انجام کاری، زمانی است که برنابا و سولس به سرجیوس پلوس که والی روم و مشتاق شنیدن کلام خدا بود، شهادت می‌دادند. علیمای جادوگر «ایشان را مخالفت نموده، خواست والی را از ایمان برگرداند» (اعمال رسولان ۱۳: ۸)؛ و بعد پولس، «پر از روح‌القدس شده، بر او نیک نگریسته» او را توبیخ کرد و به او گفت که نابینا می‌شود. و او نابینا شد (آیات ۹–۱۱). این مثالی از پری برای توبیخ است.

ما به شجاعت روح برای توبیخ افراد نیاز داریم، چون گاهی اوقات ترجیح می‌دهیم که مسئله را نادیده بگیریم چون مواجهه می‌تواند سخت و ناخوشایند باشد. ما به کنترل روح هم نیاز داریم، چون می‌توانیم ناشکیبا باشیم و توبیخ را خیلی تند انجام دهیم که در این صورت بیشتر آسیب زننده است تا بنا کننده. زمانی که باید کسی را توبیخ کنم، سعی می‌کنم قبل و در حین این اتفاق، دعا کنم تا بتوانم تحت کنترل روح صحبت کنم.

در اعمال رسولان موقعیت‌هایی که از آنها مسح‌های خاص به وجود می‌آیند تا

حـدی محـدود هسـتند. امـا ایـن فهرسـت مفیـد اسـت، چـون می‌بینیـم کـه مسـح بـا مـرگ و سـرزنش در ارتبـاط اسـت، و این‌هـا موقعیت‌هایـی هسـتند کـه معمـولا آن‌هـا را بـا هـم مرتبـط نمی‌دانیـم؛ و می‌خواهیـم امـکان مسـح بـرای خدمت‌هـای عمومـی مثـل موعظـه و شـفا را محـدود کنیـم. در اعمـال رسـولان همچنیـن مسـح بـرای مواجهـه بـا بحـران را می‌بینیـم. آن بـاب از اشـعیا کـه عیسـی در ناصـره دربارۀ مسـح خـودش از آن نقـل قـول می‌کنـد (اشـعیا ۶۱: ۱-۲) بـه جنبه‌هـای زیـادی از خدمـت اشـاره دارد. «روح خداونـد بـر مـن اسـت، زیـرا کـه مـرا مسـح کـرد تـا فقیـران را بشـارت دهـم و مـرا فرسـتاد تـا شکسـته‌دلان را شـفا بخشـم و اسـیران را بـه رسـتگاری و کـوران را بـه بینایـی موعظـه کنـم و تـا کوبیـدگان را آزاد سـازم، و از سـال پسـندیدۀ خداونـد موعظـه کنـم» (لوقـا ۱۸: ۱۹). تنـوع خدمت‌هـا کـه در اینجـا بـه آنهـا اشـاره شـده اسـت، نشـان می‌دهـد مـا بـرای هـر کاری کـه بـرای خـدا انجـام می‌دهیـم بـه مسـح او نیـاز داریـم. ایـن کار ممکـن اسـت سـخنرانی در یـک جلسـه یـا مواجهـه بـا یـک نیـاز بـرای تادیـب کسـی، رویارویـی بـا مخالفـت یـا دلسـردی، تعلیـم بچه‌هـا در کانـون شـادی یـا مدرسـه، عیـادت از یـک بیمـار یـا خوانـدن یـک سـرود یـا توضیـح موضوعـی بـه فرزنـد یـا والدیـن کسـی، کار بـرای عدالـت اجتماعـی یـا انجـام کارهـای اجتماعـی، یـا کار در محیطـی ناپـاک و فاسـد باشـد؛ تمـام ایـن چالش‌هـا مسـتلزم مسـح روح هسـتند.

گاهـی اوقـات ایـن مسـح‌ها بـه شـکلی اتفـاق میفتنـد کـه بـه وضـوح بـرای دیگـران قابـل مشـاهده اسـت، درسـت ماننـد برخـی از مثال‌هـا در اعمـال رسـولان. فکـر می‌کنـم می‌توانیـم فـرض کنیـم کـه در زمان‌هـای دیگـر، اگرچـه ممکـن اسـت مسـح بـه وضـوح دیـده نشـود، امـا وجـود دارد. گاهـی اوقـات کـه متوجـه می‌شـوم از طریـق پیامـی کـه مـن آن را یـک شکسـت واقعـی می‌دانسـتم، بـه مـردم خدمـت شـده اسـت، از ایـن موضـوع شگفت‌زده می‌شـوم. اگرچـه فکـر می‌کـردم کـه روح مـرا تـرک کـرده، امـا او بـا وجـود ایـن از طریـق پیـام کار می‌کـرد.

دعا و مسح

مـا بایـد مطمئـن شـویم کـه بـا مسـح خـدا خدمـت می‌کنیـم. آیـا کاری کـه بتوانیـم

انجـام دهیـم تـا از ایـن موهبـت مطمئـن شـویم؟ قطعـا خداونـد قـادر مـا را بـا ایـن قـدرت فـرا طبیعـی بـر اسـاس ارادۀ خـودش برکـت خواهـد داد، و گاهـی متوجـه می‌شـویم او زمانـی بیشـتر از مـا اسـتفاده می‌کنـد کـه بـه نظـر می‌رسـد کمتریـن آمادگـی را داریـم. امـا مـا بـه نوبـۀ خودمـان می‌توانیـم بـه دنبـال هماهنگـی بـا خـدا بـوده تـا ظروفـی مناسـب بـرای اسـتفادۀ او باشـیم. در آیـه‌ای کـه پولـس از اسـتعارۀ ظـرف اسـتفاده می‌کنـد، بـه تیموتائـوس می‌گویـد، «پـس اگـر کسـی خویشـتن را از اینهـا طاهـر سـازد، ظـرف عـزت خواهـد بـود، مقـدس و نافـع بـرای مالـک خـود و مسـتعد بـرای هـر عمـل نیکـو» (دوم تیموتائـوس ۲: ۲۱). مـا قبـلا بـه نیـاز بـرای قداسـت در زندگـی خدمت‌گـزاران خـدا نـگاه کرده‌ایـم.

در عهـد جدیـد و بـه طـور خـاص در نوشـته‌های لوقـا، رابطـه‌ای نزدیـک بیـن دعـا و تجربـه کـردن روح وجـود دارد. عیسـی بعـد از تعمیـد در حـال دعـا بـود کـه درهـای آسـمان بـاز و روح‌القـدس بـر او نـازل شـد (لوقـا ۳: ۲۱-۲۲). عیسـی گفـت کـه «پـدر آسـمانی شـما روح‌القـدس را خواهـد داد بـه هـر کـه از او سـوال کنـد» (لوقـا ۱۱: ۱۳). قبـل از روز بـزرگ پنتیکاسـت، «جمیـع اینهـا بـا زنـان و مریـم مـادر عیسـی و بـرادران او بـه یـک دل در عبـادت و دعـا مواظب می‌بودنـد» (اعمـال رسـولان ۱: ۱۴). بعـد از اینکـه بـه پطـرس و یوحنـا گفتـه شـد نبایـد بـه خبـر خـوش موعظـه کننـد، کلیسـا دعـا کـرد، و بلافاصلـه بعـد از دعـا آنهـا از روح پـر شـدند (اعمـال رسـولان ۴: ۳۱).

در بعضـی از کارهـای خدمـت، مثـل دعـا بـرای بیمـار، دعـا مسـتقیما قـدرت خـدا را آزاد می‌کنـد. دربـارۀ دعـا بـرای شـفا، یعقـوب می‌گویـد، «دعـای مـرد عـادل در عمـل، قـوت بسـیار دارد» (یعقـوب ۵: ۱۶). مـا اغلـب در خدمت‌مـان افـراد را بـه دعـا هدایـت کـرده و بـرای نیازهـای ویـژۀ افـراد در ملاعـام یـا بـه صـورت شـخصی دعـا می‌کنیـم. امـا علاوه بـر ایـن، بایـد بـه یـاد داشـته باشـیم کـه دعـا کلیـدی اسـت بـرای بـاز کـردن زندگـی مـا بـه روح تـا بتوانـد مـا را پـر کنـد. عیسـی بـه وضـوح می‌گویـد کـه دعـا کلیـد قـدرت در خدمـت اسـت. وقتـی شـاگردان از عیسـی پرسـیدند کـه چـرا نتوانسـتند روح شـریر را از یـک پسـر جـوان بیـرون کننـد، او گفـت، «ایـن جنـس بـه هیـچ وجـه بیـرون نمی‌رود جـز بـه دعـا» (مرقـس ۹: ۲۹). در ایـن مـورد

هیچ گزارشی دربارهٔ دعای عیسی قبل از بلند کردن پسر وجود ندارد. مرقس می‌گوید، «عیسی دستش را گرفته، برخیزانیدش که بر پا ایستاد» (مرقس ۹: ۲۷). اما درست قبل از این اتفاق، عیسی بر کوه تبدیل هیبت دعا کرده بود (لوقا ۹: ۲۹).

بنابراین وقتی عیسی در مرقس ۹: ۲۹ به شاگردان دربارهٔ نیاز به دعا برای قدرت در خدمت گفت، دربارهٔ زندگی دعاگونه به عنوان جنبهٔ حیاتی از آمادگی برای خدمت صحبت می‌کرد. اشعیا ۴۰: ۳۱ وعده می‌دهد، «آنانی که منتظر خداوند می‌باشند قوت تازه خواهند یافت و مثل عقاب پرواز خواهند کرد. خواهند دوید و خسته نخواهند شد. خواهند خرامید و درمانده نخواهند گردید.»

دعا کمک می‌کند که با قلب خدا هماهنگ شویم. یهودا می‌گوید، «... در روح‌القدس عبادت نموده، خویشتن را در محبت خدا محفوظ دارید» (یهودا ۲۰-۲۱).

«دعا» در یونانی یک وجه وصفی، و «خویشتن را محفوظ دارید» یک فعل امری است. ما چطور خودمان را در محبت خدا محفوظ می‌داریم – این یعنی مطمئن شویم با دعا در نام روح‌القدس کاملا با روح‌القدس هماهنگ هستیم؟ وقتی دعا می‌کنیم، بادبان‌های‌مان را به سمتی می‌گذاریم که در جهت باد روح باشد تا بتوانیم در جریان با او همراه شویم. وقتی در حضور او می‌مانیم، صمیمیت‌مان را با او عمیق می‌کنیم، و این یعنی زمانی که خدمت می‌کنیم می‌توانیم او را بهتر نشان دهیم.

دابلیو. ای. سنگستر از کلمهٔ قدیمی تدهین برای توضیح دادن آنچه ما در اینجا مسح می‌خوانیم، استفاده می‌کند. او تدهین را اینطور توصیف می‌کند، «سرّی است که هیچ‌کس نمی‌تواند آن را در موعظه تعریف کند و هیچ‌کس (با هرگونه حساسیت روحانی‌ای) نمی‌تواند آن را اشتباه متوجه شود.»[۱۱]

او می‌گوید، «تدهین فقط از دعا می‌آید. و چیزهای دیگر که برای واعظ ارزشمند هستند با دعا و چیزهای دیگر می‌آیند. تدهین فقط از دعا می‌آید. اگر هرچیز دیگری فقر

دعاهای نهان ما را آشکار نمی‌کرد، فقدان تدهین این کار را می‌کرد. موعظهٔ شایسته، اغلب فراست یک مرد را آشکار می‌کند. . . . تدهین حضور خدا را آشکار می‌کند.»[۱۲]

ای. استنلی جونز تا زمانی که تقریبا نود ساله بود، سرزندگی خارق‌العاده‌ای را در خدمتش نشان داد. دانلد دمری معلم فن موعظه‌ام از زمانی می‌گوید، که به عنوان یک واعظ جوان، این امتیاز را داشته تا بعد از جلسه دکتر جونز را به خانه‌اش برساند. دمری از او پرسید چه چیزی باعث شد تا او اینطور تاثیرگذار انجیل را انتقال دهد. ظاهرا دکتر جونز از این سوال خجالت‌زده شد و نتوانست چیزی بگوید. اما درست قبل از پیاده شدن از ماشین گفت، «دعا.» جونز اینطور نوشته است: «کسی از من پرسید چطور زندگی روحانی‌ام را حفظ کرده‌ام – ساعت‌های خاصی متعلق به روز نیستند – آنها مجزا هستند؛ این ساعات به دریافت قدرت برای روز تعلق دارند. اگر این ساعت‌ها را از دست بدهم روز هم با آنها از دست می‌رود. اگر زیاد دعا کنم بهترم و اگر کمتر دعا کنم خوب نیستم. اگر ساعت‌های دعا تقلیل بروند روز هم تقلیل می‌رود.»[۱۳]

گاهی که در حال آمادگی برای کاری مثل نوشتن موعظه هستیم، ممکن است خدا ما را ترغیب کند تا دست از آمادگی برداریم تا خودمان را آماده کنیم. وقتی این نیاز را احساس می‌کنیم حکیمانه است که فورا دست از کار بکشیم و دعا کنیم.

گاهی آماده‌سازی می‌تواند مانع دعای‌مان شود. کلیسایی که به آن می‌روم بعد از ظهر تشکیل می‌شود، و کاری که من معمولا انجام می‌دهم این است که یکشنبه قبل از رفتن به جلسه برای اعضا دعا کنم. این یعنی من باید تمام کارهایم را تقریبا نیم ساعت زودتر تمام کنم تا بتوانم این وقت را برای دعا داشته باشم. یک روز مشغول کار بر روی یک درس کتاب‌مقدسی بودم که در نهایت منجر به این کتاب شد، کار به خوبی پیش می‌رفت؛ بعد متوجه شدم که باید از کار دست بکشم و دعا کنم، اما به کار ادامه دادم و ناگهان دیدم که وقت رفتن است، پس خواستم سریع کاری را که نوشته بودم ذخیره کنم تا بتوانم کامپیوتر را خاموش کنم، و درست در همان لحظه کامپیوترم

از کار افتاد. من نیم ساعت کار را از دست دادم و این درس خوبی شد تا اولویت‌هایم را مشخص کنم.

وقتی قبل از رویدادی دعا می‌کنیم، باید از خدا پری او در زمان خدمت را بخواهیم. پولس از خوانندگان رسالاتش خواست تا برای جنبه‌های مختلف خدمت او دعا کنند. او به اهالی افسس گفت: «برای من نیز دعا کنید تا وقتی سخن می‌گویم قدرت بیان به من عطا گردد و بتوانم سر انجیل را با شهامت فاش سازم ... دعا کنید که من آن را، چنانکه باید و شاید، با شهامت بیان کنم» (افسسیان ۶: ۱۹- ۲۰). او اگر از دیگران خواسته که این دعا را برایش بکنند، پس باید حتما چنین دعایی را هم برای خودش کرده باشد. من اغلب به عنوان بخشی از دعایم قبل از انجام کاری یک سرود کلیسایی یا سرودی دربارهٔ مسح روح می‌خوانم، چون گاهی سرودها خواسته‌هایم را بهتر از من بیان می‌کنند. و وقتی به سمت منبر یا صحنه برای شروع پیامم می‌روم، معمولا در سکوت از خدا مسح او را می‌خواهم.

با این حال، فکر نمی‌کنم که ما نیاز داشته باشیم قبل از رویدادی تمام وقت دعای‌مان را صرف این کنیم که از خدا بخواهیم ما را پر کند. شکل‌های دیگری از دعا مثل شفاعت هم به ما کمک می‌کنند که با خدا هماهنگ باشیم. وقتی دعا می‌کنیم در تماس مستقیم با خدا هستیم. اگر قبل از موعظه، زمان دعای همیشگی‌ام را داشته باشم، معمولا برای افرادی که در لیست دعای همیشگی‌ام هستند دعا می‌کنم. اخیرا در کنفرانسی در آمستردام برای مبشرین پیامی صبحگاهی داشتم. صحبت کردن با ده هزار مبشر کاری چالش برانگیز و از نظر روحانی خسته کننده است. صبح زود برای دعا بیدار شدم. اما بعد از اینکه چند بار برای مسح خدا دعا کردم، متوجه شدم که تکرار یک چیز فایده‌ای ندارد؛ پس لیست دعایم را برداشتم و مثل کاری که هر روز سعی می‌کنم انجام دهم، برای خانواده و همکارانم دعا کردم. بعدا متوجه شدم که این شفاعت هم من را برای سخنرانی آماده می‌کرد؛ چون با خدا وقت می‌گذراندم، پس با قلب خدا هماهنگ می‌شدم.

معمولا یک روز قبل از رویداد، سعی می‌کنم مطمئن شوم کـه در برنامه‌ام زمان کافی برای دعـا کنـار گذاشته شده است. اما چند بـار پیـش آمده کـه بـه دلیل شـرایط اجتناب ناپذیـر نتوانسـتم ایـن زمـان را مطابـق برنامـه سپری کنـم؛ و بـه همیـن دلیل بایـد بـه فیض خـدا کـه بـرای هـر نیـازی کافـی اسـت، تکیـه می‌کـردم و بـا ایمان و ایـن بـاور کـه او خدمتم را بـرکـت می‌دهـد می‌رفتـم.

سـال گذشـته در کنفرانسـی در انگلیـس بـرای مبشـرین، بـه صـورت روزانـه سخنرانی می‌کردم، و یـک روز می‌خواسـتم دربارهٔ نیـاز خدمتگـزاران مسـیحی بـرای داشـتن وقتـی منظـم بـا خـدا صحبـت کنـم. یـک شـب قبـل، سـاعت مچـی‌ام را تنظیـم کـردم تـا چهار بـار بـه فاصلهٔ یـک دقیقـه زنـگ بزنـد و اینطـور مطمئـن می‌شـدم کـه بـه موقـع بیـدار می‌شـوم تـا قبل از سـخنرانی زمانـی بـرای دعـا داشـته باشـم. مـن بعـد از هـر چهـار بـار کـه سـاعت زنـگ زد خـواب مانـدم، و بـا نگرانـی بیـدار شـدم! بـا عجلـه و بـه سـختی سـر وقـت بـه جلسـه رسـیدم. امـا فیـض خـدا بـرای آن چالـش کافـی بـود.

همچنیـن زمان‌هایـی داشـته‌ام کـه درسـت قبـل از سـخنرانی، ناگهان ایـده‌ای جدیـد مربوط به موضـوع بـه ذهنـم می‌رسـید، و می‌دانسـتم کـه بایـد روی آن نکتـه کار کنـم؛ و بـه همیـن دلیـل، گاهی زمـان دعایـم کوتـاه می‌شـد. در چنیـن شـرایطی بایـد از خـدا بخواهـم کـه مراقبم باشـد و بـا دادن ایـن قـول بـه خـدا کـه بـه دعـای شفاعتم در سـاعت‌های دیگـر همان روز «می‌رسـم»، بـه سـخنرانی بـروم. روزی کـه بـرای اولیـن بـار ایـن متـن را می‌نوشـتم ایـن اتفـاق برایـم افتـاد. نکات خـوب جدیـدی بـرای پیغامـی کـه آن روز صبـح داشـتم بـه ذهنـم رسـیدند. نوشـتن ایـن نکات بـا زمان دعایـم تداخـل پیـدا کرد؛ پـس بـه خـدا قـول دادم کـه عصـر دعـا می‌کنـم. امـا عصـر قولـم را فرامـوش کـردم و بـدون انجـام دادن دعـای شفاعتم کار نوشـتن را شـروع کـردم. بعـد از نوشـتن ایـن پاراگـراف، دسـت از نوشـتن برداشـتم و دعـا کـردم.

همـهٔ این‌هـا نشـان می‌دهـد کـه نمی‌توانیـم دربارهٔ ارتبـاط زمـان دقیـق دعـا و مسـح بـرای

کارهـای خدمـت، بـه قانونـی پایبنـد باشیم. مهـم ایـن اسـت کـه نزدیکی‌مـان بـه خـدا را حفـظ کنیـم؛ و مـن هیـچ راه بهتـری بـه جـز دعـا بـرای حفـظ ایـن ارتبـاط نمی‌شناسـم.

پـس بیاییـد مطمئـن شـویم کـه در روح خدمـت می‌کنیم. بالاخـره مـا بـا آگاهـی کامـل از عـدم شایسـتگی‌مان بـرای انجـام چنیـن کار بزرگـی، بـا ایمـان پیـش می‌رویـم و بـه خـدا اعتمـاد داریـم کـه مـا را می‌بینـد. امـا اگـر مانعـی بـرای کار خـدا وجـود دارد کـه می‌توانیـم آن را ببینیـم، در نهایت فوریت بـا آن برخـورد می‌کنیم. سـهم مـا تـلاش بـرای رفـع مانـع در کار خداسـت؛ و ایـن خداسـت کـه در آخـر کار را انجـام می‌دهـد.

دعـای مـا تنهـا کلیـد دعـا بـرای مسـح نیسـت. رسـالات پولـس نشـان می‌دهند کـه او بـرای قـدرت در خدمتـش روی دعـای دیگـران حسـاب می‌کـرد. مـن یـازده مثـال در هشـت رسـاله پیـدا کـردم کـه او در آنهـا از خواننـدگانـش می‌خواهـد برایـش دعـا کننـد. دو درخواسـت هـم در عبرانیـان وجـود دارد. همانطـور کـه مـوارد زیـر نشـان می‌دهنـد، پولـس بـرای چیزهـای مختلفـی درخواسـت دعـا کـرد:

- یـک مـورد، درخواسـتی کلـی اسـت: «ای بـرادران، بـرای مـا دعـا کنیـد» (اول تسـالونیکیان ۵: ۲۵). عبرانیـان ۱۸ :۱۳ هـم چنیـن درخواسـتی دارد.
- او پنـج بـار بـرای رهایـی از زنـدان یـا دشـمنان درخواست دعـا می‌کنـد (رومیـان ۱۵ :۳۱؛ دوم قرنتیـان ۱۱: ۱؛ فیلیپیـان ۱: ۱۹؛ دوم تسـالونیکیان ۳: ۲؛ فیلیمـون ۲۲).
- او بـرای دریافـت کلام درخواسـت دعـا می‌کنـد تا بتوانـد بـا شـهامت انجیـل مسـیح را بشناسـاند (افسسـیان ۶: ۱۹).
- او دوباره برای شهامت در بیان، درخواست دعا می‌کند (افسسیان ۶: ۲۰).
- او درخواست شفافیت در بیان پیغام را دارد (کولسیان ۴: ۴).
- او درخواسـت می‌کنـد تـا درهـا بـرای بشـارت بـاز شـوند (کولسیان ۴: ۳) و پیغـام بـه سـرعت منتشـر شـود و مـورد احتـرام قـرار بگیـرد (دوم تسـالونیکان ۳: ۱).
- نویسـندۀ عبرانیـان بـرای برگشـتن زودتـر پیـش مخاطبانـش درخواست دعـا دارد (عبرانیان

‏‏(۱۹:۱۳).

فهرست بالا نشان می‌دهد براساس زندگی و خدمت‌مان چیزهای مختلفی هستند که می‌توانیم از مردم بخواهیم برای آنها دعا کنند. می‌دانم که برخی از افراد مخالف انجام این کار هستند. برخی با خود فکر می‌کنند که شاید در حال تحمیل باری بر دوش دیگران هستند. برخی فکر می‌کنند افرادی که این درخواست‌ها را دریافت می‌کنند آیا واقعا مشتاق هستند. برخی احساس می‌کنند با صحبت دربارهٔ نیازهای‌شان، خودشان را به صورتی غیر ضروری، آسیب‌پذیر می‌کنند. برخی فکر می‌کنند درخواست دعا برای نیازهای‌شان به عنوان خدمت‌گزار برای‌شان کسر شان است. معتقدم تعداد زیادی از ارجاعات که در رسالات آمده‌اند، و بیشترشان خطاب به کل کلیسا بود، جواب این مخالفت‌ها و دلایلی که منجر به تردید می‌شوند را می‌دهند. زمانی که نیاز خاصی دارم، کاری که می‌کنم این است که به تعداد نسبتا زیادی از افراد نامه می‌فرستم و ایمیل می‌زنم. اغلب در این نامه‌ها به گیرندگان می‌گویم که خود را موظف به خواندن نامه‌ها، جواب دادن یا حتی دعا برای نیازهایی که گفته‌ام، نکنند. اگر برخی از افراد نامهٔ ما را بدون اینکه بخوانند دور بیندازند، نباید ناراحت شویم. با در نظر گرفتن تعداد زیاد نامه‌هایی که به دست مردم می‌رسد، آنها ممکن است مجبور شوند با اولویت‌بندی به نامه‌ها جواب دهند. اما می‌دانم بعضی از آنهایی که نامه‌ها به دست‌شان می‌رسد دعا خواهند کرد، و معتقدم که دعای آنها ابزاری کلیدی برای تاثیرگذاری خدمت من است.

اما در مورد آسیب‌پذیر شدن با بیان نقاط ضعف و نیازهای خودمان به مردم، فکر نمی‌کنم این موضوع مشکلی باشد. گذشته از این، همهٔ ما برای خدمت‌مان شایستگی نداریم. ما ظروف خاکی هستیم، افراد ضعیفی در این دنیا که خدا با رحمت خود، خدمتی به ما داده است (دوم قرنتیان ۴: ۱-۷). بدون مسح خدا ما هیچ هستیم؛ پس از هر وسیلهٔ درستی که بتوانیم برای میانجی‌گری آن مسح در زندگی و خدمت خود استفاده خواهیم کرد.

۳

تایید شده توسط خدا

در فصـل اول بـه یکـی از ویژگی‌هـای خدمـت نگـاه کردیـم کـه اولیـن کار ماسـت، یعنـی نیـاز بـرای تجسـم/همذات‌پنداری. در فصـل دوم بـه آینـدهٔ خدمـت نگـاه کردیـم کـه اولیـن کار خداسـت، یعنـی قدرت‌بخشـی بـا روح. حـالا بـه تاییـد کـه کلیـدی دیگـر بـرای خدمـت اسـت و همچنیـن توسـط خـدا انجـام می‌شـود نـگاه می‌کنیـم. ایـن خدمـت آنقـدر چالش‌برانگیـز اسـت کـه وقتـی بـه آن فکـر می‌کنیـم، تمرکـز اصلـی بایـد همیشـه بـر چیـزی باشـد کـه خـدا بـرای مـا انجـام می‌دهـد؛ در غیـر ایـن صـورت زمانـی کـه مشـکلات ظاهـر می‌شـوند و مـا بـا بی‌کفایتـی خودمـان مواجـه می‌شـویم، می‌توانیـم بـا روش‌هـای آسـیب‌زننده واکنـش نشـان دهیـم. می‌توانیـم بـه خاطـر شـرایط سـخت، دلسـرد یـا ترسـان شـویم. ممکـن اسـت بـه خاطـر افـراد سـخت‌گیر، ترسـو، بدبیـن یـا تلـخ شـویم. می‌توانیـم بـه دلیـل تهدیـدی کـه بـرای احسـاس کنتـرل مـا بـر موقعیت‌هـا یـا افـراد وجـود دارد، مسـتبد شـویم یـا جاه‌طلبـی کنیـم.

کار خدا برای تایید

در ابتدای خدمت عیسی

بعـد از اینکـه روح بـر عیسـی نـازل شـد، «آوازی از آسـمان شـنیده شـد کـه می‌گفت: "تـو پسـر عزیـز مـن هسـتی، از تـو خشـنودم"» (مرقـس ۱: ۱۱). ایـن صـدا بـه طـور واضـح صـدای خداسـت. چیـزی کـه او در اینجـا می‌گویـد احتمـالا بـه دو آیـه در عهـد عتیـق اشـاره می‌کنـد.

اولیـن مزمـور ۷ :۲ اسـت کـه می‌گویـد: «او بـه مـن گفتـه اسـت: از امـروز مـن پـدر تـو شـده‌ام، و تـو پسـر مـن هسـتی.» مزمـور ۲ یـک «مزمـور سـلطنتی» اسـت کـه بـا «مسـح و تاج‌گـذاری یـک پادشـاه داوودی» در ارتبـاط اسـت.[1] آیـهٔ دیگـر اشـعیا ۱ :۴۲ اسـت: «ایـن اسـت بنـدهٔ مـن کـه بـه او قـدرت می‌بخشـم. کسـی کـه مـن او را برگزیـده‌ام و از او خشـنود هسـتم. او را از روح خـود پـر کـرده‌ام، و او عدالـت را بـرای تمـام ملت‌هـا خواهـد آورد.» متـی بـا نقـل قـول ایـن بـاب توضیـح می‌دهـد کـه خدمـت عیسـی تحقـق ایـن نبـوت اشـعیا بـود (متـی ۱۸ :۱۲). هـر دو آیـهٔ عهـد عتیـق کـه بـه آنهـا اشـاره شـده، در آن روزهـا توسـط برخـی بـه عنـوان پیشـگویی بـرای ماشـیح اسـتفاده می‌شـد. چیـزی کـه در بیـان خـدا می‌بینیـم «ترکیبـی از غلامـی حقیـر و دردمنـد اسـت کـه اشـعیا دربـارهٔ او می‌گویـد و شـاهزادهٔ سـلطنتی مزامیـر اسـت.»[2]

اگـر چنیـن پیغامـی پذیرفتـه می‌شـد، سـه نیـاز از اساسی‌تریـن نیازهـای بشـر را تامیـن می‌کـرد. اول، خـدا بـا خطـاب کـردن عیسـی بـه عنـوان پسـر محبوبـش، نیـاز انسـان بـرای هویـت را تامیـن کـرد. دوم، خـدا بـا بیـان ایـن جملـه کـه از خشـنودم، نیـاز انسـان بـه امنیـت را تامیـن کـرد. اگـر خـدا از مـا خشـنود اسـت، چیـزی بـرای تـرس وجـود نـدارد. پولـس می‌گویـد، «هـرگاه خـدا بـا مـا اسـت کیسـت بـه ضـد مـا؟» (رومیـان ۸ :۳۱). سـوم، خـدا بـا تاییـد اینکـه عیسـی همـان ماشـیح اسـت، نیـاز انسـان بـرای ارزش را تامیـن کـرد. عیسـی کار مهمـی بـرای انجـام داشـت.

آیـا عیسـی بـه چنیـن تاییـدی نیـاز داشـت؟ او چـه بـه تاییـد نیـاز داشـت یـا نداشـت، آن را دریافـت کـرد؛ و می‌توانیـم اینطـور فـرض کنیـم، از آنجایـی کـه او کامـلا انسـان بـود، بـه چیزهایـی کـه انسان‌هـای دیگـر نیـاز داشـتند احتیـاج داشـت. مـا قطعـا بـه تاییـد بـرای هویـت، امنیـت و ارزش‌مـان نیـاز داریـم.

درسـت زمانـی کـه عیسـی خدمتـش را شـروع کـرد، ایـن تاییـد بـه او داده شـد. همـهٔ مـا وقتـی کـه خدمـت یـا وظیفـهٔ جدیـدی را آغـاز می‌کنیـم، بـه سـخنان تاییدکننـده احتیـاج داریـم. بـه ایـن فکـر می‌کنیـم کـه آیـا می‌توانیـم بـه انـدازهٔ کافـی بـا چالش‌هایـی کـه پیـش رو داریـم

مواجه شویم یا نه، و اغلب خداوند با فرستادن کلامی تاییدکننده، باور ما به توانایی خود را پرورش می‌دهد تا ما را ببیند.

معتقدم زمانی که خدا آن مکانی را که اولین کلیسا در اورشلیم در آنجا بنا شد و در اعمال رسولان باب ۴ آمده است را لرزاند، می‌خواست آنها را تایید کند. پطرس و یوحنا گزارش داده بودند که راهبران یهود، بشارت را که بزرگترین وظیفهٔ آنها بود ممنوع کرده بودند و آنها در حضور خدا دعا کردند تا به ایشان جسارت بیان کلام را عطا کرده و دست خود را برای شفا و انجام نشانه‌های معجزه‌آسا دراز کند (اعمال رسولان ۴: ۲۹-۳۰). «و چون ایشان دعا کرده بودند، مکانی که در آن جمع بودند به حرکت آمد و همه به روح‌القدس پر شده، کلام خدا را به دلیری می‌گفتند» (آیهٔ ۳۱). این راه خدا بود تا به آنها بگوید که دعاهای‌شان شنیده شده و ایشان را قادر می‌کند تا کاری که باید انجام می‌دادند را انجام دهند.

خوب به یاد می‌آورم، وقتی که شنیدم دو راهبر مسیحی که تحسین‌شان می‌کردم و به آنها احترام می‌گذاشتم مرتکب گناه جنسی شده‌اند، چه اتفاقی افتاد. خبر اولین سقوط زمانی به من رسید که در یک کنفرانس بودم و تازه تفسیر کتاب‌مقدسی صبحگاهی‌ام را ارائه داده بودم. در حالیکه کاملاً می‌لرزیدم به اتاقم رفتم؛ و اینطور فکر کردم که اگر این مرد بزرگ سقوط کرده، پس چه امیدی برای من وجود دارد؟ در آن کنفرانس پس از ارائهٔ تفسیر کتاب‌مقدس، مطالعهٔ روزانهٔ کتاب‌مقدس خود را انجام می‌دادم. کتاب خروج که آن موقع مطالعه می‌کردم را باز کردم. مطالعهٔ آن روزم پر بود از وعده‌های خدا که مراقب قوم اسرائیل خواهد بود و آنها را هدایت خواهد کرد. این درست همان پیامی بود که به آن نیاز داشتم.

دومین خبر سقوط زمانی به من رسید که دوستی با من تماس گرفت و من در خانه بودم و مطالعهٔ روزانه‌ام را انجام می‌دادم. این بار بیشتر شوکه شدم، چون به این فرد نزدیک‌تر بودم. به سمت پیانو رفتم و به صورت اتفاقی سرودی آشنا باز شد و شروع

به خوانـدن آن کـردم. اولیـن یـا دومیـن سـرود ایـن بـود: «تکیـه بـر آغـوش ازلـی.» مـن از خـودم می‌پرسـیدم، «آیـا از پسـش بـر می‌آیـم؟» و خـدا بـه مـن یـادآوری می‌کـرد کـه او وفـادار اسـت و مـا تحـت سرپرسـتی او در امنیـت هسـتیم. در بـاور ایـن موضـوع کـه آیـا او مـرا می‌بینـد یـا نـه، بـه چالـش کشـیده شـدم.

زمانی که با تنهایی و دلسردی مواجه می‌شویم

دو مرتبـهٔ دیگـر هـم ثبـت شـده کـه عیسـی صدایـی از آسـمان شـنید تـا او را تاییـد کنـد. دفعـهٔ بعـد چنـد روز پـس از ایـن اتفـاق افتـاد کـه عیسـی در قیصریـهٔ فیلیپـس ماهیـت خدمتـش را بـرای شـاگردانش افشـا کـرد. ایـن اتفـاق در تمـام اناجیـل هم‌نظـر ثبـت شـده اسـت (متـی ۱۶: ۱۳؛ مرقس ۸: ۲۷؛ لوقـا ۹: ۱۸). ایـن اولیـن بـاری بـود کـه عیسـی بـه روشـنی بـه آنهـا گفت کـه یـک مـرگ بی‌رحمانـه، جنبـه‌ای اصلـی از خدمـت اوسـت. پطـرس بـه تازگـی اعتـراف بـزرگ خـود را کـرده بـود کـه عیسـی «مسـیح، پسـر خـدای زنـده» اسـت، اعترافـی کـه باعـث شـد عیسـی از پطـرس تقدیـر کنـد (متـی ۱۶: ۱۶-۱۹). امـا وقتـی عیسـی دربـارهٔ مرگـش صحبـت می‌کنـد، پطـرس آنقـدر بـه شـدت در مخالفـت بـا او صحبـت می‌کنـد کـه عیسـی بـا فریـاد می‌گویـد، «دور شـو از مـن ای شـیطان زیـرا کـه باعـث لغـزش مـن می‌باشـی، زیـرا نـه امـور الهـی را بلکـه امـور انسـانی را تفکـر می‌کنـی!» (متـی ۱۶: ۲۳). بعـد از ایـن عیسـی بـه آنهـا دربـارهٔ بهـای شـاگردی تعلیـم می‌دهـد.

در اینجـا بـه روایـت لوقـا می‌پردازیـم. لوقـا بـاب ۹ یکـی تنهاتریـن باب‌هـا در کتاب‌مقـدس اسـت. چنـد روز بعـد عیسـی، پطـرس، یعقـوب، و یوحنـا را بـرای دعـا بـه بالای کـوه می‌بـرد. هیئـت عیسـی تبدیـل می‌شـود، و بـا موسـی و الیـاس دربـارهٔ «رحلـت او» (کـه احتمـالا یعنـی مـرگ، قیـام و صعـود اوسـت) صحبـت می‌کنـد. امـا شـاگردان «بـه خـواب رفتـه بودنـد» و حتـی زمانـی کـه بیـدار شـدند، پطـرس بـه شـکلی نامناسـب دربـارهٔ سـاخت سـایبان صحبـت می‌کنـد. لوقـا می‌گویـد کـه، «نمی‌دانسـت چـه می‌گفـت» (لوقـا ۹: ۲۸-۳۳). در اینجاسـت کـه ابـری روی سرشـان می‌آیـد، و خـدا از آسـمان می‌گویـد: «ایـن اسـت پسـر حبیـب مـن، او

را بشـنوید» (آیـات ۳۴-۳۵).

تنهایـی عیسـی بعـد از تبدیـل هیئتـش تمـام نمی‌شـود. وقتـی بـه سـمت جمعیـت بـر می‌گـردد، می‌بینـد کـه شـاگردانش نتوانسـتند دیـو را از پسـر بیـرون کننـد (لوقـا ۹: ۳۷-۴۰). بعـد از اینکـه پـدر آن پسـر موقعیـت را توضیـح می‌دهـد، «عیسـی در جـواب گفـت: "ای فرقـهٔ بی‌ایمـان کـج روش، تـا کـی بـا شـما باشـم و متحمـل شـما گـردم؟"» (آیـهٔ ۴۱). برایـم جـای سـوال دارد کـه چنـد بـار در سـکوت چنیـن چیـزی را بـه خودتـان گفته‌ایـد؛ مـن اغلـب بـه خـودم می‌گویـم.

عیسـی پسـر را شـفا می‌دهـد، و مـردم از بزرگـی خـدا شـگفت‌زده می‌شـوند (آیـات ۴۲-۴۳). لوقـا سـپس می‌گویـد، «ایـن سـخنان را در گوش‌هـای خـود فـرا گیریـد زیـرا کـه پسـر انسـان بـه دسـت‌های مـردم تسـلیم خواهـد شـد» (آیـهٔ ۴۴). عیسـی می‌خواهـد وقتـی عمیق‌تریـن بـار قلبـش را بـه آنهـا می‌گویـد، بـا دقـت گـوش کننـد؛ «ولـی ایـن سـخن را درک نکردنـد و از ایشـان مخفـی داشـته شـد کـه آن را نفهمنـد و ترسـیدند کـه آن را از وی بپرسـند» (آیـهٔ ۴۵). عیسـی یـک بـار دیگـر تنهـا می‌مانـد.

تنهایـی عیسـی وقتـی بیشـتر می‌شـود کـه «در میـان ایشـان مباحثـه شـد کـه "کـدام یـک از مـا بزرگ‌تـر اسـت؟"» (آیـهٔ ۴۶). سـپس بـه ایـن گفتـهٔ یوحنـا می‌رسـیم کـه می‌گویـد آنهـا سـعی کردنـد شـخصی کـه از آنهـا نبـود را از اخـراج دیوهـا در نـام عیسـی منـع کننـد، و عیسـی آنهـا را از ایـن کار بـاز مـی‌دارد (آیـات ۴۹-۵۰). در ادامـه، توصیفـی دربارهٔ تردیـد یـک روسـتای سـامری بـرای اسـتقبال از عیسـی و سـوال یعقـوب و یوحنـا در مـورد اینکـه آیـا «بگوییـم کـه آتـش از آسـمان باریـده، اینهـا را فـرو گیـرد» می‌آیـد و اینکـه عیسـی دوبـاره آنهـا را بـه خاطـر ایـن موضـوع توبیـخ می‌کنـد (آیـات ۵۱-۵۵). ایـن بـاب بـا توصیـف سـه نفـر کـه می‌خواسـتند از عیسـی پیـروی کننـد و جواب‌هـای غیرمنتظـره‌ای از او گرفتنـد و احتمـالا همیـن باعـث شـد کـه ایـن سـه نفـر از او پیـروی نکننـد، تمـام می‌شـود (آیـات ۵۷- ۶۲).

عجـب تنهایـی‌ای! چـه دلایـل قـوی‌ای بـرای دلسـرد شـدن! بـا ایـن حـال در بیـن ایـن

تجربه‌ها از تنهایی، تبدیل هیئت و مکالمه با موسی و الیاس و صدا از آسمان هم وجود دارد. خدا نه تنها با صدای رسا صحبت کرد، بلکه دو نفر را نیز فرستاد که با عیسی دربارهٔ «رحلت» او صحبت کنند. عدم توانایی نزدیک‌ترین همراهان او بر زمین برای درک مفهوم این «رحلت» باید بزرگترین دلیل برای تجربهٔ تنهایی عیسی باشد.

جالب است که هم موسی و هم الیاس، هر دو در سال‌های خدمت‌شان تنهایی بزرگی را تجربه کردند، و هر دوی آنها تایید معجزه‌آسای خدا را هم تجربه کردند. فکر می‌کنم جدی‌ترین شکایت موسی از بین تمام شکایت‌هایش به خدا، دربارهٔ مسئولیت راهبری چنین مردم دردسرسازی، در اعداد ۱۱: ۱۱-۱۵ ثبت شده است. در آن موقعیت خدا با قدرت جواب داد و هفتاد شیخ را با روحی که در موسی بود مسح کرد (اعداد ۱۱: ۱۶-۳۰). بزرگترین تجربهٔ ایلیا از تنهایی که ثبت شده، به دنبال درگیری بزرگ در کوه کرمل بود که در نهایت به شدت افسرده شد. در اینجا هم خدا با او در میان افسردگی‌اش صحبت کرد و دربارهٔ دیگران که مثل او به خدا وفادار بودند گفت و به او ماموریتی جدید برای خدمت داد (اول پادشاهان ۱۹). جالب است که در هر دو مورد یکی از ابزاری که خدا برای رفع تنهایی استفاده کرد این بود که خدمتگزار تنهای خود را به سوی هم‌قطاران دیگر هدایت می‌کرد. اما پرداختن به این موضوع خارج از حوصلهٔ این کتاب است.

پولس هم در اولین ملاقاتش از اروپا، تجربهٔ مشابهی در قرنتس داشت (اعمال رسولان ۲۳: ۱۱). او به مقدونیه خوانده شد و به آنجا سفر کرد، اما به دلیل تهدید باید از تمام شهرهای مقدونیه که ملاقات کرده بود فرار می‌کرد. در فیلیپی او دستگیر و زندانی شد، اما زمانی که مقامات شرمسار او را آزاد کردند، از پولس خواستند که شهر را ترک کند (اعمال رسولان ۱۶: ۲۲-۴۰). در تسالونیکی شورشی به پا شد، و ایمانداران به محض اینکه شب شد، او را فراری دادند (۱۷: ۵-۱۰). پولس از آنجا به بیریه رفت و ابتدا با برخوردی مثبت در آنجا مواجه شد. اما یهودیان از تسالونیکی آمدند و جمعیت را تحریک کردند، و پولس با عجله به ساحل روانه شد (۱۷: ۱۱-۱۴). او سپس به آتن رفت و با بی‌تفاوتی روبرو شد، و این بی‌تفاوتی شامل تمسخر اعتقاد پولس به قیام توسط برخی

از روشنفکران بود (۱۷: ۱۶-۳۴). پس تعجب نمی‌کنیم کـه او در برنامـهٔ سـفر خـود «در ضعـف و تـرس و لـرزش بسیار» بـه شـهر بعـدی یعنـی قرنتـس رفت (اول قرنتیـان ۲: ۳). در ابتـدا او برخـوردی مناسب دیـد، امـا خیلـی زود یهودیـان او را آزار دادنـد، و پولـس بایـد معبـد را تـرک می‌کـرد (اعمـال رسـولان ۱۸: ۶).

در آن زمـان پولـس بایـد از نظـر عاطفـی بسیار ضعیـف شـده باشـد، امـا خداونـد در رویـا بـا او حـرف زد: «ترسان مباش، بلکـه سخن بگـو و خامـوش مبـاش، زیـرا کـه مـن بـا تـو هسـتم و هیـچ کـس تـو را اذیـت نخواهـد رسـانید زیـرا کـه مـرا در ایـن شـهر خلـق بسیار است» (اعمـال رسـولان ۱۸: ۹-۱۰). پولـس کـه بـا ایـن پیغـام جسارت پیـدا کـرده بـود «مـدت یـک سـال و شـش مـاه توقـف نمـوده، ایشـان را بـه کلام خـدا تعلیـم می‌داد» (۱۸: ۱۱). علیرغـم مشـکلات اولیـه در کلیسـای قرنتـس، ایـن کلیسـا از دو هـزار سـال پیـش تـا بـه امـروز وجـود دارد.

پولـس در آخریـن ملاقاتـش از اورشـلیم بعـد از اینکـه دسـتگیر شـد، رویـایـی مشـابه دیـد. او بـه دلیـل بی‌احترامـی بـه معبـد دسـتگیر شـده بـود نـه بـه دلیـل موعظـهٔ انجیـل. پولـس یـک وطن‌پرسـت بـود، و طبـق خواسـتهٔ کلیسـای اورشـلیم بـه معبـد رفتـه بـود تـا سرسپردگی خـود بـه شـریعت یهـود را نشـان دهـد (اعمـال رسـولان ۲۱: ۲۰-۲۶). بنابرایـن هضـم ایـن دسـتگیری بایـد بـرای او خیلـی سـخت بـوده باشـد. امـا «در شـب همـان روز خداونـد نـزد او آمـده، گفـت: "ای پولـس خاطـر جمـع بـاش زیـرا چنانکـه در اورشـلیم در حـق مـن شـهادت دادی، همچنیـن بایـد در روم نیـز شـهادت دهـی"» (۲۳: ۱۱). رو بـه رو شـدن پولـس بـا فرشـته در کشـتی بـه سـمت روم در طوفان (۲۷: ۲۳- ۲۴) هـم می‌توانـد در طبقه‌بنـدی کلام خـدا بـرای تشـویق خدمتگزارانـی قـرار بگیـرد کـه بـا تنهایـی و دلسـردی مواجـه هسـتند.

تفکر دربارهٔ قربانی‌ای که باید انجام می‌داد

سـومین بـار کـه کلام خـدا از آسـمان بـر عیسـی آمـد در یوحنـا بـاب ۱۲ اسـت کـه او بـه قربانی

بزرگی کـه بایـد انجـام دهـد فکـر می‌کنـد. یوحنـا قبـلاً «سـاعت» یـا «زمـان» قربانـی بـزرگ او را اتفاقـی در آینـده معرفـی کـرده بـود (۲: ۴؛ ۲۱: ۴؛ ۲۳: ۷؛ ۳۰: ۸؛ ۲۰). حـالا عیسـی بـرای اولیـن بـار می‌گویـد، «سـاعتی رسـیده اسـت کـه پسـر انسـان جلال یابـد» (۱۲: ۲۳). از اینجـا یوحنـا سـاعت را بـه عنـوان چیـزی کـه فـرا رسـیده معرفـی می‌کنـد (۱۲: ۲۷؛ ۱۳: ۱؛ ۱۷: ۱).

ایـن فصـل، ذهـن آشـفتهٔ عیسـی زمانـی کـه بـا چشـم‌انداز مرگـش مواجـه می‌شـود را در بـر دارد. او می‌گویـد، «الان جـان مـن مضطـرب اسـت و چـه بگویـم؟ ای پـدر مـرا از ایـن سـاعت رسـتگار کـن». عیسـی فکـر اجتنـاب از صلیـب را بـا بیـان دوبـارهٔ ماموریتـش رد می‌کنـد: «لکـن بـه جهـت همیـن امـر تـا ایـن سـاعت رسیده‌ام. ای پـدر اسـم خـود را جـلال بـده!» (یوحنـا ۱۲: ۲۷-۲۸). ایـن همراهـی یوحنـا بـا دعـا در بـاغ جتسـیمانی اسـت.

هیچ‌کـدام از مـا بـه طـور طبیعـی بـه صلیـب نمی‌رسـیم. قربانـی درد دارد و ایـن درد حقیقـی اسـت. امـا بیشـتر از اینکـه بخواهیـم از درد اجتنـاب کنیـم، در مـا تمایلـی عمیـق وجـود دارد. مـا می‌خواهیـم خواسـت خـدا را انجـام دهیـم؛ بـه همیـن دلیـل عیسـی در اناجیـل هم‌نظـر اینطـور دعـا می‌کنـد «نـه بـه خواهـش مـن بلکـه بـه ارادهٔ تـو» (مرقـس ۱۴: ۳۶). در دعایـی مشـابه در یوحنـا می‌گویـد، «ای پـدر اسـم خـود را جـلال بـده!» (یوحنـا ۱۲: ۲۸). البتـه در افکار یوحنـا، صلیـب و قیـام نمایانگـر بزرگتریـن تجلـی جـلال در زندگـی مسـیح اسـت.

پاسـخ خـدا بـه سـخنان مسـیح بسـیار مناسـب اسـت: «جـلال دادم و بـاز جـلال خواهـم داد» (یوحنـا ۱۲: ۲۸). خـدا قبـلاً هـم اسـم خـود را در معجـزات عیسـی جـلال داده بـود (۲: ۱۱). او حـالا می‌گویـد کـه اسـم خـود را دوبـاره از طریـق مـرگ، قیـام، و صعـود عیسـی جـلال خواهـد داد. خـدا اساسـاً می‌گویـد کـه می‌تـوان بـه او اعتمـاد کـرد؛ او در گذشـته بـه عیسـی کمـک کـرد، و خـدا حـالا هـم کـه او بـا مرگـش رو بـه رو می‌شـود بـه عیسـی کمـک می‌کنـد. ایـن مـرگ منجـر بـه جـلال خواهـد شـد. عیسـی می‌گویـد، «ایـن صـدا از بـرای مـن نیامـد، بلکـه بـه جهـت شـما» (۱۲: ۳۰). منظـور عیسـی ایـن نیسـت کـه صـدا بـه او دلگرمـی نـداد. در حالیکه ایـن پیـام در اصـل بـرای منفعـت شـاگردانش بـود، ایـن پاسـخ خـدا بـه درخواسـت عیسـی بـه

خدا برای جلال دادن اسمش بود؛ پس برای مسیح هم در نظر گرفته شده بود.

این کلمات از جانب خدا به ما می‌آموزد که وقتی با عظمت قربانی‌ای که به خاطر خواندگی‌مان باید آن را انجام دهیم مواجه می‌شویم، خدا به ما یادآوری می‌کند که او این اتفاق را تبدیل به چیزی برای جلال خودش می‌کند؛ درست همانطور که اتفاقات قبلی را پر از جلال کرد. این حقیقت به ما کمک می‌کند تا خودمان را برای رویارویی با صلیبی که در مقابل‌مان قرار دارد آماده کنیم.

بسیاری از افراد زمانی که به خدمت مسیحی فکر می‌کنند، به رنج کشیدن فکر نمی‌کنند؛ این یک اشتباه بزرگ است؛ در تمام عهد جدید گفته شده که اگر به خدا وفادار باشیم رنج خواهیم دید. وقتی خدمت مسیحی انجام می‌دهیم، ردای عیسی که خدمتگزار رنج‌دیده بود را می‌پوشیم. فهرست طولانی رنج‌هایی که پولس برای مسیح کشید و آنها را در رسالات خود ارائه می‌دهد، بسیار واضح هستند. در واقع، او با اشاره به اینکه رنج جنبه‌ای از اتحاد او با مسیح است، رنج‌های خودش را به عنوان رنج‌های مسیح توصیف می‌کند (فیلیپیان ۳: ۱۰؛ کولسیان ۱: ۲۴-۲۵). اگر انتظار رنج را نداشته باشیم، وقتی از راه می‌رسد ممکن است دلسرد شویم، یا سعی کنیم از طریق نااطاعتی از آن اجتناب کنیم.

اما رنج کشیدن آسان نیست. افرادی که عشق را هدف زندگی خود قرار می‌دهند، وقتی توسط افرادی که به دنبال دوست داشتن‌شان هستند طرد می‌شوند، یا از آنها قدردانی نمی‌شود، یا مورد استثمار قرار می‌گیرند یا با آنها مخالفت می‌کنند، به شدت آسیب خواهند دید. اما این سهم خدمتگزاران خدا است.

با این حال، زمانی که با چشم‌انداز رنج مواجه می‌شویم، خدا به ما یادآوری خواهد کرد همانطور که رنج‌های مسیح باعث جلال عظیم شد، رنج‌های ما نیز جلال عظیمی برای خدا در پی خواهند داشت. تضمینی که در این مورد داریم این است که

او قبلا اسم خودش را از طریق ما جلال داده است؛ و مطمئنا می‌تواند دوباره از طریق این چالش سختی که با آن مواجه هستیم این کار را انجام دهد.

شاهد روح

بنابراین، سه تاییدی که عیسی دریافت کرد، مربوط به هویت، امنیت و ارزش او بود. اینها رابطهٔ او با خدا و پذیرش او و کارش توسط خدا را تایید کردند. اگر بخواهیم به خدمت مسیحی ادامه دهیم، باور به این حقایق بسیار مهم است. در واقع، بدون این باورها، می‌توانیم زندگی ناخوشی داشته باشیم و همانطور که خواهیم دید، در برابر بعضی از اشتباهات بزرگ در خدمت آسیب‌پذیر شویم. با این باورها ما در خدا امنیت داریم و می‌توانیم زندگی‌مان را در آزادی روح ادامه دهیم. پولس این آزادی را اینطور توصیف می‌کند: «از آن رو که روح بندگی را نیافته‌اید تا باز ترسان شوید بلکه روح پسر خواندگی را یافته‌اید که به آن ابا یعنی ای پدر ندا می‌کنیم» (رومیان ۸: ۱۵). ما هم، زمانی که خدمت می‌کنیم به این آزادی نیاز داریم.

متاسفانه اکثر ما خود به خود این آزادی را حتی بعد از اینکه مسیحی می‌شویم به دست نمی‌آوریم. همهٔ ما از افراد ناموفقی که ما را طرد کرده‌اند یا به ما صدمه زده‌اند ضربه‌هایی خورده‌ایم؛ و این موضوع ما را درست از زمان کودکی تحت‌تاثیر قرار می‌دهد. بودن در خدمت ما را از چنین تجربیاتی معاف نکرده است. پیامی که دریافت کرده‌ایم، و آن را نمی‌سنجیم، آنقدر به ما نزدیک است، که از اعماق وجودمان شک می‌کنیم که آیا حقیقت دارد یا نه. سپس این پیام را می‌شنویم که فرزندان خدا هستیم، توسط او پذیرفته شده‌ایم و کار مهمی برای انجام به ما سپرده شده است. ما در ذهن‌مان به این باور داریم، اما رفتار مثل افرادی که از چنین هویت، امنیت و ارزشی لذت می‌برند، برای‌مان سخت است. این حقیقت که ما با عقل‌مان به آن باور داریم، واقعا به قلب‌های‌مان راه پیدا نکرده است. مسیر ذهن به قلب اغلب توسط خاطرات آسیب‌هایی که دیده‌ایم مسدود شده است.

ما حقیقتا چطور این دارایی را که به عنوان فرزندان خدا حق ماست، تصاحب می‌کنیم؟ چیزهای بسیاری توسط خدا استفاده می‌شوند که به ما کمک کنند. مهم‌ترین کلید، باور به آن چیزی است که کتاب‌مقدس دربارهٔ ما می‌گوید. روش تعلیمی به افراد دربارهٔ اطمینان از نجات که برای مدت زمان طولانی استفاده شده، همچنان روش پایه است: کتاب‌مقدس می‌گوید، پس ما آن را باور می‌کنیم. اما ما شامل جوانبی بیش از عقل هستیم؛ انسانیت کامل ما شامل احساسات و عواطف‌مان هم می‌شود؛ و احساسات آسیب‌دیده می‌توانند مانع از تاثیرگذاری حقیقتی که ما از نظر عقلانی به آن باور داریم، بر احساسات‌مان شوند و از ایجاد امنیت، شادی و آزادی جلوگیری کنند. خدا به روش‌های دیگر هم برای شهادت دادن به حقیقتی که کتاب‌مقدس دربارهٔ ما می‌گوید، عمل می‌کند. فکر می‌کنم یک مشاور ماهر و خداشناس می‌تواند به ما کمک کند تا شفا بیابیم و کاملا حقیقتی را که دربارهٔ خودمان وجود دارد باور کنیم؛ همچنین گروهی تاییدکننده از ایمانداران که به ما متعهد هستند هم همین کار را انجام می‌دهند.

رومیان باب ۸ روش مهم دیگری را به ما ارائه می‌دهد که در آن خدا به ما کمک می‌کند تا آنچه را که کتاب‌مقدس دربارهٔ موقعیت ما در مسیح گفته است، بپذیریم. پولس شرح خود را از آزادی ما به عنوان فرزندان در آیهٔ ۱۵ با توصیف اینکه چگونه خدا برای متقاعد کردن ما در مورد فرزندخواندگی خود عمل می‌کند، ادامه می‌دهد. او می‌گوید، «همان روح بر روح‌های ما شهادت می‌دهد که فرزندان خدا هستیم» (آیهٔ ۱۶). معتقدم آنچه که این آیه توصیف می‌کند می‌تواند تاثیری تاییدکننده شبیه به همان چیزی را داشته باشد که باعث شد عیسی و پولس صدای الاهی را بشنوند. ما این را شهادت روح‌القدس به روح انسان می‌خوانیم. حسی که به ما دست می‌دهد این است که خدا به طور جداگانه با هر یک از ما صحبت و تایید کرده که متعلق به او هستیم و ما را پذیرفته است.

چطور این حس را دریافت می‌کنیم؟ روح چطور به روح ما شهادت می‌دهد؟ بگذارید برای‌تان چند مثال بیاورم:

- ایـن موضـوع هنگامـی اتفـاق مـی‌افتـد کـه آنچـه در زمـان معیـن از کتاب‌مقدس می‌خوانیـم بـه طـور خـاص بـه یـک نیـاز شخصـی مـا خدمـت می‌کنـد. وقتـی متوجـه می‌شـویم کـه خـدا شـرایط مـا را می‌دانسـته و اینطـور ترتیـب داده کـه ایـن بخـش خـاص را بخوانیـم، بـه صـورت خوشـایندی غافلگیـر می‌شـویم.

- می‌توانـد احساسـی قـوی در ذهـن باشـد. گاهـی ایـن احسـاس یـک حقیقـت کتاب‌مقدسـی اسـت، امـا چیـز خـاص ایـن اسـت کـه ایـن موضـوع در زمـان درسـت خـودش را نشـان می‌دهـد تـا بـه نیـاز ویـژهٔ مـا خدمـت کنـد.

- می‌توانـد یـک نبـوت یـا خدمتـی خـاص بـه مـا از طـرف یـک خدمت‌گـزار عطیـه یافتـهٔ خـدا باشـد.

- می‌توانـد صدایـی قابـل شـنیدن، یـک رویـا یـا یـک خـواب باشـد، درسـت مثـل چیـزی کـه عیسـی و پولـس دریافـت کردنـد.

- می‌توانـد موعظـه‌ای باشـد کـه می‌شـنویم، یـا نامـه‌ای کـه دریافـت می‌کنیـم یـا چیـزی کـه می‌خوانیـم کـه بـه طـور خـاص بـه نیـاز مـا خدمـت می‌کنـد.

- می‌توانـد موقعیتـی باشـد کـه نیـازی را بـرآورده می‌کنـد، مثـل پولـی کـه وقتـی بـه شـدت در نیـاز مالـی هسـتیم آن را دریافـت می‌کنیـم.

از طریـق ایـن ابـزار خـدا بـا مـا صحبـت می‌کنـد و می‌گویـد کـه همـراه ماسـت، مـا از آن او هسـتیم، و او بـه مـا متعهـد اسـت؛ نتیجـه، آرامـش و شـادی‌ای عمیـق و اطمینـان از ایـن اسـت کـه خـدا مراقـب ماسـت. وقتـی ایـن موضـوع را دوبـاره و دوبـاره تجربـه می‌کنیـم، پیـام دنیـا در ایـن بـاره کـه مـا بی‌مصـرف، خـوار، و بی‌اهمیـت هسـتیم قـدرت خـودش را از دسـت می‌دهـد. یـاد می‌گیریـم کـه بـاور داشـته باشـیم بـه خـدا تعلـق داریـم، کـه خـدا بـا ماسـت، از مـا مراقبـت و اسـتفاده می‌کنـد. مـا نـه تنهـا ایـن حقیقـت کـه فرزنـدان بـا ارزش خـدا هسـتیم را بـا عقل‌مـان بـاور می‌کنیـم، بلکـه در قلـب خودمـان هـم آن را می‌پذیریـم و ایـن تاثیـر چشـم‌گیری در رفتارمـان دارد.

البتـه مـا بایـد در ایـن مـورد بـا احتیـاط قـدم برداریـم چـون امـروزه بسـیاری از ایـن ایـده کـه

خدا با آنها صحبت می‌کند سوء استفاده کرده‌اند. گاهی آنچه که صدای خدا می‌دانیم در واقع تصور خودمان است. گاهی، با استفاده از روش‌های سوال‌برانگیز برای تشخیص صدای خدا، می‌توانیم خودمان را متقاعد کنیم که خدا آنچه را که خیلی دوست داشتیم بشنویم، به ما گفته است. در بعضی از حوزه‌ها تکیه بر «کلامی خاص از جانب خدا» جای مطالعهٔ جدی کلام را می‌گیرد. برخی از افراد که باید از طریق تحقیق و مطالعه به دنبال راه حلی برای مشکل‌شان باشند، انتظار دارند خدا مستقیم با آنها صحبت کند.

به دلیل این سوء استفاده‌ها، باید وقتی که می‌خواهیم پیام‌هایی که گفته می‌شود کلامی از طرف خدا هستند را در نظر بگیریم، سنجیده عمل کنیم. اگر چنین «پیام‌هایی»، «دریافت» می‌شوند، باید بررسی شوند تا ببینیم آیا در راستای آنچه کتاب‌مقدس تعلیم می‌دهد هستند یا نه، چون خدا هرگز پیامی به ما نمی‌دهد که با کلامش در تناقض باشد. باید دربارهٔ چنین پیام‌هایی به منظور تایید آنها، با اعضای کلیسایی که عضو آن هستیم صحبت کنیم. با این حال ما هیچ وقت نمی‌توانیم اعتبار و اختیاری که به کتاب‌مقدس نسبت می‌دهیم را صد در صد به این پیام‌ها نسبت بدهیم. امکان اشتباه دربارهٔ پیام‌های فرضی از جانب خدا بسیار زیاد است.

در مثال‌های عهد جدید که در بالا دیدیم، عیسی و پولس تشویق شدند تا در نتیجهٔ تایید خدا، راه پربهای اطاعت را دنبال کنند. این باید نتیجهٔ شنیدن صدای خدا باشد. ما قوی شده‌ایم تا بهای اطاعت را پرداخت کنیم. ما در اعتمادمان به خدا امنیت داریم، و زمانی که با عدم پذیرش و دیگر موانع رو به رو می‌شویم، می‌توانیم بدون عقب نشینی وفادار بمانیم.

همچنین باید این را هم بگویم که بیشتر از یک عمر طول می‌کشد تا بتوانیم اندازهٔ کامل حقیقت فرزندخواندگی‌مان را درک کنیم. با به کاربردن مفاهیم این حقیقت، ترس‌ها، عقده‌ها و ضعف‌های ما می‌توانند تا حد زیادی کم شوند. اما ما هرگز روی زمین کاملا بی‌عیب نخواهیم بود. گاهی اوقات نگرانی‌ها و ترس‌هایی خواهیم داشت

که به نقاط ضعف‌مان مربوط می‌شوند؛ و چقدر خوب است که بدانیم کتاب‌مقدس به ما می‌گوید «روح نیز ضعف ما را مدد می‌کند» (رومیان ۸: ۶).

و تحلیل پایانی این است که، از ما استفاده نشده است چون کاملا بالغ و افرادی تمام و کمال هستیم؛ بلکه چون استفاده از ظرف‌های خاکی خدا را خشنود می‌کند از ما استفاده شده است و همهٔ جلال به او خواهد رسید.

چه کاری می‌توانیم انجام دهیم

چند کار وجود دارند که می‌توانیم انجام دهیم تا مطمئن شویم که زندگی را با این حس تایید خدا سپری می‌کنیم. در سراسر خدمت‌مان با موقعیت‌هایی رو به رو خواهیم شد که می‌توانند آرامش و شادی ما و حس کلی لبخند خدا به ما را از بین ببرند. مردم به ما آسیب می‌رسانند و ما را اشتباه خواهند فهمید. ما با موقعیت‌های سخت مواجه خواهیم شد. باور دارم که در چنین مواقعی باید بدون اینکه در برابر ناامیدی یا تلخی یا خشم تسلیم شویم، برای احساس شادی خدا تلاش کنیم. وقتی پنجاه سالم شد تصمیم گرفتم که فهرستی از مبارزات بزرگی که در زندگی‌ام داشتم تهیه کنم. سومین نکته‌ام (بعد از مبارزه برای پاک نگه داشتن ذهن و کنار گذاشتن وقت کافی برای دعا) مبارزه برای غلبه بر خشم به دلیل رفتاری بود که مردم با من داشتند. این یک مبارزهٔ خیلی مهم است، و می‌دانم اگر اینجا پیروز نشوم، زندگی و خدمتم می‌توانند از بین بروند.

در عهد عتیق و به طور خاص در مزامیر به ما گفته شده زمانی که اوضاع خوب پیش نمی‌رود خداوند را بطلبیم و منتظر او بمانیم. داوود در مزمور ۲۷ که میان آشفتگی‌های بسیار نوشته شده، قصد خود را برای انجام این کار ابراز می‌کند. او در آیهٔ ۴ می‌گوید، به دنبال این است که «تمام ایام عمرم در خانهٔ خداوند ساکن باشم تا جمال خداوند را مشاهده کنم و در هیکل او تفکر نمایم.» آیهٔ ۸ تصمیم داوود برای طلبیدن روی خدا را

بیـان می‌کنـد. مزمـور بـا ایـن پنـد تمـام می‌شـود کـه، «بـرای خداونـد منتظـر بـاش و قـوی شـو و دلـت را تقویـت خواهـد داد. بلـی منتظـر خداونـد بـاش» (آیـهٔ ۱۴). ویلیـام ون جِمِـرن می‌گویـد وقتـی مزمورنویس بیان می‌کنـد کـه در طلـب خداونـد است، «احتمـالا بـه دنبـال کلام یـا عملـی الاهـی بـوده کـه اشـتیاق قلبـش را بـرآورده کنـد.»[۳] فکر می‌کنیـم در اینجـا منظـور دسـت و پنجـه نـرم کـردن بـا مشـکلات در حضـور خـدا اسـت، مثـل همـان کاری کـه یعقـوب در فِنیئیـل انجـام داد. در آنجـا یعقـوب بـا خـدا کشـتی گرفـت و مصمـم گفـت، «تـا مـرا برکـت ندهـی، تـو را رهـا نکنـم» (پیدایـش ۳۲: ۲۶).

یکـی از کشـمکش‌های جـدی‌ام بـرای شـادی در زنـدگی مسـیحی زمانـی بـود کـه دانشـجو بـودم. قلـب مـن بـرای خدمـت می‌تپیـد، امـا در حـال تحصیـل گیاه‌شناسـی، جانورشناسـی، و شـیمی بـودم. یـک سـوم نمره‌هـای مـا مربـوط بـه کارهـای عملـی‌ای بـود کـه در آزمایشـگاه انجـام می‌دادیـم. امـا مـن خیلـی دسـت و پـا چلفتـی بـودم و هسـتم. نتیجـه ایـن بـود بـا اینکـه خیلـی درس خوانـدم، امـا هرگـز در درس‌هایـم خـوب نبـودم؛ و اغلـب بـا دلسـردی‌ای عمیـق در کشـمکش بـودم. در ایـن زمان عـادت کـردم کـه بـه پیاده‌روی‌هـای طولانـی بـروم؛ و تـا زمانـی کـه احسـاس نمی‌کـردم شـادی خداونـد دوبـاره برقـرار شـده، بـه جایـی کـه بـودم بـر نمی‌گشـتم. گاهـی اوقـات ایـن موضـوع تـا مدتـی طولانـی اتفـاق نمی‌افتـاد، ولـی مـن تـا زمانـی کـه ایـن شـادی را حـس کنـم بـه دسـت و پنجـه نـرم کـردن بـا خداونـد ادامـه می‌دادم. سـپس در راه برگشـت خـودم را بـه شـفاعت می‌سـپردم. در قلـب ایـن شـادی کـه در چنیـن موقعیت‌هایـی برقـرار شـده بـود، ایـن اطمینـان وجـود داشـت کـه خـدا بـا مـن و مراقـب مـن بـود. وقتـی ایـن را در قلبـم پذیرفتـم، دیگـر دلیلـی بـرای افسـردگی نداشـتم.

از وقتـی کـه مبشـر «تمـام وقـت» شـدم، زنـدگی کمـی پیچیده‌تـر شـد. آزار و خشـم حـالا از جانـب افـرادی می‌آینـد کـه در میـان آنهـا خدمـت می‌کنـم، و زخم‌هـا عمیق‌تـر هسـتند. امـا همـان اصـل دسـت و پنجـه نـرم کـردن بـا خداونـد تـا زمانـی کـه شـادی بیایـد، مـرا بـه خوبـی حفـظ کـرده اسـت. حـالا، گاهـی اوقـات ایـن موضـوع بیشـتر طـول می‌کشـد. اغلـب موضوعـی کـه فکـر می‌کـردم بـا خداونـد آن را حـل کـرده‌ام، دوبـاره ظاهـر می‌شـد تـا مـرا بـا تلخـی

عـذاب دهـد. ایـن یعنـی حـالا بایـد در تقلایـم بـا خداونـد بـرای شـادی بیشـتر کوشـا باشـم. اما اغلـب تـا زمانـی کـه صمیمانـه و بـدون هیـچ قیـد و شـرطی تاییـد نکنـم چـون خـدا بـا مـن اسـت و ایـن، چیـزی کـه از آن خشـمگین هسـتم را بـه نیکویـی تبدیـل می‌کنـد، پیـروزی رخ نخواهـد داد، و لازم نیسـت عصبانـی یـا مضطـرب باشـم.

ایـن روزهایـی کـه دلسـرد و ناراحـت هسـتم، معمـولا زمانـم را بـا سـرودنامه‌ام می‌گذرانـم؛ چـون آنقـدر مشـوش هسـتم کـه نمی‌توانـم از کلمـات خـودم بـرای پرسـتش اسـتفاده کنـم، و بـه کلمـات سـرایندگان سـرود اعتمـاد می‌کنـم. البتـه موسـیقی، کمـک می‌کنـد تـا حقایـق بـه قلـب راه پیـدا کننـد، چـون موسـیقی زبـان قلـب اسـت. گاهـی آنقـدر دل‌شکسـته‌ام کـه نمی‌توانـم سـرودها را بـا صـدای بلنـد بخوانـم؛ و فقـط موسـیقی را بـا پیانـو می‌نـوازم و کلمـات را بـه آرامـی می‌خوانـم. امـا بـه مـرور زمـان، تحـت تاثیـر حقایـق ازلـی کـه در سـرودها نهفته‌انـد قـرار می‌گیـرم، آزاد می‌شـوم و از صمیـم قلـب و بـا شـادی فـراوان می‌خوانـم.

بـاور دارم ایـن اطمینانـی کـه بعـد از کُشـتی گرفتـن بـا خـدا دریافـت می‌کنـم، تجربـه‌ای مشـابه بـا تاییـدی اسـت کـه عیسـی و پولـس در زمـان بحـران دریافـت کردنـد. خدا بـه روح مشکل‌دار مـا بـا کلامـی رسـیدگی می‌کنـد و علیرغـم تمـام سـختی‌هایی کـه مـا را احاطـه کرده‌انـد در او اطمینـان بـه دسـت می‌آوریـم.

گاهـی بحران‌هـای مـا می‌تواننـد بـه یـک موقعیـت بـرای تجربـه‌ای تـازه از جـلال خـدا بـرای تاییـد تبدیـل شـوند. طـرد بشـری می‌توانـد تبدیـل بـه فرصتـی بـرای تجربـهٔ عمـق پذیـرش الاهـی شـود؛ و هیجـان خدمـت از طـرف خـدا، رنجـی کـه انسـان‌ها بـه مـا تحمیـل می‌کننـد را تـا حـد زیـادی جبـران می‌کنـد. داوود همچنیـن می‌گویـد، «چـون پـدر و مـادرم مـرا تـرک کننـد، آنـگاه خداونـد مـرا بـر می‌دارد» (مزمـور ۲۷: ۱۰).

خدمت بدون احساس پذیرش خدا

خدمت بدون برخورداری از حس هویت، امنیت و ارزش که از پذیرش ما توسط خدا می‌آید، بسیار خطرناک است. تاریخ نشان می‌دهد که اغلب افرادی که سخت تلاش کرده‌اند تا به اوج برسند، عدم امنیت عمیقی داشته‌اند. احساس بی‌کفایتی آنها را مجبور کرد تا عدم امنیت را با تلاشی سخت برای موفقیت جبران کنند. ممکن است بسیاری از راهبران مسیحی افرادی باشند که با مشکلاتی مثل حقارت و عدم امنیت دست و پنجه نرم می‌کنند؛ و این موضوع که آنها راهبر شده‌اند می‌تواند شهادتی عالی از فیض خدا باشد. اما آنها باید این عدم امنیت عمیق را با اعتمادی عمیق‌تر به خدا و شادی حاصل از این حقیقت که او آنها را به سرپرستی گرفته و به خدمت خوانده، جایگزین کنند.

اگر ما بدون این امنیت در مسیح خدمت کنیم، عدم امنیت‌مان می‌تواند خودش را به شیوه‌های مختلف نشان دهد. چنین مسیحیانی اغلب به افراد دیگر و به خدمت به عنوان منشا اصلی هویت و تاییدشان نگاه می‌کنند.

- برخی خواهان توجه و محبت تمام و کمال افرادی می‌شوند که به آنها خدمت می‌کنند و محکم به آنها می‌چسبند؛ و زمانی می‌رسد که برخی از افراد برای اینکه شکوفا شوند باید رها شده و به جایی دیگر بروند، اما راهبران به آنها اجازه نمی‌دهند.
- راهبرانی که عدم امنیت دارند، تمایلی ندارند که اعضای کلیسای خود را در معرض خدمت دیگر واعظین و معلمین عطیه یافته قرار بدهند، و می‌ترسند که اگر آنها تحت تاثیر خدمتگزاران دیگر قرار بگیرند، تسلطشان بر اعضا را از دست بدهند.
- برخی به کار خود بسیار وابسته می‌شوند و کار را به فردی نمی‌سپارند که می‌تواند آن را بهتر انجام دهد. گاهی برای اعضای هیئت راهبری و همکاران سخت و خجالت‌آور است که به راهبران بگویند زمان بازنشستگی یا سپردن راهبری به

شخص دیگری رسیده است.

- برای راهبرانی که عدم امنیت دارند، مدیریت انتقاد و موانعی که سر راهشان قرار می‌گیرد سخت است. وقتی چنین اتفاقاتی بیفتد، هر کسی آسیب می‌بیند و دلسرد می‌شود. اما کسانی که رضایت اصلی خود را از خدا می‌گیرند، می‌توانند بعد از مدتی به حالت عادی برگردند. آنهایی که رضایت اصلی خود را از کارشان می‌گیرند، اغلب کنترل خود را طوری از دست می‌دهند که به مردم و کارشان آسیب می‌رسانند. در میان این واکنش‌های آسیب‌زننده، تلخی، خشم، انتقام، افسردگی، و سرخوردگی وجود دارد؛ و برخی تصمیم می‌گیرند که راه ایمن را انتخاب کنند و مسیری جدید و پر مخاطره را دوباره امتحان نکنند.

- برخی اشتیاقی آتشین دارند تا به مردم نشان دهند که توانا هستند. در پس ذهن آنها جملاتی وجود دارد که در سال‌های رشدشان به آنها می‌گوید به جایی نمی‌رسند. و حالا می‌خواهند از طریق موفقیت به این افراد بگویند که اشتباه فکر می‌کردند. چنین اشخاصی هرگز خوشحال نمی‌شوند، چون افراد در ابراز قدردانی از کار ما بی‌ثبات و غیرقابل اطمینان هستند.

- برخی به نظر خیلی فروتن می‌آیند، که نمونه‌ای از روح یک خدمتگزار است. آنها سخت‌کوش هستند و از دستورالعمل‌ها به دقت پیروی می‌کنند. آنها همیشه برای کمک به دیگران حاضر هستند، اما در اعماق وجودشان تلخ هستند و فکر می‌کنند دیگران آنها را استثمار کرده‌اند. ممکن است بگویند برای اینکه شناخته شوند کار نمی‌کنند، اما از اینکه دست‌کم گرفته می‌شوند هم عصبانی هستند. ممکن است در ابتدا این خشم را نبینیم، اما گاهی اوقات این عصبانیت با طغیان خشم فروخورده‌ای بروز می‌کند که فرد مقابل را در حیرت فرو می‌برد. هیچ چیزی نمی‌تواند این افراد را خوشحال کند، چون اگر از کاری که دیگری برایشان انجام می‌دهد خوشحال شوند، مدیون خواهند شد. اما نمی‌توانند ریسک کنند و مدیون شوند؛ چون این کار بخشی مهم از هویت‌شان را می‌گیرد. آنها به عنوان بخشی از هویت خود به این طرز تفکر چسبیده‌اند که بعد از تمام زحمات زیادی که کشیده‌اند در حق‌شان ظلم شده است؛ و این بهانه‌ای برای عدم شادی آنها

می‌شود. «من خوشحال نیستم چون دیگران به من بدی کرده‌اند.» چنین افرادی باید قبل از اینکه خدمتگزار مردم شوند، فرزندان پادشاهی شوند.

فکر می‌کنم اکثر ما تا حدی از مسائلی که در بالا به آنها اشاره کردیم رنج دیده‌ایم. زمانی که این طرز برخوردها ما را کنترل می‌کنند، مشکل جدی می‌شود. وقتی که متوجه می‌شویم چنین واکنش‌هایی در ما وجود دارند، باید از آن به عنوان موقعیتی برای جستجوی دوبارهٔ خدا استفاده کنیم تا هویت، امنیت و ارزش ما برای او در اولویت قرار بگیرد.

خدمتگزاری از پذیرش می‌آید

افرادی که هویت، امنیت و ارزش خود را از خدا می‌گیرند، این قدرت را دارند که خدمتگزار شوند. خدمتگزاران کارهای زیادی انجام می‌دهند که ممکن است تحقیرکننده به نظر برسند. برنامه‌های آنها در اختیار کسانی است که به ایشان خدمت می‌کنند، و اغلب چیزهایی که نیاز به توجه دارند در زمان‌های نامناسب ظاهر می‌شوند؛ و فرد باید قوی باشد تا بتواند در حالیکه چنین کارهایی را انجام می‌دهد، شاد بماند.

قابل توجه است که دو باب آشنا که برای نشان دادن خدمت عیسی ارائه شده‌اند، ابتدا دربارهٔ مقام والای او صحبت می‌کنند. اولین باب دربارهٔ این است که او پای شاگردانش را می‌شوید. یوحنا شرح خود دربارهٔ این اتفاق را با این گفته شروع می‌کند: «عیسی با اینکه می‌دانست که پدر همه چیز را به دست او داده است و از نزد خدا آمده و به جانب خدا می‌رود...» (یوحنا ۱۳: ۳). این بیانی قوی از هویت، اقتدار، سرنوشت و ارزش اوست. در اینجا «می‌دانست» و افعالی که در آیهٔ بعدی وجه وصفی معلوم هستند؛ این آیه می‌گوید که عیسی «از شام برخاست و جامهٔ خود را بیرون کرد و دستمالی گرفته، به کمر بست.» افعال «برخاست»، «بیرون کرد»، و «بست» عملی هستند چون عیسی می‌دانست که پدر همه چیز را به دست او سپرده است؛ عیسی می‌دانست از کجا آمده

و بـه کجـا مـی‌رود. هویـت والای عیسـی ایـن قـدرت را بـه او می‌دهد کـه خدمتگـزار باشـد.

بیانیـهٔ دیگـر، فیلیپیـان ۲: ۷–۸ اسـت کـه می‌گویـد مسـیح «خـود را خالـی کـرده، صـورت غـلام را پذیرفـت و در شـباهت مردمـان شـد؛ و چـون در شـکل انسـان یافـت شـد، خویشـتن را فروتـن سـاخت و تـا بـه مـوت بلکـه تـا بـه مـوت صلیـب مطیـع گردیـد.» امـا آیـهٔ قبـل از ایـن توصیـف دربـارهٔ خدمتگـزاری می‌گویـد کـه مسـیح، «چـون در صـورت خـدا بـود، بـا خـدا برابـر بـودن را غنیمـت نشـمرد» (آیـهٔ ۶). آیـات بعـدی سـرافرازی او را توصیـف می‌کننـد: «از ایـن جهـت خـدا نیـز او را بـه غایـت سـرافراز نمـود و نامـی را کـه فـوق از جمیـع نام‌هـا اسـت، بـدو بخشـید. تـا بـه نـام عیسـی هـر زانویـی از آنچـه در آسـمان و بـر زمیـن و زیـر زمیـن اسـت خـم شـود، و هـر زبانـی اقـرار کنـد کـه عیسـای مسـیح، خداونـد اسـت بـرای تمجیـد خـدای پـدر» (آیـات ۹–۱۱).

افـرادی کـه صاحـب درکـی اسـتوار از هویـت والای خـود در مسـیح هسـتند، نیـاز ندارنـد کـه رفتـاری مغرورانـه داشـته باشـند یـا عالـی کار کننـد یـا بـه دیگـران بـه چشـم تحقیـر نـگاه کننـد. آنهـا توسـط مقـام شـگفت‌انگیزی کـه علیرغـم عـدم شایسـتگی‌شان بـه آنهـا اعطـا شـده بـه هیجـان آمده‌انـد. آنهـا عیسـی را کـه بخشـندهٔ ایـن مقـام بـه آنهاسـت، دیوانـه‌وار دوسـت دارنـد. حـالا می‌خواهنـد باقـی زندگی‌شـان را در تـلاش بـرای بنـا و دسـت‌گیری از دیگـران بگذراننـد، و بـا قـوت کاری کـه خـدا برای‌شـان انجـام داده، ایـن کار را می‌کننـد. مـردم تهدیـدی بـرای آنهـا نیسـتند چـون خـدای ابـدی، ارزشـی ابـدی بـه آنهـا داده اسـت. آنهـا آزاد هسـتند تـا خدمتگـزار باشـند.

پـس بیاییـد بـا توجـه بـه قـدرت هویـت، امنیـت و ارزشـی کـه از ایـن واقعیـت ناشـی می‌شـود کـه مـا فرزنـدان خـدا هسـتیم، توسـط او پذیرفتـه شـده‌ایم و نقشـی در ملکـوت ابـدی او ایفـا می‌کنیـم، وارد خدمـت خـود شـویم.

٤

بازنشستگی از فعالیت

عیسی از طریق تعمید با مردم همذات‌پنداری می‌کند؛ او توسط نزول روح برای خدمت مسح شد؛ خدا او را در هویت، امنیت، و ارزشش تایید کرد، اما آمادگی او برای خدمت عمومی هنوز کامل نشده بود. قدم بعدی عیسی ادامهٔ چیزی بود که من آن را عزلت‌گزینی می‌نامم.

کنارگذاری فعالیت پر مشغله برای خلوت

مرقس ۱: ۱۲-۱۳ می‌گوید، «پس بی‌درنگ روح وی را به بیابان می‌برد. و مدت چهل روز در صحرا بود و شیطان او را تجربه می‌کرد.» متی به ما می‌گوید که او «چهل شبانه روز روزه داشت» (متی ۴: ۲). متی، مرقس، و لوقا همه به چهل روز اشاره می‌کنند، یعنی بازهٔ زمانی‌ای که بازتاب بعضی از سنت‌های عهد عتیق است. موسی چهل روز در کوه سینا برای دریافت شریعت از طرف خدا منتظر ماند (خروج ۲۴: ۱۸). او بعد از ارتداد مربوط به گوسالهٔ طلایی به کوه رفت تا یک بار دیگر شریعت را دریافت کند. در این موقعیت او «چهل روز و چهل شب» آنجا ماند، و این بار «نان نخورد و آب ننوشید» (خروج ۳۴: ۲۸). در کتاب خروج رویدادهایی که چهل روز طول می‌کشند، زمان مکاشفه و نجات هستند. خدمت عیسی دوران مکاشفه و نجات را به شیوه‌ای بنیادی‌تر از شروع شریعت از طریق موسی آغاز کرد. ایلیا هم بعد از اینکه توسط کلاغ‌ها تغذیه شد، چهل

روز در بیابان راه رفت؛ و به حوریب کوه خدا رسید (اول پادشاهان ۸: ۱۹). در آنجا خدا با او حرف زد و ماموریتی تازه به او داد.

متی دلیلی برای عزلت‌گزینی ارائه می‌دهد: «آنگاه عیسی به دست روح به بیابان برده شد تا ابلیس او را تجربه نماید» (متی ۴: ۱). این بدین معنا نیست که وسوسه تنها دلیل عزلت‌گزینی بود. این واقعیت که عیسی زمان را با روزه گذراند، نشان می‌دهد که این زمانِ جستجوی خدا بود. کرگ بلومبرگ می‌گوید، «یهودیان معمولا روزه می‌گرفتند تا زمان بیشتری را در دعا بگذرانند و قدرت پذیرش روحانی بیشتری را پرورش دهند.»[۱]

الگوی ترک فعالیت‌های پر مشغله برای خلوت با خدا اغلب در زندگی عیسی دیده می‌شود. یک بار بعد از یک سبت پر مشغله که او خدمت گسترده‌ای انجام داده بود (موعظه و شفا)، «بامدادان قبل از صبح برخاسته، بیرون رفت و به ویرانه‌ای رسیده، در آنجا به دعا مشغول شد» (مرقس ۱: ۳۵). او این کار را بعد از غذا دادن به پنج هزار نفر هم انجام داد (مرقس ۶: ۴۶). شب قبل از انتخاب دوازده شاگرد در کوه به دعا سپری شد (لوقا ۶: ۱۲). دفعهٔ بعد زمانی بود که او برای دعا به کوه رفت و ظاهرش تبدیل شد (لوقا ۹: ۲۸). در فاصلهٔ شام آخر و دستگیری‌اش به باغ جتسیمانی رفت تا در تنهایی دعا کند (مرقس ۱۴: ۳۲-۳۵). لوقا می‌نویسد، «عیسی بیشتر اوقات برای دعا به نقاط دور افتاده در خارج شهر می‌رفت» (لوقا ۵: ۱۶). مورد خاص دربارهٔ تمام این نمونه‌ها این است که او از دنیای شلوغ و مردم نیازمند دور می‌شد تا با خدا تنها باشد.

فکر می‌کنم ابتدایی‌ترین حالت از ایدهٔ عزلت‌گزینی برای ما وقت سکوت‌مان باشد که در فصل آخر این کتاب در مورد آن بحث خواهیم کرد. عیسی از الگوی دعای روزانهٔ یهودی پیروی می‌کرد. اما به نظر می‌رسد دست‌کم بعضی از نمونه‌هایی که در بالا آوردیم زمان‌هایی ویژه علاوه بر وقت سکوت معمول باشند.

متی، مرقس، و لوقا همگی به این اشاره کرده‌اند که روح، عیسی را به بیابان فرستاد.

خدا او را فرستاد تا قبل از شروع کار بزرگ خود، تنها باشد. این مطمئنا یک الگوی خوب برای پیروی قبل از شروع کاری در زندگی‌مان است – مثل شروع سال، فصل جدید تقویم کلیسایی، یک شغل جدید، یا یک مسئولیت جدید. درست همانطور که روح عیسی را هدایت کرد، ممکن است گاهی هم ما را برانگیزاند تا زمانی برای خلوت با خدا بگذاریم. ما باید نسبت به این برانگیختگی حساس باشیم و سعی کنیم طوری برنامه‌های‌مان را تنظیم کنیم که بتوانیم مطیع باشیم.

مزایای عزلت‌گزینی

اجازه بدهید که از پنج مزیت عزلت‌گزینی در اینجا برای‌تان بگویم.

عزلت‌گزینی اولویت امور روحانی را تایید می‌کند

عزلت‌گزینی‌ها این موقعیت را به ما می‌دهند تا بدون مانع بر خدا و کلام او تمرکز کنیم؛ و این به چندین روش به تغییر دیدگاه ما کمک می‌کند. با نشان دادن اینکه چیزهایی که تمایلات و انرژی افراد محسوب می‌شوند آنقدر مهم نیست که آنها فکر می‌کنند، کمک می‌کند تا زباله‌های دنیاپرستی در ما سوزانده شود. عزلت‌گزینی همچنین مثل یک پادزهر در برابر کنشگری عمل می‌کند، یعنی نقطه‌ای که رضایت ما از فعالیت زیاد تامین می‌شود و نه از خدا. کنشگری یکی از بزرگ‌ترین دام‌هایی است که در خدمت‌مان با آن مواجه می‌شویم، و دور بودن از برنامهٔ پر مشغله‌مان کمک می‌کند تا به ذهن خود در مسیری روحانی جهت بدهیم.

در واقع همیشه باید اولویت امور روحانی را تایید کنیم. اما خدا در ارادهٔ خود تجربه‌های خاصی به ما بخشیده تا این اولویت را در قلب و ذهن‌مان ماندگار کنیم. این قاعده در ورای جشن‌های کتاب‌مقدسی نهفته است. باور داریم که خدا تامین‌کنندهٔ تمام نیازهای‌مان است، اما خدا جشن‌ها را در فصول مختلف برداشت در تقویم اسرائیل قرار

داد تا به طور خاص این حقیقت را تایید کند. هر روز متعلق به خداوند است، اما خدا، سبت یعنی روز خداوند را مقرر کرد، تا به طور خاص این حقیقت را تایید کند. و به همین ترتیب هر کاری که انجام می‌دهیم در روح انجام می‌شود. ما روزانه در دعا و کلام با خدا وقت می‌گذرانیم. اما برای اینکه به طور خاص اولویت امور روحانی را تایید کنیم، عزلت‌گزینی داریم – یعنی زمان‌هایی که کاملا به اعمال روحانی اختصاص داده می‌شود.

عزلت‌گزینی ما را آرام می‌کند

در عزلت‌گزینی وقت گذراندن و ماندن در حضور خدا برای‌مان آسان‌تر می‌شود. گاهی آنقدر درگیر مشغله‌های شخصی هستیم که آرام کردن ذهن برای اینکه بتوانیم منتظر حضور خدا بمانیم، سخت می‌شود. توانایی انجام این کار کلید برخورداری از یک زندگی مسیحی سالم است. خدا با گفتن، «باز ایستید و بدانید که من خدا هستم» (مزمور ۴۶: ۱۰) ما را راهنمایی می‌کند.

چند سال پیش به یک آبله‌مرغان دردناک مبتلا شدم؛ و می‌دانستم برای مدتی طولانی بستری می‌شوم، پس یک تشک در اتاق مطالعه‌ام در خانه گذاشتم تا در مدتی که مریض هستم آنجا باشم و کار انجام دهم. اما بعد از دو روز ابتلا آنقدر مریض بودم که نتوانستم مطالعهٔ زیادی داشته باشم. حتی دعا کردن برایم سخت بود. در هر حال، بعد از بهبودی از آبله‌مرغان، متوجه شدم که به زودی می‌توانم با تمرکز به دعا برگردم و اوقات بسیار خوبی در شفاعت داشته باشم. معمولا برای من پانزده دقیقه طول می‌کشد تا به حال واقعی دعا برسم؛ و متوجه شدم که شخصیت عجولم در دوران بیماری آرام گرفته و ماندن در حضور خدا برایم آسان‌تر شده است. از خدا برای این «عزلت‌گزینی» بدون برنامه‌ریزی و دردناک متشکرم.

گاهی مشغولیت ما نتیجهٔ عدم امنیت ماست. می‌دانیم که مسائل بین ما و خدا درست

نیست؛ و امنیت قدم برداشتن نزدیک به خدا را از دست دادهایم. نمیتوانیم با این ضربهٔ روحی که صراحتا به ما میگوید چه کسی هستیم مواجه شویم. پس خودمان را مشغول نگه میداریم تا از خودآزمایی صادقانه اجتناب کنیم. یک بار شنیدم که رابرت سالومن اسقف متدوسیت سنگاپوری اینطور میگوید، «ما با سکوت راحت نیستیم چون سکوت ما را مجبور میکند با خدا رو به رو شویم.»

حتی وقتی زمان آزاد داریم، اجازه میدهیم که صنعت سرگرمی با وارد کردن ما به دنیای غیر واقعی تلویزیون به ما کمک کند تا از این زمان استفاده کنیم. چنین دنبالهرویهایی ما را بیشتر از مواجهه با واقعیت دور میکند. و این چقدر غمانگیز است! خدا میخواهد ما را نجات دهد و احیا کند اما شیطان و خودمان، خود را از مواجهه با نیازهایمان باز میداریم. اما جواب این است که در حضور خدا با شیوهٔ داوود زمانی که دعا کرد «ای خدا مرا تفتیش کن و دل مرا بشناس. مرا بیازما و فکرهای مرا بدان، و ببین که آیا در من راه فساد است؟ و مرا به طریق جاودانی هدایت فرما» عزلتگزینی کنیم (مزمور ۱۳۹: ۲۳-۲۴).

عزلتگزینی ما را آمادهٔ شنیدن صدای خدا میکند

در کتابمقدس نمونههای زیادی میبینیم که خدا با خدمتگزاران خود وقتی به گوشهای برای دعا رفتهاند صحبت و آنها را راهنمایی میکند. ما قبلا به زمانهایی که موسی و اشعیا چهل روز تنها بودند اشاره کردیم. بعد از تجربهٔ دمشق، پولس در حال روزه و دعا بود که حنانیا آمد و دستوراتی از طرف خدا به او داد. در همین موقع خدا در رویا به پولس گفته بود که مردی حنانیا نام نزد او خواهد رفت (اعمال رسولان ۹: ۱۲-۹). وقتی پطرس برای دعا به پشت بام رفت، خدا دربارهٔ برداشتن قدمی تاریخی و رفتن به خانهٔ کرنیلیوس با او صحبت کرد (اعمال رسولان ۱۰: ۱۶-۹). روحالقدس کلیسای انطاکیه را در حالی که «ایشان در عبادت خدا و روزه مشغول میبودند» به بشارتی تاریخی فراخواند (اعمال رسولان ۱۳: ۲). دوری از کارهای پر مشغله و ارتباط با

خـدا مـا را بـه طـور خـاص بـرای شـنیدن صـدای خـدا آمـاده مـی‌کنـد.

مزمـور ۱۳۹: ۲۳-۲۴ مـی‌گویـد یکـی از راه‌هایـی کـه خـدا مـا را خدمـت مـی‌کنـد امتحـان کـردن ماسـت: «ای خـدا مـرا تفتیـش کـن و دل مـرا بشـناس. مـرا بیازمـا و فکرهـای مـرا بـدان، و ببیـن کـه آیـا در مـن راه فسـاد اسـت؟ و مـرا بـه طریـق جاودانـی هدایـت فرمـا.» عزلت‌گزینی‌هـا درهـا را بـاز مـی‌کننـد تـا خـدا مـا را در بررسـی اولویت‌های‌مـان راهنمایـی کنـد و نگاهـی سـخت و منتقدانـه بـه برنامه‌های‌مـان بیاندازیـم. مـی‌توانیـم ببینیـم کـه آیـا شـکل زندگـی روزانه‌مـان بـا دعـوت خـدا از مـا مطابقـت دارد یـا نـه. در قسـمت بعـدی خواهیـم دیـد کـه هـدف اصلـی از وسوسـه‌های مسـیح، کـه برنامـۀ عزلت‌گزینـی او را شـکل می‌دهنـد، تاییـد اولویت‌هـای حاکـم بـر زندگـی‌اش بـود.

سـعی مـی‌کنـم در ابتـدا یـا انتهـای هـر سـال همـراه همسـرم یـک عزلت‌گزینـی تمـام روز داشـته باشـم. معمـولا کاری کـه انجـام می‌دهیـم صحبـت دربـارۀ سـال پیـش رو اسـت. یـک سـال کـه دربـارۀ وظایفـم در خـارج از کشـور صحبـت می‌کردیـم ناگهـان متوجـه شـدم کـه در قبـل یـا بعـد از سـفرهای دیگـرم وارد وظایـف زیـادی شـده‌ام. ایـن باعـث شـد تـا از محدودیـت ۲۰ درصـدی سـالانه بـرای دوری از سـریلانکا کـه خانـواده‌ام، هیئـت مدیـره‌ام، و مـن روی آن توافـق کـرده بودیـم، بگـذرم. یکـی از نتایـج ایـن مکالمـات، لغـو دو تعهـدی بـود کـه در خـارج از کشـور داشـتم – تعهداتـی کـه می‌توانسـتم بـدون ایجـاد مشـکل بـرای طرفیـن مقابـل از آنهـا کناره‌گیـری کنـم. چقـدر مهـم اسـت کـه بـه طـور منظـم برنامه‌های‌مـان را از نظـر روحانـی بررسـی کنیـم، و ایـن کار مسـتلزم ایـن اسـت کـه زمانـی بـرای تامـل در سـکوت بـه آن اختصـاص دهیـم.

عزلت‌گزینی‌هـا بـه مـردم کمـک مـی‌کننـد تـا از تسـلط مشـغلۀ کاری فـرار کنند

گاهـی آنقـدر عجلـه داریـم کـه درسـت فکـر نمی‌کنیـم، چـون زمانـی بـرای تفکـر عمیـق

نداریم. فشار و عجله می‌توانند باعث شوند که به طور خاص در خانه یا محل کار کم‌تحمل و بی‌مورد عصبانی شویم. احتیاج داریم که آرام شویم. عزلت‌گزینی‌ها کمک می‌کنند تا این کار را انجام دهیم.

اختصاص زمان کافی به خلوت‌گزینی آنقدر روی زندگی‌مان اثر دارد که بر رویکرد ما به خدمت تاثیر می‌گذارد. بسیاری از ما به افرادی خدمت می‌کنیم که تحت تسلط مشغلهٔ کاری هستند. ایدهٔ گوش کردن به خدا در سکوت برای آنها عجیب است. وقتی آنها تحت تاثیر ما قرار می‌گیرند، باید زیبایی روحانیت و تمایل به آزادی از دام مشغلهٔ کاری که بر زندگی آنها حاکم است و زندگی احساسی، روحانی و خانوادگی آنها را خراب می‌کند، ببینند.

متاسفانه بسیاری از خدمت‌گزاران مسیحی ظاهراً موفق هم تحت این تسلط هستند. آنها قادر نخواهند بود تا به دیگران برای آزادی کمک کنند. اما به واسطهٔ سخت‌کوشی و توانایی راهبری‌شان، قادر خواهند بود سازمان‌های خدمتی عظیم را توسعه و کلیساهای بزرگ را رشد دهند. آنها حتی با وجود اینکه خودشان در نیاز بزرگ روحانی هستند، می‌توانند فعالیت‌هایی را ترتیب دهند که قادر به جذب افراد زیادی است. از طرف دیگر فرد دعا کننده به پرورش افرادی که دعا می‌کنند کمک می‌کند.

هنری ناون در کتابش به نام «راه قلب» می‌گوید: «در جامعه‌ای که سرگرمی و حواس‌پرتی چنین مشغله‌های مهمی هستند، خدمت‌گزاران هم وسوسه می‌شوند تا به صف آنهایی ملحق شوند که مشغول نگه‌داشتن مردم را وظیفهٔ اصلی خود می‌دانند.» او می‌گوید که می‌توانیم جوانان را افرادی ببینیم که باید به واسطهٔ فعالیت‌های ارزشمند از خیابان‌ها دور نگه داشته شوند. و می‌توانیم افراد مسن را اینطور ببینیم که باید در خیابان‌ها باشند. پس «خدمت‌گزاران مدام خودشان را در رقابتی شدید با افراد و سازمان‌هایی می‌بینند که نسبت به آنها چیز هیجان برانگیزتری برای ارائه دارند.» ناون می‌گوید، «وظیفهٔ ما در نقطهٔ مقابل حواس‌پرتی قرار دارد.» او می‌گوید، «سوالی

که باید راهنمای تمام فعالیت‌های کلیسایی باشد این نیست که چطور مردم را مشغول نگه داریم، بلکه این است که چطور مانع از مشغولیت زیاد آنها شویم که باعث می‌شود دیگر صدای خدا که در سکوت صحبت می‌کند را نشنوند.»[۲]

به عنوان راهبر سازمان جوانان، اول و قبل از هر چیز می‌خواهم افراد جوان، کارکنان و داوطلبان ما را به عنوان افرادی که با خدا در ارتباط هستند ببینند. ما می‌توانیم توجه آنها را از طریق برنامه‌های درخشان‌مان جلب کنیم (و من معتقدم که امروز برنامه‌های درخشان در جذب جوانان تاثیرگذار و ضروری هستند. در دنیایی که جوانان به واسطهٔ رسانه‌ها به برنامه‌های بسیار با کیفیت عادت کرده‌اند، ما باید بسیار عالی و سخت کار کنیم.) اما کار اصلی ما این نیست که فقط به جوانان در سال‌های پر از هیاهوی زندگی‌شان برنامه‌هایی بدهیم که آنها را مشغول نگه داریم. فکر می‌کنم این چیزی است که بیشتر پدر و مادرها آرزو می‌کنند که خدمت‌گزاران انجام می‌دادند. آنها می‌خواهند ما جوانان را از دردسر دور نگه داریم. آنها فکر می‌کنند برای جوانان بهتر است که با مسیحیان خوش بگذرانند تا اینکه با مردمی که می‌توانند از راه‌های شریر بر آنها تاثیر بگذارند. و این کاری مهم است که برنامه‌های مسیحی برای جوانان آن را محقق می‌کنند. یکی از خواسته‌های من برای کارمان این است که چنان برنامه‌های سرگرم‌کنندهٔ خنده‌دار و جذابی ارائه دهیم که جوانان متوجه شوند به خوش‌گذرانی‌های گناه‌آلود دنیا نیازی ندارند.

اما جذب افراد جوان به برنامه‌های‌مان تنها جنبه‌ای کوچک از کار برای آنها است. ما می‌خواهیم کمک کنیم تا از جوانان‌مان مقدسینی بسازیم که نزدیک به خدا راه می‌روند و او را در تمام تصمیمات‌شان و همهٔ کارهایی که انجام می‌دهند در نظر می‌گیرند. گاهی والدین از این موضوع خیلی خوشحال نیستند، چون می‌ترسند مبادا این کار مانع پیشرفت فرزندشان در جامعه شود. اگر خدمت‌گزاران می‌خواهند جوانانی را پرورش دهند که نزدیک به خدا راه می‌روند، خودشان باید افرادی باشند که نزدیک به خدا راه می‌روند و از رابطه‌ای عمیق با او لذت می‌برند. آنها باید بدانند جستجوی

خـدا در سکـوت چیسـت، و بایـد بداننـد چطـور بـه جوانـان تعلیـم دهنـد کـه خـدا را بـه همیـن روش بجوینـد.

عزلت‌گزینی کمک خدا را در میان چالش‌های زندگی تایید می‌کند

هـر مسیحی‌ای کـه خـدا را با اشتیاقی شعله‌ور خدمـت می‌کنـد تـا او را خشـنود سـازد و می‌خواهد عمیقـا مـردم را خدمـت کنـد، بـا بحران‌هـای جـدی‌ای مواجـه خواهـد شـد. گاهـی می‌خواهیـم از ایـن موقعیت‌هـا فـرار کنیـم. زمانـی کـه بـا یـک بحـران جـدی در خدمتـی کـه داشتیم مواجه بـودم، اغلـب فکـری از ذهنـم می‌گذشت: «خـوب بـود کـه بـا ماشـینی تصـادف می‌کـردم و فـورا بـه حضـور خـدا بـرده می‌شـدم.» مـا دوسـت داریـم فـرار کنیـم. بـه همیـن دلیـل، در طـول بیسـت و شـش سـال کارم بـه عنـوان مدیـر خدمـت جوانـان بـرای مسیح در سـریلانکا، زمان‌هـای زیـادی بـوده کـه خواسته‌ام از کارم اسـتعفا بدهـم. چنـد بـار حتـی نامۀ اسـتعفایم را هم نوشـتم. امـا می‌دانیم کـه نمی‌توانیـم بـه راحتـی از چالش‌های‌مـان فـرار کنیـم.

ارمیـا اغلـب چنیـن تمایلاتـی داشـت تـا در اوج مبـارزه فـرار کنـد. یـک بـار گفـت، «کاش کـه در بیابـان منـزل مسـافران می‌داشـتم تـا قـوم خـود را تـرک کـرده، از نـزد ایشـان می‌رفتـم چونکـه همگـی ایشـان زنـاکار و جماعـت خیانـت کارنـد» (ارمیـا ۹ :۲). امـا خـدا آرزوی او را بـرآورده نکـرد. زمانـی کـه نبـی شـکایت کـرد کـه سرنوشـت خیلـی سـخت اسـت، خـدا بـه او جـواب داد کـه همـه چیـز بدتـر می‌شـود. اگـر اکنـون از سـختی‌ها شـکایت می‌کـرد، پـس چطـور می‌توانسـت از آن شـرایط بدتـر جـان سـالم بـه در ببـرد؟ (ارمیـا ۱۲ :۵) ارمیـا زمانـی کـه گرفتـار شـده بـود نمی‌توانسـت فـرار کنـد، امـا می‌توانسـت بـرای قـوت و تسـلی بـه سـوی خـدا بـرود. جـواب بـه ارمیـا ایـن نبـود کـه از دسـت قومـش همانطـور کـه آرزو کـرده بـه بیابان فـرار کنـد، بلکـه ایـن بـود کـه بـرای عزلت‌گزینـی بـه بیابـان بـرود تـا خـدا را ملاقـات کنـد و قدرتمنـد شـود تـا بتوانـد در میـان کشـمکش‌هایی کـه حیـن خدمـت بـه مـردم بـه وجـود می‌آینـد بـه زندگـی ادامـه بدهـد.

نویسندهٔ مزمور ۷۳ وقتی با این واقعیت دست به گریبان شد که شریر در حال پیشرفت است و او با شکستی آشکار مواجه شده، از عزلت‌گزینی در حضور خدا درس گرفت. آیات ۲ تا ۱۵ مرثیه‌ای دربارهٔ بیهودگی زندگی فرد عادل در مقایسه با موفقیت شریر است. سپس دو آیه می‌آیند که نشان‌دهندهٔ نقطهٔ عطف در افکار مزمورنویس است: «چون تفکر کردم که این را بفهمم، در نظر من دشوار آمد. تا به قدس‌های خدا داخل شدم. آنگاه در آخرت ایشان تامل کردم» (آیات ۱۶-۱۷). بعد از این، دیدگاه او آنقدر عوض شد که باقی آیات مزمور سرودی شادی‌آور از تمجید خداست (آیات ۱۷-۲۸). تغییر زمانی اتفاق افتاد که او به معبد خداوند رفت و ما اینطور فرض می‌کنیم که او در حضور خدا منتظر ماند.

پیش‌زمینهٔ مزمور ۴۶ آشفتگی است، و این مزمور دربارهٔ این صحبت می‌کند که «خدا ملجا و قوت ماست، و مددکاری که در تنگی‌ها فورا یافت می‌شود» (آیهٔ ۱). مزمورنویس خوانندگان خود را دعوت می‌کند که «بیایید کارهای خداوند را نظاره کنید، که چه خرابی‌ها در جهان پیدا نمود» (آیهٔ ۱۰). وقتی به حضور خدا می‌آییم به جای اینکه با تب و تاب سعی در حل مشکلات‌مان داشته باشیم، شروع به دیدن مسائل از دیدگاه خدا می‌کنیم، و سپس دیدگاه ما هم عوض می‌شود؛ و بعد می‌توانیم با شادی اعلام کنیم که خدا ملجا و قوت ماست؛ مثل همان کاری که مزمورنویس کرد.

در طول بدترین بحران‌هایی که در چندین سال خدمتم با آنها مواجه بودم، خدا ارزش خلوت با او در تنهایی شب را به من آموخت. برای من این با عزلت‌گزینی برابری می‌کرد. روزهایی بودند که غرق در نگرانی به خانه آمدم. نمی‌دانستم با مشکلات چه کنیم. به همین خاطر شب به اتاقم می‌رفتم و ساعت‌ها در سکوت می‌نشستم. بخشی از زمان به دعا و بخشی به مطالعهٔ کتاب‌مقدس سپری می‌شد. اما زمان زیادی در تامل می‌گذشت. در مورد موضوع خاصی دعا نمی‌کردم، اما می‌دانستم در حضور خدا هستم و نزدیک صبح به تخت‌خواب می‌رفتم. معمولا وقتی این زمان‌های عزلت‌گزینی را تمام می‌کردم، راه حل مشخصی برای مشکلات نداشتم، اما می‌دانستم

که با خدا بودم و قوتم از او می‌آید.

یک شب تا حدود ساعت ۴ صبح بیدار بودم. زمان کوتاهی خوابیدم و بعد با چند نفر از داوطلبان‌مان برای ادارهٔ یک جلسهٔ آموزشی رفتم. کمی قبل از اینکه سخنرانی کنم، یکی از کارمندان عزیزمان آمد و عصبانیتش از آنچه که اتفاق افتاده را ابراز کرد. گوش کردن به حرف‌های او خیلی دردناک بود. اما گوش کردم، و درست بعد از صحبت‌مان برای تعلیم رفتم. در حالی که تعلیم می‌دادم قلبم سنگین بود. اما او ملجأ و قوتم بودم، و از طریق قوت او برای خدمت قدرت پیدا کردم و امیدوارم که در آن زمان مثل یک مسیحی رفتار کرده باشم. فکر می‌کنم با این مشکل با «سلامتی خدا که فوق از تمامی عقل است» برخورد کردم؛ چیزی که پولس می‌گوید، بعد از اینکه ما «مسئولات خود را به خدا عرض» کنیم اتفاق می‌افتد (فیلیپیان ۴: ۶–۷). در زمان این بحران بود که خداوند اصلی را به من آموخت که در قسمتی دیگر آن را توضیح دادم: در زمان کشمکش، قبل از اینکه افراد مخالف را ملاقات کنیم، باید به ملاقات خدا برویم. خدمت ما واکنشی به خشم و عدم پذیرش مردم نیست بلکه واکنشی به پذیرش‌مان از جانب خداست.

پس در مواقع بحران، باید نظمی برای عزلت‌گزینی در حضور خدا ایجاد کنیم تا بتوانیم قوت‌مان را از او بگیریم. و بعد می‌توانیم به عنوان نمایندگان او که توسط خدا خوانده شده و قوت گرفته‌اند به عمل برگردیم.

عزلت‌گزینی کوتاه

می‌بینیم گاهی عیسی در مواقعی که برنامه‌ای شلوغ دارد به عزلت‌گزینی‌های کوتاه می‌رود. بعد از غذا دادن به پنج هزار نفر، «چون دانست که می‌خواهند بیایند و او را به زور برده، پادشاه سازند، باز تنها به کوه برآمد» (یوحنا ۶: ۱۵). در عصر شاگردان سوار قایق شدند تا به کفرناحوم بروند. آنها با طوفان مواجه شدند، و در حالی که تلاش

می‌کردند تا قایق را ثابت نگه دارند، عیسی آنها را ملاقات کرد (۲۱-۱۶ :۶). عیسی عزلت‌گزینی‌ای کوتاه برای چند ساعت در کوه داشت. ما نمی‌دانیم او چند ساعت در جتسیمانی بود، اما بیشتر از چند ساعت نبود، و در آن مدت قبل از آخرین چالش که دستگیری، آزمایش و به صلیب کشیدنش بود او خودش را به دعا سپرد. زمانی که پطرس در پشت بام در یافا سپری کرد هم می‌تواند یک عزلت‌گزینی کوتاه باشد (اعمال رسولان ۱۰ :۹).

بعد از اینکه همسر هادسون تیلر مرد، او بلافاصله به اتاقش در طبقهٔ بالا رفت تا تنها باشد. او که در این زمان کوتاه قوت گرفته بود، به طبقهٔ پایین برگشت تا به مسائل مربوط به خاکسپاری رسیدگی کند. درست قبل از اینکه تابوت بسته شود او برای آخرین بار به همسرش نگاه کرد و دوباره به اتاقش رفت. او قوتش را از خدا گرفت و دوباره به خاکسپاری برگشت.[۳]

حدود بیست سال پیش به عضویت یک هیئت بین‌المللی درآمدم که جوان‌ترین عضو آن بودم. احساس می‌کردم در کنار دیگر راهبران باتجربهٔ مسیحی غربی در جای مناسبی قرار ندارم و اعتماد به نفس چندانی برای صحبت کردن دربارهٔ مسائل مورد بحث نداشتم. در طول این جلسه اعضا دربارهٔ این صحبت کردند که چگونه از هدیهٔ یک میلیون دلاری که وعدهٔ آن داده شده بود برای خدمت در چین استفاده کنند. همانطور که برنامه‌های تاثیرگذار در حال شکل‌گیری بودند، من شجاعت به خرج دادم تا بپرسم و همچنان به پرسیدن ادامه دهم که آیا مسیحیان چینی از برنامه‌های ما خوشحال خواهند بود و آیا آنها با چیزی که هیئت تصمیم گرفته بود کلیسای‌شان به آن نیاز دارد موافق هستند یا خیر. به بیانی ملایم، بعضی از افرادی که در تامین این هدیه دخالت داشتند از من راضی نبودند مخصوصا اینکه اهدا کننده به عنوان ناظر در جلسه حضور داشت. احساس می‌کردم در جای مناسبی قرار ندارم. گاهی در زمان استراحت به اتاقم در هتل می‌رفتم، زانو می‌زدم و قلبم را برای خدا باز می‌کردم. فکر می‌کردم که حداقل خدا می‌داند که من سعی می‌کنم چه چیزی بگویم؛ و این یک عزلت‌گزینی

کوتـاه بـا خـدا در زمانـی پـر اضطـراب بـود.

ایـن روزهـا وقتـی در محـل کارم فشـار زیـادی روی مـن قـرار دارد یـا بـا مشـکل بزرگـی مواجـه می‌شـوم اغلـب اسـتراحت‌های کوتـاه می‌کنـم. گاهـی از دفتـرم بیـرون می‌آیـم بـه پیاده‌روی کوتاهـی مـی‌روم. گاهـی بـه سـاحل کـه از دفتـر کارم پانـزده دقیقـه فاصلـه دارد مـی‌روم، و در آنجـا قـدم می‌زنـم. گاهـی بـه کلیسـا کـه بـرای مـردم بـاز اسـت تـا در آنجـا دعـا کننـد می‌روم. اگـر در خانـه باشـم، کتـاب سـرودم را برمی‌دارم، بـه سـراغ پیانـو می‌روم و چنـد سـرود می‌خوانـم. این‌هـا عزلت‌گزینی‌هـای کوچکـی هسـتند کـه بـه مـن کمـک می‌کننـد تـا بـا خـدا هماهنـگ شـوم و بـه جـای رفتـار جسـمانی، رفتـاری روحانـی داشـته باشـم.

بگذاریـد از شـما بخواهـم کـه برنامه‌هـای مشـخصی بـرای گنجانـدن عزلت‌گزینی‌هـای کوچـک و عزلت‌گزینی‌هـای منظـم در زندگی‌تـان داشـته باشـید. زندگـی معمـولا بـرای یـک راهبـر مسـیحی آنقـدر سـریع پیـش مـی‌رود کـه اگـر یـک عزلت‌گزینـی منظـم از قبـل برنامه‌ریـزی نشـود، و اگـر چشـم‌اندازهای مشـخصی بـرای زمانـی کـه فـرد بایـد عزلت‌گزینی‌هـای کوچـک داشـته باشـد تنظیـم نشـود، ممکـن اسـت هرگـز اسـتراحت مـورد نیـاز را نداشـته باشـیم.

روزه‌داری

اشـاره کردیـم کـه عیسـی چهـل روزی را کـه در بیابـان بـود روزه گرفـت (متـی ۴: ۲). روزه‌داری هـم در عهـد عتیـق و هـم در عهـد جدیـد ویژگـی مشـترک زندگـی اسـرائیلی‌ها بـود. امـا وقتـی عیسـی خدمتـش را شـروع کـرد، او و شـاگردانش بـه انـدارۀ افـراد مذهبـی دیگـر روزه نگرفتنـد. در جـواب ایـن سـوال کـه چـرا شـاگردان او مثـل یحیـای تعمیـد دهنـده یـا فریسـیان روزه نمی‌گیرنـد، عیسـی گفـت، «آیـا ممکـن اسـت پسـران خانـه عروسـی مادامـی کـه دامـاد بـا ایشـان اسـت روزه بدارنـد؟ زمانـی کـه دامـاد را بـا خـود دارنـد، نمی‌تواننـد روزه دارنـد. لیکـن ایامـی مـی‌آیـد کـه دامـاد از ایشـان گرفتـه شـود. در آن ایـام روزه خواهنـد داشـت» (مرقـس ۲: ۱۹-۲۰). ایـن تقلیـل روزه‌داری بـرای شـاگردان کـه بعـد از رفتـن عیسـی از ایـن دنیـا بـه

رسوم عادی برمی‌گشتند، موقتی بود. در کتاب اعمال می‌بینیم که کلیسا یک بار دیگر روزه‌داری منظم انجام می‌دهد (اعمال رسولان ۱۳: ۲–۳؛ ۱۴: ۲۳).

در عهد عتیق راهبران ملی اغلب مردم را دعوت می‌کردند تا با «اعلام روزه‌داری» روزه بگیرند. روزه معمولا برای دلایل خاص مثل توبه یا دادخواهی به خدا بود (دوم تواریخ ۲۰: ۳؛ عزرا ۸: ۲۱؛ یوحنا ۳: ۵). اما گاهی اوقات برای دلایل ناچیز بود، مثل زمانی که نابوت قبول نکرد تاکستانش را به آخاب بفروشد و ایزابل اعلام روزه‌داری کرد (اول پادشاهان ۲۱: ۹، ۱۲). انبیا اغلب دربارهٔ استفادهٔ نادرست از روزه هشدار می‌دادند – یعنی زمانی که این عمل همراه با یک زندگی مبتنی بر عدالت نبود (اشعیا ۵۸: ۳–۷؛ ارمیا ۱۴: ۱۰–۱۲؛ زکریا ۷–۸). در موعظهٔ سر کوه عیسی دربارهٔ تبدیل روزه به موقعیتی برای نمایش خداترسی، هشدار داد. اما او دو بیانیهٔ خود را با این فرض که فرد ایماندار به صورت منظم روزه می‌گیرد، با این کلمات شروع کرد، «اما چون روزه دارید،» (متی ۶: ۱۶–۱۷). او سپس ادامه داد و گفت خدا افرادی را که با رفتاری مناسب روزه می‌گیرند پاداش خواهد داد: «پدر نهان بینِ تو، تو را آشکارا جزا خواهد داد» (۶: ۱۸).

در زمان عهد عتیق یهودیان در رابطه با روزها و نیازهای خاص، روزه‌داری ملی داشتند. یوجین چ. مرل می‌گوید، «به طور کلی، به نظر می‌رسد روزه در کتاب‌مقدس یک موضوع شخصی باشد، یعنی ابراز یک سرسپردگی شخصی که به سه بحران عمده در زندگی مربوط است: سوگواری/صبر، عزاداری و دادخواست.»[۴] پولس بعد از بحرانی که برای بینایی‌اش در راه دمشق به وجود آمد و قبل از اینکه حنانیا را ببیند روزه گرفت (اعمال رسولان ۹: ۹). به نظر می‌رسد بعضی افراد به خدمت روزه‌داری خوانده شده‌اند، مثل حنا که نبیه بود کسی که «از هیکل جدا نمی‌شد، بلکه شبانه روز به روزه و مناجات در عبادت مشغول می‌بود» (لوقا ۲: ۳۷). بسیاری از یهودیان زاهد در زمان مسیح دو روز در هفته روزه می‌گرفتند. این عمل در «دیداکه» (۸: ۱) که از متون اولیهٔ مسیحی است توصیه شده و پیشنهاد می‌دهد که روزهای چهارشنبه و جمعه روزه گرفته شود تا مثل افراد ریاکار که در دوشنبه و پنجشنبه روزه می‌گیرند نباشیم.[۵] جان وسلی از

«روزه‌های نیمه» که مسیحیان باستان در روزهای چهارشنبه و جمعه می‌گرفتند صحبت می‌کند، «در این روزها آنها تا ساعت سه بعد از ظهر که خدمت عمومی برمی‌گشتند چیزی نمی‌خوردند.»[۶]

من نمی‌توانم بهتر از یوجین مرل دربارهٔ اهمیت روزه توضیح دهم:

هدف روزه هرگز در کتاب‌مقدس به صراحت بیان نشده است، اما روزه‌ای که مربوط به صبر، عزاداری، و تضرع است انسان را به سوی خدا و جنبه‌های غیرمادی زندگی می‌برد. از آنجایی که غذا و نوشیدنی نمایانگر زندگی در جسم و تمام نیازها و رضایت‌های مربوط آن است، نبودن یا نپذیرفتن آنها حاکی از یک واقعیت در بعدی بالاتر است که در آن مسائل مربوط به روح غالب هستند. پس الاهیات روزه، الاهیات اولویت‌هاست که در آن به ایمانداران این موقعیت داده می‌شود تا خود را در یک سرسپردگی ناگسستنی و مشتاقانه به خداوند و مسائل زندگی روحانی ابراز کنند.[۷]

آیا مسیحیان امروز باید روزه بگیرند؟ از آنجایی که هیچ حکمی دربارهٔ آن در کتاب‌مقدس نیست، فکر می‌کنم نمی‌توانم بر هر شکل یا الگویی از روزه که باید شامل همه شود پافشاری کنیم. هر یک از ما به عنوان یک فرد یا عضوی از جامعهٔ کلیسا، باید دربارهٔ این موضوع تصمیم بگیریم. جان وسلی توصیه کرد که متدیست‌ها در صورتی که مریض نباشند رسم مسیحیان باستان برای روزه‌داری در روزهای چهارشنبه و جمعه را ادامه دهند. او از این واقعیت که بسیاری از متدیست‌ها روزه نمی‌گیرند متاسف بود.[۸] وسلی پیشنهاد داد افرادی که به دلیل مسائل مربوط به سلامتی نمی‌توانند روزهٔ معمولی بگیرند باید در روزهای «روزه» از بعضی از خوارکی‌ها پرهیز کنند - مثل چای یا قهوه، یا شکلات در صبح یا گوشت در طول روز.[۹]

من سال‌های زیادی به دلیل سوهاضمهٔ اسیدی و رفلاکس معده نمی‌توانستم خیلی روزه بگیرم. فکر می‌کردم روزه ممکن است برای سلامتی‌ام خوب نباشد. اما متوجه شدم که باید به خدا اعتماد کنم تا از معدهٔ من مراقبت کند و از این نظم روحانی استفاده‌ای

متعادل داشته باشم که بتواند به همراهی من با خدا کمک کند. روزه به این فرصت را داد تا در مواقع مهم، جدیت تلاشم برای طلبیدن بهترین‌های خدا را ابراز کنم. اینجا به مثال‌های از این مواقع مهم اشاره می‌کنم: قبل از یک اتفاق مهم در سازمان جوانان برای مسیح یا خانواده‌ام و زمانی که با یک نیاز جدی یا موقعیتی سخت مواجه هستیم. باید صادق باشم و بگویم که در این مورد راه درازی در پیش دارم.

کلیساها و سازمان‌ها هم می‌توانند تصمیم بگیرند تا در روزهای خاصی تمام اعضا روزه داری و دعا کنند. تیم کاری ما اولین روز هر سال را در دعا و روزه می‌گذراند. زمان‌های بحران هم می‌توانند مواقعی باشند که راهبران «اعلام روزه» کنند. روزه می‌تواند راهی عالی برای آماده شدن برای رویدادی مهم مثل یک پروژۀ ساختمانی، یک خدمت بشارتی یا جلسات بیداری روحانی باشد. کلیسای انطاکیه زمانی که روح خواست تا پولس و برنابا برای خدمت جدا انتخاب شوند و همینطور زمانی که کمی بعد آنها را به اولین سفر بشارتی‌شان می‌فرستادند، روزه گرفت (اعمال رسولان ۱۳: ۲-۳).

با در نظر گرفتن اینکه چقدر به راحتی می‌توانیم در زندگی روحانی‌مان سهل‌انگاری کنیم، باید از هر ابزاری که می‌تواند به ما کمک کند تا در «روح سرگرم» بمانیم استفاده کنیم (رومیان ۱۲: ۱۱). روزه یکی از آن ابزارهاست.

۵

تایید ارادهٔ خدا

در بخـش قبلـی بـه عزلت‌گزینـی عیسـی در بیابـان نگاهـی انداختیـم (مرقـس ۱: ۱۳) و دربـارهٔ اهمیـت عزلت‌گزینی‌هـای روحانـی بـرای خدمـت خـود مـا صحبـت کردیـم. وقتـی متوجـه می‌شـویم کـه نویسـندگان انجیـل می‌گوینـد هـدف از عزلت‌گزینـی عیسـی وسوسـه بـود، برای‌مـان جـای تعجـب دارد. ایـن هـدف در توصیـف متـی از رویـداد واضـح اسـت و مـا آن را بـه دلیـل اینکـه از توصیـف مرقـس جامع‌تـر اسـت دنبـال می‌کنیـم. متـی می‌گویـد، «آنـگاه عیسـی بـه دسـت روح بـه بیابـان بـرده شـد تـا ابلیـس او را تجربـه نمایـد» (متـی ۴: ۱). بـه طور واضـح نقشـه‌ای خداپسـندانه بـرای ایـن وسوسـه وجـود داشـت. البتـه منظـور ایـن نیسـت کـه خـدا باعـث وسوسـه شـد. یعقـوب می‌گویـد، «خـدا هرگـز از بدی‌هـا تجربـه نمی‌شـود و او هیـچ کـس را تجربـه نمی‌کنـد» (یعقـوب ۱: ۱۳).

لیـان موریـس می‌گویـد، «ایـن یعنـی خـدا از تـلاش افـراد شـریر و حتـی خـود شـیطان بـرای پیشـبرد اهدافـش اسـتفاده می‌کنـد.»[۱]

ارزش وسوسه شدن

جالـب اسـت کـه وسوسـه درسـت بعـد از تعمیـد، مسـح، و تاییـد عیسـی اتفـاق می‌افتـد. اغلـب وسوسـه بعـد از یـک اتفـاق یـا پیـروزی‌ای عالـی در زندگی‌مـان، خیلـی قـوی بـه سـراغ مـا

می‌آید. اما خدا می‌تواند از وسوسه‌های ما به عنوان ابزاری برای باطنی‌سازی نتایج پیروزی استفاده کند. احتمالا چیزی که اهمیت بیشتری دارد این است که وسوسه در ابتدای خدمت عیسی می‌آید. کرگ کینر می‌گوید بسیاری از قهرمانان عهد عتیق مثل ابراهیم، موسی، داوود، و ایوب، قبل از شروع کار اصلی‌شان از یک دورهٔ آزمایش عبور کردند.[۲] عیسی در تعمید، تاییدی قوی دربارهٔ اینکه ماشیح و پسر خدا است دریافت کرد. حالا او از طریق آزمایش جنبه‌های مهمی از این نقش‌ها را خواهد آموخت.

در این مورد، وسوسه‌ها به تنویر اولویت‌ها برای زندگی و خدمت عیسی کمک کردند. در زندگی ما هم، در شروع برخی سفرها، خدا اجازه می‌دهد که آزموده شویم تا اولویت‌هایی که این سفر را مشخص می‌کنند تایید کنیم. حل به موقع این مسائل برای ادامهٔ سفر به ما می‌کند.

یگانگی قلب و ذهن کلید یک ازدواج سالم است. یک راه مهم برای رسیدن به این امر، صحبت دربارهٔ مسائلی است که باعث عصبانیت و ناراحتی ما می‌شوند، با همسرمان صحبت کنیم تا یگانگی ما احیا شود. توصیهٔ پطرس که می‌گوید، «خورشید بر غیظ شما غروب نکند» (افسسیان ۴: ۲۶)، در اینجا بسیار به موضوع مربوط است. در اوایل ازدواج موقعیت‌هایی پیش می‌آیند که باعث ابراز خشم می‌شوند؛ و اگر زوج خودشان را عادت دهند که دربارهٔ این موقعیت‌ها تا زمانی که خشم از بین می‌رود صحبت کنند، زیربنای بسیار خوبی برای یک ازدواج مبارک می‌سازند. افرادی که دربارهٔ این چیزها صحبت نمی‌کنند اغلب خیلی دیر متوجه می‌شوند که به صورت خطرناکی از هم دور شده‌اند. من و همسرم معمولا به افرادی که به آنها کمک می‌کنیم تا برای ازدواج آماده شوند توصیهٔ افسسیان ۴: ۲۶ را به عنوان ابزاری ضروری برای موفقیت در ازدواج ارائه می‌دهیم. ما زوج‌ها را ترغیب می‌کنیم تا از اولین روز زندگی‌شان با هم، شروع به تمرین این حقیقت کتاب‌مقدسی کنند، چون غفلت در شروع باعث می‌شود تا آنها وارد راهی شوند که در آن از صحبت دربارهٔ مسائل کلیدی اجتناب می‌کنند.

این موضوع اغلب در ازدواج خدمتگزاران مسیحی اتفاق می‌افتد. در ابتدای ازدواج، زن ممکن است نارضایتی خود از فعالیت‌های مربوط به خدمت شوهرش را ابراز کند؛ و مرد اینطور جواب می‌دهد که زن نباید مانع خدمتی که خدا به او داده شود. زن که یک مسیحی وفادار است و به همین دلیل می‌ترسد که مبادا با کار خدا مخالفت کند، تصمیم می‌گیرد چیزهایی که دوست ندارد را تحمل کند؛ و الگویی شکل می‌گیرد که در آن زن همچنان نارضایتی‌اش را برای خودش نگه می‌دارد. ده یا پانزده سال بعد از ازدواج، این الگو یک خانهٔ غمگین و نارضایتی‌ای عمیق در او به بار می‌آورد. او تصمیم می‌گیرد که کاری کند تا وضعیت را تغییر دهد؛ اغلب خیلی دیر است، و نتیجهٔ مقابله با این مسئله، کشمکشی بزرگ و ناراحتی بیشتر است. حتی اگر این شرایط قابل جبران هم باشند، چه بهتر بود که یاد می‌گرفتند در ابتدای ازدواج‌شان با هم در مسائل مهم «یک فکر» باشند (فیلیپیان ۲: ۲).

در ابتدای خدمت ممکن است از ما بخواهند تا با شخص دشواری کار کنیم که نیاز به زمان زیادی دارد و انرژی بسیاری از ما می‌گیرد. اما کار با چنین فردی کمک می‌کند تا انضباط در کنار مردم ماندن را پرورش دهیم، که کلیدی تاثیرگذار در خدمت ماست. بعدا، زمانی که سرمان به طور خاص با خدمت عمومی بیشتر و بیشتر شلوغ می‌شود، به راحتی می‌توانیم از کارهای شخصی مثل شاگردسازی افراد دیگر، شهادت دادن، و ملاقات‌های خانگی غافل شویم؛ و انجام این کار باعث می‌شود که خدمت ما خراب شود. در ابتدای خدمت خداوند ما را می‌سنجد تا کمک کند که اولویت کار شخصی در قلب‌های ما ماندگار شود.

کینر اشاره می‌کند که «معلمین یهودی با مثال و کلام تعلیم می‌دادند.»[۳] پیروزی مسیح بر وسوسه هم یک مثال برای تمام ایمانداران است. شاگردان در بیابان همراه عیسی نبودند، پس عیسی خودش باید دربارهٔ وسوسه‌ها به آنها گفته باشد. به همین شکل کشمکش‌های ما و اینکه چطور با آنها برخورد می‌کنیم می‌تواند مثالی برای مسیحیان جوان‌تر باشد. ما می‌توانیم درست مثل مسیح دربارهٔ این تجربیات بگوییم.

ارادهٔ خدا بر حقوق ما

اولین وسوسه، تبدیل سنگ به نان بود. متی می‌گوید، «پس تجربه‌کننده نزد او آمده، گفت: "اگر پسر خدا هستی، بگو تا این سنگ‌ها نان شود"» (متی ۴: ۳). وقتی شیطان گفت، «اگر پسر خدا هستی،» احتمالا شکی به هویت عیسی نداشت. آیهٔ قبلی می‌گوید، «چون چهل شبانه‌روز روزه داشت، آخر گرسنه گردید.» به نظر می‌رسد که شیطان می‌گوید پسر خدا نباید گرسنه شود. او امتیازات عیسی را به او یادآوری می‌کرد.

شیطان گاهی اوقات چنین وسوسه‌هایی را سر راه ما قرار می‌دهد. او سعی می‌کند با یادآوری امتیازات‌مان ما را از راه صلیب دور نگه دارد. «با توجه به تمام شایستگی‌هایت تو لیاقت بیشتر از اینها را داری. کاری را انتخاب کن که خشنودی و رضایت بیشتری به تو می‌دهد - شغلی که با شایستگی‌هایت هم‌خوانی بیشتری دارد.» متاسفانه امروز بیشتر افکار دربارهٔ پاداش‌ها و رضایت‌مندی در خدمت، اکثرا دنیوی هستند تا کتاب‌مقدسی. آنها به ضرروت صلیب برای زندگی پرثمر مسیحی توجه نمی‌کنند؛ و چنین وسوسه‌هایی با نیرویی قوی می‌توانند به سمت ما بیایند.

عیسی می‌دانست می‌توانست برای فراهم کردن غذا از قدرتش استفاده کند. او بعدا این کار را در دو موقعیت انجام داد و به پنج هزار و سپس به چهار هزار نفر گرسنه غذا داد. اما او از این توانایی برای رضایت خود، گوش کردن به شیطان و از دست دادن دعوت خدا استفاده نکرد. ما هم به صلیب خوانده شده‌ایم. مثل عیسی، ما هم برای نیکویی غایی بزرگتری از حق‌مان گذشتیم (فیلیپیان ۲: ۵-۱۱). بسیاری از افراد با استفاده از مزایای خدمت‌شان برای منافع شخصی اعتبار روحانی و اقتدار خود را از دست داده‌اند.

مثال هدیه گرفتن از دیگران را در نظر بگیرید. مشخصا هیچ قانونی علیه دریافت هدیه وجود ندارد. عیسی از هدایای زنانی که به او خدمت می‌کردند بهره برد (لوقا ۸: ۲-۳). اغلب هدایای شخصی از طرف افراد، نیازهای بزرگ ما را برآورده می‌کنند و شاهدان

تدارک‌بینـی و مراقبـت معجزه‌آسـای خـدا هسـتند. پولـس هـم بـرای خدمتـش هدایایـی از طـرف فیلیپیـان دریافـت کـرد (فیلیپیـان ۴: ۱۰-۱۹). امـا زمانـی کـه در قرنتـس بـود، از اهالی آنجـا هدیـه‌ای دریافـت نکـرد، در عـوض تـا زمانـی کـه از کلیسـای مکادونیـه هدیـه‌ای برایـش آمـد، بـرای فراهـم کـردن هزینه‌هایـش کار کـرد (اعمال رسـولان ۱۸: ۳-۵). بعـدا توانسـت از ایـن تصمیـم اسـتفاده کـرده و زمانـی کـه توسـط اهالـی قرنتـس مـورد حملـه قـرار گرفت از کمـک مالـی بـرای دفـاع از اعتبـارش اسـتفاده کنـد (اول قرنتیـان ۸: ۳-۱۵).

پولـس می‌گویـد حاضـر اسـت بـرای انجیـل از حقوقـش بگـذرد. «اگر دیگـران در ایـن اختیـار بـر شـما شـریکند، آیـا نـه مـا بیشـتر؟ لیکـن ایـن اختیـار را اسـتعمال نکردیـم، بلکـه هـر چیـز را متحمـل می‌شـویم، مبـادا انجیـل مسـیح را تعویـق اندازیـم» (اول قرنتیـان ۹: ۱۲). او سـپس می‌گویـد، «لیکـن مـن هیـچ یـک از اینهـا را اسـتعمال نکـردم و ایـن را بـه ایـن قصـد ننوشـتم تـا بـا مـن چنیـن شـود» (آیـۀ ۱۵). مهم‌تریـن انگیـزه ایـن بـود کـه بتـوان بـدون اسـارت در تعهـد بـه دیگـران، خدمـت کـرد.

بنابرایـن بایـد مراقب باشـیم کـه تحـت تعهد ناسـالم افـرادی کـه بـه آنهـا خدمـت می‌کنیـم درنیاییـم. ایـن موضـوع حتـی زمانـی کـه می‌خواهیـم از ایـن افـراد وام بگیریـم حیاتی‌تـر می‌شـود. کارمنـدان مسـیحی زیـادی را در سـریلانکا دیـده‌ام کـه چـون چنیـن وام‌هایـی گرفته‌انـد، آنطـور کـه بایـد بـرای خدمـت آزاد نیسـتند. البتـه مـن قوانیـن قطعـی نمی‌گـذارم؛ مسـئلۀ مهـم آزادی ماسـت تـا بتوانیـم آنطـور کـه بایـد خدمـت کنیـم.

نحمیـا یـک دلیـل دیگـر می‌آورد کـه چـرا گاهـی خدمت‌گـزاران ممکـن اسـت از حـق مشـروع خـود بگذرنـد. او کمـک هزینـه‌ای کـه حقـش بـود را رد کـرد، چـون فقرا بـرای جمع‌آوری کمک مالـی بـرای خزانـه‌ای کـه کمـک هزینـۀ او را پرداخـت می‌کـرد مـورد اسـتثمار قـرار گرفتـه بودنـد (نحمیـا ۵: ۱۴-۱۹). او چـون نمی‌خواسـت بـاری بـر دوش مـردم باشـد حتـی حاضـر نشـد هزینه‌هـای خـود را دریافـت کنـد. اشـخاصی کـه بـا فقـرا کار می‌کردنـد می‌دانسـتند اگـر سـبک زندگـی بالاتـری نسـبت بـه افـرادی کـه میـان آنهـا خدمـت می‌کننـد داشـته باشـند،

نمی‌توانند واقعا با ایشان همذات‌پنداری کنند؛ و تاثیرگذاری خدمت آنها بسیار کاهش پیدا خواهد کرد.

البته خدا به هیچ‌کس بدهکار نیست. او نیازهای ما را در بهترین زمان برآورده می‌کند، و مطمئنا نیاز مسیح به غذا را هم برآورده کرده بود. بسیاری از مفسران بر این باورند که تهیهٔ غذا توسط فرشتگانی که کمی بعد او را ملاقات کردند، انجام شد (متی ۴: ۱۱). اگر قرار است خدا برای ما مهیا کند، لازم نیست که ریسک کنیم و آزادی روحانی و ثمربخشی خود را با برآورده کردن نیازهای‌مان از طریق ابزارهای سوال‌برانگیز، از دست بدهیم. حالا، زمانی که به نظر می‌رسد تدارک خدا تمام شده، ممکن است او بخواهد در حکمت خود ما را از یک «دورهٔ روزه‌داری» عبور بدهد. به طور مثال، افراد و گروه‌ها ممکن است گاهی کمبود مالی داشته باشند. در چنین زمان‌هایی باید برابر وسوسه برای سازش مقاومت کنیم، و بدانیم که خدا در زمان خودش فراهم می‌کند. زود متوجه خواهیم شد که ارزش درس‌هایی که در زمان محرومیت یاد گرفته‌ایم از درد آن خیلی بیشتر است.

پاسخ عیسی به شیطان کلیدی برای این است که بدانیم عیسی چطور در دام استفاده از روش‌های سوال برانگیز برای رفع نیازهایش نیفتاد. او گفت، «مکتوب است انسان نه محض نان زیست می‌کند، بلکه به هر کلمه‌ای که از دهان خدا صادر گردد» (متی ۴: ۴). برای مدت طولانی فکر می‌کردم که عیسی می‌گوید که غذای روحانی از غذای جسمانی مهم‌تر است. در حالی که ممکن است به این هم اشاره داشته باشد، اما یک تفسیر کلاسیک قدیمی دربارهٔ متی توسط جی. ای. برادِس به من کمک کرد تا متوجه شوم این چیزی نبود که عیسی در درجهٔ اول از آن حرف می‌زد.[۴] عیسی چیزی را که موسی به اسرائیل گفت نقل قول کرد. موسی گفت، «و او تو را ذلیل و گرسنه ساخت و منّ را به تو خورانید که نه تو آن را می‌دانستی و نه پدرانت می‌دانستند، تا تو را بیاموزاند که انسان نه به نان تنها زیست می‌کند بلکه به هر کلمه‌ای که از دهان خداوند صادر شود، انسان زنده می‌شود» (تثنیه ۸: ۳). در این مورد خدا به آنها

خـوراک داد. امـا نکتـه‌ای کـه موسـی بـه آن اشاره می‌کند این است کـه خـدا بهتریـن راه بـرای تغذیـهٔ مـا را تعییـن می‌کنـد؛ و وظیفـهٔ مـا این است کـه بـه کلامـی کـه بـه دهـان او خـارج می‌شـود تـوکل کنیـم.

بـه عبـارت دیگـر، اشتیاق مـا نبایـد بـرای ایـن باشـد کـه چطـور نیازهای‌مان را برطرف کنیـم؛ بلکـه بایـد مشـتاق دانسـتن و انجـام ارادهٔ خـدا باشـیم. اگـر روی ایـن موضـوع تمرکـز کنیـم، خـدا آنچـه را کـه بـرای مـا لازم است فراهـم خواهـد کـرد. عیسـی بعـدا در خدمتـش گفـت، «خـوراک مـن آن است کـه خواهـش فرسـتندهٔ خـود را بـه عمـل آورم و کار او را بـه انجام رسـانم» (یوحنا ۴: ۳۴). بنابرایـن وقتی کارهـای مربـوط بـه زندگـی را انجـام می‌دهیـم، راه اجتنـاب از نقـض ارادهٔ خـدا این است کـه پیـروی از ارادهٔ او هـدف بـزرگ زندگی‌مـان باشـد. خـدا مراقـب مـا است و بهتریـن را برای‌مـان فراهـم می‌کنـد. تنهـا از طریـق نافرمانـی است کـه می‌توانیـم آنچـه خـدا بـرای مـا تـدارک دیـده را از دست بدهیـم. پـس، مـا بـر روی اطاعت تمرکـز کـرده و تـدارک را بـه خـدا می‌سـپاریم. عیسـی ایـن اصـل را بـه شـکل دیگـری بیان می‌کنـد، «لیکـن اول ملکـوت خـدا و عدالـت او را بطلبیـد کـه ایـن همـه بـرای شـما مزید خواهـد شـد» (متی ۶: ۳۳).

بنابرایـن مـا در زمـان نیـاز بـرای برطـرف کـردن آنهـا از تعالیـم کتاب‌مقـدس سرپیچی نمی کنیـم.

- زمانـی کـه خیلـی مشغول هسـتم، بـه طـور خـاص وقتی کـه بـا خدمـت عمومی مشغولم، نبایـد از قرارهـای شخصـی بـا افـرادی کـه بـر آنهـا نظـارت می‌کنـم غافـل شـوم. خدمـت عمومـی بایـد از خدمـت شخصـی سرچشـمه بگیـرد، و بـه همیـن دلیـل خدمـت شخصـی بایـد همیشـه در اولویت باشـد.
- وقتـی کلیسـای‌مان در بحـران مالـی است، نبایـد هدایـای بشـارتی خـود را قطع کنیـم. ایـن تعهـدات اولویت هسـتند و حتی بایـد بـر نیازهـای خودمـان مقـدم باشـند.
- نبایـد از دادن ده یـک در زمانـی کـه واقعـا می‌خواهـم ایـن پـول را بـرای رفـع یـک نیـاز

شخصی داشته باشم، صرف نظر کنم.

- ممکن است به خدمتی ناامید کننده خوانده شویم، جایی که به نظر می‌رسد عطایای ما به درستی استفاده نمی‌شوند یا فقط تعداد کمی از فواید عطایای ما بهره می‌برند. وقتی کاری به ما پیشنهاد می‌شود که به نظر می‌رسد بیشتر با استعداهای‌مان سازگار است، نباید بدون اینکه با جدیت بپرسیم که آیا این ارادهٔ خدا برای ما هست یا نه، کار را بلافاصله قبول کنیم. در واقع من فکر می‌کنم که امروز از آموزهٔ کتاب‌مقدس دربارهٔ عطایا به شدت سوءاستفاده شده چون در کنار آموزهٔ کتاب‌مقدسی صلیب در نظر گرفته نشده است.

- در کتاب اعمال رسولان و تاریخ کلیسا، برخی از با استعدادترین افراد خودشان را وقف خدمت به افرادی کردند که قابل دسترسی نبودند. پولس، هنری مارتین و استیون نیل به ذهنم می‌آیند. آیا چنین چیزی امروز هم اتفاق می‌افتد؟ برخی از افراد با استعداد کلیسا باید در میان بیماران مبتلا به ایدز، افراد خیلی فقیر، افراد فوق‌العاده ثروتمند، مسلمانان، پیروان معنویت عصر نو، و ملت‌هایی که درصد مسیحیان آن ناچیز است، خدمت کنند. در ساختارهای خدمتی ما چیزهای زیادی وجود دارند که مانع از وقوع چنین چیزی می‌شوند. برای یک واعظ تیزهوش که می‌تواند در یک کلیسای بزرگ شبان ارشد باشد، هر یکشنبه موعظه برای جماعتی که شامل خانوادهٔ خودش و سه مسلمانی که ایمان آورده‌اند می‌شود، غیر معمول به نظر می‌رسد.

وقتی مسیحیان به دنبال آگاهی از ارادهٔ خدا هستند، آنها فقط شایستگی‌ها و حقوق خود را نمی‌طلبند. آنها می‌خواهند بدانند ارادهٔ خدا چیست؛ و زمانی که با موردی جذاب مواجه می‌شوند و مطمئن نیستند که آیا این ارادهٔ خداست یا نه، ترجیح می‌دهند به جای اینکه متاسف شوند، در امان بمانند. یعنی به جای اینکه بدون اطمینان به سمت چیز جدیدی بروند، ترجیح می‌دهند در آن چیزی بمانند که می‌دانند ارادهٔ خدا برای آنها است.

بعد از تقریباً بیست سال جنگ، سریلانکا در وضعیت وحشتناکی از نظر ثبات اقتصادی، امنیت، و اخلاقیات قرار دارد. برای افراد توانا و با انگیزه، ماندن در اینجا ناامیدکننده است. بسیاری به کشورهای دیگر مهاجرت کرده‌اند؛ و این کار گناه نیست، چون در کتاب‌مقدس هم یک سنت خوب از مهاجرت داریم. با این حال، مبشرین توانای زیادی را دیده‌ام که زمانی خدمتی فوق‌العاده در سریلانکا داشته‌اند اما حالا در کشورهای خارجی رو به زوال هستند، آنها رفاه مالی دارند اما به شکل دردناکی می‌دانند که رضایت حاصل از استفادهٔ عطایای‌شان در جایی که به این عطایا نیاز شدیدی وجود دارد را از دست داده‌اند.

ارادهٔ خدا بر خواسته‌های مصلوب نشده

در دومین وسوسه (که در انجیل لوقا سومین است)، شیطان عیسی را به چالش می‌کشد تا از بالاترین نقطهٔ هیکل در اورشلیم به پایین بپرد. در اینجا تفکر این است که خدا مطابق وعده‌ای که در مزمور ۹۱: ۱۱-۱۲ داده مداخله خواهد کرد، یعنی وقتی که به فرشتگانش فرمان می‌دهد که مراقب خدمت‌گزار او باشند تا مبادا پای او به سنگی بخورد (متی ۴: ۵-۶). در اینجا شیطان از روش اشتباهی استفاده می‌کند، یعنی روشی که ما هم اغلب استفاده می‌کنیم و در آن از یک متن کتاب‌مقدسی برای پشتیبانی از چیزی که ارادهٔ خدا نیست استفاده می‌کنیم. عیسی با کتاب‌مقدس جواب می‌دهد و دوباره از تثنیه نقل قول می‌کند؛ این کار نشان می‌دهد که استفادهٔ شیطان از این متن اشتباه بوده: «خداوند خدای خود را تجربه مکن» (متی ۴: ۷). عیسی به این نکته اشاره می‌کند که با وجود اینکه خدا از فرزندانش مراقبت می‌کند، اما آنها اجازه ندارند او را آزمایش کنند .

جواب عیسی نشان می‌دهد این وسوسه در درجهٔ اول برای این نبود که او به مردم نشان دهد ماشیح است؛ بلکه مربوط به آزمایش خداوند بود. آزمایش خدا یعنی چه؟ تثنیه ۶: ۱۶ می‌گوید: «یهوه خدای خود را میازمایید، چنانکه او را در مسا آزمودید.» در مسا

«قـوم بـا موسـی منازعـه کـرده، گفتنـد: "مـا را آب بدهیـد تـا بنوشـیم." موسـی بدیشـان گفت: "چـرا بـا مـن منازعـه می‌کنیـد، و چـرا خداونـد را امتحـان می‌نماییـد؟"» (خـروج ۱۷: ۲). قـوم بـه موسـی شـکایت کردنـد کـه چـرا آنهـا را از مصـر بیـرون آورده تـا در بیابـان از تشـنگی بمیرند (۱۷: ۳). «آنگاه موسـی نـزد خداونـد اسـتغاثه نمـوده، گفـت: "بـا ایـن قـوم چـه کنـم؟ نزدیـک اسـت مـرا سنگسـار کننـد"» (۱۷: ۴). در جـواب خـدا بـه آنهـا آب داد.

موسـی اسـم آن مـکان را بـه مسـا تغییـر داد کـه بـه معنـای «آزمایـش» بـود «زیـرا گفتـه بودنـد: "آیـا خداونـد در میـان مـا هسـت یـا نـه؟"» (۱۷: ۷). موسـی از شـکلی کـه قـوم از خـدا آب خواسـته بـود، بـدون اعتمـاد بـه خداونـد کـه نیازشـان را در زمـان و بـه شـیوهٔ خـودش بـرآورده می‌کنـد، خشـنود نبـود. ایـن مـوردی از خواسـتهٔ مصلـوب نشـده بـود کـه ایـن دوره از تاریـخ اسـرائیل را توصیـف می‌کنـد، مزمـور ۷۸: ۱۸ می‌گویـد، «و در دل‌هـای خـود خـدا را امتحـان کردنـد، چونکـه بـرای شـهوات خـود غـذا خواسـتند.» کلمهٔ «شـهوات» بـه ایدهٔ خواسـتهٔ خـارج از کنتـرل اشـاره می‌کنـد.

آیـا می‌تـوان خداونـد را بـه ایـن شـکل کنتـرل کـرد؟ ایـن حقیقتـا یـک راز اسـت! امـا در ایـن داسـتان می‌بینیـم کـه خـدا ممکـن اسـت اجـازه بدهـد چیـزی کـه بـه شـکل اشـتباه از او خواسـتیم را، داشـته باشـیم. بـرآورده کـردن خواسـته مسـئلهٔ کوچکـی اسـت. عامـل اصلـی ایـن اسـت کـه آیـا خواسـتهٔ مـا خـدا را بی‌حرمـت کـرده اسـت؟ گاهـی برایـم جـای سـوال دارد، آیـا ایـن خداسـت کـه بعضـی از خواسته‌هایمـان را بـه مـا می‌دهـد یـا شـیطان؟ وقتـی می‌بینیـم کـه بعضـی از راهبـران مسـیحی منتخـب مـا سـریلانکا را تـرک می‌کننـد، و بـه ایـن شـهادت می‌دهنـد کـه «خـدا بـه شـکل عجیبـی کار و ویـزا برای‌شـان فراهـم کـرده،» برایـم جـای سـوال دارد آیـا مثـل وقتـی بـه اسـرائیلی‌ها در مسـا اجـازه داد آبـی را کـه خواسـته بودنـد داشـته باشـند، اینهـا هـم واقعـا مـواردی هسـتند کـه خـدا اجـازه داده اسـت؟

کلیـد درخواست‌هایمـان در دعـا بایـد طلبیـدن همـراه بـا ایمـان باشـد. بعضـی از افـراد ایمـان را اینطـور معنـی می‌کننـد کـه ایمـان دارنـد خـدا تمـام آن چیزهایـی را کـه می‌خواهنـد بـه آنهـا

می‌دهد. مـن شـنیده‌ام مـردم، افـرادی کـه در دعـا بـرای شـفای شـخص بیمـار می‌گوینـد «اگـر ارادهٔ توسـت» را توبیـخ می‌کننـد. در مقابـل، ایمان یـک سرسـپردگی از صمیـم قلـب بـه ارادهٔ خـدا اسـت بـا اطمینانـی قاطـع کـه خـدا می‌دانـد چـه چیـزی بـرای مـا بهترین اسـت. زمانـی کـه از خـدا چیـزی می‌خواهیـم بـدون اینکـه بپرسـیم آیـا ایـن خواسـته درسـت یـا غلـط اسـت، یعنـی بـا ایمـان نطلبیده‌ایـم. آنهایـی کـه بـه ایـن روش از خـدا چیزهایـی می‌طلبنـد ممکـن اسـت بـه خواستهٔشـان برسـند، امـا چـون بـا حاکمیـت خـدا مخالفـت کردنـد، می‌تواننـد بـه خودشـان آسـیب بزننـد. آنهایـی کـه در ایمـان دعـا می‌کننـد ممکـن اسـت بـه خواستهٔشـان نرسـند، امـا ایـن موضـوع آنهـا را ناراحـت نمی‌کنـد. آنهـا می‌داننـد کـه خـدای قـادر می‌دانـد چـه چیـزی بهتریـن اسـت، و بـه دعاهای‌شـان بـه بهتریـن شـکل ممکـن پاسـخ می‌دهد. حتـی اگـر ندانند کـه چـرا بعضـی چیزهـا بهتریـن هسـتند، ایمان‌شـان بـر ایـن اطمینان اسـتوار اسـت کـه خـدا می‌دانـد چـه چیـزی بهتریـن اسـت.

کسـی کـه اینطـور دعـا می‌کنـد، «می‌خواهـم هـر اتفاقـی هـم کـه بیفتـد ایـن فـرد شـوهرم باشـد» ممکـن اسـت بـه آرزویـش برسـد؛ امـا ایـن رفتـارش ممکـن اسـت مانعـی بیـن او و خـدا شـود. بهتریـن بـرای او ممکـن بـود تجـرد باشـد. البتـه خـدا همیشـه خـدای رحمـت اسـت. افـرادی کـه تصمیمـات اشـتباه می‌گیرنـد اگـر فروتنانـه بـا توبـه بـه حضـور خـدا برونـد ممکـن اسـت ببیننـد خـدا شـرایط را عـوض می‌کنـد تـا چیـز زیبایـی از دل ایـن آشـفتگی بیرون بیـاورد.

امـا شـروع کاری بـا ایـن بـاور کـه خـدا رحمـت خواهـد داشـت می‌توانـد روشـی خطرنـاک بـرای بی‌ارزش کـردن نیکویی‌هـای خـدا باشـد. یـادم می‌آیـد زمانـی سـعی می‌کـردم نظر دوسـتی در سـریلانکا بـرای رفتـن بـه یـک کشـور غربـی را عـوض کنـم. او سـعی می‌کـرد بـا دروغ‌گویـی ویـزا بگیـرد؛ و بـه مـن گفـت کـه «بایـد» بـرود و خـدا رحمتـش را بـه او نشـان می‌دهـد. چـه نگـرش خطرنـاکـی نسـبت بـه خدایـی کـه از مـا خواسـته شـده تـا او را «بـه خشـوع و تقـوا... عبـادت پسـندیده نماییـم» چـون او «آتـش فـرو برنـده» اسـت (عبرانیـان ۱۲: ۲۸– ۲۹).

جان وسلی در یادداشت‌های روزانه‌اش تصویری جالب از اصلی که مورد بحث ما است ارائه می‌دهد:

امروز از طرف پرودنس نیکسون داستان عجیبی دربارهٔ شوهر مرحومش به دستم رسید: — ماه نوامبر گذشته، در یک بعد از ظهر یکشنبه، او به شکل غیر معمولی، با شور و شعف دعا می‌کرد، و اشتیاقی داشت که قبلاً هرگز نداشت، و می‌خواست «برود، و با عیسی باشد.» نیمه شب او بیدار شد، و شوهرش را کاملاً آرام، بدون هیچ حس و حرکتی دید و گمان کرد که در حال مرگ یا مرده است، او شروع به دعایی پرحرارت و آشفته کرد، و نیم ساعت اینطور استغاثه می‌کرد، «خداوند عیسی، جورج را به من برگردان! او را نبر.» او چشم‌هایش را باز کرد و با جدیت گفت، «بهتر است بگذاری بروم.» در آن زمان او دیوانه شده بود و به شکل وحشتناکی شروع به کفرگویی کرد. جورج چند روز به این کار ادامه داد، و به نظر می‌رسید که تحت قدرت کامل یک روح ناپاک است. بعد در پایان هفته، او اینطور دعا کرد، «ای خداوند، راضی‌ام! راضی‌ام که نزد تو برود.» درک او به سرعت برگشت و با وجدی ناگفتنی شادی کرد؛ و با مهربانی از همسرش برای اینکه او را به خدا واگذار کرده تشکر کرد، او را بوسید، دراز کشید و مرد.[۵]

اغلب خدا قبل از اینکه ما را با تدارک شگفت‌انگیز خودش برکت دهد، به سمتی هدایتمان می‌کند که در آن چیزی را که دوست داریم به او واگذار کنیم. خدا از ابراهیم خواست پسر عزیز خود را قربانی کند. زمانی که برای چهار سال و نیم در خارج دانشجو بودم، نِلن که حالا همسرم است، در دعا از خدا می‌خواسته اگر در ارادهٔ اوست ما به هم برسیم. به خاطر مسائل فرهنگی ما در این مدت با هم در ارتباط نبودیم. در واقع، با اینکه من خیلی به او علاقه‌مند بودم، حتی نمی‌دانستم او هم احساساتی مشابه نسبت به من دارد. سن او بالا می‌رفت و عزیزانش نگران او بودند. کمی بعد از اینکه به سریلانکا برگشتم، خداوند او را به نقطه‌ای مهم از سرسپردگی رساند. نِلن هدایت شده بود تا این رابطه را بر قربانگاه بگذارد و برای فیض دعا کند تا حتی اگر قرار است مجرد بماند شاد باشد. البته، زمانی که خداوند ما را به هم رساند، شادی

عظیمی در هر دو طرف وجود داشت.

معتقدم که حقیقت سرسپردگی به ما کمک کرد تا در بیست و پنج سال گذشته با خوشبختی با هم بمانیم. اغلب او باید مرا به خدا می‌سپرد به ویژه زمانی که سفر را شروع کردم. من هم به نوبهٔ خودم تصمیم گرفتم که هرگز به سفرهای ماموریتی که او به طور کامل راضی نیست نروم، و با این کار برنامه‌هایم را تسلیم کردم. و زمانی که از من می‌خواست که سفر خاصی را نروم، عصبانی نمی‌شدم چون می‌دانستم شخصی که این درخواست را دارد یک فرد سرسپرده است و نه یک خودخواه. با سرسپردگی می‌توانیم حتی زمانی که از هم جدا و تنها هستیم هم خشنود باشیم (مثل وضعیت حالای من که از جایی دور از خانه می‌نویسم)، و بدانیم که خدا مراقب ما خواهد بود. به همین خاطر است که سرسپردگی فداکاری بزرگی نیست. چه خواسته‌مان را دریافت کنیم چه نه، ما خوشحال و راضی هستیم – و این بیشترین چیزی است که افراد می‌خواهند. حالتی خطرناک از اعتماد به نفس وجود دارد که شکل مذهبی به خود می‌گیرد و در دعا تجلی پیدا می‌کند. برخی از افراد تمام چیزهایی را که می‌خواهند مطالبه می‌کنند و قادرند آنچه را که می‌خواهند از طریق تلاش و قدرت شخصیت‌شان به دست بیاورند. چنین افرادی می‌توانند رفتاری را ایجاد کنند که مطیع خدا نیست. آنها ممکن است راهبران مسیحی باشند اما نفس آنها مصلوب نشده است؛ و طولی نمی‌کشد که تشخیص تفاوت بین ارادهٔ خودشان با ارادهٔ خدا برای ایشان سخت می‌شود. متاسفانه، چون آنها راهبر هستند، دیگران فکر می‌کنند که ارادهٔ راهبر ارادهٔ خداست. این راهبران بسیار منضبط به نظر می‌آیند چون سخت‌کوش هستند، اما ارادهٔ آنها تحت کنترل خدا نیست.

بسیاری از ما راهبران افراد بدون اعتماد به نفسی هستیم که سخت کوشیده‌ایم تا بر عدم اعتماد به نفس‌مان غلبه کنیم و از طریق آن سخت‌کوشی به مقام راهبری رسیده‌ایم. این شهادتی فوق‌العاده بر فیض خدا است. اما درطول راه باید از کسب هویت از موفقیت فارغ می‌شدیم و آن را از این حقیقت شگفت‌انگیز می‌گرفتیم که خدا

ما را پذیرفته و به ما کاری مهم و ابدی داده که انجام دهیم. متاسفانه این اتفاق برای برخی از راهبران نیفتاده است. با اینکه آنها راهبر هستند، از نظر روحانی نوزاد باقی می‌مانند، و رضایت خود را از پیروزی‌هایی که نفس‌شان را تقویت می‌کند یا از دریافت آنچه که می‌خواهند، بدست می‌آورند.

بسیاری از این پیروزی‌ها شکل «مسیحی» به خود می‌گیرند. دیگران این راهبرها را به خاطر انضباط، عزم و سخت‌کوشی در رسیدن به اهداف‌شان تحسین می‌کنند. اما در پشت این لباس مسیحیت، کودکی وجود دارد که از طریق پیروزی‌های شخصی‌اش به دنبال تایید است. آنها، ناگهان تمایلی گناه‌آلود مثل وسوسه برای گناهان جنسی پیدا می‌کنند. این تمایل به یک غلبهٔ جدید تبدیل می‌شود که برای آن تلاش می‌شود، یا جایزه‌ای برای کسب کردن، و نتایج آن غم‌انگیز است. یک راهبر محترم، که دیگران او را فرد خیلی درستی می‌دانند، یک بی احتیاطی جنسی انجام داده، و رسوایی ناشی از آن برای هدف مسیح بسیار زیان آور است. معتقدم یکی از دلایلی که چرا بسیاری از راهبران مسیحی در این فضا می‌افتند این است که آنها افراد بدون اعتماد به نفسی هستند و برای تقویت نفس‌شان به این پیروزی‌ها نیاز دارند.

اگر بخواهیم در این دام نیفتیم، باید در مصلوب کردن تمایلات غیر خداپسندانه مهارت پیدا کنیم. گاهی خدا می‌بیند چیزهایی که می‌خواهیم را نداریم؛ و در چنین مواقعی بدون اینکه تلاش زیادی برای تحقق این خواسته انجام دهیم باید با کمال میل ترتیب وقایع از طرف خدا را بپذیریم. به طور مثال، ممکن است به خاطر بیماری همسرتان مجبور شوید در یک کنفرانس معتبر که در آن می‌توانید افراد مشهور را ملاقات کنید و با آنها تعامل داشته باشید، شرکت نکنید. شما می‌توانستید به کنفرانس بروید و شادی حاصل از خدمت به کسی که دوستش دارید، و موقعیتی که برای کسب مهارت در مصلوب کردن خواسته‌های جسمانی دارید را از دست بدهید.

وقتی از جورج مالر دربارهٔ راز خدمتش به خدا پرسیدند او جواب داد، «من یک روز مردم،

کاملاً مـردم: مـن در جـورج مالـر، نظـرات، ترجیحـات، سـلائق وخواسـتۀ او مـردم – در دنیـا، در تاییـد یـا نکوهـش آن مـردم، در تاییـد یـا سـرزنش بـرادران و دوستانم مـردم – و از آن بـه بعـد فقـط بـرای اینکـه مـورد تاییـد خـدا قـرار بگیـرم تـلاش کـردم.»[۶]

فکـر مـی‌کنـم بایـد ایـن را هـم اضافـه کنـم، چیـزی کـه دربـارۀ آن صحبـت مـی‌کنیـم زندگـی‌ای بـدون شـور و اشـتیاق نیسـت؛ بلکـه یـک زندگـی بـا اشـتیاق تبدیـل شـده اسـت – اشـتیاقی بـرای خشـنودی خـدا؛ یـک زندگـی بـا شـوری جدیـد– یـک شـور الاهـی. اینطـور فکـر مـی‌کنیـم کـه خـدا بـرای هدفـی مـا را در ایـن زمیـن قـرار داده اسـت. مـا مشـتاقیم تـا ایـن هـدف را بـرای جـلال او محقـق کنیـم. و خـدا بـزرگ اسـت؛ پـس مـا هـم بـرای برتـری در کاری کـه انجـام مـی‌دهیـم تـلاش مـی‌کنیـم؛ و هـدف ایـن نیسـت کـه شـاید مـردم بگوینـد مـا چقـدر بـزرگ هسـتیم، بلکـه ایـن اسـت کـه متوجـه شـوند مـا خـدای بـزرگ را نشـان مـی‌دهیـــم.

عیسـی وقتـی بـه سـوی اورشـلیم و صلیـب مـی‌رفـت احساسـی آتشـین از خدمـت داشـت. بـا اینکـه بعضـی از نزدیکانـش سـعی کردنـد او را متوقـف کننـد امـا هیـچ کـس نتوانسـت ایـن کار را انجـام دهـد. او بعـد از قیامـش زمانـی کـه شـاگردان را دوبـاره و دوبـاره بـا ماموریـت بـزرگ بـه چالـش کشـید، ایـن حـس اشـتیاق را بـه آنهـا تزریـق کـرد. هفـت بیانیـۀ جـدا دربـارۀ ماموریـت بـزرگ منتسـب بـه عیسـی در عهـد جدیـد پیـدا کـردم (متـی ۲۸: ۱۸-۲۰؛ مرقـس ۱۶: ۱۵؛ لوقـا ۲۴: ۴۶-۴۹؛ یوحنـا ۱۷: ۱۸؛ ۲۰: ۲۱؛ اعمـال رسـولان ۱: ۸؛ ۱۰: ۴۲). پولـس ایـن اشـتیاق را از اسـتادش گرفتـه بـود. مـا بـه وضـوح اشـتیاق پولـس بـرای انجیـل را در ایـن گفتـه‌اش مـی‌بینیـم: «چونکـه مـرا ضـرورت افتـاده اسـت، بلکـه وای بـر مـن اگـر بشـارت ندهـم» (اول قرنتیـان ۹: ۱۶). ایـن اشـتیاق باعـث شـد او بـرای اینکـه انجیـل را بـه مـردم برسـاند بهایـی بپـردازد. کمـی بعـد او توضیـح مـی‌دهـد کـه چطـور از حقـوق مشـروع خـود گذشـته و حتـی سـبک زندگـی‌اش را تغییـر داده تـا بتوانـد افـراد متفاوتـی را بـرای مسـیح بـه دسـت آورد (آیـات ۱۹-۲۳). ایـن آیـات بـا گفته‌هـای او در ادامـه بـه اوج مـی‌رسـد: «ضعفـا را ضعیـف شـدم تـا ضعفـا را سـود بـرم؛ همـه کـس را همـه چیـز گردیـدم تـا بـه هـر نوعـی بعضـی را برهانـم. امـا همـه کار را بـه جهت

انجیل می‌کنم تا در آن شریک گردم» (آیات ۲۳-۲۲). پولس این مبحث را با بیانیه‌ای تمام می‌کند که نشان می‌دهد او نه تنها یک فرد مشتاق بلکه یک فرد مصلوب هم بود. او می‌گوید، «تن خود را زبون می‌سازم و آن را در بندگی می‌دارم، مبادا چون دیگران را وعظ نمودم، خود محروم شوم» (آیهٔ ۲۷).

پولس علاوه بر اشتیاق کلی‌اش برای انجیل، اهداف خاصی هم در ارتباط با آن داشت. یکی از این اهداف بردن خبر خوش به اسپانیا بود. انجیل در آسیای صغیر، یونان و ایتالیا پیشرفت کرده بود. حالا او می‌خواست آن را بیشتر به سمت غرب ببرد. پولس برای مدت طولانی این را تصور می‌کرد، او به کلیسای روم نامه نوشت و امیدوار بود که بتواند روم را به پایگاه کارهای خود تبدیل کند (نک. رومیان ۱۵: ۲۴، ۲۸).

پولس در رومیان باب ۱۵ نشان می‌دهد که این خواسته‌اش تلاشی برای منفعت خودش نبوده است. تعهد او به ملکوت خدا بود، تعهد او به سوابقش به عنوان یک مبشر نبود بلکه به خدا بود. از این رو، او می‌گوید، «اما حریص بودم که بشارت چنان بدهم، نه در جایی که اسم مسیح شهرت یافته بود، مبادا بر بنیاد غیری بنا نمایم» (رومیان ۱۵: ۲۰). همیشه وقتی می‌شنوم که افراد چنین چیزهایی می‌گویند ناراحت می‌شوم، «ما باید خدمت خود را در تمام شهرهای کشورمان داشته باشیم،» یا «می‌خواهم انجیل را در تمام کشورهای آسیا موعظه کنم.» کسی که اهداف خداپسندانه دارد اینطور می‌گوید، «در تمام شهرهای کشور باید خدمت‌هایی مثل ما وجود داشته باشند.» اگر شخص دیگری کاری را که ما می‌خواستیم انجام بدهیم را انجام می‌دهد، ما خشنود خواهیم شد .

پولس هیچ تمایلی به شروع خدمت در مناطقی که توسط دیگران به آنها بشارت داده شده بود، نداشت. رویای او برای رفتن به اسپانیا در پشت تمایل زیادش برای رفتن به روم قرار دارد که در رومیان ۱: ۸-۱۴ و ۱۵: ۲۲-۳۲ و اغلب در کتاب اعمال رسولان به آن اشاره شده است. تمایل او در سخنانی مثل این آیات بیان شده‌اند: «پس همچنین

به قدر طاقت خود مستعدم که شما را نیز که در روم هستید بشارت دهم» (رومیان ۱: ۱۵)؛ «لکن چون الان مرا در این ممالک دیگر جایی نیست و سال‌های بسیار است که مشتاق آمدن نزد شما بوده‌ام» (رومیان ۱۵: ۲۳). اما هم در رومیان باب ۱ و هم در باب ۱۵ پولس می‌گوید اگر ارادهٔ خدا باشد خواهد آمد (رومیان ۱: ۱۰؛ ۱۵: ۳۲).

بنابراین، در اینجا اشتیاق و اهداف خداپسندانه دگرگون می‌شوند؛ و او داوطلبانه خودش را محدود می‌کند ۱) تا فقط آنچه را که ارادهٔ خداست انجام دهد؛ ۲) تا از انجام کاری که دیگران باید انجام دهند انجام دهنده اجتناب کند، و ۳) در زندگی شخصی، «تن خود را زبون می‌سازم و آن را در بندگی می‌دارم.» امروز هم این‌ها می‌توانند استانداردهای خوبی برای ما باشند که بفهمیم آیا اهداف‌مان واقعا خداپسندانه هستند یا خیر.

گاهی اهداف‌مان برای خشنودی خدا ما را به راهی می‌برد که مخالف اهداف و ترجیحات خودمان است. ویلیام فارل دوست ژان کالون در شهر ژنو، چند سال بعد از اینکه کالون از این شهر تبعید شد از او خواست تا برای خدمت به آنجا برگردد. کالون نمی‌خواست برگردد، اما متوجه شد که خواست خدا این است. او برای فارل نوشت، «اگر می‌توانستم انتخاب کنم، هر کار دیگری می‌کردم به جز اینکه در این مورد تسلیم تو شوم، اما از آنجایی که به یاد دارم دیگر متعلق به خودم نیستم، قلبم را به عنوان قربانی به خدا تقدیم می‌کنم.»[۷] او در ژنو ماند و خدمتی که برای آن مشهور بود را تا زمان مرگ انجام داد – یعنی حدود بیست و پنج سال بعد. امروز، زمان تصمیم‌گیری در مورد محل خدمت، بسیاری از معیارهایی استفاده می‌کنند که در دوره‌های قبلی «خودخواه» خوانده می‌شد. این طرز برخورد چقدر از طرز برخورد کالون دور است. اما او کسی است که چیزهای بزرگ از او پدیدار می‌شوند.

ارادهٔ خدا بر راه‌های اشتباه به سمت موفقیت

برای سومین وسوسه، «ابلیس او را به کوهی بسیار بلند برد و همهٔ ممالک جهان و

جلال آنها را بدو نشان داده» (متی ۸: ۴). او گفت: «اگر افتاده مرا سجده کنی، همانا این همه را به تو بخشم» (آیهٔ ۹). شیطان راهی سریع به سمت قدرت و نفوذ را پیشنهاد می‌کرد. او با نشان دادن زرق و برق پادشاهی‌ها، بر پتانسیل آنچه که در دنیای تحت حکومت مسیح می‌توان به دست آورد، تاکید کرد. با توجه به آشفتگی‌هایی که جهان در آن قرار داشت و همچنین پتانسیلی عظیم برای عدالت و سعادت در دنیای تحت حاکمیت عیسی، این باید واقعا یک وسوسهٔ قدرتمند بوده باشد. تنها یک سازش کافی بود و دنیای نیازمند از آن او می‌شد تا برای بهبود تغییر کند. این وسوسه‌ای بود برای دریافت تاج بدون صلیب.

امروز این وسوسه چقدر برای ما واقعی است! اینطور استدلال می‌کنیم، «اگر به مقامی بالا برسیم، چقدر می‌توانیم کارهای خوبی برای بسیاری از مردم انجام دهیم. آیا کمی سازش بهای ناچیزی برای موقعیتی با چنین نفوذی نیست؟» در دنیای ما قدرت با اندازه، نفوذ، و دام‌های دیگر قدرت مثل اینکه چند نفر برای ما کار می‌کنند سنجیده می‌شود. بنابراین جاذبهٔ موفقیت در دنیای تجارت و حکومت واقعی‌تر و یک وسوسهٔ مشترک است. یک نفر قوانین را کمی تغییر می‌دهد تا خواستهٔ یک فرد قدرتمند را برآورده کند، که این فرد قدرتمند به نوبهٔ خود از ارتقا او در شغلش حمایت می‌کند. بسیار معمول است که بشنویم افراد با اشخاص بلند مرتبه الطفاتات جنسی دارند تا شانس‌شان برای رفتن به مقام‌های بالا بیشتر شود.

پدر و مادرها می‌توانند راه اشتباه برای موفقیت زندگی خانوادگی انتخاب کنند. یک مادر ممکن به پسر کوچکش دروغ بگوید تا او را وادار به انجام یک کار خوب کند، مثل تهدید به اینکه اگر غذایش را نخورد، یک مرد ترسناک او را با خودش می‌برد. وقتی پدر از خانه بیرون می‌رود، و دختر کوچکش گریه می‌کند، با اینکه واقعا به سفری طولانی می‌رود به او بگوید زود برمی‌گردد. در این دو مورد ممکن است والدین به هدف خود رسیده باشند، اما چون آنها نمونهٔ بدی بوده‌اند، بچه‌ها اینطور باور خواهند کرد که دروغگویی قابل قبول است.

در خدمت هم، راه اشتباه برای موفقیت یک وسوسه است. واعظ یا موسیقی‌دانی را در نظر بگیرید که می‌تواند جمعیت زیادی را یک جا جمع کند. اما یک مشکل جدی در زندگی شخصی این فرد وجود دارد؛ برای او بهتر است تا زمانی که موضوع روشن می‌شود یا تا زمانی که دوره‌ای را که توسط یک روند انضباطی برای او تعیین شده تکمیل کند، از خدمت عمومی دور بماند. اما این برنامه را خراب می‌کند، و موفقیت معمولا با توانایی ما برای جذب تعداد زیادی از مردم به برنامه‌های‌مان سنجیده می‌شود. به همین دلیل ما از این فرد در خدمت‌مان استفاده خواهیم کرد. با این کار، مانع فرصت‌های فرد برای بهبودی کامل از مشکل می‌شویم، حتی اگر برنامه طبق استانداردهای انسانی یک موفقیت به حساب بیاید، چون قواعد خدا را شکسته‌ایم، برکات او را از دست می‌دهیم. اگر به اندازهٔ کافی با مشکل برخورد نشود، اغلب در طول زمان مشکل بیشتر می‌شود و یک رسوایی عمومی به وجود می‌آید. شرمساری بزرگی برای گروهی که از این فرد استفاده کرده به وجود می‌آید، و بی احترامی بزرگی به اسم خدا می‌شود.

به عنوان خدمت‌گزاران ما در معرض بسیاری از دام‌های مشابه قرار داریم:

- وقتی برای موفقیت در خدمت تلاش می‌کنیم، ممکن است از خانواده‌مان غافل شویم.
- برای گسترش خدمت‌مان، ممکن است افرادی را برای راهبری منصوب کنیم که هنوز مناسب این کار نیستند.
- می‌توانیم با تهمت زدن به رقیب‌مان به خاطر موقعیت موجود، در جایگاه راهبری قرار بگیریم.
- در حالیکه باید «برنامه‌های‌مان را ادامه بدهیم» می‌توانیم فردی را که زمانی بسیار سخت کار کرده و برای ما خیلی مفید بوده، اما حالا با مشکلات شخصی مواجه است، کنار بگذاریم یا نادیده بگیریم. فشار برای رشد باعث می‌شود زمانی برای توجه به افرادی که در این نبرد زخمی شده‌اند نداشته باشیم.

- ما می‌توانیم افرادی کـه دوست‌شان نداریم یا آنهایـی را کـه برنامه‌هـای مـا بـرای رشـد را زیـر سـوال می‌برند، از موقعیـت نفـوذ حـذف کنیـم.
- با پیشـنهاد حقـوق بیشـتر، می‌توانیـم شخصی را کـه بـرای گـروه دیگـری ارزشـمند اسـت فریـب دهیـم تا بـه مـا ملحـق شـود. مـا فرامـوش می‌کنیـم وقتـی بـه گـروه دیگـر ضربـه می‌زنیـم، بـه بـدن مسیـح کـه بـه آن متعلقیـم ضربـه زده‌ایـم.
- می‌توانیـم از موعظـه دربـارهٔ موضوعـات ناخوشـایند پرهیـز کنیـم چـون افـراد آن را نمی‌پسندند، چـون «نمی‌توانیـد بـا موعظـهٔ موعظاتـی کـه مـردم نمی‌پسـندند یـک کلیسـا رشـد دهیـد.»

امـروز بسـیاری از گروه‌هـا و کلیسـاهای اونجلیـکال دچـار مشکـل بزرگـی هسـتند چـون در تعقیـب رشـد و موفقیـت، قواعـد مسیـحی را شکسـته‌اند. بـه نظـر می‌رسـد اشتیـاق بـرای مسیـح و گمشـدگان (کـه بایـد باعـث شـود افـراد در همـه چیـز مطیـع مسیـح باشـند) با اشتیـاق بـرای رشـد جایگزیـن شـده باشـد و آنهـا را وسوسـه می‌کنـد تـا بـرای رسیـدن بـه آن از شیوه‌هـای سـوال برانگیـز اسـتفاه کننـد.

اگـر ایـن رونـد بـدون بررسـی ادامـه پیـدا کنـد، می‌توانیـم بحـران بزرگـی در کلیسـا داشـته باشیـم. چـون راهبـران اونجلیـکال در رفتارشـان بـدون قاعـده بوده‌انـد، افـراد دیگـر می‌تواننـد مسیـحیت را بـه عنـوان یـک دیـن دروغیـن و نامناسـب، رد کننـد. ایـن موقعیـت همچنیـن می‌توانـد باعـث همه‌گیـری مسیحیت اسمـی شـود، کـه در آن نـا اطاعتـی راهبـران مشـوق مـردم عـادی می‌شـود تـا بـاور کننـد کـه قبـول مسئولیت در کلیسـا بـدون عمـل بـه مسیحیت امـکان پذیـر اسـت. ممکـن اسـت عصـر تاریکـی جدیـدی در مسیحیت تجربـه کنیـم. مـا بایـد فـورا بـرای جلوگیـری از ایـن فاجعـه بـا رد اسـتفاده از شیوه‌هـای سـوال برانگیـز بـرای رسیـدن بـه هدف‌های‌مـان، قـدم برداریـم. کار خـدا بایـد بـه شیـوهٔ خـدا انجـام شـود. هادسـن تیلـر می‌گویـد، «بـه ایـن تکیـه کنیـد، کار خـدا کـه بـه شیـوهٔ خـدا انجـام شـده باشـد هرگـز از عطایـای خـدا محـروم نمی‌مانـد.»[۸]

وقتـی از روش‌هـای شـیطان بـرای رسـیدن بـه اهدافمـان در زندگـی اسـتفاده می‌کنیـم، مـا واقعـا بـه شـیطان تعظیـم می‌کنیـم. جـواب عیسـی بـه ایـن وسوسـه اینطـور بـود، «دور شـو ای شـیطان، زیـرا مکتـوب اسـت کـه خداونـد خـدای خـود را سـجده کـن و او را فقـط عبـادت نمـا» (متـی ۴: ۱۰). مثـل دو وسوسـهٔ دیگـر، جـواب عیسـی ایـن بـار هـم از تثنیـه می‌آمـد (۶: ۱۳). عیسـی در اینجـا می‌گویـد کـه راه غلبـه بـر وسوسـهٔ اسـتفاده از شـیوه‌های اشـتباه بـرای موفقیـت، تمرکـز بـر پرسـتش و خدمـت بـه خداسـت. ایـن بـه مـا کمـک می‌کنـد تـا بـر خواسـته‌های خودخواهانـه و فریـب شـیوه‌های سـوال‌برانگیز غلبـه کنیـم. خـدا آنقـدر عالـی و متعـال اسـت کـه بـه روش‌هـای گناه‌آلـود مـا بـرای انجـام ایـن کار نیـاز نـدارد. امـا بـا در نظـر گرفتـن قـدرت وسوسـه بـرای اسـتفاده از روش‌هـای پسـت در تلاش‌مـان بـرای موفقیـت، واجـب اسـت کـه چشـم‌های خـود را بـه خـدا بدوزیـم تـا ارزش‌های‌مـان از او کسـب شـوند و نـه از دنیـا.

در اینجـا نصیحـت پولـس در کولسـیان بـاب ۳ بسـیار مناسـب اسـت، او می‌گویـد چون بـا مسیح برخاسـته‌ایم، اشـتیاق مـا بایـد دربارهٔ مسـائل آسـمانی باشـد: «پـس چـون بـا مسـیح برخیزانیده شـدید، آنچـه را کـه در بـالا اسـت بطلبیـد در آنجایـی کـه مسـیح اسـت، بـه دسـت راسـت خـدا نشسـته» (کولسـیان ۳: ۱). ایـن دیـدگاه بایـد بـر چیزهایـی کـه بـا اشـتیاق دنبـال می‌کنیـم تاثیر بگـذراد: «در آنچـه بـالا اسـت تفکـر کنیـد، نـه در آنچـه بـر زمیـن اسـت» (کولسـیان ۳: ۲). در نتیجـه مـا «اعضـای خـود را کـه بر زمیـن اسـت مقتـول» سـاختیم (کولسـیان ۳: ۵).

مـا جـلال خـدا را دیده‌ایـم، و قلب‌مـان بـر آسـمان تمرکـز کـرده اسـت. تنهـا خداسـت کـه می‌پرسـتیم و خدمـت می‌کنیـم. ایـن حقیقـت هویـت مـا را شـکل داده اسـت: مـا در ملکـوت بـا شـکوه خـدا شـاهزادگان هسـتیم. بـه همیـن دلیـل، روش‌هـای زمینـی پایین‌تـر از مقام مـا هسـتند. او فیـض خـود را بـر مـا می‌ریـزد، و مـا هـم در برخوردمـان بـا مـردم بخشـنده هسـتیم. او بـا شـکوه اسـت پـس مـا هـم در هـر کاری کـه می‌کنیـم شـریف هسـتیم. او مقـدس اسـت، پـس مـا هـم بـه روش‌هایـی متوسـل نخواهیـم شـد کـه درسـتی مـا را بـه خطـر بینـدازد. او وفـادار اسـت، پـس مـا هـم دروغ نخواهیـم گفـت. انتقـام، رفتـار سیاسـی، نـا درسـتی، تهمـت و

ناسپاسی از مقام ما پایین‌تر است. اینها خدا را بی حرمت می‌کنند و جلال او را از کلیسا می‌برند.

معتقدم که پاسخ به فقدان جدی راستی و قداست در کلیسا این است که مسیحیان درک کنند و هویت‌شان را با جلال خدایی که می‌پرستند شکل دهند. فرهنگ بسیاری از کشورهای جهان سوم با این طرز فکر که خدایی عالی و قدوس مطلق وجود دارد که روزی باید به او حساب پس بدهیم، شکل نگرفته است. وقتی افراد از اعتقادات دیگر به مسیح ایمان می‌آورند، چنین درکی از خدا با خود به همراه دارند که او یک جادوگر است و به افرادی که شروط خاصی را انجام می‌دهند لطف می‌کند. آنها این طرز فکر را به درک‌شان از خدای مسیحیت انتقال می‌دهند.

به نظر می‌رسد بسیاری نیز در غرب ثروتمند طرز فکر کتاب‌مقدسی خدا را به نفع یک خدای پانتئیسم (یا همه خدایی) که یک نیروی الاهی است و به همه چیز در جهان حکمرانی می‌کند، کنار گذاشته‌اند. برخی دیگر مفهوم قضاوت و جهنم را رد می‌کنند و خدا را موجودی مهربان می‌بینند که همه را علیرغم هر رفتاری که دارند بدون شرط می‌پذیرد. این دیدگاه ترس از خداوند که به عنوان مانعی بزرگ در برابر گناه عمل می‌کند را از بین می‌برد. بنابراین، مردم هم در شرق و هم در غرب باید چنین دیدی به خدا داشته باشند که او پر جلال، بخشنده، مقدس و صادق است و روزی تمام بشریت را قضاوت خواهد کرد. وقتی که ما دیدی کتاب‌مقدسی از خدا داریم، موفقیت را نه با استانداردهای زمینی، بلکه بر اساس میزان تطابق خود با اصول و ارادۀ خدا اندازه می‌گیریم. این استانداردها مانع ما می‌شوند تا از طریق روش‌های اشتباه به اهداف‌مان برسیم، اما مانع اهداف خداترسانه هم نمی‌شوند. وقتی می‌بینیم خدا جلال دارد، برانگیخته می‌شویم تا با اشتیاق کارهای بزرگی انجام دهیم که جلال او را منعکس می‌کنند. پس ما هم رویاهای بزرگی داریم. اما برای رسیدن با این اهداف، کاری نخواهیم کرد که از جلال او بکاهد. چشم‌انداز جلال، ما را تشویق می‌کند تا در راه پیروزی بهای آن را بپردازیم. این بها راه صلیب است که مسیح در وسوسه‌اش با رد کردن

تاجی که شیطان به او پیشنهاد داد، آن را پذیرفت. «بنابراین ... هر بار گران و گناهی را که ما را سخت می‌پیچد، دور بکنیم و با صبر در آن میدان که پیش روی ما مقرر شده است بدویم، و به سوی پیشوا و کامل کننده ایمان یعنی عیسی نگران باشیم که به جهت آن خوشی که پیش او موضوع بود، بی حرمتی را ناچیز شمرده، متحمل صلیب گردید و به دست راست تخت خدا نشسته است» (عبرانیان ۱۲: ۱-۲).

قابل توجه است که هر سه وسوسۀ عیسی مربوط به این بود که او باید بین خواست خدا و راه‌های جایگزین انتخاب می‌کرد. وسوسۀ اول دربارۀ خواست خدا بر حقوق و امتیازات او بود. دومین وسوسه دربارۀ خواست خدا بر تمایلات مصلوب نشده، و سومین دربارۀ خواست خدا بر مسیرهای اشتباه به سمت موفقیت بود. در نهایت خواست خدا مهم‌ترین چیز در زندگی ما است. یوحنا می‌گوید، «و دنیا و شهوات آن در گذر است لکن کسی که به ارادۀ خدا عمل می‌کند، تا به ابد باقی می‌ماند» (اول یوحنا ۲: ۱۷).

٦

اشباع از کلام

این موضـوع کـه وقتـی عیسـی بـه وسوسـه‌های شـیطان پاسـخ داد، همـهٔ جواب‌هایـش مسـتقیم از عهـد عتیـق بـود بسـیار قابـل توجـه اسـت. در اینجـا می‌بینیـم کـه کتاب‌مقـدس از اولویـت بالایـی در خدمـت و زندگـی عیسـی برخـوردار بـود.

کلام به عنوان قدرت ما در زندگی و خدمت

متـداول اسـت کـه مسـیحیان عهـد جدیـد در پاسـخ بـه موقعیت‌هـای مختلفـی کـه بـا آن مواجـه شـده‌اند، بـدون اینکـه از آنهـا خواسـته شـود از کتـاب مقـدس نقـل قـول یـا بـه آن اشـاره می‌کننـد. سـرود شـکرگزاری مریـم (لوقـا ۱: ۲۶-۵۵)، «فـوران سـتایشی اسـت کـه بیشـتر بخش‌هـای آن بـه زبـان عهـد عتیـق اسـت.»[1] نبـوت زکریـا یـا بندیکتـوس (لوقـا ۱: ۶۸-۷۹)، چنـد قسـمت از عهـد عتیـق را نقـل قـول یـا بـه آنهـا اشـاره می‌کنـد.»[2] در اناجیـل، عیسـی نـود بـار از طریـق نقـل قـول، اشـاره بـه یـک واقعـه، یـا زبانـی شـبیه بـه اصطلاحـات کتاب‌مقدسـی، بـه عهـد عتیـق رجـوع می‌کنـد. ایـن عـدد بـا شـمارش مـوارد تکـراری در روایت‌هـای مـوازی بـه ۱۶۰ افزایـش پیـدا می‌کنـد.[3]

کتـاب اعمـال رسـولان کلیسـایی را نشـان می‌دهـد کـه واضحـا در قلمـرو و تحـت حاکمیـت کتاب‌مقـدس زندگـی می‌کنـد. در کتـاب اعمـال رسـولان از طریـق نقـل قـول مسـتقیم، یـا

خلاصهٔ یک باب، یا اشاره به رویدادی، حدود دویست ارجاع به عهد عتیق وجود دارد. در برخی از سخنرانی‌ها برای مخاطبین یهودی، مثل موعظهٔ پطرس در روز پنطیکاست یا دفاعیهٔ استیفان، بیش از نیمی از موعظهٔ ثبت شده شامل عهد عتیق است.[۴] پیغام فلسفی پولس به روشنفکران در آتن نقل قول‌های مستقیمی از عهد عتیق ندارد، اما به طور کامل پیامی کتاب‌مقدسی بود. اف.اف. بروس می‌گوید، «مبحث او راسخانه مبنی بر مکاشفهٔ کتاب‌مقدسی است؛ و در سراسر اندیشه و گاها زبان عهد عتیق منعکس می‌شود.»[۵] وقتی کلیسای اورشلیم برای اولین بار شنید که بشارت غیر قانونی اعلام شده، بدون اینکه از آنها خواسته شود دعایی کردند که پر بود از کتاب‌مقدس (اعمال رسولان ۴: ۲۴-۳۰).

نمونهٔ عیسی و کلیسای اولیه این را نشان می‌دهد که باید کلام خدا را در قلب‌مان نگاه داریم (مزمور ۱۱۹: ۱۱) تا بتوانیم از آن برای پاسخ به چالش‌های پیش رو استفاده کنیم. پولس به طور خلاصه در این آیه می‌گوید چرا کتاب‌مقدس برای ما مهم است، «تمامی کتب از الهام خداست و به جهت تعلیم و تنبیه و اصلاح و تربیت در عدالت مفید است، تا مرد خدا کامل و به جهت هر عمل نیکو آراسته بشود» (دوم تیموتائوس ۳: ۱۶-۱۷). ما معمولا از این متن برای تعریف الهام کتاب‌مقدس استفاده می‌کنیم، اما این چیزی است که تیموتائوس شکی به آن نداشت. اینجا پولس قصد دارد به تیموتائوس بگوید، چون کتاب‌مقدس الهام شده است، از یک طرف برای تعلیم و آموزش و از طرف دیگر برای تصحیح اشتباه «مفید» است. بنابراین کتاب‌مقدس بالاترین مرجع ما برای ایمان و عمل است.

اگر قرار است زندگی مقدسی داشته باشیم، باید از کلام اشباع شویم. عیسی اینطور دعا کرد، «ایشان را به راستی خود تقدیس نما. کلام تو راستی است» (یوحنا ۱۷: ۱۷). کلام یکی از اصلی‌ترین سلاح‌های ما در برابر تیرهای شیطان است. استفادهٔ عیسی از کلام برای اجتناب از گناه این آیات را به تصویر می‌کشد، مزمور ۱۱۹: ۱۱: «کلام تو را در دل خود مخفی داشتم که مبادا به تو گناه ورزم،» و مزمور ۱۱۹: ۹: «به چه چیز مرد جوان

راه خـود را پـاک می‌سـازد؟ بـه نـگاه داشـتنش موافـق کلام تـو،» و افسسـیان ۶: ۱۷ کـه در آن پولـس فهرسـتی از تمـام زرهٔ خـدا ارائـه می‌دهـد و می‌گویـد: «و خـود نجـات و شمشـیر روح را کـه کلام خداسـت برداریـد.» زمانـی کـه شـیطان بـه مـا حملـه می‌کنـد، کلام سـلاحی بـرای ضربـه بـه اوسـت. سـوزانا وسـلی بـرای ایـن گفتـه بـه پسـرش جـان مشـهور اسـت: «ایـن کتـاب تـو را از گنـاه دور نـگاه خواهـد داشـت، یـا گنـاه تـو را از ایـن کتـاب دور خواهـد کـرد.»

زمانـی را بـه یـاد مـی‌آورم کـه شـخصی کـه در زندگـی او سـرمایه‌گذاری زیـادی کـرده بـودم عمیقـا مـرا آزرد. بـرای چنـد روز از لحـاظ احساسـی و روحانـی بی‌حـس بـودم. بعـد از ملاقـات بـا ایـن فـرد، زمـان سـکوت منظـم خـود را بـا خـدا حفـظ کـردم، امـا خوانـدن کتاب‌مقدس و دعـا برایـم سـخت بـود. بـا ایـن حـال، واضحـا احسـاس کـردم در ایـن زمـان کلام خـدا کـه در قلبـم نـگاه داشـته بـودم در حـال خدمـت بـود. بـا بـه یـاد آوردن اینکـه کتاب‌مقدس دربارهٔ دوسـت داشـتن و بخشـیدن آنهایـی کـه آزارمان می‌دهنـد چـه می‌گویـد، تمـام افـکارم دربارهٔ انتقـام از بیـن می‌رفـت. در آن سـه یـا چهـار روزی کـه از نظـر احساسـی و روحانـی زمین‌گیـر شـده بـودم خدمـت کلامـی کـه در دل «نـگاه داشـته» بـودم مـرا تقویـت کـرد. کلام، مـرا از قبـول افـکار بـرای انتقـام حفـظ و بـه مـن کمـک کـرد کـه نـه تنهـا بـه عقـب برنـگردم، بلکـه آن فـردی کـه باعـث درد مـن شـده بـود را درک کنـم و دوسـت بـدارم.

بیشـتر آیاتـی کـه در بـالا آمده‌انـد بـه ایـن اشـاره می‌کننـد کـه کلام اقتـدار اولیـهٔ مـا بـرای خدمـت هـم هسـت. زمانـی کـه یـک داوطلب جـوان در سـازمان مسـیح بـرای جوانـان بـودم، یکـی از دوسـتانم در آنجـا بـه مـن چیـزی گفـت کـه از آن زمـان سـعی کـردم دنبـال کنـم؛ او توصیـه کـرد کـه هرگـز در موعظـه‌ام بـدون اسـتناد بـه کتاب‌مقـدس، تاکیـد عمـده‌ای بـر چیـزی نداشـته باشـم. نکتـهٔ او ایـن بـود کـه هرچیـزی درس می‌دهـم بایـد از کتاب‌مقدس گرفتـه شـود؛ و ایـن بایـد منبـع اقتـدار در تمـام خدمتـم باشـد.

در آن سـال‌های ابتدایـی اهمیـت جایگاهـی کـه راهبـران بـزرگ مسـیحی در تاریـخ کلیسـا بـه کتاب‌مقـدس داده بودنـد را آموختـم. واضـح اسـت کـه دانـش کتاب‌مقـدس اصلاحـات بـزرگ

پروتستان در قرن شانزدهم را جرقه زد. مارتین لوتر حقایقی را در کتاب‌مقدس یافت که کلیسا تاکیدی بر آنها نکرده بود، و او شروع به تعلیم این حقایق کرد. او پیروانی پیدا کرد، اما خشم مقامات کلیسا را هم به دست آورد. او در سال ۱۵۲۱ به مجلس مشهور ورمس رفت تا در حضور مقامات از موضع خود دفاع کند. آنها قانع نشدند. سپس یوها اک، که محقق کاتولیک و مخالف لوتر بود، از او جوابی ساده برای این سوال خواست که: آیا او می‌خواهد عقب نشینی کند یا نه؟ این سوال سخنان مشهور لوتر را برانگیخت:

از آنجایی که شما عالیجنابان و آقایان پاسخی ساده می‌خواهید، پاسخ من به این صورت است، و شاخ و دم هم ندارد: تا زمانی که با شهادت کتاب‌مقدس یا با دلیلی روشن متقاعد نشده باشم... ، من به کتاب مقدسی که از آن نقل قول کردم مقید هستم و وجدانم در بند کلام خداست. من نمی‌توانم و نمی‌خواهم از هیچ چیز عقب‌نشینی کنم، زیرا مخالفت با وجدان نه ایمن است و نه درست. باشد که خدا به من کمک کند. آمین.

بگذارید اسکوینگتون وود بگوید در ادامه چه اتفاقی افتاد: «بعد از اینکه لوتر رفت، آشوبی در آنجا به پا شد. بیرون، او مثل شوالیه‌ای که دشمنش را از اسب پایین کشیده باشد، دستانش را باز کرد و فریاد زد: «عبور کردم! و او این کار را با شمشیر روح که کلام خداست انجام داد.»[۶]

جان وسلی درباره وابستگی خودش به کتاب‌مقدس با هیاهو صحبت می‌کرد. او دوست داشت تا متودیست‌های اولیه را «مسیحیان کتاب‌مقدس» و خودش را مرد یک کتاب بخواند. در مقدمه کتاب موعظاتش، می‌گوید:

خطاب به مردان بی تزویر و خردمند، من از فاش ساختن آنچه که صمیمانه‌ترین افکار قلبم است ترسی ندارم. اینطور فکر می‌کنم، که مخلوق یک روز هستم، و مثل تیری در هوا از زندگی می‌گذرم. من روحی هستم که از خدا می‌آید و به خدا برمی‌گردد: و

فقط بر خلیجی بزرگ معلق است؛ و پس از چند لحظه، دیگر دیده نمی‌شوم؛ من به ابدیتی غیر قابل تغییر وارد می‌شوم. می‌خواهم یک چیز را بدانم - راه آسمان را؛ که چطور بر آن ساحل فرخنده فرود بیایم. خدا خودش تواضع کرد و راه را تعلیم داد؛ او برای همین منظور از آسمان آمد. او این را در یک کتاب نوشت. آه آن کتاب را به من بدهید! به هر قیمتی، کتاب خدا را به من بدهید. من آن را دارم: در اینجا دانش برای من کافی است. بگذارید من هومو یونیوس لیبری (مرد یک کتاب) باشم.[۷]

البته می‌دانیم که وسلی کتاب‌های زیاد دیگری هم خوانده و پیشنهاد داده بود دیگران هم همین کار را بکنند، و کتاب‌های زیاد مهمی را هم که نوشتهٔ خودش و دیگران بود را منتشر کرد. اما همانطور که اسکوینگتون وود می‌گوید، «کتاب‌مقدس معیار ثابت او بود.» وسلی می‌گوید، «مبنای من کتاب‌مقدس است، بله، من یک متعصب کتاب‌مقدس هستم. در همه چیز چه بزرگ و چه کوچک از آن پیروی می‌کنم.»[۸]

وسلی اعتراف می‌کند که کتاب‌مقدس حتی بر شیوهٔ حرف زدنش هم تاثیر گذاشته است: «کتاب‌مقدس استاندارد من برای زبان و احساس است. من نه تنها تلاش می‌کنم که فکر کنم بلکه "به عنوان واسطه‌های خدا" حرف هم بزنم.» او گفت به دنبال این بوده تا «نه بهتر و نه بدتر از کتاب‌مقدس حرف بزند.»[۹]

چارلز اسپرجن هم رابطهٔ مشابهی با کلام داشت. او می‌گوید، «کار بسیار مبارکی است که در عمق روح کتاب‌مقدس غرق شوید، تا در نهایت به نقطه‌ای برسید که صحبت شما به زبان کتاب‌مقدسی باشد، و روح شما چنان به کلام خداوند آغشته شود که گویی کتاب‌مقدس در رگ‌های شما جریان دارد، و جوهر کتاب‌مقدس از شما فوران می‌کند.»[۱۰]

متاسفانه امروز بسیاری از مسیحیان احساس می‌کنند کتاب‌مقدس آنطور که برای راهبران بزرگ در گذشته مثل لوتر، وسلی، و اسپرجن مناسب بوده، برای ما نیست. آنچه کتاب‌مقدس دربارهٔ خودش می‌گوید باید این طرز فکر را از بین ببرد. «زیرا کلام

خدا زنده و مقتدر و برنده‌تر است از هر شمشیر دو دم و فرو رونده تا جدا کند نفس و روح و مفاصل و مغز را و ممیز افکار و نیت‌های قلب است» (عبرانیان ۴: ۱۲). این کلام خدا برای نوع بشر است، و به روشنی نیاز انسان را مخاطب قرار می‌دهد. با اینکه بسیاری از خصوصیات رفتاری انسان از مکانی به مکان دیگر و از دوره‌ای به دورهٔ دیگر تغییر می‌کند، اما ذات انسان اساسا در طول هزاره‌ها یکسان مانده است.

در حال حاضر ناظر خدمت بازپروری معتادین در سازمان جوانان برای مسیح هستم. پیدا کردن یک الاهیات کتاب‌مقدسی که چگونگی پاسخ انجیل دربارهٔ سوءمصرف مواد مخدر را عنوان می‌کند بزرگترین چالش الاهیاتی‌ای است که در چند سال آینده ذهن مرا درگیر خواهد کرد. آیا کتاب‌مقدس واقعا چیزی محکم و عملا مفید برای گفتن دربارهٔ مشکل وابستگی به مواد مخدر دارد؟ من مسئول شاگردسازی سه کارمند جوان در این خدمت هستم. یکی از آنها قبلا معتاد به مواد مخدر بوده است، او یک روز به من گفت وقتی رسالات پولس را می‌خواند، فکر می‌کند پولس قبل از ایمان آوردن معتاد به مواد مخدر بوده. بعضی نوشته‌های پولس، مثل کشمکش او با گناه در رومیان باب ۷، این گمان را برمی‌انگیزد که از نزدیک به آنچه که بر یک معتاد مواد مخدر می‌گذرد آگاهی دارد. اگرچه فکر می‌کنم که این شکل از اعتیاد به مواد مخدر که ما در حال حاضر داریم در زمان پولس وجود نداشته است، اما نوشته‌های او مربوط به این وضعیت است، چون این نوشته‌ها به چالش‌هایی که به ذات انسان با آنها مواجه است اشاره می‌کنند.

قوت و امنیت از کلام

کلام نه تنها به عنوان منبع اقتدار برای ما ارزش دارد، بلکه قوتی است که کمک می‌کند تا متحمل طوفان‌های زندگی و خدمت هم بشویم. با توجه به عدم اطمینان به چیزهای بسیاری که ما را احاطه کرده‌اند، بیشتر و بیشتر متوجه می‌شوم که چقدر مهم است تا منبعی محکم و پایدار از امنیت در زندگی‌مان داشته باشیم. کلام یک منبع

اصلـی اسـت. کتاب‌مقـدس ایـن امنیـت را بـا نشـان دادن اینکـه تـا بـه ابـد درسـت اسـت، توصیـف می‌کنـد. فقـط بـه ایـن آرایـهٔ بـا شـکوه آیـات توجـه کنیـد:

«ای خداوند کلام تو تا ابدالآباد در آسمانها پایدار است» (مزمور ۱۱۹: ۹۸)

«ای خداونـد تـو نزدیـک هسـتی و جمیـع اوامـر تـو راسـت اسـت. شـهادات تـو را از زمـان پیـش دانسـته‌ام کـه آنهـا را بنیان کـرده‌ای تـا ابدالابـاد» (مزمـور ۱۱۹: ۱۵۱-۱۵۲).

«جملـه کلام تـو راسـتی اسـت و تمامـی داوری عدالـت تـو تـا ابدالآبـاد اسـت» (مزمـور ۱۱۹: ۱۶۰).

«گیـاه خشـک شـد و گل پژمـرده گردیـد، لیکـن کلام خـدای مـا تـا ابدالابـاد اسـتوار خواهـد مانـد» (اشـعیا ۴۰: ۸).

«آسـمان و زمیـن زایـل خواهـد شـد، لیکـن سـخنان مـن هرگـز زایـل نخواهـد شـد» (متـی ۲۴: ۳۵).

«تولـد تـازه یافتیـد نـه از تخـم فانـی بلکـه از غیرفانـی یعنـی بـه کلام خـدا کـه زنـده و تـا ابدالابـاد باقـی اسـت» (اول پطـرس ۱: ۲۳).

اینهـا کلام خـدای ابـدی هسـتند، کسـی کـه خداونـد جهـان اسـت، و در میـان تمام نـا امنی‌هـای زندگـی او محکـم و امـن اسـت. و ایـن کلام «بـرای پای‌هـای مـن چـراغ، و بـرای راه‌هـای مـن نـور اسـت» (مزمـور ۱۱۹: ۱۰۵). ایـن حقایـق امنیـت بزرگـی را بـه زندگـی مـا مـی‌آورد. همانطور کـه مزمورنویـس می‌گویـد، «آنانـی را کـه شـریعت تـو را دوسـت می‌دارنـد، سـلامتی عظیـم اسـت و هیـچ چیـز باعـث لغـزش ایشـان نخواهـد شـد» (مزمـور ۱۱۹: ۱۶۵). خواهیـم دیـد کـه گـذر از زندگـی و انجـام خدمت‌مـان بـا ایـن حـس امنیـت چقـدر برای‌مـان مهـم اسـت.

اما قبل از این خواهیم دید که چطور وصل شدن به کلام خدا به خدمت‌مان امنیت و استحکام می‌بخشد. راه اطاعت در خدمت چون مخالف تمایلات طبیعی ماست، پیروی از آن آسان نیست. گاهی چون از خدا اطاعت می‌کنیم دیگران فکر می‌کنند ما احمق هستیم، حتی خودمان هم ممکن است اینطور فکر کنیم. می‌دانیم که عیسی گفته است «زیرا تنگ است آن در و دشوار است آن طریقی که مودی به حیات است و یابندگان آن کم‌اند» (متی ۷: ۱۴). اما هیچ کس دوست ندارد احساس حماقت کند. این‌ها چند نمونه از راه‌های کتاب‌مقدسی هستند که استقامت مرا به چالش کشیده‌اند.

- مواجهه با گناه (به طور مثال دورغ‌گویی) در بدن و اجرای تادیب برای گناه، و چون دنبال کردن این راه‌ها سخت است، اکثرا ترجیح آن را پنهان کنند.

- محبت به افرادی که به ما ضربه زده‌اند و از هیچ فرصتی برای انجام دوبارهٔ این کار صرف نظر نمی‌کنند، و بخشیدن آنها.

- صبر و توجه به افراد ضعیف و جریحه‌دار حتی اگر به نظر برسد که با انجام این کار کل جنبش متوقف می‌شود. کنار گذاشتن این فرد از تیم، فراموش کردن او و ادامه دادن بسیار آسان‌تر به نظر می‌رسد. اما مسیحیان نمی‌توانند افراد نیازمند در تیم را فراموش کنند.

- تلاش فعالانه برای رفاه افرادی که خدمت ما را ترک می‌کنند، حتی اگر در هنگام ترک جنبش از آن انتقاد کنند. این مورد به طور خاص سخت است، چون آنهایی که به ما وفادار بودند، آنهایی که در کنارمان ایستادند و در زمان بحران از ما دفاع کردند، حالا می‌بینیم که از مسیر ما خارج می‌شوند تا به افرادی که به ما آسیب زده‌اند کمک کنند.

- استفاده از افرادی برای خدمت عمومی که «تعلیم نجات‌دهندهٔ ما خدا» (تیطس ۲: ۱۰) را زندگی می‌کنند، حتی اگر افراد فوق‌العاده با استعدادی وجود داشته باشند که این معیار را ندارند.

- امتناع از اینکه پول بر تصمیمات خدمت تاثیر بگذارد. ممکن است امکانی فراهم

شـود کـه در موقعیتـی قـرار بگیریـم کـه بـرای خدمتمـان سـرمایهٔ زیـادی بـه همـراه بیـاورد؛ بـا ایـن حـال مـن موافقـت کـردم کـه در همـان زمـان بـرای یـک گـروه از افـراد خیلـی فقیـر هـم صحبـت کنـم. مـن بایـد بـه تعهـدم نسـبت بـه ایـن گـروه کـه توانایـی کمـک مالـی ندارنـد وفـادار باشـم.

چـه چیـزی بـه مـا قـوت می‌بخشـد کـه ایـن راه درسـت و تنـگ را دنبـال کنیـم؟ ایـن حـس وجـود دارد کـه می‌گویـد ایـن راهـی اسـت کـه در کتاب‌مقـدس تعیـن شـده. کتاب‌مقـدس قابـل اطمینـان و ابـدی اسـت بنابرایـن مطمئن‌تریـن منبـع امنیـت بـر روی زمیـن اسـت. آیـا اینطـور نمی‌گویـد: «از درِ تنـگ داخـل شـوید. زیـرا فـراخ اسـت آن در و وسیـع اسـت آن طریقـی کـه مُـؤَدّی بـه هلاکـت اسـت و آنانـی کـه بـدان داخـل می‌شـوند بسیارند (متـی ۱۳: ۷). امـا زمانـی کـه مسـائل بـه خوبـی پیـش نمی‌رونـد ثابـت قـدم مانـدن در ایـن راه تنـگ آسـان نیسـت. چنیـن وسوسـه‌ای وجـود دارد کـه تسـلیم آن شـویم و سـعی کنیـم راهـی آسـان‌تر یـا راهـی کـه نتیجـهٔ سـریع‌تری دارد را انتخـاب کنیـم. امـا در برابـر ایـن وسوسـه مقاومـت می‌کنیـم، و می‌دانیـم کـه کلام خـدا تـا ابدالابـاد درسـت اسـت. اگـر راه خـدا را دنبـال کنیـم، می‌توانیـم بـرای همیشـه مطمئـن باشـم کـه خـدا مـا را سـربلند می‌کنـد. آیـا کتاب‌مقـدس نمی‌گویـد، «و دنیـا و شـهوات آن در گـذر اسـت لکـن کسـی کـه بـه اراده خـدا عمـل می‌کنـد، تـا بـه ابـد باقـی می‌مانـد» (اول یوحنـا ۲: ۱۷). بنابرایـن مـا در میـان تمـام عـدم اطمینـان، شکسـت و تحقیرهـای مشـهود، امنیـت داریـم.

اگـر بـرای نتایـج سـریع یـا چیـزی کـه راه سـریع‌تری بـرای فـرار از مشـکلات بـه نظر می‌رسـد، از اصـول کتاب‌مقـدس دسـت برداریـم، امنیـت اتصـال بـه کلام را از دسـت می‌دهیـم. معتقـدم کـه از دسـت دادن امنیـت دلیـل اصلـی فرسـودگی در خدمـت اسـت. مضطـرب می‌شـویم و دسـت بـه رفتـاری بـر اسـاس ایـن اضطـراب می‌زنیـم. روح مـا نمی‌توانـد فشـار چنیـن جریانـی را بـرای مـدت طولانـی تحمـل کنـد؛ و بـرای خدمـت طولانـی مـدت بـدون قـدرت خواهیـم بو د.

تمام چیزی که در اطرافمان می‌بینیم عدم امنیت است. جنبش‌های سیاسی بعد از مدتی شکست می‌خورند. شرایط اقتصادی پایدار نیستند. بلایای طبیعی، تصادفات، و مشکلات جسمانی غیرمنتظره به ما ضربه می‌زنند و سرنوشت ما را تغییر می‌دهند. در خدمت، مردمی که به آنها خدمت می‌کنیم بی وفا هستند و کارهای‌شان درد عمیقی را به ما تحمیل می‌کند. این ضربات که در خدمت به ما وارد می‌شوند می‌توانند برای احساسات‌مان بسیار سخت باشند. بعد از اینکه فداکاری‌های زیادی برای دیگران کردیم، تجربهٔ چنین واکنش‌هایی می‌توانند بسیار آزار دهنده باشند. به همین دلیل خدمت هرگز یک منبع اصلی خوب برای امنیت ما نیست. فرسودگی در مشاغل مددکاری بسیار بالا است. اخیرا گزارشی از یک کشور ثروتمند خواندم که می‌گفت بالاترین میزان ترک حرفه در میان مشاغل مربوط به خدمت‌گزاران مسیحی بوده است.

یک نیاز ویژه برای تاکید بر امنیتی که از کلام می‌آید وجود دارد، چون کلیسا اخیرا این حقیقت را کشف کرده که خدا هنوز از طریق چیزهایی مثل نبوت، کلام حکمت، رویاها، و ادراک قوی در ذهن با ما صحبت می‌کند. با اینکه خدا از این راه‌ها صحبت می‌کند، اما آنها اقتدار کتاب‌مقدس را ندارند. هرگز نمی‌توانیم صد در صد مطمئن شویم که پیام مصون از خطاست. حتی زمانی که شخصی ادعا می‌کند آنچه می‌گوید نبوت است، باز هم نمی‌توانیم صد در صد مطمئن شویم که هیچ عنصر انسانی در آن وجود ندارد. ما فقط می‌توانیم دربارهٔ کتاب‌مقدس که از طریق انسان‌ها به ما رسیده و با این وجود در تمام چیزهایی که بر آن تایید می‌کند فاقد از اشتباه است، چنین اطمینانی داشته باشیم. بنابراین درحالیکه راه‌های دیگر شنیدن از خدا برای راهنمایی و تشویق مسیحیان مفید است، آنها هرگز نباید جای کتاب‌مقدس را بگیرند. در واقع، آنها باید همیشه با معیار کتاب‌مقدس بررسی شوند چون خدا هرگز پیامی نخواهد داد که با تعالیم کتاب‌مقدس مطابقت نداشته باشد.

چون کلام تا ابدالابد راستین است، به ما حس امنیت می‌دهد. این امنیت بدین معناست که ما مسیری قابل اعتماد را دنبال می‌کنیم که سابقه‌اش در کسب موفقیت

برای افرادی که آن را طی کرده‌اند، ثابت شده است. کلام به ما دلگرمی می‌دهد تا از زمان‌های سخت عبور کنیم و ایمان داشته باشیم که خدا کلام خود را تکریم خواهد کرد. مزمور نویس اینطور می‌گوید، «اگر شریعت تو تلذذ من نمی‌بود، هرآینه در مذلت خود هلاک می‌شدم» (مزمور ۱۱۹: ۹۲).

وقتی همه چیز در اطرف‌مان تاریک است، کلام پیام معکوس به ما می‌دهد: خدا فرمانروا است و اهداف خود را از طریق شکست‌های آشکار محقق خواهد کرد. این حقیقت در دعای مسیحیان اولیه زمانی که پطرس و یوحنا به آنها گفتند که راهبران یهودی بشارت را ممنوع کرده‌اند، منعکس شد. بیشتر این دعا تاملی طولانی بر پادشاهی خدا بر اساس کتاب‌مقدس و پیروزی حاصل از فاجعهٔ آشکار مرگ مسیح است (اعمال رسولان ۴: ۲۵-۲۸). «این در مصیبتم تسلی من است زیرا قول تو مرا زنده ساخت» (مزمور ۱۱۹: ۵۰).

سال ۱۹۸۹ یکی از بدترین سال‌ها در تاریخ ما بود. شمار احتمالی کشته‌شدگان در اقدامی برای انقلاب (که با جنگی که در حال حاضر داریم متفاوت بود) در یک سال به ۶۰۰۰۰ نفر رسید. زمانی نبود که جسدی در رودخانهٔ شهر شناور نباشد. مدرسه‌ها برای شش ماه تعطیل شدند. اتوبوس‌ها به دلیل تهدیدات انقلابیون برای مدتی طولانی کار نکردند. اما ما می‌خواستیم دفترمان را باز نگه داریم، ما باید صبح به صبح به دنبال افراد به خانه‌های‌شان می‌رفتیم و عصر آنها را برمی‌گرداندیم. سه نفر از ما در دفتر که می‌توانستیم رانندگی کنیم به نوبت این کار را که سه ساعت و نیم طول می‌کشید، انجام می‌دادیم.

بسیاری کشور را ترک کردند و گفتند این کار را به خاطر بچه‌های‌شان انجام می‌دهند. همسرم و من تصمیم گرفتیم هر اتفاقی هم که بیفتد در سریلانکا بمانیم. اما باید به بچه‌های‌مان هم فکر می‌کردیم. ما به این نتیجه رسیدیم که بزرگترین میراثی که می‌توانیم به فرزندان‌مان بدهیم یک خانهٔ شاد است. و این موضوع را بدون توجه به

شـرایط حـل کردیـم، بچهها بایـد در خانـهای زندگـی میکردنـد کـه در آن شـادی و خرسـندی مسـیحی وجـود داشـت. امـا حـال مـن بـا ایـن تصمیـم مغایـرت داشـت، چـون اغلـب بـه دلیـل اتفاقاتـی کـه در کشـور عزیـزم میافتـاد افسـرده میشـدم.

یـک روز همسـرم (طـوری کـه مـن بشـنوم) بـه بچهها گفـت «پـدر حـال خوبـی نـدارد. بیاییـد امیـدوار باشـیم کـه کتابمقدسـش را بخوانـد.» او یـک حقیقـت الاهیاتـی غنـی را بیـان کـرد. علیرغـم اتفاقاتـی کـه در ایـن دنیـای فانـی میافتـد، اگـر در دنیـای ابـدی کـه کتابمقـدس از آن صحبـت میکنـد ریشـه داشـته باشـیم میتوانیـم آرامـش خـود را حفـظ کنیـم. خدا کـه بـر هـر چیـز حاکـم اسـت تاریـخ دنیـا را تعییـن میکنـد.

داوود میگویـد کتابمقـدس روح را بیـدار میکنـد: «شـریعت خداونـد کامـل اسـت و جـان را بـر میگردانـد» (مزمـور ۱۹: ۷). ویلـم ون جمـرن ایـن کار بیـداری را اینطـور توصیـف میکنـد، «ایـن یـک خصیصـهٔ تجدیـد کننـده اسـت کـه کل فـرد را شـفا میدهـد.»[۱۱] توجه داشـته باشـید کـه دلیـل آمـدن بیـداری، کامـل بـودن شـریعت اسـت. زمانـی کـه از جنگهـای خدمت خسـته شـدهایم بـا رفتـن بـه صخـرهٔ محکـم کتابمقـدس، و زندگـی در دنیـای امـن کلام خـدا میتوانیـم انرژیمـان را احیـا کنیـم و شـفا بیابیـم. در فصـل ۲ دربارهٔ جـورج مولـر صحبـت کردیـم کـه تـا سـن هشـتاد و هفـت سـالگی بـه عنـوان مبشـر سـیار بـه تمـام دنیـا سـفر کـرد. وقتـی دربـارهٔ عمـر طولانـیاش از او سـوال شـد، یکـی از سـه دلیلـی کـه گفـت ایـن بـود «عشـقی کـه بـه کتابمقـدس داشـت و قـدرت بهبـود دهنـدهٔ دائمـی کـه کتابمقـدس بـه کل وجـودش میبخشـید (مزمـور ۳: ۲، ۸؛ ۴: ۲۲)»[۱۲]

قانـون یافتـن امنیـت در کلام در میـان طوفانهـای زندگـی بـه خوبـی در مزمـور ۱۱۹: ۲۳ توضیـح داده شـده: «سـروران نیـز نشسـته، بـه ضـد مـن سـخن گفتنـد. لیکن بنـده تـو در فرایـض تـو تفکر میکنـد.» ایـن تصمیمـی اسـت کـه مـا میگیریـم، مـا بـه خودمـان ایـن انضبـاط را میدهیـم کـه وقتـی تحـت فشـار دشـمنی علیـه خـود هسـتیم، بـر کلام تفکـر کنیم.

کلام ما را برای خدمت موثر واجد شرایط می‌کند

کتاب‌مقدس نـه تنهـا بـه زنـدگی شخصی مـا خدمت می‌کنـد، بلکـه پرمایگـی را هـم بـه خدمت‌مان مـی‌آورد. پولـس بـه تیموتائـوس مـی‌گویـد، «اگـر ایـن امـور را بـه بـرادران بسیاری، خـادم نیکـوی مسـیح عیسـی خواهـی بـود، تربیـت یافتـه در کلام ایمـان و تعلیـم خـوب کـه پیـروی آن را کـرده‌ای» (اول تیموتائـوس ۴: ۶). بـر اسـاس ایـن آیـه، خـادم خـوب کسـی اسـت کـه «تربیـت یافتـه در کلام ایمـان و تعلیـم خـوب» باشـد و حقیقـت را به ایمانـداران تعلیـم دهـد. افـرادی کـه مـدام توسـط کلام خـدا تربیـت و تغذیـه نشـوند تازگـی خـود در خدمـت را از دسـت می‌دهنـد. اگـر آنهـا واعـظ باشـند زمانـی کـه صحبـت می‌کننـد خشـک و تکـراری خواهنـد شـد؛ و حتـی اگـر سـخنرانان خوبـی باشـند شنوندگانشـان را نامیـد کـرده و غـذای درسـتی بـه آنهـا نخواهـد داد.

واعظـان عطیـه یافتـه‌ای را دیـده‌ام کـه خیلـی مطالعـه نمی‌کننـد، و بـرای پیـش رفتـن در خدمـت و بـرای موعظـه خـود بـر عطایای‌شـان تکیـه می‌کننـد. ایـن کار بـرای مدتـی جـواب می‌دهـد، امـا بعـد از چنـد سـال، پوچـی خـودش را نشـان خواهـد داد. وقـت گذاشـتن در کلام دانـش مـا را حتـی بـدون آنکـه متوجـه شـویم عمیـق می‌کنـد، و ایـن عمـق زمانـی کـه صحبـت می‌کنیـم خـودش را نشـان می‌دهـد. پـی. تـی. فورسـایت الاهیـدان اسـکاتلندی اینطـور می‌گویـد کـه واعـظ موثر «بایـد از درون محـراب بـی صـدای کتاب‌مقدس صحبـت کنـد.»[۱۳]

امـروزه بسـیاری از خدمت‌گـزاران متوجـه شـده‌اند کـه بـرای اینکـه شایسـته باشـند بایـد مطالبـی را در مـورد موضوعـات عملـی مربـوط بـه خدمـت و نتایـج تحقیقـات انجـام شـده بـر روی مخاطبـان خـود مطالعـه کننـد. بـه همیـن دلیـل، امـروز بیشـتر کتاب‌هـا و مجـلات بـرای راهبـران مسـیحی بـر موضوعـات کاربـردی مربـوط بـه کار راهبـری و خدمـت، تمرکـز دارنـد؛ و قسـمت بسـیار کمـی بـه کتاب‌مقدس و الاهیـات اختصـاص داده شـده اسـت.[۱۴] معتقـدم کـه مطالعـات کاربـردی بسـیار مهـم هسـتند، امـا مطالعـات کتاب‌مقدسـی و الاهیاتـی هـم مهـم

هستند. آنها روح گرسنهٔ خدمت‌گزاران را تغذیه و درحالیکه جامعه در جهت مخالف در حرکت است به آنها کمک می‌کنند که افکار خدا را فکر کنند، و به خدمت‌کاران خدا دستورالعمل‌هایی برای خدمت ارائه می‌دهند. مسئله این نیست که خدمت توسط کتاب‌مقدس یا مطالعات معاصر هدایت می‌شود؛ بلکه مسئله استفادهٔ موثر از هر دوی اینها، با حاکمیت اصلی کتاب‌مقدس و در نتیجه اولویت بخشیدن دائمی به کتاب‌مقدس است.

در فرهنگ امروز، تغییر جهت مسیحیان از عمل در قلمرو عملی به عمل در قلمرو کتاب مقدس و الاهیات، سخت‌تر از گذشته است. و چون این اتفاق به صورت طبیعی برای ما نمی‌افتد، بسیاری از راهبران مسیحی این تغییر جهت را انجام نمی‌دهند. و در نهایت آنها گرسنهٔ غذای روحانی می‌مانند. اگر تغییر نکنند و راه‌هایی نیابند تا به قلمرو کتاب‌مقدس و الاهیات تغییر جهت دهند، به زودی از نظر روحانی ضعیف و در خدمت‌شان بی‌تاثیر می‌شوند. پس باید خودشان را مستلزم کنند تا با تمایلات جسم بجنگند و به طور منظم به «حالت کتاب‌مقدس و الاهیات» تغییر جهت دهند.

در واقع، علاوه بر کتاب‌مقدس و مطالعات کاربردی و امروزی، یک منبع دانش ضروری دیگر برای خدمت وجود دارد. این منبع، خدمت کاربردی است، که در آن با چالش‌های فراوانی مواجه می‌شویم و انضباط مواجههٔ کتاب‌مقدسی با چالش‌ها را یاد می‌گیریم. وقتی با مردم کار می‌کنیم، مسائلی به وجود می‌آیند که جواب آنها انجیل است. ما اغلب سر در گم هستیم، و برای‌مان جای سوال دارد که انجیل چطور می‌تواند بر چیزی که احساس می‌کنیم یک موقعیت بسیار پیچیده است تاثیر بگذارد. اما زمانی که با دعا به دنبال جواب‌های کتاب‌مقدسی برای این موقعیت‌ها هستیم، حکمتی با ارزش دربارهٔ خدمت به دست می‌آوریم.

احتمالا هیچ کس به اندازه جان استات به کلیسای اوانجلیکال معاصر کمک نکرده که به طور شایسته و مبتنی بر حقیقت کتاب‌مقدسی در فرهنگ نفوذ کند. در کنفرانسی

که مباحثه دربارۀ زمینه‌سازی و ارتباط فرهنگـی بـود، از او پرسـیده شـد الزامـات کلیـدی برای کسـی کـه بتوانـد یـک شـخص زمینه‌ساز موثر باشـد چیسـت. او اینطـور شـروع کـرد: مهم‌ترین نیـاز ایـن اسـت کـه شـخص کتاب‌مقدس را بشناسـد و آن را مطالعـه کنـد. ایـن مطالعـه پایـه را بـرای شـروع مطالعـات فرهنگـی مـورد نیـاز بـرای ایـن کار فراهـم می‌کنـد.

خدمـت کتاب‌مقدسـی تنهـا راه داشـتن ثمـرۀ پایـا در خدمـت اسـت. هـم در سـازمان جوانـان بـرای مسـیح و هـم در کلیسـای مـا، اکثـرا افـراد از آییـن بـودا یـا آییـن هنـدو بـه مسـیح ایمان آورده‌انـد. بیشـتر آنهـا تحـت تاثیـر خدمـت مـا قـرار گرفتنـد چـون معتقـد بودنـد کـه خـدای مسـیحیان می‌توانـد برخـی از نیازهـای ویژه‌شـان را برطـرف کنـد. امـا زمانـی کـه مسـیحی شـدند، یـک تغییـر جهان‌بینـی بـزرگ اتفـاق افتـاد. متاسـفانه متوجـه شـدیم کـه ایـن تغییـر در برخـی از افـراد رخ نمی‌دهـد. ایـن افـراد در حالیکـه ادعـا می‌کننـد مسـیحی هسـتند، همچنـان کارهایـی را انجـام می‌دهنـد کـه قبـل از ایمان‌شـان می‌کردنـد، مثـل دروغ گویـی، نامهربانـی بـا همسرشـان، و انتقـام جویـی. متوجـه شـدیم کـه تقریبـا تمـام افـرادی کـه رفتارشـان را تغییـر می‌دهنـد در گروه‌هـای کوچـک مطالعـۀ کتاب‌مقدس کـه در آن کلام مطالعـه و در زندگـی آنهـا اعمـال می‌شـود، مشـارکت می‌کننـد. آنهـا واقعیت دعـای عیسـی را نشـان می‌دهنـد: «ایشـان را بـه راسـتی خـود تقدیـس نمـا. کلام تـو راسـتی اسـت» (یوحنـا ۱۷: ۱۷).

امـروز ایـن چالـش در دنیـای غـرب هـم بسـیار واقعـی اسـت. جهان‌بینـی غیرکلیسـایی در غـرب بـا جهان‌بینـی مسـیحی تفـاوت زیـادی دارد. بسـیاری تحـت تاثیـر عصـر جدیـد و تفکـر کثـرت گرایـی قـرار گرفته‌انـد. وقتـی افـراد بـه مسـیح ایمـان می‌آورنـد، آنهـا هـم بایـد تغییـر بزرگـی در افکارشـان ایجـاد کننـد. اگـر آنهـا بـه طـور مناسـب بـا کلام تغذیـه نشـوند، در راسـتی تقدیـس نخواهند شـد.

در اشـتیاقی کـه واعظیـن بـرای بیـان دیدگاه‌شـان بیـن افـراد غیر کلیسـایی دارنـد، می‌تواننـد از وظیفـۀ تعلیـم برخـی از حقایـق اساسـی ایمـان مسـیحی بـه جماعت خـود غافـل شـوند؛ و نتیجـه ایـن می‌شـود کـه افـراد زیـادی در کلیسـا ادعـا می‌کننـد در مسـیحیت دوبـاره متولـد شـده‌اند

اما زندگی آنها نشان دهندهٔ شخصیت مسیحی حقیقی نیست. آمار نشان می‌دهد که این موضوع در کلیسا اتفاق افتاده است.

کتاب‌مقدس منبع شادی

امروز طرز تفکر حقیقت عینی مورد حملهٔ وضعیت پست مدرن قرار گرفته است و چشم انداز اجتماعی بخش بزرگی از جامعهٔ غرب را مشخص می‌کند و شرق را هم تحت تأثیر قرار داده است. در این محیط تفکر و وقت گذراندن در کلام خدا توسط بسیاری از افراد به عنوان یک وظیفه دیده می‌شود که نه تنها لذت‌بخش نیست بلکه غیر ضروری هم هست. این طرز برخورد به طور خاص بر شکلی که افراد عهد عتیق را می‌بینند تاثیر می‌گذارد. در هر صورت، تصویری که ما از عهد عتیق در کتاب‌مقدس می‌گیریم بسیار متفاوت است. معتقدم که برای مسیحیان بسیار مهم است که به حقیقت عهد عتیق پی ببرند، چون اگر از مطالعهٔ آن غفلت کنند، بسیار بی قوت خواهند شد. به علاوه، اگر این دیدگاه کتاب‌مقدسی را قبول کرده‌ایم، مشتاقانه منتظر خواندن کتاب‌مقدس خواهیم بود و در نهایت هر بار زمان بیشتری را در آن صرف خواهیم کرد.

عهد عتیق به دفعات کلام خدا را منبع خوشی توصیف کرده است. احتمالا برجسته‌ترین توصیف در مزمور ۱۱۹ باشد (مزمور ۱: ۲؛ ۱۹: ۸؛ ۱۰؛ ارمیا ۱۵: ۱۶ را نیز ببینید). همانطور که فهرست زیر نشان می‌دهد، مزمورنویس به شکل‌های مختلف از خوشی در کلام سخن می‌گوید:

- خوشی در کلام: ده مرتبه (آیات ۴، ۱۶، ۲۴، ۳۵، ۴۷، ۷۰، ۷۷، ۹۲، ۱۴۳، ۱۷۴)
- دوست داشتن کلام: ده مرتبه (آیات ۴، ۴۸، ۹۷، ۱۱۳، ۱۱۹، ۱۲۷، ۱۵۹، ۱۶۳، ۱۶۵، ۱۶۷)
- اشتیاق برای کلام: سه مرتبه (آیات ۲۰، ۴۰، ۱۳۱)
- شادی در کلام: دو مرتبه (آیات ۱۱۱، ۱۶۲)
- کلام برای من از هزاران طلا و نقره بهتر است: یک مرتبه (آیهٔ ۷۲)

- کلام تو به مذاق من چه شیرین است و به دهانم از عسل شیرین‌تر: یک مرتبه (آیهٔ ۱۰۳)
- کلام عجیب است: یک مرتبه (آیهٔ ۱۲۹)
- حمد بر خدا برای کلام: یک مرتبه (آیهٔ ۱۶۴)
- نشانهٔ کلام: یک مرتبه (آیهٔ ۱۷۲)

چه فهرست با شکوهی! سی و یک منبع که شور برای کلام را نشان می‌دهند. در این منابع مزمور نویس اغلب برای شریعت شادی می‌کند. سی. اس. لویس در کتاب خود «تامل بر مزامیر» می‌گوید افرادی که به شریعت احترام می‌گذارند را درک می‌کند. اما می‌گوید اینکه مردم می‌توانند در شریعت شادی کنند برای او مثل یک معما است. بعد از بررسی دلایل احتمالی برای این موضوع، اینطور نتیجه می‌گیرد، «شادی برای شریعت شادی‌ای برای لمس ثبات است؛ مثل عابری که بعد از اینکه یک راه میان‌بر اشتباه او را در یک زمین گل‌آلود گرفتار کرده است، زمین محکم را زیر پاهایش احساس می‌کند.»[۱۵] این ما را به امنیت کلام که در بالا دربارهٔ آن صحبت کردیم برمی‌گرداند. باعث شادی است که بدانیم در این دنیای نامطمئن، کلام خدا «صخرهٔ» استوار و غیر قابل تغییر است.

این طرز فکر که حقیقت لذت‌بخش است طرز فکری بیگانه در جامعهٔ پست‌مدرن است. ما در دنیای جسمانی‌ای زندگی می‌کنیم که خوشی را فقط بر اساس آنچه که می‌توان با حواس پنج‌گانه حس کرد تعریف می‌کند: بینایی، لامسه، چشایی، بویایی و شنوایی. مسیحیان شادی عمیق‌تری می‌شناسند، یعنی شادی حقیقت. کارل هنری الاهی‌دان برجستهٔ آمریکایی در زندگی‌نامهٔ خود به گفته‌ای از استادش، گوردن هدن کلارک، زمانی که در دانشکدهٔ ویتون دانشجو بود اشاره می‌کند: «یک دین رضایت‌بخش باید راضی کننده باشد. اما راضی به «چه» و «چرا»؟ اسرار یونانی احساسات را ارضا می‌کردند؛ نیروی خشن می‌تواند خواسته را ارضا کند؛ اما مسیحیت «عقل» را ارضا می‌کند چون «حقیقی» است و حقیقت تنها رضایت ابدی است.»[۱۶]

یکـی از غم‌انگیزتریـن عواقـب رونـد اخیـر در کـم اهمیـت جلـوه دادن ارزش حقیقـت عینـی ایـن است کـه کلیسـا شـادی حقیقـت را از دسـت داده اسـت. و چـه هیجانـی را از دسـت می‌دهـد! در واقـع، مـن از ایـن می‌ترسـم کـه افـراد زیـادی تاکیـد بـر حقیقـت را خسـته کننـده بداننـد؛ و چقـدر نیـاز اسـت کـه ایـن حـس سـودمندی و مطلوبیـت عملـی کلام بازیابـی شـود. امـروز ممکـن اسـت کـه ایـن وظیفـه از نبـرد بـرای الهـام از کتاب‌مقـدس مهم‌تـر باشـد. بسیاری از افـرادی کـه ادعـا می‌کننـد بـاور دارنـد کتـاب مقـدس خطاناپذیـر و اقتـدار نهایـی بـرای همـهٔ مسـائل ایمانـی و مرسـوم اسـت، بـا اسـتفاده نکـردن از کتـاب مقـدس بـه عنـوان اقتـدار عالـی، بـه ایـن بـاور خیانـت می‌کننـد. مـا بایـد بـه کلیسـا نشـان دهیـم کـه کتاب‌مقـدس مناسـب، هیجـان برانگیـز، و بـه شـدت بـرای یـک زندگـی شـاد و مقـدس مـورد نیـاز اسـت.

امـروز، نیـاز مبرمـی بـه تاکیـد بـر لـذت مربـوط بـا مطالعـهٔ کتاب‌مقـدس وجـود دارد زیـرا جامعـه مـا جامعـه‌ای اسـت کـه لـذت در آن برتـری دارد. اگـر افـراد فکـر می‌کننـد کـه کتاب‌مقـدس یـک کتـاب خسـته کننـده و مطالعـهٔ آن یـک وظیفـهٔ سـنگین اسـت، تمایلـی بـه کاوش در آن نخواهنـد داشـت. معتقـدم کـه نشـان دادن لذت‌بخشـی کلام، افـراد بیشـتری را بـرای خوانـدن آن برمی‌انگیــزد.

وقت گذراندن در کلام

اگـر کتاب‌مقـدس آن چیـزی باشـد کـه ادعـا می‌کنـد، بنابرایـن خدمت‌گـزار مسـیحی بایـد زمـان زیـادی را بـا آن بگذرانـد. توصیـه‌ای کـه موسـی دربـارهٔ شـریعت بـه یوشـع کـرد در مـورد هـر ایمانـدار و بـه طبـع آن دو برابـر بـرای هـر خـادم مسـیحی صـدق می‌کنـد. او می‌گویـد، «ایـن کتـاب تـورات از دهـان تـو دور نشـود، بلکـه روز و شـب در آن تفکـر کـن تـا برحسـب هـر آنچـه در آن مکتـوب اسـت متوجـه شـده، عمـل نمایـی زیـرا همچنیـن راه خـود را فیـروز خواهـی سـاخت، و همچنیـن کامیـاب خواهـی شـد» (یوشـع ۸: ۱). دو تعلیـم ابتدایـی ایـن آیـه ایـن اسـت کـه ۱) یـک راهبـر بایـد زمـان زیـادی را در کلام بگذرانـد و همیشـه بـه آن فکـر کنـد ۲) اطاعتـی

کـه از چنیـن ارتباطـی بـا کلام حاصل می‌شـود کلید موفقیـت راهبـر اسـت. بـه همین دلیـل اسـت بـدون هیـچ ابایـی بـه خدمت‌گـزاران جوان می‌گوییـم کـه اگـر هـر روز بـدون عجلـه در کلام (و دعـا) وقـت نگذراننـد، از نظـر اثربخشـی در خدمـت آینـده‌ای نخواهنـد داشت.

چقـدر برای‌مـان آسـان اسـت تـا بـدون تامـل در کلام، خودمـان را بـا چیزهایـی کـه فکر می‌کنیـم مهـم هسـتند مشـغول کنیـم. ایـن کار می‌توانـد نشـانه‌ای از یـک بیمـاری روحـی خطرنـاک باشـد. مـا احتمـالا امنیـت خـود در مسـیح را از دسـت داده‌ایـم و حـالا امنیـت را از طریـق فعالیـت پرمشـغله پیـدا می‌کنیـم. بـا اینکـه مـا امـروز وسـایل کمـک آموزشـی و کتاب‌مقدس‌هـای کاربـردی بسـیاری داریـم کـه بـه مـا کمـک کننـد، فکر می‌کنم نسـل مـا نسـبت بـه نسـل قبـل زمـان کمتـری در کلام می‌گذرانـد.

ار آنجایـی کـه خدمت‌گـزاران امـروزی بسـیار مشـغول هسـتند و خوانـده شـده‌اند تـا در یـک جامعـهٔ پـر سـرعت خدمـت کننـد، می‌تواننـد بگوینـد بـرای مطالعـهٔ کتاب‌مقدس وقـت ندارنـد. امـا ایـن بهانـهٔ قابـل قبولـی نیسـت، چـون مـا بـرای آن چیزهایـی کـه تصمیـم گرفته‌ایـم اولویت‌های‌مـان باشـند وقـت پیـدا می‌کنیـم. امـروز مـردم چـون در جامعـهٔ پـر سـرعت زندگی می‌کننـد کمتـر غـذا نمی‌خورنـد. احتمـالا تامـل در کلام بـه سـادگی بخشـی از گرایـش فرهنگـی و شـخصی مـا نباشـد. بنابرایـن، الاهیـات مـا بایـد گرایـش مـا را در دسـت بگیـرد و انگیزه‌بخـش مـا بـرای اطاعـت باشـد. فکـر می‌کنم ایـن موضـوع در واقـع یـک مسئله دربارهٔ بزرگـی اسـت. اگـر عیسـی، خداونـد مسـلم زندگـی مـا باشـد، مـا بـه هـر روی راه بـرای انجـام آنچـه او می‌خواهـد پیـدا می‌کنیـم. ایـن حقیقـت کـه مـا زمـان زیـادی را در کلام نمی‌گذرانیـم نشـانهٔ ایـن اسـت کـه از برنامه‌هـای خودمـان رضایـت بیشـتری داریـم تـا برنامه‌هـای خـدا – کـه یـک مشـکل واقعـا جـدی اسـت.

اکثـر مـا در خدمـت برنامه‌هایـم داریـم کـه روزانـه تغییـر می‌کننـد. همچنیـن بـا مـوارد اورژانسـی‌ای مواجـه می‌شـویم کـه ناگهـان اتفـاق می‌افتنـد، و پیـدا کـردن وقـت بـرای مطالعـهٔ کتاب‌مقدس و دعـا بـر اسـاس الگـوی معمـول را سـخت می‌کننـد. مـن دوسـت دارم تـا قبـل

از اینکه سر کار بروم دعا کنم و کتاب‌مقدس بخوانم. اما گاهی این امکان‌پذیر نیست. پس برای کنترل این عدم اطمینان در برنامه‌ام، این عادت را پرورش دادم که هر شب مشخص کنم فردا چه ساعتی کتاب‌مقدس می‌خوانم و دعا می‌کنم. و اگر مجبور شوم که برنامه‌ام را برای یک مورد اورژانسی تغییر دهم، پس چون از این تغییر اطلاع دارم، زمان دیگری را برای مطالعهٔ کتاب‌مقدس و دعا انتخاب می‌کنم. من با این تصمیم راسخ وارد فعالیت دیگری می‌شوم که به نوعی با خداوند وقت خواهم گذراند، و این مهمترین کاری است که هر روز انجام می‌دهم.

این نقل قول از دیتریش بونهوفر که در ادامه می‌آید، به وضوح آنچه را که در تلاش برای رسیدن به آن هستم توضیح می‌دهد. این اولین بخش از جواب او به این سوال است: «چرا تفکر می‌کنم؟»:

«چون یک مسیحی هستم.» پس هر روزی که دانش کلام خدا در کتاب‌مقدس را عمیق‌تر درک نکنم برای من یک روز از دست رفته است. من فقط بر زمین مستحکم کلام خدا می‌توانم به جلو حرکت کنم. و به عنوان یک مسیحی، یاد گرفتم که کتاب‌مقدس را از هیچ راه دیگری به جز شنیدن کلامی که موعظه می‌شود و تامل همراه با دعا، نشناسم.

«چون یک واعظ کلام هستم.» اگر اجازه ندهم که کتاب‌مقدس هر روز با من صحبت کند، نمی‌توانم آن را برای دیگران تفسیر کنم. اگر در دعا به تامل بر کلام ادامه ندهم در مقامم به عنوان واعظ از آن استفادهٔ غلط می‌کنم. اگر کلام در خدمت روزانه‌ام برایم پوچ شده باشد، اگر دیگر آن را تجربه نمی‌کنم، این ثابت می‌کند که مدت زیادی است به کلام اجازه نداده‌ام به صورت شخصی با من صحبت کند. اگر هر روز در دعا کلامی که خداوند می‌خواهد برای آن روز به من بگوید را نجویم، از خواندگی‌ام تخطی کرده‌ام.[۱۷]

تا روزی که بمیریم، می‌توانیم چیزهای جدیدی از کتاب‌مقدس یاد بگیریم، و این بینش

زندگی و خدمت ما را غنی می‌سازد. زمان کلام برای ما به یک ماجراجویی هیجان‌انگیز از اکتشاف تبدیل می‌شود. هر روز می‌توانیم با انتظاری که مزمور نویس می‌کشید و اینطور دعا می‌کرد، به سراغ کتاب‌مقدس برویم، «چشمان مرا بگشا تا از شریعت تو چیزهای عجیب بینم» (مزمور ۱۱۹: ۱۸). جان کریسوستوم که به عنوان بزرگترین مفسر کتاب‌مقدس در کلیسای اولیه شناخته شده است، می‌گوید، «خواندن کتاب‌مقدس چیز بسیار خوبی است. خوب است چون هیچ انتهایی ندارد.»[۱۸] مارتین لوتر دربارهٔ مطالعهٔ کتاب‌مقدس گفت، «ما باید همیشه در اینجا پژوهشگر باقی بمانیم؛ ما نمی‌توانیم عمق یک آیه در کتاب‌مقدس را بخوانیم؛ ما پذیرش، ایمان، و اعتراف را قبول می‌کنیم و آن را به شکل ناقصی انجام می‌دهیم.»[۱۹]

بگذارید اینجا چیزی دربارهٔ مطالعهٔ استنتاجی کتاب‌مقدس بگویم - یعنی، مطالعه‌ای که آنچه نوشته شده را با دقت بررسی می‌کند و آنچه را که کتاب‌مقدس تعلیم می‌دهد، به جای آنکه بگذارد عوامل خارجی به ما بگویند، از آن بیرون می‌کشد. امروز آنقدر کتاب‌مقدس‌های کاربردی وجود دارند که می‌ترسم راهبران مسیحی دیگر واقعا کتاب‌مقدس را مطالعه نکنند. ما عادت نداریم با ادبیات در چیزی که بعضی آن را «جامعهٔ پسا سواد» می نامند دست و پنجه نرم کنیم. دنیای انتشارات، فهرست انتخاب عظیمی از منابعی به ما ارائه می‌دهد که قرار است کار مطالعهٔ کتاب‌مقدس را آسان و بی‌زحمت کنند. اما سعی و زحمت در مطالعهٔ کتاب‌مقدس می‌تواند هیجان‌انگیز باشد! این کار شادی کشف «چیزهای عجیب از شریعت خدا» را به ما می‌دهد (مزمور ۱۱۹: ۱۸).

من همیشه کتاب‌مقدس می‌خوانم، حتی در زمان پرستشم، با یک مداد در دستم. من معمولا به جای مداد «هاش ب» با مداد «۲ ب» می‌نویسم، چون «۲ ب» نوک نرمی دارد و کاغذ نازک کتاب‌مقدس را خراب نمی‌کند. من خلاصه و عناوین باب‌ها، پاراگراف‌ها یا آیات را می‌نویسم. زیر آیات خط می‌کشم و اگر لیستی وجود داشته باشد آنها را شماره‌گذاری می‌کنم. من روابط بین بخش‌های مختلف را با نشانه‌هایی

مشخص می‌کنم که علت یا نتیجه یا دلیل و چیزهای دیگر را نشان می‌دهند. این روند به من کمک می‌کند تا هوشیار بمانم و ببینم باب مورد نظر واقعا چه می‌گوید.

اما گاهی اوقات من هم می‌توانم بدون تلاش خودم برای یافتن مفهوم متن، در دام تکیه بر منابع ثانویه بیفتم. چند سال پیش کتاب غلاطیان را برای ارائهٔ مجموعه‌ای از تفاسیر در یک کنفرانس مطالعه می‌کردم. در شروع این کار، دو روز در خانهٔ استاد فوق‌لیسانسم، دکتر دنیل فولر که چیزهای بسیاری دربارهٔ مطالعهٔ استنتاجی کتاب‌مقدس به من آموخت ماندم. چون می‌دانستم کارهای زیادی بر کتاب غلاطیان انجام داده چند سوال از او پرسیدم. او کتاب‌مقدس خود را برداشت و بسیار دقیق شروع به موشکافی متن کرد. خیلی زود این موضوع مرا وحشت‌زده کرد که متوجه شدم وقتی می‌خواستم روند افکار پولس را ببینم یا با متن سختی روبرو شده بودم، بدون اینکه خودم با متن دست و پنجه نرم کنم، به سراغ یک تفسیر رفته بودم. من تحت تاثیر سنم قرار گرفته بودم که زمان و میلی به فکر کردن زیاد ندارم. و فکر می‌کنم که این در کل مشکل بزرگ راهبران مسیحی باشد.

تفسیرهای کتاب‌مقدس، کتاب‌مقدس‌های کاربردی و وسایل کمک آموزشی دیگر می‌توانند برای ما مفید باشند. اما باید از آنها به عنوان منبع دوم استفاده کنیم. یعنی، ۱) بعد از اینکه با دقت متن را خواندیم می‌توانیم از آنها برای گرفتن ایده‌های تازه استفاده کنیم. ۲) همچنین می‌توانند برای بررسی اینکه آیا مطالعه‌مان چیزی کم دارد و یا ۳) در مسیر اشتباهی است یا نه از آنها استفاده کرد. ۴) آنها همچنین می‌توانند به ما در حل مشکلاتی که بعد از دست و پنجه نرم کردن طولانی با متن هنوز با آنها مواجه هستیم، کمک کنند.

برای افرادی که می‌خواهند مطالعهٔ استنتاجی کتاب‌مقدس را شروع کنند، هیچ کتابی بهتر از «کتاب‌مقدس روشمند» نوشتهٔ رابرت ای. ترینا که توسط انتشارات زاندرون منتشر شده، نمی‌شناسم. محتوای این کتاب را در دانشکدهٔ الاهیات ازبری در کنار دکتر

تری‌نا خوانده‌ام، و حالا آنچه را که در آنجا آموخته‌ام در زندگی روزانه‌ام استفاده می‌کنم.

کتاب‌هایی که کتاب‌مقدس را تعلیم می‌دهند

سال‌ها مهم‌ترین روشم بـرای تغذیـه توسـط کلام، مطالعـهٔ اسـتنتاجی کتاب‌مقـدس بـوده است. اما همچنیـن از کتاب‌هایی کـه کتاب‌مقـدس را تعلیـم می‌دهنـد قـوت گرفتـه‌ام. این‌هـا دربرگیرنـدهٔ کتاب‌هـای الاهیاتـی و رازگاهـی بـر پایـهٔ کتاب‌مقـدس و تفاسـیر کتاب‌مقـدس هسـتند. از جملـه نویسـندگان مـورد علاقـهٔ مـن در رابطـه بـا چنیـن کتاب‌هایـی رابـرت کلمـن، کنـت هیـوز، اسـتنلی جونـز، مارتیـن لویـد-جونـز، لئـون موریـس، جـی. آی. پکـر، جـان پای‌پـر، ای. تـی. رابرتسـون، آسـوالد و جـان اسـکات هسـتند. مجموعـهٔ منتشـر شـده از پیـام هایی کـه در مجمـع سـالانهٔ کسـویک در انگلسـتان ارائـه شـده نیـز در طـول سـال‌ها منبـع مـورد علاقـهٔ مـن بـرای تغذیـهٔ روحانـی بـوده اسـت.

ارزش ایـن کتاب‌هـا بـه ایـن دلیـل اسـت کـه وقتـی آنهـا را می‌خوانیـم، بـا کلام تغذیـه می‌شـویم و نـه بـا طـرز تفکـر نویسـنده. برخـی از ایـن کتاب‌هـا تاثیـر قابـل توجهـی بـر مـن داشـته‌اند و باعـث شـده‌اند تـا افکارم در برخـی مـوارد تغییـر کنـد یـا مفاهیـم کامـلا جدیـدی را بـه عنـوان موضوعـات اصلـی در مشـاوره، شاگردسـازی، موعظـه و تعلیمـم بگنجانـم.

زمانـی کـه یـک دانشـجوی جـوان در دانشـکدهٔ الاهیـات بـودم، اسـتیون نیـل اسـقف محقـق و مبشـر بـزرگ از دانشـکدهٔ الاهیـات ازبـری ملاقـات کـرد و حکمتـی بـه مـا داد کـه کمـک بزرگـی بـرای مـن بـود. او پیشـنهاد کـرد کـه یـک کتاب پـر محتـوا انتخاب کنیـم و بـه آرامـی در طـی چنـد هفتـه هـر زمان کـه ممکـن بـود آن را بخوانیـم. مـن طـی سـال‌ها ایـن کار را بـا کتاب‌هـای زیـادی انجـام دادم. وقتـی چنیـن کتابـی را مطالعـه می‌کنـم، آن را بـا خـودم بـه جاهـای مختلـف می‌بـرم تـا اگـر فرصتـی شـد چنـد دقیقـه مطالعـه کنـم. ممکـن اسـت چنـد مـاه طـول بکشـد تـا کتـاب تمـام شـود. گاهـی حتـی کتـاب را تمـام نمی‌کنـم. بعـد از اینکـه

بخش بزرگی از کتاب را به آرامی و با تامل خواندم، ممکن است احساس کنم که پیام اصلی آن را گرفته‌ام، پس به سراغ کتاب دیگری می‌روم.

روی پیرسون می‌گوید، «وقتی یک خدمت‌گذار دست از خواندن می‌کشد، او به سادگی متوقف می‌شود.»[20] اسقف جرالد کندی می‌گوید، «مردانی که در خدمت از نظر روانی می‌میرند به قتل نرسیده‌اند. آنها خودکشی کرده‌اند.»[21]

دربارهٔ خدمت‌گزاری شنیدم که با فرسودگی و دلسردی خدمت را ترک کرد و به سراغ کار دیگری رفت. او حتی کتاب‌هایش را در آخرین محل خدمت خود، جا گذاشت. وقتی جانشین او آمد و نگاهی به کتاب‌ها انداخت، متوجه شد که بیشتر کتاب‌های قبلی کشیش سابق دربارهٔ کتاب‌مقدس و الاهیات بودند، در حالیکه بیشتر کتاب‌هایی که اخیرا جمع‌آوری کرده بود دربارهٔ موضوعات کاربردی بودند. این کشیش سابق یک محصول رایج از دوران عمل‌گرایی است. احتمالا عمل‌گرایی او در مدت زمان طولانی، منابع کافی برای تازه‌نفس ماندن در خدمت را در اختیارش قرار نداده بودند. چقدر غم‌انگیز است که بسیاری از راهبران مسیحی که در سالیان ابتدایی خدمت‌شان عادت داشتند ساعات طولانی‌ای را با کتاب‌مقدس بگذرانند، دیگر این کار را نمی‌کنند. و این کار چقدر برای خودشان و افرادی تحت هدایت آنها خطرناک است.

کمک به افراد برای غلبه بر ترس از کتاب‌مقدس

یکی دیگر از چالش‌هایی که امروز با آنها مواجه هستیم کمک به افراد برای غلبه بر ترس‌شان از کتاب‌مقدس است. با توجه به نگرش منفی‌ای که امروز نسبت به کتاب‌ها وجود دارد، می‌توان انتظار داشت که متوجه شویم کتاب‌مقدس بسیاری از مسیحیان را می‌ترساند. در بسیاری از کلیساها سرودنامه‌ها جای خود را به پروژکتورها داده‌اند، که به طور خاص با توجه به سبک مدرن پرستش که سرودها پشت سر هم خوانده می‌شوند، خیلی کاربردی‌تر است. به همین دلیل کتاب‌ها در کلیسا کم

می‌شوند و بسیاری از مسیحیان با کتاب‌مقدس بیگانه هستند.

فکر می‌کنم برای رفع این مشکل می‌توانم چند کار انجام دهم.

- معمولا اعلام می‌کنم که می‌خواهیم چه قسمتی را مطالعه کنیم و منتظر می‌شوم تا شنونده قبل از شروع به خواندن، آن باب را پیدا کند. اگر مسیحیان جدیدی در بین مخاطبین باشند به آنها می‌گویم چطور آن باب را پیدا کنند. گاهی از شنوندگان می‌خواهم که آیات متناوبی را بخوانند و با این کار در خواندن کتاب‌مقدس دخیل می‌شوند. اگر متوجه شوم که نسخهٔ کتاب‌مقدسم با نسخه‌ای که بر روی نیمکت‌ها قرار دارد، متفاوت است از کتاب‌مقدسی که بر روی نیمکت‌ها است استفاده می‌کنم. همهٔ این کارها به مخاطب اجازه می‌دهد تا بتواند کتاب‌مقدس را مدیریت کند. هر چقدر بیشتر این کار را انجام دهند بیشتر با کتاب‌مقدس آشنا می‌شوند.

- سعی می‌کنم هر وقت که ممکن باشد موعظهٔ تفسیری انجام دهم. به این شکل آنها خواهند دید که کتاب‌مقدس چطور مطالعه و اِعمال می‌شود، و اقتدار کتاب‌مقدسی را در عمل می‌بینند. همچنین، اینگونه پیغام‌هایی به آنها طعم لذت مطالعهٔ کتاب‌مقدس را می‌دهد. چندین بار بعد از موعظهٔ تفسیری افراد به من گفتند که هرگز نمی‌دانستند کتاب‌مقدس چنین کتاب هیجان‌انگیزی باشد. سعی می‌کنم به مخاطب زمان بدهم تا وقتی متن را تفسیر می‌کنم نگاهی به آن بیندازد، با این کار می‌توانند وقتی آیه به آیه پیش می‌رویم با من همراه باشند.

- حتی هنگام موعظه‌های موضوعی، سعی می‌کنم هر مطلب مهمی از کتاب‌مقدس را که بیان می‌شود، با خود کتاب‌مقدس پشتیبانی کنم. با این کار مردم خواهند دید که وقتی می‌گوییم کتاب‌مقدس بالاترین اقتدار برای ایمان و عمل است، منظورمان چیست. آنطور که جان استات می‌گوید، این دست از موعظاتِ موضوعی، در واقع می‌توانند موعظهٔ تفسیری خوانده شوند، چون از کتاب‌مقدس نشئت می‌گیرند. در واقع استات می‌گوید، «تمام موعظات حقیقی مسیحی موعظات تفسیری هستند.»[۲۲] امروزه بسیاری از موعظه‌های موضوعی به سادگی متنی را از کتاب‌مقدس می‌گیرند و از آن به عنوان سکوی پرشی برای ورود به بحث دربارهٔ

موضوعـی اسـتفاده می‌کننـد کـه گوینـده می‌خواهـد دربـارۀ آن صحبـت کنـد. نکات این پیغام‌هـا از کتاب‌مقـدس سرچشـمه نمی‌گیرنـد.[۲۳]

- اغلـب زمانـی کـه موعظـه می‌کنـم چنیـن سوال‌هایـی از مخاطـب می‌پرسـم، «این آیـه چـه می‌گویـد؟» معمـولا متوجـه می‌شـوم کـه بسـیاری بـرای پیـدا کـردن جـواب ایـن سـوال سـریع بـه متـن نـگاه نمی‌کننـد. آنهـا عـادت ندارنـد کـه ذهن‌شـان را در حیـن موعظـه هوشـیار نگـه دارنـد تـا فـورا بـه ایـن سـوال جـواب دهنـد. بـه همیـن دلیـل صبـر می‌کنـم تـا کسـی بـه سـوال جـواب دهـد. وقتـی افـراد می‌بیننـد کـه منتظـرم، مجبـور می‌شـوند نـگاه کننـد و بخواننـد. امیـد مـن ایـن اسـت کـه چنیـن تجربه‌هایـی از مطالعـه منجـر بـه آشـنایی بیشـتر آنهـا بـا کتاب‌مقـدس شـود.

- موثرتریـن ابـزاری کـه بـرای رشـد «مسـیحیان کتاب‌مقـدس» می‌شناسـم گروه‌هـای کوچـک مطالعـۀ کتاب‌مقـدس اسـت. امـروزه خیلـی از گروه‌هـای کوچـک زمـان زیـادی را بـه مشـارکت، دعـا، و یـک پیغـام اختصـاص می‌دهنـد امـا زمـان بسـیار کمـی را بـرای اعضـای گـروه کـه واقعـا متنـی از کتاب‌مقـدس را بـرای خودشـان بخواننـد در نظـر می‌گیرنـد. گاهـی راهبـران از اعضـا می‌خواهنـد کـه یـک بـاب را سـریع بخواننـد و بعـد می‌پرسـند، «ایـن بـاب چـه چیـزی بـه شـما می‌گویـد؟» در اینجـا اقتـدار از کلام، بـه خواننـده منتقـل شـده اسـت. ایـن نمونـه‌ای از علـم تفسـیر خواننده‌محـور اسـت کـه متفکـران پست‌مدرن از آن حمایـت می‌کننـد. در اینجـا پاسـخ شـخصی فـرد بـه متـن مهم‌تـر از محتـوای هدفمنـدی اسـت کـه نویسـنده می‌خواهـد آن را منتقـل کنـد. راهبـری کـه همیشـه از متـن سـوال می‌پرسـد اعضـا را مجبـور می‌کنـد بـه متـن نـگاه کننـد و متوجـه شـوند چـه می‌گویـد. و مبحثـی کـه در ادامـۀ ایـن موضـوع می‌آیـد کـه چطـور متـن در زندگـی اعضـا بـه کار بـرده می‌شـود واقعـا کمـک می‌کنـد تـا کتاب‌مقـدس زنـده شـود و بـه افـراد تـوان می‌دهـد تـا توسـط کلام تبدیـل شـوند.

بیاییـد تـا زمانـی کـه دوبـاره مسـیحیان اوانجلیـکال بـه عنـوان «مسـیحیان کتاب‌مقـدس» شـناخته شـوند، یعنـی عنوانـی کـه جـان وسـلی علاقـه داشـت بـرای مسـیحیان اولیـۀ متودیسـت بـه کار ببـرد، دعـا و کار کنیـم.

۷

مواجهه با وحوش

بعـد از ثبت وسوسهٔ عیسـی، فـورا متـی و مرقـس گـزارش می‌دهنـد کـه فرشـتگان بـه او خدمت کردنـد. مرقـس ایـن را اضافه می‌کنـد کـه مسـیح بـا حیوانـات وحشـی بـود: «بـا وحـوش بـه سـر می‌بـرد و فرشـتگان او را پرسـتاری می‌نمودنـد» (مرقـس ۱: ۱۳).

این حیوانات وحشی و فرشتگان چه کاری انجام می‌دهند؟[1]

در کتاب‌مقدس حیوانـات وحشـی بارهـا بـه عنوان همکاران نیروهـای شـریر معرفـی شـده‌اند. حزقیـال ۳۴: ۵ دربارهٔ اسراییلی‌هـا می‌گویـد کـه راهبرانشـان آنهـا را ناامیـد کـرده بودنـد: «پـس بـدون شبان پراکنـده می‌شـوند و خـوراک همـه حیوانـات صحـرا گردیـده، آواره می‌گردنـد.» پولـس وقتی دربارهٔ معلمیـن دروغینـی هشـدار می‌دهـد کـه ایمانـداران را بـه بیراهـه هدایـت می‌کننـد، اینطـور می‌گویـد، «از سـگ‌ها باحـذر باشـید. از عامـلان شـریر احتـراز نماییـد. از مقطوعـان بپرهیزیـد» (فیلیپیـان ۳: ۲). بـه همیـن شـکل، می‌توانیـم در اینجـا حیوانـی را نیـروی متخاصـم بـه حسـاب بیاوریـم. همچنیـن متوجـه می‌شـویم کـه عیسـی در بیابـان اسـت. در نوشـته‌های دوران بیـن عهـدی، بیابـان اغلـب بـه عنوان مکانـی بـرای دیوهـا معرفـی شـده اسـت.

مفسـرین دربارهٔ نقـش حیوانـات وحشـی در ایـن داسـتان اختـلاف نظـر دارنـد. برخـی معتقدنـد

که حیوانات رفتار مناسبی با او داشتند. بنابراین این آیه آرامش پادشاهی مسیحایی بعد از شکست شیطان را به تصویر می‌کشد؛ و در گذشته، قبل از اینکه آدم و حوا گناه کنند به این شکل بود و در آینده در پادشاهی مسیحایی هم اینطور خواهد بود، یعنی جایی که حیوانات وحشی در هماهنگی با یکدیگر و مابقی خلقت زندگی خواهند کرد (اشعیا ۱۱: ۷-۶؛ ۶۵: ۲۵). بر اساس این دیدگاه، آیهٔ مورد بررسی، اعلام می‌کند که پادشاهی مسیحایی آمده است.

من ترجیح می‌دهم که طرفدار دیدگاه دیگر که می‌گوید این حیوانات همچنان متخاصم هستند، باشم. شیطان هنوز یک بار برای همه شکست نخورده است. او برای حمله به عیسی و مسیحیان باز خواهد گشت. اما اگر این حیوانات نشان دهندهٔ یک حضور متخاصم هستند، در میان این حمله، فرشتگان به عیسی خدمت می‌کنند. در واقع دیدگاه دیگر مفهوم نهایی را خیلی تغییر نمی‌دهد، چون هر دو دیدگاه حیوانات خاصم را نشان می‌دهند، ولی در یکی از آنها خصومت تمام شده است. وقتی به زندگی و خدمتمان نگاه می‌کنیم، ما همچنان با نیروهای متخاصم مواجه خواهیم شد.

در مزمور ۹۱ فرشتگان و حیوانات در کنار هم ظاهر می‌شوند. آیهٔ ۱۳ می‌گوید، «بر شیر و افعی پای خواهی نهاد؛ شیر بچه و اژدها را پایمال خواهی کرد.» اما آیهٔ ۱۱ از قبل اینطور گفته است، «زیرا که فرشتگان خود را دربارهٔ تو امر خواهد فرمود تا در تمامی راه‌هایت تو را حفظ نمایند.» معتقدم که در این باب در انجیل مرقس، ترکیب حیوانات و فرشتگان شبیه به مزمور ۹۱ است. مرقس ۱: ۱۳ در اصل اعلامیه‌ای است که می‌گوید علیرغم مواجههٔ عیسی با قدرت‌هایی که انسان‌ها از آن بیم دارند، فرشتگان برای خدمت به او آنجا بودند.

فعلی که به «خدمت کردند» (دیاکونئو) ترجمه شده است اغلب در رابطه با غذا دادن، تهیهٔ غذا یا خدمت سر میز غذا، استفاده می‌شود (لوقا ۱۲: ۳۷؛ ۱۷: ۸؛ اعمال رسولان ۶: ۲). فرشتگان در بیابان برای الیشع غذا فراهم کردند (اول پادشاهان ۱۹: ۵-۸). برخی از

مفسرین معتقدند که خدمت فرشتگان این بود که برای عیسی غذا فراهم کنند. معنای دقیق این دو شخص یعنی فرشتگان و جانوران وحشی هر چه که باشد، چیزی که ما می‌توانیم برای زندگی و خدمتمان از آن برداشت کنیم این است که ما هم با نیروهای متخاصم و گاها وحشتناک مواجه می‌شویم، اما خدا از طریق نمایندگانش ما را خدمت خواهد کرد.

موقعیت‌های غیرعادی و خدمت خدا

نبرد علیه نیروهای متخاصم در تمام مدت خدمت عیسی ادامه داشت، به طور خاص زمانی که او با خشم مقامات یهود مواجه شد که در نهایت موفق شدند او را به قتل برسانند. او درست قبل از مرگش بزرگ‌ترین نبرد زندگی خود را داشت؛ و این بار در بیابان نبود بلکه در یک باغ بود. لوقا به وضوح آشفتگی او را توصیف می‌کند: «پس به مجاهده افتاده، به سعی بلیغ‌تر دعا کرد، چنانکه عرق او مثل قطرات خون بود که بر زمین می‌ریخت» (لوقا ۲۲: ۴۴). توضیح پولس دربارهٔ مرگ مسیح سرنخی دربارهٔ این موضوع به ما می‌دهد که چرا عیسی در باغ اینقدر رنج کشید: «زیرا او را که گناه نشناخت، در راه ما گناه ساخت تا ما در وی عدالت خدا شویم» (دوم قرنتیان ۵: ۲۱). کسی که چشمان او «پاک‌تر است از اینکه به بدی» بنگرد (حبقوق ۱: ۱۳) گناه شد. خوشبختانه هیچ یک از ما هرگز با چنین آشفتگی‌ای مواجه نمی‌شویم. ما گناهکاریم و مثل عیسی قادر به درک گناه نیستیم. علاوه بر این هرگز از ما خواسته نشده که گناه جهان را متحمل شویم.

لوقا می‌گوید در این زمان آشفتگی عمیق، یک فرشته در باغ به عیسی خدمت کرد: «و فرشته‌ای از آسمان بر او ظاهر شده، او را تقویت می‌نمود» (لوقا ۲۲: ۴۳). اما به شکل غیرمنتظره‌ای این اشاره به خدمت فرشته «قبل» از اشاره به رنج او می‌آید. خدمت فرشته رنج او را برطرف نکرد، بلکه به او برای مواجهه با آن قوت بخشید- یک نشانهٔ بدشگون برای پیروان مسیح مبنی بر اینکه خدمت فرشتگان کشمکش را از زندگی و

خدمت ما حذف نمی‌کند.

در اعمال رسولان فرشتگان یک بار دیگر ظاهر شدند تا در یک موقعیت غیرعادی به رسولان خدمت کنند. پطرس و یوحنا از زندان عمومی در اورشلیم نجات پیدا کرده بودند (اعمال رسولان ۵: ۱۹)، و پطرس دوباره از زندان هیرودیس در قیصریه نجات پیدا یافته بود (اعمال رسولان ۱۲: ۷-۱۰)، و هر بار این اتفاق توسط یک فرشته افتاد. پولس بعد از چندین روز در کشتی بر دریای طوفان زده، قطعا در یک موقعیت غیرعادی قرار داشت. ممکن است برای چندین روز به ندرت غذا خورده و آنچه را که خورده بالا آورده باشد. با در نظر گرفتن آنچه که یک بار بعد از حدود سه ساعت در طوفانی بسیار کمتر در دریا تجربه کردم، می‌توانم تصور کنم که شرایط پولس عمیقا نا امید کننده بوده. ناگهان فرشته‌ای در کنار او ایستاد و گفت، «ای پولس ترسان مباش زیرا باید تو در حضور قیصر حاضر شوی. و اینک خدا همهٔ همسفران تو را به تو بخشیده است» (اعمال رسولان ۲۷: ۲۴).

در هر یک از این موارد فرشتگان به عنوان نمایندگان خدا در موقعیت‌های غیرعادی خدمت می‌کنند. مطمئنا فرشتگان نقش‌های دیگری هم در کتاب‌مقدس دارند. در داستان‌های تولد عیسی و یحیی و در داستان‌های ایمان آوردن خواجه سرای حبشی (اعمال رسولان ۸: ۲۶) و کرنیلیوس (اعمال ۱۰: ۳)، فرشتگان پیام آور و راهنما هستند. در مرگ هیرودیس (اعمال رسولان ۱۲: ۲۳) و مواقع بسیار دیگر، آنها عاملین قضاوت هستند.

آیا ما امروز با فرشتگان برخورد می‌کنیم؟ عبرانیان ۱: ۱۴ می‌گوید، یکی از خدمت‌های فرشتگان خدمت کردن به ایمانداران است: «آیا همگی ایشان روح‌های خدمتگزار نیستند که برای خدمت آنانی که وارث نجات خواهند شد، فرستاده می‌شوند؟» «خدمت» در اینجا تعبیری از اسم «دیاکُنیا» است و به فعل «دیاکنئو» که در مرقس ۱: ۱۳ «خدمت کردن» ترجمه شده است، مربوط می‌شود. آنطور که جان وسلی می‌گوید، فرشتگان

«در وظایف متعددی از حفاظت، مراقبت، و مهربانی» به ما خدمت می‌کنند.[۲] احتمالاً فرشتگان بدون اینکه متوجه شویم، به ما خدمت کرده‌اند. بسیاری از افراد تجربیاتی داشته‌اند که بعد از آن به وضوح می‌دانستند فرشتگان به آنها خدمت کرده‌اند.[۳] عبرانیان ۱: ۱۴ مرا قانع می‌کند که حتی اگر نبینیم که فرشتگان برای ما کار می‌کنند، اما در زمان نیاز به ما خدمت می‌کنند.

وقتی خدمت فرشتگان به عیسی و رسولان را می‌بینیم، دو موضوع وجود دارد که می‌توانیم در زندگی‌مان به کار ببریم. اول، ما نیز با تجربیات بسیار سختی در زندگی و خدمت‌مان مواجه خواهیم شد، و دوم، اینکه ما هم خدمت ویژۀ خدا به نیازهای‌مان را خواهیم داشت. این خدمت قوت کافی برای مواجهه با آزمایش‌ها را به ما می‌دهد. در واقع، اگر از خدمت خدا به خودمان آگاه و منتظر آن باشیم، در زمان بحران قوت و اطمینان داریم تا بر وسوسۀ گناه، تسلیم، وحشت یا استفاده از روش‌های غلط، غلبه کنیم.

کاش می‌توانستم به افراد جوان که وارد خدمت می‌شوند بگویم که زندگی آنها سرشار از شور و شادی خواهد بود. آنها به راستی پر از شور خواهند بود؛ اگر افراد به عیسی خدمت کنند قطعاً خسته نمی‌شوند. اما اغلب همراه با شادی کشمش‌ها و ترس، اندوه و اشک هم می‌آیند.

بسیاری از خدمت‌گزاران منتخب خدا مجبور بوده‌اند با موقعیت‌های بحرانی شدید زندگی کنند یا ناگهان با آنها مواجه شده‌اند. همسر ویلیام کری بعد از اینکه نوزاد پسرش مرد، دیوانه شد. هلن رزفی‌یر مورد تجاوز قرار گرفت و شورشیان او را گروگان گرفتند، و در جریان موجی از احساسات ضد غربی، او مجبور شد کنگو – کشوری که وفادارانه و با فداکاری به آن خدمت کرده بود – را ترک کند. یتیم‌خانۀ جورج مولر بی پول شد و نمی‌توانست به کارش ادامه دهد و برای بچه‌ها غذا تهیه کند. اما خدا همیشه از راه‌های غیرمنتظره‌ای نیازها را فراهم می‌کرد. جان وسلی زنی داشت که

خدمـت او را درک نمی‌کـرد، بـه او شـک داشـت، حتـی تـلاش کـرد تـا خدمـت او را بـی اعتبـار کنـد. امـا همـهٔ ایـن افـراد بـه خدمـت خـدا ادامـه دادنـد و فیـض و عنایـت کافـی خـدا را تجربـه کردنـد. در طـول قرن‌هـا افـرادی کـه سـعی کردنـد بـه گـم شـدگان بشـارت دهنـد بـا یـاس، نـا امیـدی و جفـای شـدید مواجـه شـدند. امـا کلیسـاها در میـان ایـن موانـع رشـد کردنـد حتـی گاهـی ایـن رشـد بعـد از اینکـه خدمت‌گـزاران خـدا بـا وفـاداری زمیـن را بـرای برداشـتی پـر محصـول آمـاده و عرصـه را تـرک کردنـد، اتفـاق افتـاد.

یکـی از غـم انگیزتریـن داسـتان‌هایی کـه شـنیده‌ام در مـورد کشـیش موفقـی اسـت کـه منشـی او در مقابـل هیئـت مدیـرهٔ کلیسـا کشـیش را بـه تـلاش بـرای داشـتن رابطـهٔ نامشـروع بـا او متهـم کـرد. کلیسـا منشـی را بـاور کـرد، و کشـیش بایـد بـا شرمسـاری بزرگـی کـه بـرای او و خانـواده‌اش پیـش آمـده بـود کلیسـا را تـرک می‌کـرد. سـال‌ها بعـد منشـی اعتـراف کـرد کـه خـودش می‌خواسـته بـا او رابطـه داشـته باشـد و کشـیش در برابـر خواسـتهٔ او مقاومـت کـرده اسـت؛ و چیـزی کـه قبـلا گفتـه واکنشـی خشـمگین بـه دلیـل رد شـدن از طـرف کشـیش بـوده. امـا بـه خاطـر اتهـام منشـی، او سـال‌ها بـا شرمسـاری از خدمـت دور بـود.

تمـام مثال‌هایـی کـه در بـالا آوردم چیزهایـی هسـتند کـه بایـد واقعـا از آنهـا بترسـیم. در کتاب‌مقـدس هیـچ اطمینانـی بـه مـا داده نشـده کـه چنیـن چیزهایـی برای‌مـان اتفـاق نخواهـد افتـاد. احتمـالا اگـر خدمت‌گـزاران حکیم‌تـر بودنـد، می‌توانسـتند از برخـی مسـائل اجتنـاب کننـد. امـا، اگـر مـا در ایـن دنیـای سـقوط کـرده از خـدا اطاعـت کنیـم، حتـی اگـر در تمـام کارهایـی کـه انجـام می‌دهیـم بسـیار حکیـم باشـیم، بحران‌هـا اتفـاق خواهنـد افتـاد. اطمینـان مـا ایـن اسـت کـه بـا کمـک خـدا می‌توانیـم بـه عنـوان کسـانی کـه «پیـروزی کامـل» داشـته‌اند از ایـن بحران‌هـا بیـرون بیاییـم (رومیـان ۸: ۳۷) - بهتـر از چیـزی کـه قبـل از بحـران بوده‌ایـم.

خدمت خدا به زندگی ما

فعـل «خدمـت کـردن» (دیاکنئـو) کـه توسـط مرقس بـرای توصیـف کار فرشـته‌ها اسـتفاده می‌شـود را دوسـت دارم. ایـن فعـل معمـولا چنیـن معانـی‌ای دارد: «خدمـت، صبـر، مراقبـت، مواظبـت، فراهـم کـردن؛ خدمـت بـه عنـوان یـک شـماس.»[۴] اسـم مرتبـط بـا ایـن فعـل یعنـی «دیاکنیـا» در عبرانیـان ۱: ۱۴ بـرای خدمـت فرشـتگان بـه ایمانـداران اسـتفاده شـده اسـت.

این‌هـا کلماتـی هسـتند کـه در خدمـت مـا مکـررا اسـتفاده می‌شـوند. بنابرایـن، آنچـه کـه مـا بـه عنـوان خدمت‌گـزاران مسـیح سـعی می‌کنیـم بـرای دیگـران انجـام دهیـم، خـدا در مقیاسـی بیشـتر بـرای مـا انجـام می‌دهـد.

ایـده‌ای مشـابه در دوم قرنتیـان بـاب ۱ بیـان می‌شـود، یعنـی جایـی کـه پولـس دربارهٔ چگونگی رو در رویـی‌اش بـا یـک وضعیـت غیـر عـادی در آسـیا صحبـت می‌کنـد. او بحـران را اینطـور توصیـف می‌کنـد: «بـی نهایـت و فـوق از طاقـت بـار کشـیدیم، بـه حـدی کـه از جـان هـم مایـوس شـدیم. لکـن در خـود فتـوای مـوت داشـتیم تـا بـر خـود تـوکل نکنیـم، بلکـه بـر خـدا کـه مـردگان را بـر می‌خیزانـد» (دوم قرنتیـان ۱: ۸– ۹). امـا خـدا بـه او کمـک کـرد. پولـس می‌گویـد، «مـا را از چنیـن مـوت رهانیـد و می‌رهانـد و بـه او امیدواریـم کـه بعـد از ایـن هـم خواهـد رهانیـد» (دوم قرنتیـان ۱: ۱۰).

جالـب اسـت کـه وقتـی پولـس دربارهٔ بخـش مربـوط بـه بحـران آسـیا صحبـت می‌کنـد ایـن کار را بـا اشـتیاقی خودجـوش و غافلگیـر کننـده از سـتایش خـدا انجـام می‌دهـد. ایـن سـتایش بلافاصلـه پـس از سـلام معمولـی کـه نامـه بـا آن شـروع مـی شـود، بـه طـور ناگهانـی اتفـاق می‌افتـد. او می‌گویـد، «متبـارک بـاد خـدا و پـدر خداونـد مـا عیسـای مسـیح کـه پـدر رحمت‌هـا و خـدای جمیـع تسـلیات اسـت، کـه مـا را در هـر تنگـی مـا تسـلی می‌دهـد تـا مـا بتوانیـم دیگـران را در هـر مصیبتـی کـه باشـد تسـلی نماییـم، بـه آن تسـلی کـه خـود از خـدا یافته‌ایـم» (دوم قرنتیـان ۱: ۳–۴). او در ادامـه ایـن طـرز تفکـر را بسـط می‌دهـد کـه تسـلی‌ای کـه دریافت

کرده‌ایم ما را قادر می‌سازد تا خدمت تسلی دهنده به دیگران داشته باشیم (آیات ۵-۶). پولس واضحا شعفی دربارهٔ تسلی خدا که او را «خدای جمیع تسلیات» می‌خواند، دارد. درد او فراموش نشده، اما دیگر نمی‌سوزد، و خشم و ترس جای خود را به شادی تسلی خدا داده‌اند. چند آیه بعد پولس به تفسیر شگفت انگیزی از جلال خدمت خواهد پرداخت (۲: ۱۴-۶: ۱۸). مشکلات او را نسبت به خدمت تلخ نکرده بودند. تسلی درد را جبران کرده بود و او با پیروزی کامل و سرشار از شادی ظاهر شد.

این درسی بسیار مهم است که اینجا می‌توانیم دربارهٔ خدمت بیاموزیم. تسلی و خدمت خداوند به ما، تلخی‌ای که از رفتار افراد و شرایط تجربه می‌کنیم را از بین می‌برد. وقتی پنجاه ساله شدم، فهرستی از بزرگترین نبردهایی که در زندگی و خدمت با آنها مواجه بودم تهیه کردم. بالای این فهرست جنگ با خشم ناشی از رفتاری بود که افراد با من داشتند. بعد از اینکه ما چیزهای زیادی را در خدمت قربانی کردیم، شنیدن اتهاماتی که افراد به ما می‌زنند و مواجهه با بحران‌هایی که می‌آیند واقعا سخت است. اما تسلی خداوند تلخی را از بین می‌برد. و خدا را شکر که او بیش از اندازهٔ کافی تسلی می‌دهد.

یکی از غم‌انگیزترین مناظر کلیسای امروز این است که می‌بینیم خدمت‌گزاران مسیحی خشمگین هستند - از این که توسط دیگران، شرایط، و گاهی اوقات، حتی احساس می‌کنند از جانب خدا آسیب دیده‌اند، خشمگین هستند. و امروز خدمت‌گزاران و راهبران بسیاری در این موقعیت قرار دارند. احتمالا درد و یاسی که برخی از افراد از دوران کودکی با خودشان به همراه دارند آنقدر زیاد باشد که این ضربات به زخم‌هایی موجود می‌افزایند و باعث می‌شوند که آنها دوباره ظاهر شوند و این حس را در آنها تشدید کنند که زندگی برای‌شان سخت شده است. چقدر آرزو می‌کنم که به حضور خدا بروند و شفای او را دریافت کنند. گاهی با خدمت‌گزارانی هم صحبت شده‌ام که احساس کردم نمی‌خواهند شفا بیابند، چون شفا باعث از بین رفتن دلیل خشم‌شان می‌شود. گاهی فکر می‌کنیم اگر صدمه دیده و خشمگین باقی بمانیم می‌توانیم افرادی که به

ما آسیب زده‌اند را تنبیه کنیم. ما نمی‌خواهیم بر دردمان پیروز شویم، چون به نظر می‌رسد این کار از شدت کار اشتباهی که در حق‌مان انجام شده می‌کاهد. سعی برای کمک به چنین افرادی یکی از سخت‌ترین چالش‌هایی بوده که در زندگی‌ام با آنها مواجه شده‌ام. نمی‌دانم که آیا خیلی موفق بوده‌ام یا خیر. اما این را می‌دانم که خدا تسلی می‌دهد. باید در زمان نا امیدی به حضور خدا برویم و به او بچسبیم. وقتی در حضور او می‌مانیم، کودک ترسانی می‌شویم که سر در آغوش مادر خود دارد. در این وضعیت خداوند مثل کاری که مادر انجام می‌دهد و تا زمانی که ترس و خشم فروکش کنند سر ما را نوازش می‌کند. پرتوی نور از میان ابرهای تاریک عبور می‌کند. و نتیجه می‌گیریم که «خدا برای ما عمل کرده است.» ما دیگر غرق در مشکلات نیستیم.

اگر نور را تعقیب کنیم، به زودی خواهیم فهمید که محبت خدا بزرگ‌تر از شرارت افرادی است که به ما آسیب می‌رسانند. متوجه خواهیم شد چون او فرمانروا است این موقعیت را به چیز خوبی تبدیل می‌کند (رومیان ۸: ۲۸)، که به «پیروزی کامل» تبدیل خواهد شد (رومیان ۸: ۳۷). البته ممکن است درد باقی بماند، چون قلبی که دوست می‌دارد، وقتی دیگران کارهای شریر انجام می‌دهند باید به درد بیاید، اما تلخی از بین می‌رود. اگر محبت خدا بزرگ‌تر است و این شرارت را به نیکی تبدیل می‌کند، ما دیگر دلیلی برای تلخ بودن نداریم. در واقع، دلیل خوبی برای بخشیدن افرادی که به ما آسیب می‌زنند داریم.

تسلی خداوند از راه‌های قابل لمس‌تری هم به دست می‌آید، به همین دلیل اصطلاح «نادانسته فرشتگان» مورد استفاده قرار گرفت. گاهی روش خاص خدا برای خدمت به ما شگفت زده‌مان می‌کند. این کار ممکن است از طریق مهربانی یک شخص، دریافت یک چک از طریق پست، خواندن کتاب‌مقدس، شنیدن یک پیغام، یا خواندن یک کتاب باشد. این کارها گواه روشنی بر این است که خدا نیاز ما را دیده و از طرف ما مداخله کرده است.

نه تنها تلخی ما را رها می‌کند، بلکه این تجربه تبدیل به مددی برای کمک به افراد با مشکلات مشابه می‌شود. پولس در دوم قرنتیان ۱: ۴-۷ از تسلی‌ای که دریافت کرده می‌گوید: «ما را در هر تنگی ما تسلی می‌دهد تا ما بتوانیم دیگران را در هر مصیبتی که باشد تسلی نماییم، به آن تسلی که خود از خدا یافته‌ایم» (دوم قرنتیان ۱: ۴). امروز اصطلاح «شفا دهنده زخمی» برای عیسی و همچنین مبشرین تاثیرگذار استفاده می‌شود. اما افراد قبل از اینکه بتوانند در شفای زخم‌ها موثر باشند، باید خودشان توسط خدا شفا (یا تسلی) یافته باشند.

همهٔ ما در زندگی و خدمت‌مان با حیوانات وحشی رو به رو می‌شویم. اما خدا را شکر، که او می‌داند چه چیزی نیاز داریم و ما را خدمت می‌کند. در حالیکه این فصل را تمام می‌کنم، آیا می‌توانم درخواستی پر شور از شما داشته باشم؟ افراد خوب بسیاری را دیده‌ام که زندگی‌شان توسط کارهای افراد بد خراب شده است. این اشخاص بد نباید اجازه داشته باشند که چنین تاثیر قدرتمندی بر ما بگذارند. فیض خدا برای خدمت به شما کافی است. این فیض شاید به واسطهٔ فرد دیگری صورت گیرد. اگر اینطور است، به عنوان یک مورد فوری به دنبال آن کمک باشید. اجازه ندهید که روزها بدون استفاده از فیض و تسلی خدا برای جنگ علیه تلخی بگذرد.

۸

خوش خبران

مرقس انجیل خود را با این کلمات آغاز می‌کند: «ابتدای انجیل عیسای مسیح پسر خدا» (۱: ۱). اما او به تولد و کودکی عیسی اشاره نمی‌کند. مطابق با سبک «نوشتن واضح و سریع»[1] مرقس، به نظر می‌رسد که او می‌خواهد فورا به نکتهٔ اصلی برسد – خدمت عیسی.

انجیلی که مدت‌ها برایش انتظار کشیده شد

زمانی که چند آیهٔ اول انجیل مرقس را می‌خوانیم، احساس می‌کنیم که در مسیر ویژه‌ای حرکت می‌کند. بلافاصله بعد از آیهٔ اول، او با توصیف خدمت یحیای تعمید دهنده ادامه می‌دهد، و بر نقش یحیی به عنوان پیش‌روی عیسی تمرکز دارد. آیات ۲ و ۳ می‌گویند نقش او این بود که «راه را برای خداوند مهیا سازد.» یحیی خودش این را می‌دانست. بنابراین مشتاقانه از مسیح موعود صحبت می‌کند. او از بی‌ارزش بودنش در مقایسه با عیسی صحبت می‌کند: «بعد از من کسی تواناتر از من می‌آید که لایق آن نیستم که خم شده، دوال نعلین او را باز کنم» (۱: ۷). و او نشان می‌دهد که خدمت عیسی چقدر از خدمت او بزرگتر است: «من شما را به آب تعمید دادم. لیکن او شما را به روح‌القدس تعمید خواهد داد» (۱: ۸).

اگـر توصیـف مرقـس از خدمـت یحیـی نشـان دهنـدهٔ انتظـار بـرای خدمـت عیسـی باشـد، توصیـف مرقـس از آغـاز خدمـت عیسـی ایـن انتظـار را بـه طـرز چشـمگیرتری بیـان می‌کنـد. مرقـس می‌نویسـد، «و بعـد از گرفتـاری یحیـی، عیسـی بـه جلیـل آمـده، بـه بشـارت ملکـوت خـدا موعظـه کـرده» (۱: ۱۴). اشـارهٔ مرقـس بـه دسـتگیری یحیـی نشـان دهنـدهٔ ایـن اسـت کـه دوران خدمـت قابـل توجـه یحیـی اکنـون بـه پایـان رسـیده اسـت، و خدمـت عیسـی جایگزیـن آن در دسـتور کار خـدا شـده اسـت. آیـهٔ بعـدی پیـام عیسـی را خلاصـه می‌کنـد: «وقـت تمـام شـد و ملکـوت خـدا نزدیـک اسـت. پـس توبـه کنیـد و بـه انجیـل ایمـان بیاوریـد» (۱: ۱۵). در اینجـا چنیـن مفهومـی وجـود دارد کـه آنچـه مـردم آرزویـش را داشـتند، سـرانجام بـه دسـت آمـد. لَـری هورتـادو بـه یـک دعـای کهـن یهـودی اشـاره می‌کنـد: «باشـد کـه خـدا پادشـاهی خـود را در زمـان حیـات مـا برقـرار سـازد.» او می‌گویـد، «گفتـهٔ عیسـی بایـد در زمینـهٔ امیـدی کـه در ایـن دعـا منعکـس شـده، شـنیده شـود.»[۲]

چندیـن بـار در عهـد جدیـد بـه ایـن انتظـار مشـتاقانه بـرای آمـدن انجیـل اشـاره شـده اسـت. عیسـی می‌گویـد، «لیکـن خوشـابحال چشـمان شـما زیـرا کـه می‌بیننـد و گوش‌هـای شـما زیـرا کـه می‌شـنوند، زیـرا هرآینـه بـه شـما می‌گویـم بسـا انبیـا و عادلان خواسـتند کـه آنچـه شـما می‌بینیـد، ببیننـد و ندیدنـد و آنچـه می‌شـنوید، بشـنوند و نشـنیدند» (متـی ۱۳: ۱۶–۱۷). پطـرس می‌گویـد، «کـه دربـارهٔ ایـن نجـات، انبیایـی کـه از فیضـی کـه بـرای شـما مقـرر بـود، اخبـار نمودنـد، تفتیـش و تفحـص می‌کردنـد، و دریافـت می‌نمودنـد کـه کـدام و چگونـه زمـان اسـت کـه روح مسـیح کـه در ایشـان بـود از آن خبـر می‌داد، چـون از زحماتـی کـه بـرای مسـیح مقـرر بـود و جلال‌هایـی کـه بعـد از آنهـا خواهـد بـود، شـهادت می‌داد؛ و بدیشـان مکشـوف شـد کـه نـه بـه خـود بلکـه بـه مـا خدمـت می‌کردنـد، در آن امـوری کـه شـما اکنـون از آنهـا خبـر یافته‌ایـد... و فرشـتگان نیـز مشـتاق هسـتند کـه در آنهـا نظـر کننـد» (اول پطـرس ۱: ۱۰–۱۲). سـرود کریسمسـی «در آن شـب مقـدس» ایـن انتظـار را بـه خوبـی توصیـف می‌کنـد، «جهـان بـرای مـدت طولانـی در گنـاه و اشـتباه دفـن شـده و در حـال از بیـن رفتـن بـود، تـا زمانـی کـه مسـیح ظاهـر شـد و روح، ارزش خـود را حـس کـرد.»

کلمـات مرقس ۱: ۱۴-۱۵ چیزهـای زیـادی دربارهٔ کار مـا بـه مـا می‌گوینـد. مـا نیـز، ماننـد عیسـی، «انجیـل خـدا را اعـلام می‌کنیـم.» مـا نیـز اعـلام می‌کنیـم کـه، «وقـت تمـام شـد و ملکـوت خـدا نزدیـک اسـت. پـس توبـه کنیـد و بـه انجیـل ایمـان بیاوریـد.» کلمـه‌ای کـه در ایـن دو آیـه «انجیـل» (یوانگلیـوون) ترجمـه شـده اسـت بـه معنـای «خبـر خـوش» اسـت. ایـن کلمـه خلاصـهٔ خوبـی از آنچـه کـه در بـالا گفتیـم را بیـان می‌کنـد. وظیفـهٔ مـا یـک وظیفـهٔ فوق‌العـاده قابـل توجـه اسـت کـه بایـد مـا را بـه سـبب خوانده‌گی‌مـان سرشـار از شـادی کنـد. ویلیـام تینـدل اصلاح‌گـر و مترجـم کتاب‌مقـدس (حـدود ۱۴۹۴- ۱۵۳۶) هیجـان خـود دربارهٔ انجیـل را در پیش‌گفتـار ترجمـهٔ خـودش از عهـد جدیـد ابـراز می‌کنـد. او می‌گویـد کـه کلمـهٔ انجیـل بـه معنـای «خـوش، مبـارک، شـاد، و اخبـار مسرت‌بخـش و شـادی‌آور اسـت، کـه قلـب فـرد را شـاد می‌کنـد و باعـث می‌شـود کـه آواز بخوانـد، برقصـد، و از شـادی بـه جنـب و جـوش بیـاد.»[۳] تینـدل در سـن چهـل و دو سـالگی بـه خاطـر آن انجیـل زندگـی خـود را از دسـت داد. چنیـن خبرهـای خوشـی آنقـدر مهـم هسـتند کـه ارزش دارنـد بـرای آنهـا بمیریـم.

روانشناسـان می‌گوینـد اگـر افـراد احسـاس کننـد کاری کـه در زندگی‌شـان انجـام می‌دهنـد مهـم اسـت، خوشـحال خواهنـد شـد. شـادی یکـی از پاداش‌هـای خدمـت مسـیحی اسـت. علیرغـم مشـکلات بسـیار، مـا می‌توانیـم نسـبت بـه کاری کـه انجـام می‌دهیـم احسـاس خوبـی داشـته باشـیم، چـون مـا مهم‌تریـن پیغامـی کـه افـراد ممکـن اسـت بشـنوند را اعـلام می‌کنیـم، چـه آن را بپذیرنـد چـه نـه. اشـعیا بـا مخالفـت شـدیدی نسـبت بـه پیغامـش مواجـه شـد، مخالفتـی کـه خـدا در زمـان دریافـت خوانده‌گـی‌اش در مـورد آن بـه او هشـدار داد (اشـعیا ۶: ۹-۱۰). امـا اشـعیا می‌گویـد، «چـه زیبـا اسـت بـر کوه‌هـا پای‌هـای مبشـر کـه سـلامتی را نـدا می‌کنـد و بـه خیـرات بشـارت می‌دهـد و نجـات را نـدا می‌کنـد و بـه صهیـون می‌گویـد کـه خـدای تـو سـلطنت می‌نمایـد» (اشـعیا ۵۲: ۷).

ضرورت حقیقت

درک ماهیـت انجیـل بـه مبشـر کلام احسـاس ضـرورت می‌دهـد. مـا متوجـه می‌شـویم کـه

این پیغام خدا به بشریت سقوط کرده است؛ بنابراین وظیفهٔ ما جدی است. پولس این ضرورت را اینطور بیان می‌کند، «زیرا هرگاه بشارت دهم، مرا فخر نیست چونکه مرا ضرورت افتاده است، بلکه وای بر من اگر بشارت ندهم» (اول قرنتیان ۹: ۱۶). واعظ پیوریتن اهل اسکاتلند به نام ریچارد بکستر (۱۶۱۵ – ۱۶۹۱) می‌گوید، «من طوری موعظه می‌کنم که گویی دوباره موعظه نخواهم نکرد، به عنوان یک مرد در حال مرگ برای انسان‌های در حال مرگ.»[۴]

این ضرورت به خوبی در قسمتی از زندگی ارمیا نشان داده شده است. فشحور که ناظر اول معبد و گویا نمایندهٔ رسمی خدا بود، به این نبی خدا حمله کرد. ارمیا کتک خورد و شب را در یک انبار در محوطهٔ معبد گذراند. ارمیا پس از آزادی، به خدا شکایت می‌کند: «ای خداوند مرا فریفتی پس فریفته شدم. از من زورآورتر بودی و غالب شدی. تمامی روز مضحکه شدم و هر کس مرا استهزا می‌کند... زیرا کلام خداوند تمامی روز برای من موجب عار و استهزا گردیده است» (ارمیا ۲۰: ۷-۸). او به کناره‌گیری از خدمت فکر می‌کند، اما متوجه می‌شود که نمی‌تواند این کار را انجام دهد. او می‌گوید، «پس گفتم که او را ذکر نخواهم نمود و بار دیگر به اسم او سخن نخواهم گفت، آنگاه در دل من مثل آتش افروخته شد و در استخوان‌هایم بسته گردید و از خودداری خسته شده، باز نتوانستم ایستاد» (۲۰: ۹). همانطور که شاگردان در راه عموعاس متوجه شدند، حقیقت راهی سوزان دارد. آنها بعد از رویارویی با مسیح قیام کرده، گفتند، «آیا دل در درون ما نمی‌سوخت، وقتی که در راه با ما تکلم می‌نمود و کتب را به جهت ما تفسیر می‌کرد؟» (لوقا ۲۴: ۳۲).

دلایل مرتبط متعددی برای چنین ضرورتی در عهد جدید آمده است، و همهٔ آنها مربوط به این واقعیت هستند که انجیل حقیقت دارد. نخست، انجیل مکاشفهٔ خدا است. همانطور که عاموس می‌گوید، «خداوند یهوه تکلم نموده است؛ کیست که نبوت ننماید؟» (عاموس ۳: ۸). رسولان اولیه زمانی که مقامات یهود «قدغن کردند که هرگز نام عیسی را بر زبان نیاورند و تعلیم ندهند» (اعمال رسولان ۴: ۱۸) اینطور رفتار کردند.

پاسخ آنها این بود، «اگر نزد خدا صواب است که اطاعت شما را بر اطاعت خدا ترجیح دهیم، حکم کنید، زیرا که ما را امکان آن نیست که آنچه دیده و شنیده‌ایم، نگوییم» (اعمال رسولان ۴: ۱۹ـ ۲۰). و ما که می‌دانیم این حقایق درست هستند، نیز از راه ضرروت مجبوریم که انجیل را موعظه کنیم.

دوم، این دانش که انجیل آنچه که خدا برای نجات بشریت انجام داده است را شرح می‌دهد، ما را به راه ضرورت سوق می‌دهد. چنین ضرورتی در دوم قرنتیان باب ۵ دیده می‌شود که پولس انگیزۀ خود برای خدمت را می‌گوید. قوی‌ترین بیان او از ضرورت در آیۀ ۱۴ است: «محبت مسیح ما را فرو گرفته است.» کلمه‌ای که «فرو گرفتن» ترجمه شده است «سانخو» ، کلمه‌ای قوی است که به فشاری قدرتمند که بر پولس اعمال شده، اشاره دارد. وقتی این آیه را در نظر می‌گیریم، اغلب از این واقعیت چشم می‌پوشیم که پولس در ادامه دلیلی برای این ضرورت قوی از محبت می‌آورد. او بلافاصله می‌گوید، «... چونکه این را دریافتیم که یک نفر برای همه مرد پس همه مردند، و برای همه مرد تا آنانی که زنده‌اند، از این به بعد برای خویشتن زیست نکنند بلکه برای او که برای ایشان مرد و برخاست» (دوم قرنتیان ۵: ۱۴ـ۱۵). حقیقت انجیل ـ این واقعیت که مسیح برای همه مرد، و بنابراین همه باید برای او زندگی کنند ـ مسبب ضرورت محبت است.

سوم، همچنین این حقیقت چنین ضرورتی را به ما می‌دهد، که انجیلی که موعظه می‌کنیم این قدرت را دارد تا به افراد نجات ببخشد. پولس ضرورت خود را به سه شکل در رومیان ۱: ۱۴ـ۱۶ نشان می‌دهد. نخست او می‌گوید، «یونانیان و بربریان و حکما و جهلا را هم مدیونم» (۱: ۱۴). دوم، او می‌گوید، «پس همچنین به قدر طاقت خود مستعدم که شما را نیز که در روم هستید بشارت دهم» (۱: ۱۵). سوم، او می‌گوید، «زیرا که از انجیل مسیح عار ندارم...» این آیه در ادامه دلیل ضرورت را بیان می‌کند: «... چونکه قوت خداست، برای هر کس که ایمان آرود» (۱: ۱۶).

چهـارم، ایـن آگاهـی کـه آنهایـی کـه مسـیح را ندارنـد گـم شـده و بـدون امیـد هسـتند، مـا را بـه راه ضـرورت ملـزم می‌کنـد . پولـس ایـن ضـرورت را در رومیـان ۹: ۱-۳ بیـان می‌کنـد: «در مسـیح راسـت می‌گویـم و دروغ نـی و ضمیـر مـن در روح‌القـدس مـرا شـاهد اسـت، کـه مـرا غمـی عظیـم و در دلـم وَجَـع دائمـی اسـت. زیـرا راضـی هـم می‌بـودم کـه خـود از مسـیح محـروم شـوم در راه برادرانـم کـه بحسـب جسـم خویشـان مننـد.» بـاب ادامـه پیـدا می‌کنـد تـا نشـان دهـد کـه دلیـل ایـن ضـرورت ایـن حقیقـت بـود کـه یهودیـان انجیـل را رد کردنـد و بـه همیـن دلیـل گـم شـدند. یهـودا شـرح می‌دهـد کـه چطـور آگاهـی از ایـن گم‌شـدگی بـر خدمـت تاثیـر می‌گـذاراد: «... بعضـی را از آتـش بیـرون کشـیده، برهانیـد» (یهـودا ۲۳).

حقیقـت گم‌شـدن، ایـن ضـرورت را بـه خدمـت برخـی از مبشـرین بـزرگ در گذشـته داد و بـه آنهـا کمـک کـرد تـا در سـختی‌ها بسـیار ثابـت قـدم بماننـد. هادسِـن تیلـر می‌گویـد، «هرگـز بـه رفتـن بـه چیـن و اینکـه چینی‌هـا گـم شـده هسـتند و بـه مسـیح نیـاز دارنـد، فکـر نکـرده بـودم.» مبلـغ مسـیحی اهـل آمریـکا بـه نـام دی. ال. مـودی در جلسـه‌ای در لنـدن گفـت، «اگـر معتقـد بـودم کـه جهنمـی وجـود نـدارد، مطمئنـم کـه فـردا بـه آمریـکا برمی‌گشـتم.» او گفـت کـه از رفتـن بـه شـهرهای مختلـف و صـرف روز و شـب «بـرای ترغیـب افـراد بـه فـرار از لعنـت جهنـم»[۵] دسـت می‌کشـید.

مـا ضرورتـی بـر پایـهٔ چهـار ویژگـی مربـوط بـه حقیقـت انجیـل داریـم. گزارشـی در روزنامـهٔ دیلـی میـل لنـدن در زمـان یکـی از گردهمایی‌هـای اولیـهٔ بیلـی گراهـام در انگلیـس، ایـن ضـرورت را توضیـح می‌دهـد کـه از ایـن عقیـده بـر حقیقـی بـودن انجیـل سرچشـمه می‌گیـرد. گـزارش اینطـور می‌گویـد، «او هیـچ جذبـه‌ای نـدارد؛ او هیـچ تمایلـی بـه احساسـات نـدارد. قـدرت او ـ و قدرتـی کـه دارد ـ عقیـده‌ای غیـر قابـل تغییـر اسـت کـه او راه درسـت زندگـی را می‌دانـد.»[۶]

چنیـن عقیـده‌ای تاثیـری عمیـق بـر درک مـا از خدمـت دارد. مـا در عصـر نسـبیت‌گرایی و کثرت‌گرایـی دینـی زندگـی می‌کنیـم کـه نـگاه خوشـایندی بـه تغییـر دیـن نـدارد. و ایـدهٔ

حقیقـت مطلـق را رد می‌کنـد - یعنـی حقیقتـی کـه آنقـدر درسـت، آنقـدر بـی نقـص، آنقـدر کامـل و آنقـدر مهـم اسـت کـه همـه در همـه جـا بایـد آن را بپذیرنـد. دلیـل آن ایـن اسـت کـه مـا بـاور داریـم خـدا کلام قاطـع را بـه بشـریت گفتـه اسـت، تـا مـا ایـن جسـارت را داشـته باشـیم کـه در ایـن محیـط کثرت‌گـرا، افـراد از ادیـان دیگـر را بـه ایمـان بـه مسـیح دعـوت کنیـم.

یـک بـار بـه جایـی کـه عمدتـا بودایـی بودنـد و مـا در آنجـا مشـغول بـه خدمـت بودیـم، بـا قطـار سـفر می‌کـردم. در کنـار یـک مقـام دولتـی کـه بودایـی بـود نشسـتم و بـا او شـروع بـه صحبـت کـردم. او وقتـی کـه متوجـه شـد، مـن، بـه عنـوان یـک خـادم مسـیحی، بـه یـک منطقـهٔ بودایـی می‌روم سـوالی از مـن پرسـید کـه در ذهـن بسـیاری از ملـت مـا کـه کثرت‌گرایـی مذهبـی دارنـد، وجـود دارد. او پرسـید کـه مـا مسـیحیان چـرا بـه مناطـق بودایـی می‌رویـم و سـعی می‌کنیـم بودایـی‌هـا ایمـان بیاورنـد. او بـه آشـوبی کـه بـه خاطـر ایـن کار در ایـن روسـتاها ایجـاد می‌شـود اشـاره کـرد.

بـه او گفتـم مـا معتقدیـم خدایـی وجـود دارد کـه ایـن جهـان را آفریـده اسـت و ایـن خـدا پاسـخ مشـکلات عمیقـی کـه جهـان را گرفتـار کـرده را ارائـه داده اسـت. بـه او گفتـم مـا ایـن پاسـخ را پیـدا کرده‌ایـم. و حـالا کـه آن را می‌دانیـم بایـد آن را بـه اشـتراک بگذاریـم. و اگـر بـه دیگـران نگوییـم از نظـر مـا خودخواهـی و بی‌محبتـی اسـت. نمی‌دانـم واکنـش او بـه ایـن پاسـخ چـه بـود. امـا فکـر می‌کنـم حداقـل درک کـرد کـه چـرا مسـیحیان بـرای درمیـان گذاشـتن ایمان‌شـان بـا افـراد از باورهـای دیگـر اینقـدر مشـتاق هسـتند.

چنیـن ضرورتـی کـه مربـوط بـه حقیقـت اسـت می‌توانـد فوریتـی ایجـاد کنـد کـه مـا را قـادر می‌کنـد درمیـان سـختی‌ها ثابـت قـدم بمانیـم؛ و در واقـع می‌توانـد دلیلـی بـرای تحمـل سـختی‌ها بـه مـا بدهـد. عیسـی اغلـب دربـارهٔ تاوانـی کـه بـرای انجیـل پرداخـت می‌کنیـم، صحبـت می‌کـرد. او فـردی کـه «خانـه یـا بـرادران یـا خواهـران یـا پـدر یـا مـادر یـا زن یـا اولاد یـا امـلاک را بـه جهـت مـن و انجیـل تـرک کنـد» را توصیـف کـرد (مرقـس ۱۰: ۲۹). او در دعـوت اولیـهٔ خـود بـه شاگرسـازی می‌گویـد، «زیـرا هـر کـه خواهـد جـان خـود را نجـات

دهد، آن را هلاک سازد؛ و هر که جان خود را به جهت من و انجیل بر باد دهد آن را برهاند» (مرقس ۸: ۳۵).

اگر بخواهیم بزرگی را توانایی استقامت در یک کار سخت اما مهم در میان مشقت‌ها و محرومیت‌های بسیار تعریف کنیم، می‌توانیم بگوییم که درک ماهیت انجیل باید برای مسیحیان انگیزه‌ای برای رسیدن به بزرگی باشد. و باید به آنانی که برای کار در میان افراد مقاوم خوانده شده‌اند کمک کند تا بدون ثمرۀ قابل مشاهده استوار بمانند. و باید افراد را به چالش بکشد تا وسوسۀ عقب‌نشینی از به اشتراک گذاشتن انجیل در زمان جفا و آزمایش‌ها را نپذیرند. ما نمونه‌های بسیاری از چنین بزرگی را در گذشته دیده‌ایم.

آیا می‌توانیم انتظار داشته باشیم چنین بزرگی را امروز ببینیم؟

این حس صداقت انجیل هم انجیل را به چیزی لذت‌بخش تبدیل می‌کند، به همان صورتی که صداقت کتاب‌مقدس همانطور که در فصل ۶ دیدیم آن را لذت بخش می‌کند. این حقیقت همچنین به خدمت ما معنا می‌بخشد. گاهی بسیار خسته و دلسرد بوده‌ام و موعظه آخرین کاری بود که می‌خواستم انجام دهم. اما این کار من است، و نمی‌توانم وقتی که از قبل تعیین شده است را از دست بدهم و بگویم حوصلۀ موعظه کردن ندارم. قبل از موعظه خودم را به زور می‌نشانم و یادداشت‌هایم را مرور می‌کنم. اما درحالیکه یادداشت‌ها را می‌خوانم، از این حس که آنچه موعظه خواهم کرد حقیقی است، نیرو می‌گیرم - به طرز شگفت‌انگیزی حقیقی! ضرورت برمی‌گردد، و خستگی و دلسردی در این هیجان که می‌توان چنین پیغام شگفت‌انگیزی را موعظه کرد، فراموش می‌شوند.

می‌توانیم ببینیم که چطور چنین رویکردی نسبت به حقیقت می‌تواند به ما کمک کند تا در مدت زمان طولانی بدون از دست دادن اشتیاق به خدمت ادامه دهیم. جیپسی اسمیت (۱۹۴۷-۱۸۶۰)، مبشر قدرتمند انگلیسی، در یک چادر مخصوص کولی‌ها به دنیا

آمـد و سـواد کمـی داشـت. او از سـن هفـده سالگـی تـا زمانـی کـه روی دریـا در راه سفرش بـه آمریـکا بـرای یـک ماموریـت موعظـه در سـن هشـتاد و هفت سالگـی مـرد، انجیـل را موعظـه کـرد. شخصـی راز شـادابی و نشـاط اسمیت را حتـی در دوران پیـری از او پرسـید. اسـمیت پاسـخ داد، «مـن هرگـز شـگفتی را از دسـت نداده‌ام.»[۷]

ضرورت و وضعیت پست‌مدرن

فکـر می‌کنـم امـروز مانـع بزرگـی بـرای پـرورش نـوع ضرورتـی کـه در بـالا توضیـح دادم وجـود دارد. هـر چهـار دلیـل ارائـه شـده بـرای ضرورت حقایـق عینـی دربـارهٔ انجیـل بودنـد. امـا مـا در عصـر پسـت‌مدرن زندگـی می‌کنیـم کـه در آن افـراد بـه شـکل طبیعـی تمایلـی ندارنـد کـه توسـط حقیقـت عینـی، مثـل افـراد در اعصـار گذشـته انگیـزه بـه دسـت بیاورنـد. طغیـان پسـت‌مدرن علیـه عینیـت واکنـش بـه تاکیـد زیـاد بر منطقـی اسـت کـه مشـخصهٔ دوران پسـت‌مدرن اسـت. پسـت مدرنیسـت‌ها بـر ایـن باورنـد کـه عوامـل خـارج از مـردم (عوامـل عینـی) ماننـد حقایـق و آموزه‌هـای معتبـر و مطالبـات بـرای بهـره‌وری و سـودآوری، آنهـا را مـورد ظلـم و سـتم قـرار داده و ایشـان را از بیـان جنبه‌هـای اساسـی ماهیـت خـود محـروم و آنهـا را ناقـص و ناتمـام رهـا کـرده اسـت. بنابرایـن یـک تاکیـد بزرگ‌تـر بـر حقیقـت درونـی یـا شـخصی وجـود دارد، کـه بـه جـای تمرکـز بـر حقیقـت عینـی، بـر شـخص (مـن) تمرکـز دارد، و منبـع آن در چیـزی خـارج از مـا اسـت (مثـل خـدا یـا کتاب‌مقـدس).

در حالیکـه اکثـر خادمیـن مسیحـی اوانجلیـکال از اقتـدار عالـی کتـاب مقـدس پیـروی می‌کننـد، اکثـر مـا تحـت تاثیـر ایـن وضعیـت قـرار گرفته‌ایـم. مـا تحـت تاثیـر محیـط خـود قـرار گرفته‌ایـم تـا درک خویـش از قـدرت و ارتبـاط حقیقـت عینـی را بی‌ارزش کنیـم. بنابرایـن، ممکـن اسـت فکـر کنیـم کـه موعظـه و کلام خـدا بـه انـدازهٔ کافـی بـرای تغییـر زندگـی و جـذب افـراد، همانطـور کـه خدمت‌گـزاران نسـل قبـل انجـام دادنـد، مناسـب و قدرتمنـد نیسـتند.

تفـاوت در سـبک اسـت. در جامعـه‌ای کـه تـا حـدی منـزوی و بـرای کار بدنـی ارزش زیـادی

قائـل اسـت، ممکـن اسـت زنانـی کـه نسـبتا چـاق امـا از نظـر جسـمی قـوی هسـتند را بسـیار جـذاب بداننـد. ایـن ارزش بـه تدریـج بـا تاثیرپذیـری از دنیـای بیـرون و پیشـرفت‌های تکنولـوژی، ممکـن اسـت بـه شـدت تغییـر کنـد. زنان ظریف‌تـر کـه زمانـی غیـر جذاب بودنـد، بسیار بـا ارزش می‌شـوند. بـه همیـن شـکل آنهایـی کـه بـه شـدت تحـت تاثیـر جامعـه‌ای بودنـد کـه ارزش بالایـی بـه عوامـل درونـی می‌دهـد، بـه تدریـج بخشـی از ارزش حقیقـت عینـی خودشـان را از دسـت می‌دهنـد. معتقـدم کـه ایـن بـرای بسـیاری از مسـیحیان اتفـاق افتـاده اسـت.

در نتیجـه، ویژگـی اصلـی کـه افـراد را در نسـل گذشـته بـه انجیـل جـذب کـرده اسـت – ضرورتـی ناشـی از ایـن احسـاس کـه ایـن کامـلا حقیقـت اسـت – یـک ویژگـی بسـیار کمتـر از کلیسـا خواهـد بـود. بـه نظـر می‌رسـد کـه برخـی از کلیسـاهای در حـال رشـد افـراد را بـه جـای ضـرورت از طریـق سـرگرمی جـذب می‌کننـد. کلیسـاهای در حـال رشـد معمـولا برنامـه‌ای بـا کیفیـت بـالا ارائـه می‌کننـد کـه جـذاب و سـرگرم کننـده اسـت. بـه عنـوان کسـی کـه در خدمـت جوانـان دخیـل بوده‌ام، می‌توانـم بـه تاثیـر سـرگرمی در جـذب افـراد خـارج از کلیسـا بـرای رسـیدن آنهـا بـه صـدای انجیـل شـهادت بدهـم.

امـا سـرگرمی همیشـه بایـد خدمت‌گـزار حقیقـت باشـد. متاسـفانه، زمانـی کـه عمل‌گرایـی خودمـان را در نظـر می‌گیریـم، ممکـن اسـت گاهـی از حقایـق عینـی ماننـد کفـاره، واقعیـت داوری، و نیـاز بـرای تقـدس بـه دلیـل اینکـه ایـن مفاهیـم خیلـی سـرگرم کننـده نیسـتند غافـل شـویم. بـه نظـر نمی‌رسـد کـه ایـن آموزه‌هـا احساسـات درونـی خوبـی را بـه عمـل بیاورنـد، و ایـن عامـل ممکـن اسـت، در عمـل، در تعییـن برنامـهٔ کلیسـا، موثرتـر از ایـن واقعیـت باشـد کـه یـک حقیقـت مشـخص آموزه‌ای از کتـاب مقدس اسـت. بنابرایـن می‌توانیم نسـلی از مسـیحیان را بـه عمـل بیاوریـم کـه بسـیاری از آموزه‌هـای ناخوشـایند مسـیحی را در جهان‌بینی‌شـان قـرار نمی‌دهنـد (رویکـرد اساسـی آنهـا بـه زندگـی). و نتیجـه یـک کلیسـای ناسـالم خواهـد بـود.

امـروز مـا بـا ایـن چالـش بـزرگ مواجـه هسـتیم کـه هـم درخـور کتاب‌مقدس و هـم نسـبت بـه آن صـادق باشـیم. مـا بایـد اعتمـاد خـود بـه ارزش حقیقـت را احیـا کنیـم و سـپس «از

اعلام نمودن... تمامی اراده خدا کوتاهی» نکنیم (اعمال رسولان ۲۰: ۲۷)، که این شامل آموزه‌های سخت هم می‌شود. اعتماد به ارزش حقیقت همچنین به ما ضرورتی می‌بخشد که من معتقدم هنوز می‌تواند افراد را به سوی مسیح جذب کند، همانطور که در نسل‌های قبلی این کار را انجام داد. این ضرورت به ما انگیزه می‌دهد تا مناسب‌ترین ابزار برای انتقال حقیقت ابدی و تغییر ناپذیر انجیل را پیدا کنیم. اگر سرگرمی چنین ابزاری است، پس ما در محدودهٔ مجاز کتاب‌مقدس از آن استفاده خواهیم کرد.

کلیسا در هر دورانی، در مناطقی که فرهنگ در تقابل با تاکیدات کتاب‌مقدسی است، باید پادفرهنگی (یا ضدفرهنگ) باشد. تاکید کتاب‌مقدس بر برتری حقیقت مطلق انجیل، قطعا با تنفر پست‌مدرن از حقیقت عینی و رد ایدهٔ حقیقت مطلق، در تقابل است. با این حال، تاکید کتاب مقدس بر اهمیت روحانیت صحیح و تجربهٔ درونی، بر نیاز و تمایل احساس شدهٔ افراد پست‌مدرن تاثیر می‌گذارد. چالش ما این است که انجیل را به شکلی ارائه کنیم تا افرادی که ما را می‌شنوند متوجه شوند انجیل بر اساس حقیقت عینی است و همچنین باعث ایجاد تجربیات درونی عمیقا رضایت‌بخشی می‌شود.

انجیل پادشاهی

توصیف مرقس از پیغام عیسی در مرقس ۱: ۱۵ شامل چهار ویژگی می‌شود. اول عیسی گفت، «وقت تمام شد،» و ما در بالا در قسمت «انجیلی که مدت‌ها برایش انتظار کشیده شد» به آن پرداختیم. سپس عیسی می‌گوید، «و ملکوت خدا نزدیک است.» سومین و چهارمین ویژگی نشان دهندهٔ واکنش انسان به این پیغام است. شما انسان‌ها باید «توبه کنید و به انجیل ایمان بیاورید.»

پادشاهی خدا

آمدن پادشاهی خدا نشان داد که خدا تاسیس فرمانروایی خود در این جهان را شروع کرده است، جهانی که بسیاری از یهودیان مذهبی در آن زمان، آن را تحت حکومت شیطان و شریر می‌دیدند.[۸] البته درست است که پادشاهی خدا همیشه حتی در زمان عهد عتیق بوده است. اما آمدن مسیح فرمانروایی خدا را به شکلی آورد که می‌توان گفت «عالم آینده» که یهودیان در انتظارش بودند را بر پا کرد. بنابراین عیسی می‌گوید، «لیکن هرگاه به انگشت خدا دیوها را بیرون می‌کنم، هرآینه ملکوت خدا ناگهان بر شما آمده است» (لوقا ۱۱: ۲۰).

عیسی مثل‌های متعددی گفت که توضیح می‌دهد چگونه این پادشاهی از شروع‌های کوچک تا زمانی که در نهایت جهان را فتح کند، رشد خواهد کرد (متی باب ۱۳ را ببینید). به کمال رسیدن، یعنی زمانی که پادشاهی به قدرت و جلال کامل خود برسد، فقط بعد از آمدن مسیح و نابودی کامل این دشمنان اتفاق خواهد افتاد (اول قرنتیان ۱۵: ۲۳-۲۸). در آن زمان مبرا شمرده‌شدگان پادشاهی را به طور کامل به ارث خواهند برد (متی ۲۵: ۳۱-۳۴).

در عین حال، ما در عصر حاضر زندگی می‌کنیم که در آن ویژگی‌های عصر جدید با ویژگی‌های عصر قدیم در هم آمیخته‌اند. ما منتظر به کمال رسیدن هستیم اما «نمونه‌ای از شکوه الاهی» را تجربه می‌کنیم. از یک طرف ما سرشار از سلامتی و خوشی هستیم، به طوری که پولس می‌گوید، «زیرا ملکوت خدا اَکل و شرب نیست بلکه عدالت و سلامتی و خوشی در روح‌القدس» (رومیان ۱۴: ۱۷)؛ و از طرف دیگر پولس می‌گوید، «ما ...که نوبر روح را یافته‌ایم، در خود آه می‌کشیم در انتظار پسرخواندگی یعنی خلاصی جسم خود» (رومیان ۸: ۲۳). در سال‌های اخیر افراد اندکی به اندازهٔ محقق آمریکایی عهد جدید به نام جورج لاد، به کلیسا در درک پادشاهی کمک کرده‌اند. عنوان یکی از کتاب‌های او دربارهٔ عهد جدید به خوبی این درآمیختگی عصر قدیم و عصر آینده را

نشـان می‌دهـد. اسـم کتـاب «شـاهزادۀ آینـده» اسـت.[9]

در ایـن عصـر حاضـر مـا بایـد همیشـه هوشـیار باشـیم، زیـرا نمی‌دانیـم کـه اسـتاد چـه زمانـی بـاز خواهـد گشـت. بـه همیـن دلیـل دفعـات متعـددی در عهـد جدیـد از مـا خواسـته شـده کـه مراقـب و بـرای آمـدن او حاضـر باشـیم (بـه طـور مثـال، متـی ۲۴–۲۵؛ لوقـا ۱۲: ۳۵–۴۸). یکـی از راه‌هـای هوشـیاری ایـن اسـت کـه زندگـی‌ای مقـدس داشـته باشـیم (تیتـوس ۲: ۱۲–۱۴؛ دوم پطـرس ۳: ۱۱–۱۲). راه دیگـر انجـام کاری اسـت کـه بـه مـا سـپرده شـده (متـی ۲۴: ۴۶). عیسـی ایـن نکتـه را بـا اسـتفاده از مثل‌هـای مختلـف تکـرار کـرد (بـه طـور مثـال، متـی ۲۴: ۴۵–۵۱؛ ۲۵: ۱۴–۴۶).

مـا حتـی نقشـی در بـه کمـال رسـیدن ایـن پادشـاهی داریـم. در واقـع، پطـرس گفـت کـه می‌توانیـم آمـدن ایـن روز را تسـریع کنیـم (دوم پطـرس ۳: ۱۲). عیسـی بـا ایـن سـخنان بـه مـا سـرنخ داد کـه چطـور ایـن کار را انجـام دهیـم، «بـه ایـن بشـارت ملکـوت در تمـام عالـم موعظه خواهـد شـد تـا بـر جمیـع امت‌هـا شـهادتی شـود؛ آنـگاه انتهـا خواهـد رسـید» (متـی ۲۴: ۱۴). جـی. ای. لاد می‌گویـد، «شـاید امـروز مهم‌تریـن آیـه در کلام خـدا بـرای قـوم خـدا متـی ۲۴: ۱۴ باشـد.»[10] و دلیـل آن، ایـن اسـت کـه مهم‌تریـن کار در برنامـۀ کلیسـا بایـد رسـاندن انجیل بـه تمـام جهـان باشـد.

جالـب اسـت کـه نـه پولـس در رسـالاتش و نـه لوقـا در اعمـال رسـولان اشـارۀ چندانـی بـه پادشـاهی نکرده‌انـد. ممکـن اسـت کلیسـای اولیـه از بـکار بـردن بیـش از حـد ایـن کلمـه خـودداری کـرده باشـد (اگرچـه ایـن کلمـه چنـد بـار در اعمـال رسـولان و رسـالات پولـس آمـده اسـت)، چـون ممکـن بـود ایـن سوءبرداشـت ایجـاد شـود کـه بـه یـک پادشـاهی زمینـی اشـاره می‌شـود. و در نتیجـه می‌توانسـتند مسـیحیان را بـه خیانـت علیـه امپراتـوری روم متهـم کننـد. هـم اعمـال رسـولان و هـم رسـالات دفعـات بسـیاری از کلمـۀ خداونـد بـرای عیسـی اسـتفاده کرده‌انـد. ایـن کلمـه اغلـب در اناجیـل هـم اسـتفاده شـده اسـت (اگرچـه کم‌تـر). بـه نظـر می‌رسـد آنچـه در اناجیـل بـه منظـور پادشـاه و پادشـاهی اسـتفاده شـده، در رسـالات بـا اسـتفاده

از کلمۀ خداوند مورد اشاره قرار گرفته است.

توبه

سومین و چهارمین ویژگی دربارۀ عیسی در مرقس ۱۵:۱ نشان می‌دهد که افراد چطور می‌توانند وارد پادشاهی شوند: شما باید «توبه کنید و به انجیل ایمان بیاورید» (مرقس ۱۵:۱). عیسی این موضوع را با گفتن این سخنان بیشتر توضیح داد، «پس هر که مثل این بچۀ کوچک خود را فروتن سازد، همان در ملکوت آسمان بزرگتر است» (متی ۱۸: ۴). پس قسمت اصلی وارد شدن به پادشاهی است که عیسی آن را به تولد دوباره تشبیه کرد (یوحنا ۳: ۳).

پیغام عیسی مثل پیغام یحیای تعمید دهنده شامل دعوت به توبه می‌شود (مرقس ۱: ۴). دانلد انگلیش دربارۀ خطر درک توبه به شکل بسیار محدود، مثل همان کاری که اغلب واعظین اوانجلیکال انجام داده‌اند، هشدار می‌دهد. او می‌گوید، این اساسا به معنای «تغییر مسیر،» «برگشتن،» و «تغییر ذهنیت» است.[۱۱] وقتی به انجیل پاسخ می‌دهیم، مسیر زندگی‌مان را از اعتماد به خود و دیگر بت‌ها به سمت اعتماد به خدا، تغییر می‌دهیم.

با این حال، هم یحیی و هم عیسی دربارۀ چیزهایی که افراد باید از آنها توبه می‌کردند کاملا شفاف بودند. یحیی به گروه‌های مختلف مردم راه‌های مختلف برای ابراز توبه را گفت. او به جمعیت گفت، «هر که دو جامه دارد، به آنکه ندارد بدهد. و هر که خوراک دارد نیز چنین کند.» او از باجگیران خواست تا بیشتر از آنچه که مجاز هستند نگیرند. او به سپاهیان گفت، «بر کسی ظلم مکنید و بر هیچ کس افترا مزنید و به مواجب خود اکتفا کنید» (لوقا ۳: ۷–۱۴). عیسی به مرد جوان ثروتمند گفت تا تمام دارایی‌اش را به فقرا بدهد، و سپس از او پیروی کند (لوقا ۱۸: ۲۲–۲۵). اشاره به یک نکتۀ مشخص به

افراد کمک می‌کند تا درک کنند که توبه شامل چه چیزهایی می‌شود.

هم یحیی و هم عیسی بی پرده دربارهٔ عواقب توبه نکردن به شنوندگان‌شان هشدار می‌دادند. می‌دانیم که بیشتر صحبت‌ها در کتاب‌مقدس دربارهٔ جهنم از طرف مسیح انجام می‌شود. پولس می‌گوید، «آیا نمی‌دانید که ظالمان وارث ملکوت خدا نمی‌شوند؟ فریب مخورید، زیرا فاسقان و بت‌پرستان و زانیان و متنعمان و لواط و دزدان و طمع‌کاران و می‌گساران و فحاشان و ستم‌گران وارث ملکوت خدا نخواهند شد» (اول قرنتیان ۶: ۹-۱۰).

امروز اگر ما به شکلی که عیسی و پولس صحبت می‌کردند، حرف بزنیم بسیاری از شنوندگان ما واکنش منفی نشان خواهند داد. ما چنان حالتی نسبت به زندگی خصوصی خود ایجاد کرده‌ایم که وقتی واعظین به طور خاص به گناهانی که نیاز به توبه دارند اشاره می‌کنند، متهم به دخالت و انجام کارهای نامناسب می‌شوند.

عدم شفافیت ما در دعوت افراد به توبه می‌تواند باعث شود که اشخاص متوجه این موضوع نشوند که مسیحیت نمی‌تواند با برخی از گناهان وحشتناک همزیستی کند.

فکر می‌کنم به همین دلیل است که بسیاری از کلیساهای اوانجلیکال سابقهٔ بدی در گناهان اجتماعی مرتکب شده توسط اعضای خود داشته‌اند. زمانی که واعظین افراد را به توبه دعوت می‌کردند، آنها به گناهان شخصی مثل مستی، فساد جنسی، و عدم صداقت اشاره می‌کردند، اما آنها از گناهانی مثل برخورد با افراد به عنوان اشخاصی پست، و کارگران کم درآمد و تبعیض قائل شدن صحبت نکردند. نتیجه این بود که افرادی که به شدت از راست‌دینی دفاع می‌کردند مرتکب این گناهان اجتماعی شدند، و به بسیاری از آنها گفته نشد که مسیحیان چنین کارهایی انجام نمی‌دهند یا چنین رفتارهایی ندارند.

خدمت‌گزاران در هر دوره‌ای باید از طریق چشمان کتاب‌مقدس به فرهنگ‌شان نگاه

کنند و ببینند که باید نسبت به چنین گناهانی هوشیار باشند. می‌توانم به چندین زمینه از این دسته فکر کنم که امروز مهم هستند. فهرست پولس از اول قرنتیان باب ۶ به این اشاره می‌کند که افرادی که درگیر فساد جنسی، زنا، و اعمال همجنس‌گرایانه هستند نمی‌توانند وارث پادشاهی باشند. با در نظر گرفتن اینکه چه تعداد از افرادی که به کلیسا می‌روند رابطهٔ جنسی خارج از ازدواج دارند، باید به شنوندگان‌مان این اخطار را بدهیم که چنین افرادی به آسمان نمی‌روند.

عهد عتیق به طور خاص دربارهٔ گناه استثمار فقرا بسیار صحبت می‌کند، چیزی که همچنان به ویژه در کشورهای فقیرتر اتفاق می‌افتد، و حتی در آنجا تاجران مسیحی دستمزد کمی به کارگران خود پرداخت می‌کنند. دانستن این موضوع که مسیحیان در طول تاریخ چقدر به خاطر نژادپرستی و تبعیض گناه‌کار بوده‌اند، تکان دهنده است. آیا دلیل این موضوع این است که واعظین دربارهٔ جدیت چنین گناهانی به ایشان هشدار نداده‌اند؟ در سریلانکا که ما هر روز از درگیری قومی در عذاب هستیم، واعظین به ندرت دربارهٔ گناه تبعیض نژادی صحبت می‌کنند. گاهی واعظین چنان صحبت می‌کنند که نشان می‌دهد حتی آنها هم بر این تبعیض غلبه نکرده‌اند.

در سریلانکا می‌بینیم که بسیاری از مسیحیان جذب عادات فرهنگی شده‌اند که در آن زندگی می‌کنند. مردان گاهی زنان خود را استثمار می‌کنند. مادران به دنبال تهیهٔ پول برای خانواده‌شان به خارج می‌روند، و فرزندان خود را برای مدت طولانی ترک می‌کنند به شکلی که گاهی این فرزندان به طرز غم‌انگیزی مورد غفلت و سوءاستفاده قرار می‌گیرند. ما در موعظات‌مان باید چنین مسائلی را پیش بکشیم و به افراد هشدار دهیم که با جامعه‌ای که در آن زندگی می‌کنند انطباق پیدا نکنند.

ایمان

چهارمین ویژگی که عیسی به طور خلاصه در مرقس ۱: ۱۵ به آن اشاره می‌کند این

است: «به انجیل ایمان بیاورید.» عیسی اغلب به این ویژگی اشاره کرده است، اما این پولس است که شرح کاملی از آن به ما می‌دهد. ایمان روی دیگر سکهٔ توبه است. ما از گناه روی برمی‌گردانیم، می‌بینیم که خدا منتظر است تا ما را بر اساس کاری که عیسی برای‌مان انجام داد بپذیرد، و ما به سوی آغوش او می‌دویم و از او می‌خواهیم که مراقب ما باشد. ایمان به این شکل است. بعد از اینکه از تلاش برای ادارهٔ زندگی خود توبه کردیم، زندگی‌مان را به خدا می‌سپاریم و ایمان داریم کاری که او در مسیح برای ما انجام داده به راستی برای نجات ما کافی است.

اقتدار فرد خدمت‌گزار

باب اول مرقس به روشنی اقتدار عیسی را نشان می‌دهد. او این اقتدار را داشت تا افراد را به توبه و ایمان دعوت کند تا وارد ملکوت خدا شوند (۱: ۱۵). سپس اقتدار او را می‌بینیم که چند ماهی‌گیر را می‌خواند تا تور ماهی‌گیری‌شان را رها کرده و از او پیروی کنند (۱: ۱۶-۲۰). او سپس به کفرناحوم می‌رود و در کنیسه تعلیم می‌دهد، مرقس می‌گوید، «و ... از تعلیم وی حیران شدند، زیرا که ایشان را مقتدرانه تعلیم می‌داد نه مانند کاتبان» (۱: ۲۱-۲۲).

و ما نیز بخشی از این اقتدار را داریم. قطعا این اقتدار در ذات ما نیست، چون در این مورد، عیسی خودش در ردهٔ دیگری قرار داشت. پولس می‌گوید که ما صرفا «ظروف خاکی» هستیم. او همچنین می‌گوید که در این ظروف گنج انجیل قرار دارد (دوم قرنتیان ۴: ۷). عیسی وظیفهٔ اعلام انجیل تا اقصای زمین را به ما سپرده است. او به شاگردانش گفت، «چنانکه پدر مرا فرستاد، من نیز شما را می‌فرستم» (یوحنا ۲۰: ۲۱). جالب است که در متی قبل از دادن فرمان بزرگ، او می‌گوید، «تمامی قدرت در آسمان و بر زمین به من داده شده است» (متی ۲۸: ۱۸). و در ادامهٔ آن فرمان می‌آید: «پس رفته، همه امت‌ها را شاگرد سازید و ایشان را ... تعمید دهید» (متی ۲۸: ۱۹). او که صاحب اقتدار است فرمانی را به ما سپرده است، و ما باید با اطمینانی بر اساس اقتدار او، این پیغام

را اعلام کنیم. ما باید برای موعظهٔ این انجیل در تمام جهان تلاش کنیم. حتی اگر افراد نخواهند که انجیل در برخی مناطق موعظه شود، تلاش خواهیم کرد تا این کار را انجام دهیم زیرا خداوند عالم از ما خواسته که این کار را انجام دهیم، و اقتدار او از تمام اقتدارهای زمینی بالاتر است.

واعظین و به طور خاص واعظین اوانجلیکال، به دلیل اقتداری که با آن پیغامشان را اعلام می‌کنند، متهم به تکبر و غرور می‌شوند. بنابراین خوب است که بر ماهیت اقتدارمان تامل کنیم. بیانیهٔ پولس در دوم قرنتیان ۴: ۵ می‌گوید: «زیرا به خویشتن موعظه نمی‌کنیم بلکه به مسیح عیسی خداوند، اما به خویشتن که غلام شما هستیم بخاطر عیسی» (دوم قرنتیان ۴: ۵). کلمهٔ دولوس، که پولس در اینجا استفاده کرده بهتر است برده یا بنده ترجمه شود.¹² ما بردهٔ شنودندگان خود هستیم. بردگان در آن روزها مسئولیت‌های بسیاری داشتند. آنها گاهی تحصیل کرده‌تر از ارباب خود بودند. اما وضعیت‌شان اجازه نمی‌داد که مغرور شوند. بنابراین ما هم نمی‌توانیم مغرور شویم.

ما دربارهٔ کسی موعظه می‌کنیم که خداوند عالم است، و می‌دانیم که این پیغام حقیقت دارد. بنابراین می‌توانیم با اقتدار موعظه کنیم. اما در شکل زندگی‌مان باید به عنوان خدمت‌گزاران فروتن شناخته شویم. معتقدم که یکی از بزرگ‌ترین چالش‌هایی که کلیسا در این عصر کثرت‌گرا با آن مواجه است برای مسیحیانی است که انجیل منحصربه‌فرد و مقتدر را موعظه می‌کنند تا بندگی تمام و کمال را نیز نشان دهند.

ما همچنین باید به یاد داشته باشیم که تعهدمان نسبت به اقتدار نیست بلکه نسبت به حقیقتی است که در عیسی وجود دارد. برخی از واعظین می‌ترسند که بگویند پاسخ برخی از سوالات را نمی‌دانند یا دربارهٔ آن مطمئن نیستند. برخی می‌ترسند که بگویند ممکن است دربارهٔ چیزهای خاص که گفته‌اند اشتباه کرده‌اند. آنها می‌ترسند که چنین عدم اطمینانی اقتدرشان را تضعیف کند. اما درنهایت با امتناع از اعتراف به اشتباهات و عدم اطمینان‌شان، ممکن است در هر صورت اقتدار خود را تضعیف کنند. وقتی ثابت می‌شود چیزی که آنها با اقتدار اعلام کرده‌اند اشتباه است، شنودگان ایشان دربارهٔ

هـر چیــز ناامیــد می‌شـوند.

یـک راه بسـیار مطمئن‌تـر کـه می‌توانیــم انتخــاب کنیــم تعلیــم بـه افـراد بـرای احتـرام بـه اقتـدار کتاب‌مقـدس و اعـلام مقتدرانـهٔ تعالیـم کتاب‌مقـدس اسـت. وقتـی کـه مطمئن نیسـتیم کتاب‌مقـدس در مـورد یـک موضـوع چـه چیـزی می‌گویـد یـا اینکـه آیـا اصلا کتـاب مقـدس در مـورد آن موضـوع چیـزی می‌گویـد یـا نـه، بایـد بـه سـادگی ایـن عـدم اطمینـان را بیـان کنیـم. بـه همیـن دلیـل افـراد بـه کتاب‌مقـدس بـه عنـوان منبـع اقتـدار خـود احتـرام می‌گذارنـد و در عیـن حـال آگاه هسـتند کـه در سـفر روحانی‌شـان چیزهـای بیشـتری بـرای یادگیـری و دسـت و پنجـه نـرم کـردن وجـود دارد.

اگـر در چیـزی کـه می‌گوییـم اشتباه کنیـم، خودمـان را تصحیـح می‌کنیـم، چـون نمی‌خواهیـم پیغام‌مـان بـه وسـیلهٔ ناراسـتی ضایـع شـود و چـون حقیقـت از اعتبـار مـا مهم‌تـر اسـت. مـن نسـبت بـه ارقـام بسـیار بـی توجـه هسـتم، و گاهـی ایـن ضعـف در موعظـهٔ مـن نمایـان می‌شـود. کمـی بعـد از اینکـه یـک رقمـی را می‌گویـم، ممکـن اسـت متوجـه شـوم کـه رقـم را اشـتباه گفتـه‌ام. بـه طـور مثـال، ممکـن اسـت بگویـم، «مخاطبیـن بسـیاری در جلسـه بودنـد،» درحالیکـه فقـط صـد نفـر آنجـا بودنـد. و بایـد سـریع خـودم را تصحیـح کنـم و چنیـن چیـزی بگویـم، «خـوب، در واقـع مخاطـب بسـیاری آنجـا نبـود. تقریبـا صـد نفـر بودنـد.» ایـن کمـی تحقیـر کننـده اسـت، و اغلـب زمانـی کـه گفتـه‌ام را تصحیـح می‌کنـم مخاطبیـن می‌خندنـد. امـا بسـیار مهـم اسـت کـه مـا واعظیـن حقیقـت را بگوییـم و حفـظ درسـتی پیغام‌مـان ارزش مواجـه شـدن بـا تحقیـر را دارد. مـا بنـدگان حقیقـت هسـتیم. اقتـدار در حقیقـت وجـود دارد.

می‌توانیـم از کتاب‌مقـدس بـرای اینکـه دربـارهٔ تمـام مسـائل زندگـی کـه از اهمیتـی بی‌پایـان برخـوردار هسـتند، حرفـی معتبـر بـرای گفتـن دارد سپاسـگزار باشـیم. بنابرایـن می‌توانیـم بـدون سـازش بـا اعتبارمـان، بـا اشـتیاق، ایمـان، و اقتـدار دربـارهٔ ایـن مسـائل صحبـت کنیـم.

پـس واعظیـن اقتـدار دارنـد، امـا ایـن اقتـدار را کسـب کرده‌انـد. اول، ایـن اقتـدار از کتاب‌مقـدس

می‌آیـد، کـه مـا پیغام‌مـان را بـر پایـهٔ آن می‌گذاریـم. بـه همیـن دلیـل زمانـی کـه واعظیـن اعتمادشـان بـه کلام را از دسـت می‌دهنـد، اشتیاق‌شـان را نیـز از دسـت می‌دهنـد. خدمت‌گـزاران خداشناسـی را در سـریلانکا می‌شناسـم کـه زمانـی واعظیـن مشـتاقی بودنـد. آنهـا بـرای تحصیل الاهیـات رفتنـد و در ایـن مـدت از اعتقادشـان بـه خطاناپذیـری کتاب‌مقـدس دسـت کشیدند. آنهـا خداشنـاس باقـی ماندنـد و مـن همچنـان تحسین‌شـان می‌کنـم و بـه ایشـان احتـرام می‌گـذارم و دوسـت دارم از آنهـا بـه عنـوان نمونـه بیامـوزم. امـا آنهـا اشتیاق‌شـان را از دسـت دادنـد، و بـه همـراه آن موعظه‌هـای ایشـان قـدرت بسـیاری از دسـت داد.

بنابرایـن واعظیـن بایـد بـا تردیدهایـی کـه دربارهٔ اقتـدار کتاب‌مقـدس دارنـد دسـت و پنجـه نـرم کننـد. واعظیـن بـزرگ بسـیاری از چنیـن تردیدهایـی گذشته‌اند. امـا آنهـا تـا زمانـی کـه اعتمادشـان بـه کلام احیـا شـد، بـا ایـن تردیدهـا دسـت و پنجـه نـرم کردنـد. مسـیحیان مسـن‌تر بایـد بـا افـرادی کـه چنیـن نبردهایـی دارنـد همـدردی کـرده و سـعی کننـد بـدون محکـوم کـردن آنهـا بـه دلیـل پرسـیدن سـوالات سـخت، بـه ایشـان کمـک کننـد. اغلب، واکنش‌هـای عـاری از احسـاس بـه افـرادی کـه تردیـد دارنـد باعـث ناامیـدی آنهـا می‌شـود و مبـارزهٔ سـالم بـا مشـکلات را دشـوار می‌کنـد. امـا در ایـن نبـرد چیزهـای بسـیاری در خطـر هسـتند و افـرادی کـه بـا تردیـد می‌جنگنـد بایـد ایـن کار را تـا بـه انتهـا انجـام دهنـد.

بیلـی گراهـام زمانـی کـه سـی سـاله بـود چنیـن نبـردی داشـت. سـوالاتی بـود کـه دوسـت و همکـار اوانجلیـکال او بـه نـام چارلـز تمپلتـون (کسـی کـه بعـدا مسـیحیت را رهـا کـرد[۱۳]) در جوانـان بـرای مسـیح، می‌پرسـید کـه گراهـام نمی‌توانسـت بـه آنهـا پاسـخ دهـد. بیلـی عمیقـا گرفتـار تردیدهایـی شـده بـود. همـهٔ اینهـا در یـک کنفرانـس در فارسـت هـوم کـه یـک مرکـز اجتماعـات مسـیحی در کالیفرنیـا اسـت بـا رهبـری معلـم بسـیار خـوب کتاب‌مقـدس بـه نـام هنریتـا میـرس، بـرای او اتفـاق افتـاد. یـک شـب او بـه ایـن نقطـه رسـید کـه گفـت می‌خواهـد آنچـه را کـه کتاب‌مقـدس می‌گویـد «بـا ایمـان» بپذیـرد، حتـی اگـر نمی‌توانسـت بـه بعضـی از سـوالاتی کـه دوسـتانش مطـرح می‌کردنـد پاسـخ دهـد.[۱۴]

گراهـام می‌گویـد ایـن قـدم «بـه موعظۀ مـن قـدرت و اقتـداری بخشـید کـه هرگـز ترکـم نکـرد. انجیل در دسـتان مـن تبدیـل بـه یـک پتـک و شـعله شـد .... احسـاس می‌کـردم کـه یـک شمشـیر دو دم در دسـتانم اسـت و از طریـق قـدرت کتاب‌مقدس عمیقـا بـه وجـدان انسـان‌ها فـرو مـی‌رود و آنهـا را بـه سـوی تسـلیم شـدن در برابـر خـدا می‌بـرد.»[۱۵] مفسـر بـزرگ بریتانیایـی کتاب‌مقدس بـه نـام کمپبـل مـورگان نیـز چنیـن نبـردی داشـته اسـت. او در جوانـی کتـاب نویسـندگانی چـون داروین، هاکسـلی، و دیگـر متفکریـن پیـش‌رو را مطالعـه کـرده بـود. او سپـس شـروع بـه زیـر سـوال بـردن برخـی از اعتقاداتـش کـرد. و نتیجـۀ آن سـه سـال دو سـوگرایی بـود. او کتاب‌هـای بسـیاری موافـق و مخالـف اعتقـاد بـه کتاب‌مقدس و تعالیـم آن را مطالعـه کـرد.

عـروس و زندگی‌نامه‌نویس او بـه نـام جیـل مـورگان توضیـح می‌دهـد کـه چـه اتفاقـی افتـاد: «در نهایـت، بحـران زمانـی اتفـاق افتـاد کـه او بـه خـودش اعتـراف کـرد کامـلا مطمئـن نیسـت کتاب‌مقدس کلام مقتـدر خـدا بـه انسـان اسـت. او فـورا تمـام موعظـات خـود را لغـو کـرد. سپـس، تمـام کتاب‌هایـش را چـه آنهایـی کـه مخالـف کتاب‌مقدس بودنـد و چـه آنهایـی کـه از آن دفـاع می‌کردنـد را برداشـت و همـۀ آنهـا در کمـدی در گوشـه گذاشـت.» بعـد از فقـل کـردن در کمـد، بـه کتاب‌فروشـی رفـت و یـک کتاب‌مقدس جدیـد خریـد.

مـورگان بـه اتاقـش برگشـت و بـه خـودش گفـت، «دیگـر مطمئـن نیسـتم کـه ایـن آن چیـزی اسـت کـه پـدرم ادعـا می‌کنـد - کلام خـدا. امـا از ایـن مطمئـن هسـتم: اگـر ایـن کلام خـدا باشـد، و اگـر مـن بـا ذهنـی بـاز و بـدون پیـش‌داوری نـزد آن بـروم، خـودش اطمینـان را بـه روح مـن خواهـد بخشـد.» او خـود را بـه خوانـدن کتاب‌مقدس سپـرد. و گفـت، «کتاب‌مقدس مـرا پیـدا کـرد!» «در سـال ۱۸۸۳ شـروع بـه خوانـدن و مطالعـۀ آن کـردم. از آن زمـان یـک دانش‌آمـوز بـوده‌ام و همچنـان هسـتم (در سـال ۱۹۳۸).»[۱۶]

ممکـن اسـت هـر کسـی مشـکلاتش دربـارۀ کتاب‌مقدس را بـه همـان شـکلی کـه گراهـام و مـورگان حـل کردنـد، حـل نکنـد. مـن تردیدهـای جـدی دربـارۀ اقتـدار کتاب‌مقدس نداشـته‌ام

(بزرگ‌ترین تردیـد مـن ایـن بـود کـه آیـا برخـی از چیزهایـی کـه کتاب‌مقدس تعلیـم داده اسـت واقعـا کار می‌کنـد یـا خیـر.) امـا در دوران نوجوانـی‌ام بـا شـکاکیت بزرگـی دربـارهٔ کتاب‌مقدس در کلیسـایم مواجـه شـدم، و زمانـی کـه دانشـجوی الاهیـات بـودم، در مـورد میـزان خطاناپذیـری کتاب‌مقـدس در میـان مسـیحیان بـا نبردهایـی مواجـه شـدم. اولیـن تعطیـلات کریسـمس مـن بـه عنـوان یـک دانشـجوی الاهیـات برایـم زمـان تعییـن کننـده‌ای بـود. مـن در خانـهٔ بـرادر بزرگ‌ترم بـودم، و بـا دقـت کتـاب جـی. آی. پکـرز بـه نـام «اصـول اساسـی» و کلام خـدا را بررسـی کـردم؛ و متقاعـد شـدم کـه از نظـر عقلانـی یـک مورد منطقـی بـرای اعتقـاد بـه خطاناپذیـری کتاب‌مقـدس وجـود دارد. و مـن آن را گامـی تعییـن کننـده در سـفرم بـه عنـوان یـک واعـظ می‌دانـم.[۱۷]

امـروز می‌بینیـم کـه برخـی از مسـیحیان بـه تردیدهای‌شـان افتخـار می‌کننـد و تلاشـی بـرای از بیـن بـردن آنهـا نمی‌کننـد. ایـن ممکـن اسـت واکنشـی بـه دگماتیسـم سـطحی و آسـان بـاوری باشـد کـه اغلـب در چرخه‌هـای اوانجلیـکال دیـده می‌شـود. بـا ایـن حـال معتقـدم کـه برخـی از افـراد از ایـن مشـکلات بـه عنـوان بهانـه‌ای بـرای تنبلـی عقلانـی و روحانـی اسـتفاده می‌کننـد. وقتـی بـا دیگـران در مـورد عـدم اطمینان‌شـان مواجـه می‌شـویم، آنهـا می‌گوینـد کـه «در حـال کار کـردن روی آن هسـتم.» امـا در واقـع آنهـا در راسـتای یافتـن پاسـخی بـرای مشـکلات خـود یـک نبـرد همـه جانبـه بـه راه نمی‌اندازنـد. عـدم اطمینـان آنهـا را بی‌فایـده و بـدون یـک پیغـام حقیقـی بـرای دادن بـه جهـان، رهـا می‌کنـد.[۱۸]

دوم، اقتـدار مـا از دعوتـی کـه از جانـب خـدا بـرای موعظـهٔ کلام دریافـت کرده‌ایـم، می‌آیـد. کتاب‌مقـدس می‌گویـد کـه همـهٔ ایمانـداران عطایایـی دارنـد کـه می‌تـوان از آنهـا بـرای خدمـت بـه خـدا اسـتفاده کـرد. زمانـی کـه ایـن عطایـا در بـدن اسـتفاده می‌شـوند، همـه در بـدن بـه انـدازهٔ برابـر مهـم می‌شـوند (اول قرنتیان ۱۲). امـا همچنیـن می‌گویـد کـه عطایـا بـا دقـت توسـط خـدا تقسـیم شـده‌اند (رومیـان ۱۲: ۳؛ اول قرنتیـان ۱۲: ۱۱؛ افسسـیان ۴: ۷). بنابرایـن همـه دعـوت بـه موعظـه نشـده‌اند.

افـرادی کـه حرفه‌شـان موعظـه کـردن اسـت بایـد ایـن اعتقـاد را داشـته باشـند کـه بـرای موعظـه خوانـده شـده‌اند. پولـس چقـدر بـه ایـن حقیقـت اشـاره کـرد کـه بـرای کاری خوانـده شـده یـا کنار گذاشته شـده اسـت (رومیـان ۱: ۱؛ اول قرنتیـان ۱: ۱؛ غلاطیـان ۱: ۱۶–۱۵؛ اول تیموتائـوس ۱: ۱۲–۱۶). ایـن اعتقـاد بـه شـکل‌های مختلـف می‌آیـد. در واقـع زمان‌هایـی از ناامیـدی خواهنـد بـود کـه مـا نسـبت بـه خواندگـی خـود دچـار تردیـد می‌شـویم. امـا کسـی کـه بـه خدمـت خوانـده می‌شـود، احسـاس می‌کنـد ایـن کاری اسـت کـه خـدا بـه او داده تا انجـام دهـد.

دنیـس کینـلا، در کتـاب پرقـدرت خـود بـه نـام «موعظـه در روح»، داسـتان اولیـن موعظـهٔ واعظ بزرگـی از نسـل قبلـی بـه نـام جـان چِـرچ را می‌گویـد. چِرچ آن را اینطـور توصیـف می‌کنـد: «اولیـن موعظـه‌ای کـه انجـام دادم سـی و شـش نکتـه داشـت، و زمانـی کـه بـرای موعظـه ایسـتادم هیـچ یـک از آنها را بـه یـاد نیـاوردم. بایـد بـا فروتنـی می‌نشسـتم؛ ذهنـم کاملا خالـی بـود. آنجـا یـک کلیسـای خـارج از شـهر در کوه‌هـای کارولینـای شـمالی بـود، و بـه محـض اینکـه جلسـه تمـام شـد، مـن از در بیـرون رفتـم. بالاخـره پـدرم بـه مـن رسـید. او بـا فانوسـش از جـادهٔ خاکـی پاییـن آمـد و دقایقـی را در سـکوت محـض بـا مـن قـدم زد. سـرانجام گفـت، «خـدا می‌دانـد کـه تـو نمی‌توانـی موعظـه کنـی. بـرای خاطـر خـدا، دوبـاره اجـازه نـده کـه خانواده‌مـان چنیـن چیـزی را تجربـه کنـد.»

چِرچ پاسـخ داد، «پـدر، مطمئنـم کـه میدانـی مـن نمی‌توانـم موعظـه کنـم. مـن هـم می‌دانـم کـه نمی‌توانـم موعظـه کنـم. امـا اگـر خـدا می‌دانـد کـه مـن نمی‌توانـم موعظـه کنـم، پـس چـرا ایـن بـار را از دوشـم برنمی‌دارد؟ پـدر، مـن بایـد موعظـه کنـم.» آن مـرد جـوان خوانـده شـده بـود تـا موعظـه کنـد.[۱۹] مـن ایـن قسـمت را در خانهٔ دوسـتم فیلیـپ بروکـس نوشـتم، کـه کمـی قبـل از اینکـه چِرچ بمیـرد، موعظـهٔ او را شـنیده بـود. فیلیـپ بـه مـن گفـت کـه چِرچ حتـی در سـن پیـری، واعظـی درخشـان بـود کـه عطیـهٔ سـخنوری داشـت.

سـوم، اقتـدار مـا از روح‌القـدس می‌آیـد کـه مـا را بـرای وعـظ مسـح می‌کنـد. مـا بـه ایـن جنبـه

در فصــل ۲ پرداخته‌ایـم.

بنابرایـن در مـورد سـبک زندگـی خـود، مـا تـلاش خواهیـم کـرد تـا خدمتگـزاران فروتـن بـرای مردمـی باشـیم کـه بـه آنهـا خدمـت می‌کنیـم. در مـورد پیغام‌مـان، مـا آن را بـا اشـتیاق و اعتقـاد اعـلام خواهیـم کـرد، چـون می‌دانیـم کـه انجیـل حقیقـت اسـت.

۹

رشد در یک تیم

بلافاصله پس از ثبت آغاز خدمت بشارتی عیسی در مرقس ۱۵:۱، توصیفی از دعوت اولین شاگردان آمده است (آیات۱۶ – ۲۰). شمعون ماهی‌گیر و برادرش آندریاس در حال انداختن تور ماهی‌گیری در دریا بودند که عیسی به آنها گفت، «از عقب من آیید که شما را صیاد مردم گردانم» (آیهٔ ۱۷). و در ادامه، پیروی دو ماهی‌گیر دیگر یعنی یعقوب و برادرش یوحنا می‌آید (آیات ۱۹ – ۲۰). از این نقطه به بعد، درست تا زمان صعود عیسی، اناجیل جایگاه برجسته‌ای به شاگردان عیسی می‌دهند. یکی از آخرین کارهایی که عیسی قبل از مرگش انجام داد گذراندن وقت طولانی با شاگردانش بود. و بعد از قیام به نظر می‌رسد که زمانش بر روی زمین را تقریبا منحصرا با آنها گذراند.

در دو فصل آینده به شیوه‌ای که عیسی شاگردانش را تعلیم داد خواهیم پرداخت. در اینجا به اینکه عیسی چطور با شاگردانش یک تیم تشکیل داد و به برخی از مفاهیم این درک از خدمت گروهی برای زندگی‌مان خواهیم پرداخت.

خدمت گروهی در عهد جدید

واضح است که خدمت گروهی شکل استاندارد خدمت در عهد جدید بوده است. دوازده شاگرد، تیم اصلی بودند که عیسی خدمت خود را با آنها انجام داد. گاهی گروه به

تیم‌های کوچک‌تر تقسیم می‌شد. زمانی که عیسی دوازده رسول و هفت شاگرد را فرستاد، آنها در غالب گروه‌های دو نفره فرستاده شدند (مرقس ۶: ۷؛ لوقا ۱۰: ۱). موقعیت تیم هم الگوی او برای تعلیم خدمت‌گزاران بود. بخش بزرگی از تعالیم عیسی در اناجیل برای دوازده شاگرده است.

این گروه تبدیل به دوستان او شدند. عیسی در اواخر عمرش به آنها گفت: «دیگر شما را بنده نمی‌خوانم زیرا که بنده آنچه آقایش می‌کند نمی‌داند؛ لکن شما را دوست خوانده‌ام زیرا که هر چه از پدر شنیده‌ام به شما بیان کردم» (یوحنا ۱۵: ۱۵). این یک مثال زیبا از شکل تبدیل شدن دوستی به محیطی برای شاگردسازی است. و بر اساس این آیه، جوهر دوستی این است که عیسی تمام آنچه را که می‌دانست با آنها در میان گذاشت.

الگوی خدمت گروهی در کتاب اعمال رسولان نیز دیده می‌شود. زمانی که پطرس برمی‌خیزد تا در روز پنطیکاست صحبت کند، «با آن یازده» برخاست (۲: ۱۴). زمانی که از شهادتش گفت از فعل جمع استفاده کرد، «ما شاهد بر او هستیم» (۳: ۱۵؛ ۲: ۳۲؛ ۵: ۳۲). او یک صدای تنها نبود، و گروهی از خدمت‌گزاران داشت که در زمان سخنرانی از او حمایت می‌کردند. پطرس و یوحنا خدمت‌گزاری را در زمان شروع کلیسا (اعمال رسولان باب‌های ۳ و ۴) و بعدا نیز (۸: ۱۴)، یک کار گروهی می‌دیدند. زمانی که پطرس در ملاقات تاریخی‌اش به خانهٔ کرنیلیوس رفت، شش برادر را همراه خود برد (اعمال رسولان ۱۰: ۲۳؛ ۱۱: ۱۲).

زمانی که به تیم خدمت برای بشارت به غیر یهودیان ماموریت داده شد، روح‌القدس خواست دو نفر یعنی برنابا و سولس کنار گذاشته شوند (اعمال رسولان ۱۳: ۲). زمانی که این تیم از بین رفت، هم پولس و هم برنابا افراد دیگری را برای تیم خودشان انتخاب کردند (۱۵: ۳۹ - ۴۰). می‌دانیم که پولس تقریبا هیچ وقت تنها سفر نکرد. او مدرسهٔ سیار کتاب‌مقدس خودش را داشت که در آن «کارآموزانی» مثل تیموتائوس و تیتوس را

تعلیم داد. حتی زمانی که پولس به عنوان یک زندانی به روم رفت لوقا همراه او بود (۲: ۲۷). زمانی که در زندان آخرین نامهٔ خود در کتاب‌مقدس را به تیموتائوس نوشت، لوقا همچنان همراه او بود، و به تیموتائوس گفت تا سریع به او ملحق شود و مرقس را همراه خودش بیاورد (دوم تیموتائوس ۴: ۹، ۱۱).

همیشه به ما گفته نشده که تیم‌ها تا آنجا که به مسئولیت‌های اعضا مربوط است، چطور عمل می‌کردند. ثبت چگونگی خدمت پطرس، یوحنا، پولس و برنابا نشان می‌دهد که پطرس و پولس به ترتیب بیشترین سخنرانی‌های عمومی را انجام می‌دادند. پولس در هشت رساله از یازده رساله‌اش، اعضای تیم خود را به عنوان نویسندگان همکار معرفی می‌کند. «همه برادرانی که با [او] هستند» ذکر شده‌اند (غلاطیان ۱: ۱) سوستانیس (اول قرنتیان ۱: ۱)، تیموتائوس (دوم قرنتیان ۱: ۱؛ فیلیپیان ۱: ۱؛ کولسیان ۱: ۱؛ اول و دوم تسالونیکیان ۱: ۱؛ فیلمون ۱)، سلوانس (اول و دوم تسالونیکیان ۱: ۱). پولس می‌خواهد که مرقس را نزد او بیاورند «زیرا که [او] را به جهت خدمت مفید است» (دوم تیموتائوس ۴: ۱۱). می‌توان انتظار داشت که تیم‌ها براساس عطایای اعضا که در اول قرنتیان ۱۲ شرح داده شده، کار می‌کردند.[1]

زمانی که ما اعضای تیم خود را انتخاب نمی‌کنیم

بر خلاف عیسی، ما همیشه این امکان را نداریم که اعضای تیمی که رهبری می‌کنیم را انتخاب کنیم. اگر برخی از اعضای تیمی که به ما «رسیده‌اند» را نپسندیم چه؟ به طور مثال، یک کشیش ارشد خارج از کلیسا به این مقام منصوب می‌شود. تیم خدمتی که در حال حاضر در کلیسا است به او تعلق می‌گیرد. یک نفر در این تیم وجود دارد که باعث می‌شود او احساس راحتی نداشته باشد. احتمالا او فکر می‌کند که با آن شخص کشمکش‌هایی خواهد داشت یا این شخص به شیوهٔ رهبری‌اش واکنش خوبی نشان نخواهد داد. احتمالا او دربارهٔ توانایی‌های این شخص تردیدهایی دارد.

کشیش جدید باید چه کاری انجام دهد؟ برخی می‌گویند او باید از آن شخص بخواهد که برود. چنین واکنشی از الاهیات بسیار فردگرایانه می‌آید که به طور خاص در بین مسیحیان اوانجلیکال دیده می‌شود، و من عقیده دارم این چیزی است که تعالیم کتاب‌مقدس دربارهٔ همبستگی جمعی در کتاب‌مقدس را نقض می‌کند. این الاهیات به افراد خاص چنین آزادی را می‌دهد که وقتی کشیش جدید را دوست ندارند به کلیسای دیگری بروند. احساس تعهد به بدن «در بیماری و سلامتی؛ و در ثروت و فقر» وجود ندارد. در واقع چنین نگرشی است که باعث می‌شود افراد با بروز مشکلات جدی در ازدواج بلافاصله به طلاق فکر کنند.

تعلیم پولس در اول قرنتیان باب ۱ به این اشاره می‌کند که پولس از عدم پایداری در تعهدی که نسبت افراد مسیحی داریم ابراز انزجار کرد. در بدن مسیح ما افراد را به این دلیل که مورد پسندمان نیستند رد نمی‌کنیم. الاهیات ما دربارهٔ کلیسا، نشان از احساسات شخصی ما در چنین شرایطی دارد. در مهمترین مسائل زندگی، رهبر به عنوان عضو یک بدن با شخصی که دوستش ندارد متحد است. حالا که اینطور است، پایه و اساس کافی برای قبول رابطه با افرادی که دوست نداریم وجود دارد. این یکی از فهرست‌های پولس از چنین عوامل متحد کننده‌ای است: «یک جسد هست و یک روح، چنانکه نیز دعوت شده‌اید در یک امید دعوت خویش. یک خداوند، یک ایمان، یک تعمید؛ یک خدا و پدر همه که فوق همه و در میان همه و در همه شما است» (افسسیان ۴: ۴–۶). در پرتو این عوامل متحد کنندهٔ قدرتمند، تفاوت‌هایی که بین مسیحیان وجود دارد کم اهمیت می‌شوند. با این پشتوانهٔ الاهیاتی ما رابطه‌مان با فردی که شخصا دوستش نداریم را ادامه می‌دهیم.

شاید فاجعه در کلیسای اوانجلیکال به این دلیل است که اغلب احساسات در تعیین نحوهٔ تصمیم‌گیری و عمل ما بر الاهیات غلبه می‌کنند. مسیحی متعهد به کتاب‌مقدس می‌گوید، «احساسات من نسبت به این فرد هرچه که هست، او را خواهم پذیرفت زیرا خدا از من می‌خواهد که این کار را انجام دهم. و از خدا می‌خواهم که به من فیض

عطا کند تا در سازگاری با او کار کنم.» الهیات ما می‌گوید حتی اگر احساساتمان پیام دیگری بدهند، تلاش‌مان برای کار با این شخص موفق خواهد بود. الهیات ما، ما را مجبور می‌کند تا در این رابطه سخت تلاش کنیم. ما برای آن فرد و رابطه‌مان با او دعا می‌کنیم. به طور منظم او را ملاقات می‌کنیم. به دنبال این هستیم که به او محبت مسیحی نشان دهیم و تمام تلاش خود را برای سعادت شخصی او انجام می‌دهیم. ما برای آنچه که این فرد می‌تواند از طریق تیم به دست آورد، رویاپردازی می‌کنیم.

زمانی که در جوانان برای مسیح و در کلیسا کار می‌کردم، چندین موقعیت پیش آمده بود که با افرادی از نزدیک کار کنم که انتخاب من نبودند. یک یا دو بار در ابتدا به نظر می‌رسید که آن شخص نمی‌خواهد تحت راهبری من کار کند. اغلب متوجه شدم که بعد از مدتی، از آن شخص خوشم آمده است. من تقریبا هر روز برای افرادی که از نزدیک با آنها کار می‌کنم، دعا می‌کنم، و زمانی که به طور منظم برای شخصی دعا می‌کنید، خود به خود با آن شخص احساس نزدیکی می‌کنید. معمولا، بعد از مدتی، متوجه ارزش بزرگ آن فرد می‌شوم. من این را یک دستاورد غیر معمول نمی‌بینم. و آن را به سادگی به عنوان جنبه‌ای از انجام کارم می‌بینم. ما نمی‌توانیم آنهایی را که دوست نداریم کنار بگذاریم. ما در قبال تمام افرادی که به ما سپرده شده‌اند مسئول هستیم. بنابراین به عنوان بخشی از انجام کارمان، سخت تلاش می‌کنیم تا با افرادی که در ابتدا دوستشان نداشتیم روابط کاری‌ای ایجاد کنیم که خدا را جلال می‌دهد.

ارزش خدمت گروهی

چند سال پیش، برای نوشتن کتابی در مورد آموزهٔ جهنم،[2] در ایالات متحده در مرخصی تحقیقاتی بودم. و آنقدر برای آنچه که به عنوان فقدان برخی از جنبه‌های زندگی اجتماعی کتاب‌مقدسی در کلیسا می‌دیدم نگران بودم، که به صورت برنامه‌ریزی نشده یک کتاب دیگر هم به نام «اصلاح دوستی»[3] نوشتم. در این کتاب به تفصیل به

چندیـن دلیـل اشاره می‌کنم کـه چرا زمانـی کـه خدمـت می‌کنیم بـه افـراد دیگـر بـه عنـوان دوستان و یـا اعضـای تیـم خـود احتیـاج داریم. در اینجـا مـن دربارۀ سـه بخـش مربوط بـه کارگـران مسـیحی صحبت می‌کنـم کـه بـه شـدت بـه ایـن نیـاز اشـاره می‌کننـد.

به نقاط ضعف‌مان کمک کنیم

همـۀ مـا ضعف‌هایـی داریـم کـه تـا قسـمت زیـادی بخشـی از شـخصیت مـا هسـتند. بـه همیـن دلیـل، زمانـی کـه در دام ایـن ضعف‌هـا می‌افتیـم، نمی‌توانیـم انتظـار داشـته باشـیم کـه بلافاصلـه بـا رونـد سـادۀ اعتـراف بـه گنـاه و دریافـت بخشـش، مشـکل را برطـرف کنیم. از آنجایـی کـه ایـن ضعف‌هـا بخشـی از شـخصیت مـا هسـتند، بـه احتمـال قـوی دوبـاره همان گنـاه را مرتکـب شـویم. این‌هـا نمونه‌هایـی از چنیـن ضعف‌هایـی هسـتند:

- بی‌دقتی در استفاده از زمان (به طور مثال، دیر کردن بر حسب عادت)؛
- بی‌دقتـی در اسـتفاده از پـول (بـه طـور مثـال، اسـتفاده از منابـع مالـی کلیسـا بـرای نیازهای شـخصی بـا ایـن نیـت کـه بعـدا آن را برمی‌گردانیـم)؛
- بی‌دقتی در یادداشت هزینه‌های رسمی؛
- بی‌دقتی دربارۀ عادات غذایی یا ورزش کردن؛
- عصبانی شدن با عضوی از خانواده یا همکاران در خدمت؛
- عدم انضباط در رازگاه، به طور خاص به دلیل مشغلۀ زیاد؛
- سخت کار کردن اما وقت کافی نگذراندن با خانواده؛
- گناهان جنسی، مثل تماشای محتوای ناپاک در تلویزیون یا اینترنت؛
- ضعف‌هـای جـدی قبـل از ایمـان آوردن، مثـل اعتیـاد بـه مـواد مخـدر، همجنس‌گرایـی، یـا آزار جنسـی – کـه وسوسۀ آن‌هـا می‌توانـد بعـدا در زندگـی مسـیحی فـرد ظهـور کنـد.

بگذاریـد یـک سـناریوی متـداول را بگویـم. یـک کارگـر مسـیحی گناهـی مرتکـب می‌شـود کـه از ضعـف او سرچشـمه می‌گیـرد. او عمیقـا بـرای ایـن موضـوع ناراحـت اسـت و بـا اشـک

به این گناه در حضور خدا اعتراف می‌کند و با سپاس‌گزاری بخشش خدا را دریافت می‌کند. او که احساس آزادی می‌کند، دوباره به روال عادی خدمتش برمی‌گردد. به نظر می‌رسد تا زمانی تحت تاثیر قرار گرفته است که موقعیتی پیش بیاید که در نقطهٔ آسیب‌پذیر او تبدیل به وسوسه شود. او دوباره سقوط می‌کند، و عمل اعتراف تکرار می‌شود. مشکل این است که هیچ ضمانتی وجود ندارد که او در محیطی زندگی خواهد کرد که کاملا از این وسوسه‌ها مصون است. او می‌تواند بارها و بارها به زمین خوردن ادامه دهد تا زمانی که رفتارش به یک رسوایی تبدیل شود.

کتاب‌مقدس پیشنهاد می‌دهد که ما برای نقاط ضعف‌مان کمک دریافت کنیم. پولس در دوم تیموتائوس باب ۲ توضیح می‌دهد که چطور می‌توانیم ظرف‌های مناسبی برای استفادهٔ استاد باشیم. او ابتدا می‌گوید که باید خودمان را از هر آنچه که ناشایست است پاک کنیم (آیهٔ ۲۱). او در ادامه می‌گوید، «اما از شهوات جوانی بگریز و با آنانی که از قلب خالص نام خداوند را می‌خوانند، عدالت و ایمان و محبت و سلامتی را تعاقب نما» (آیهٔ ۲۲). من در دانشکدهٔ الاهیات در کلاس موعظه‌ام دربارهٔ این آیه موعظه کردم و در مورد نیاز به فرار از شهوات جوانی و دنبال کردن صفات نیکویی که پولس گفت صحبت کردم. بعد از موعظه استادم دکتر جری مرسر، گفت: من احتمالا به آنچه که مهم‌ترین نکته در این آیه است نپرداخته‌ام – ما فرار کردن و دنبال کردن را «با آنانی که از قلب خالص نام خداوند را می‌خوانند» انجام می‌دهیم. من با تبدیل قدوسیت مسیحی به یک موضوع فردی و نه یک موضوع جمعی، نمایانگر تحریف معمول اوانجلیکال‌ها از قدوسیت مسیحی بودم. خدا برای ما اینطور می‌خواهد که همراه دیگر مسیحیان برای تقدس بجنگیم.

عبرانیان ۱۰: ۲۴ روشی را توضیح می‌دهد که در آن مسیحیان به ما در مسیر خداپرستی کمک می‌کنند: «ملاحظه یکدیگر را بنماییم تا به محبت و اعمال نیکو ترغیب نماییم.» کلمهٔ پاروکیسیموس که به «ترغیب نمودن» ترجمه شده، و در اینجا به منظور تشویق استفاده شده است، می‌تواند به معنای «بحث یا اختلاف شدید»[۴] ترجمه شود. این

متن یک ترغیب گاه ناخوشایند در جهت زندگی خداپسندانه را شرح می‌دهد. ترغیب به صورت ایده‌آل در بستر یک گروه که به آن پاسخگو هستیم اتفاق می‌افتد، که این همان چیزی است که یک تیم خدمتی باید باشد.

بسیاری از مسیحیان قبل از ایمان تجربیاتی داشته‌اند که زخم‌هایی به جا گذاشته است که بعد از ایمان آوردن خود به خود از بین نرفته‌اند. این زخم‌ها به عنوان ضعف در زندگی آنها باقی می‌مانند. بعد از ایمان آوردن، ایشان به طور مداوم رشد و خدمت مفید می‌کنند و به تدریج به موقعیت راهبری می‌رسند. اما ضعف‌ها همچنان بر زندگی آنها تاثیر می‌گذارد، و برای غلبه بر آنها به کمک نیاز دارند.

وضعیت زنی را در نظر بگیرید در زمان کودکی‌اش در خانه با او بسیار ناعادلانه رفتار شده است. او نمی‌توانست کاری کند تا از استثمارخود، حتی توسط والدینش جلوگیری کند. فکر به این موضوع همچنان او را سرشار از خشم می‌کند. سپس او با موقعیتی در خدمت مواجه می‌شود که به نظر می‌رسد با گروهش ناعادلانه رفتار شده است. کلاس درس مطالعهٔ کتاب‌مقدس یکشنبهٔ او به گروه دیگری داده شده و گروه او را به اتاقی که خیلی مناسب نیست فرستاده‌اند. او از خشم منفجر می‌شود، و موقعیتی که می‌توانست به سادگی از طریق گفتگویی مستدل حل شود، به مشکلی بزرگ تبدیل می‌شود. و نتیجه بی احترامی به خدا و کارمندان کلیسا است.

وقتی چندین بار چنین اتفاقاتی می‌افتد، ناظر او تشخیص می‌دهد که در اینجا ضعفی وجود دارد که شهادت او را به آسانی تباه می‌کند. ناظر با او حرف می‌زند و از پس‌زمینه‌ای که رفتار مشکل‌ساز را تحریک می‌کند، مطلع می‌شود. آن زن هم متوجه دلایل رفتار خود می‌شود. او به پذیرش این حقیقت می‌رسد که چون خدا حاکم است در نهایت هیچ بی‌عدالتی‌ای نمی‌تواند به او آسیب برساند. به همین دلیل قدرت دارد تا والدینش را به خاطر بی‌عدالتی‌شان ببخشد. او حالا می‌تواند به گذشتهٔ دردناکش با سپاسگزاری از خدا برای وعده‌اش که چیز خوبی از دل آن بیرون می‌آورد، نگاه کند.

به این ترتیب از طریق روند مسئولیت‌پذیری و با انجام اقدامات پیشگیرانه به او کمک می‌شود تا بر ضعف خود غلبه کند.

در اینجا یک نمونهٔ دیگر از خادم مسیحی را داریم، که بعد از چندین بار چرخیدن در وب‌سایت‌های ناپاک در اینترنت، متوجه شد که به شدت تمایل دارد که به وب‌سایت‌های پورنوگرافی برود. امروزه هزاران مسیحی با این مسئله دست و پنجه نرم می‌کنند. اما این خادم مسیحی گروهی دارد که به آن پاسخگو است. او این مشکل را با گروه در میان می‌گذراد، و آنها دستورالعمل‌هایی برایش قرار می‌دهند که شامل گزارش مرتب دربارهٔ فعالیت او در این مورد است. حالا هر زمان که او وسوسه می‌شود تا به این وب‌سایت‌ها برود، به یاد می‌آورد که باید همه چیز را به گروهش گزارش دهد. او می‌داند که ممکن است برای شکست‌هایش در این مورد تادیب شود. در روح او مانعی وجود دارد که او را از مسیر وسوسه دور می‌کند. به مرور زمان این روند او را از فشار پورنوگرافی می‌رهاند.

چنین رویه‌ای برای چندین ضعف دیگر مانند، عدم نظم در داشتن رازگاه و استفادهٔ غیر مسئولانه از بودجه مفید است. گاهی لازم است که در مورد افراد برخورد انضباطی صورت گیرد تا اگر دوباره با همان وسوسه مواجه شدند، درد این تنبیه به عنوان یک عامل بازدارنده عمل کند. من با چند مسیحی که گناه جنسی مرتکب شدند صحبت کرده‌ام، آنها اعتراف کردند، سپس به خدمت‌شان برگشتند، اما وقتی که با وضعیت مشابهی رو به رو شدند دوباره به دام وسوسه افتادند. زمانی که وسوسه با قدرت به آنها حمله می‌کند، خاطرهٔ یک روند دردناک انضباطی باعث مقاومت در برابر وسوسه می‌شود. زمانی که یکی از اعضای گروه مشکلی جدی دارد که مستلزم مشاورهٔ تخصصی است، تیم به او اطمینان می‌دهد که چنین کمکی برای او فراهم است.

تاثیر سوء استفادهٔ جنسی در دوران کودکی یا نوجوانی بر خادمین مسیحی بالغ همچنین در دسته ضعف‌ها قرار می‌گیرد. مردی متوجه می‌شود که نامزدش واکنش سردی

نسبت به تماس فیزیکی دارد یا اینکه همسرش در زمان رابطهٔ جنسی تا حدودی بی تمایل است. گاهی اوقات این رفتار ناشی از سوء استفادهٔ جنسی آسیب‌زا یا آموزش نادرست در مورد رابطهٔ جنسی است، به طور خاص اگر فرد در یک محیط مذهبی سخت‌گیرانه بزرگ شده باشد. حالا ممکن است این یکی از اعضای گروه نباشد که بتواند در چنین موردی کمک کند، اما اغلب اینطور است و یکی از اعضا کمک می‌کند. مشکل زمانی ممکن است نمایان شود که یک راهبر در مورد زندگی شخصی کارمند جوانی که در حال شاگردسازی اوست، بپرسد. و پس از آن راهبر می‌تواند قدم‌هایی در جهت حل مشکل بردارد. یکی از این قدم‌ها ممکن است ارجاع آن فرد به کسی باشد که در کمک به او مهارت بیشتری دارد.

منظور من این است که ضعف‌ها و مشکلات شخصی ما با مشارکت فعالانهٔ بدن مسیح بهتر رفع می‌شوند. معتقدم که امروز بسیاری از خادمین مسیحی هستند که بدون دریافت هیچ کمکی از بدن مسیح در نبردی که در آن بازنده هستند با این مشکلات می‌جنگند. و این به شکل غم‌انگیزی اشتباه است. کتاب‌مقدس تعلیم می‌دهد که ما می‌توانیم و باید برای رشد و کامل شدن از بدن کمک بگیریم.

کمک زمانی که آسیب‌پذیر هستیم

جدا از ضعف‌های‌مان، موقعیت‌هایی وجود دارند که ما آسیب‌پذیر هستیم، و در آن شرایط واقعاً با راهنمایی‌های دوستان‌مان به ما کمک می‌شود. زمانی که دوستان ما می‌بینند که به راه اشتباه می‌رویم، می‌توانند به ما اخطار دهند، و با این کار، ما را از انجام اشتباهی بزرگ بازمی‌دارند. گاهی ما با وابستگی عاطفی بسیار به برنامه‌ها، خواسته‌ها، و کارهای‌مان آنطور چشمان‌مان بسته می‌شود که متوجه حماقت آنها نمی‌شویم. کتاب‌مقدس می‌گوید، «راه احمق در نظر خودش راست است، اما هر که نصیحت را بشنود حکیم است» (امثال ۱۲: ۱۵). این آیه دربارهٔ بسیاری از جوانب زندگی ما صدق می‌کند.

از آنجایـی کـه کتاب‌مقـدس بـه روشـنی دربارهٔ نیـاز بـه مشـاوره گرفتـن قبـل از تصمیمـات مهـم زندگـی صحبـت می‌کنـد، واقعـا عجیـب اسـت کـه بسـیاری از مسـیحیان در زمـان انتخاب شـریک زندگـی از بـرادران و خواهـران مـورد اعتمـاد مشـاوره نمی‌گیرنـد. ایـن موضـوع بـه طـور خـاص عجیـب اسـت زیـرا بـه طـور کلـی پذیرفتـه شـده کـه عشـق چشـمان مـا را می‌بنـدد و همان‌طـور کـه گفتـه می‌شـود «عشـق کـور» اسـت. پـس مطمئنـا در ایـن صـورت بایـد هنـگام تصمیم‌گیـری از گروهـی کـه بـه آن پاسـخ‌گو هسـتیم کمـک بگیریـم. جـان وسـلی بـه کارگرانـش گفـت، «قبـل از اینکـه مـا را از قصـد خـود بـا خبـر نکنیـد، قدمـی بـه سـمت ازدواج برنداریـد.»⁵ فکـر می‌کنـم فردگرایـی آنقـدر مـا را درگیـر کـرده کـه فکـر می‌کنیـم ایـن همان جایـی اسـت کـه بایـد بـه تنهایـی از آن عبـور کنیـم تـا واقعـا رمانتیـک باشـد. داستان‌های غم‌انگیـز بسـیاری از خادمیـن مسـیحی وجـود دارد کـه بـا شـخص اشـتباه ازدواج کرده‌انـد. و مـا بایـد دربارهٔ نحـوهٔ مدیریـت خـود در ایـن مـورد تجدیـد نظـر کنیـم.

زمانـی کـه بـه یـک فـرد شـغل یـا فرصـت خدمتـی جذابـی پیشـنهاد می‌شـود همیـن قاعـده اعمـال می‌شـود. او ممکـن اسـت از بسـیاری از مسـائل بی‌خبـر باشـد یـا بـه دلیـل جذابیـت پیشـنهاد آنهـا را نبینـد. دوسـتان می‌تواننـد بـه ایـن فـرد کمـک کننـد تـا آن روی داسـتان را ببینـد و احتمـالا مانـع ارتـکاب اشـتباهات بـزرگ از طـرف او شـوند. خادمیـن بسـیاری را دیده‌ام کـه تاثیرگـذاری خـود را از دسـت داده‌انـد، چـون از کار اصلی‌شـان کـه جنبـهٔ عمومـی نداشـت و جـذاب نبـود بـرای بـه دسـت آوردن وظایـف جذاب‌تـر، غفلـت کرده‌انـد. بـه همیـن دلیـل در کار اصلی‌شـان شکسـت خوردنـد و بـا ایـن شکسـت اعتبـار خـود بـه عنـوان یـک مبشـر خبـر خـوش را از دسـت دادنـد. در نتیجـه، آنهـا دعوت‌هـای کمتـری بـرای وظایـف جـذاب دریافـت می‌کننـد.

اخیـرا نمونه‌هـای بسـیاری از خادمیـن مسـیحی می‌بینیـم کـه بـدون اینکـه حتـی برنامـه‌ای بـرای ایـن کار داشـته باشـند بـا یکـی از اعضـای جنـس مخالـف رابطـهٔ نامناسـبی برقـرار کردنـد. احتمـالا رابطـه بـا شـخصی بـوده اسـت کـه کارگـر بـه او مشـاوره مـی‌داده یـا فـردی بـوده کـه کـه

در کنار او کار می‌کرده و به کمک نیاز داشته است. احتمالا همکاری خودمانی بوده که فقط از گفتگو با خادم لذت می‌برده. به تدریج، بدون اینکه دو نفر متوجه شوند، یک رابطهٔ عاطفی در حال شکل گرفتن بوده است. اما چون رابطه به شکلی شرافتمندانه شروع شده است، آنها به انکار وجود چنین رابطهٔ عاطفی ناسالمی ادامه می‌دهند - تا زمانی که بسیار دیر است، و افراد از همه طرف آسیب دیده‌اند.

اغلب دیگران می‌بینند که چه اتفاقی می‌افتد. هرچند دو نفر نشانه‌های خطر را نادیده می‌گیرند، دیگران می‌بینند که آنها چطور به هم نگاه می‌کنند، چطور با هم صحبت می‌کنند، یا چطور در شرکت به سمت هم حرکت می‌کنند. آنهایی که مشاهده می‌کردند متوجه شدند که چیزی عمیق و ناسالم در حال شکل‌گیری است. متاسفانه این شاهدین احساس کردند آزاد نیستند تا در این مورد صحبت کنند. بنابراین ساکت ماندند، و در نهایت افراد خوب عمیقا آسیب دیدند، و اسم خدا بی‌حرمت شد.

برخی از افراد زمانی که دیگران به این شکل در زندگی آنها دخالت می‌کنند خوشحال نیستند. افراد به طور خاص از تنبیه و تادیب رنجیده می‌شوند. تنبیه و تادیب باید ویژگی‌های عادی در یک سازمان مسیحی سالم باشند. اخیرا زندگی‌نامهٔ ژان کالون را خوانده‌ام و در چند ماه گذشته دست نوشته‌های جان وسلی را مطالعه کردم. و از اینکه تادیب مسیحی چقدر در خدمت این دو راهبر وجود داشته است شگفت‌زده شدم.

اما ما باید یک فرهنگ سازمانی در گروه‌های خود ایجاد کنیم که در آن رویارویی محبت آمیز و حساس مورد قدردانی قرار گیرد و ارزشمند باشد. در مورد این موضوع بعدتر صحبت خواهیم کرد. یکی از ویژگی‌های آن فرهنگ این است که اعضای تیم واقعا نگران رفاه یکدیگر هستند، به طوری که رهبر/عضو تیم بهای لازم را می‌پردازد تا زمانی که یکی از اعضا به کمک نیاز دارد، حضور داشته باشد. برای من ضروری است در زمان‌های خاصی که در زندگی همکارانم وجود دارد، در کنار آنها باشم - زمانی که نقل مکان می‌کنند، زمانی که فرزندشان بسیار بیمار است، و غیره. زمانی که یکی از

همکارانم به ظن تروریست بودن دستگیر شد، احساس کردم که برایم ضرورت دارد که هر روز ناهارش را برای او به ایستگاه پلیسی ببرم که چهل و پنج روز در آنجا بازداشت بود. ممکن است فکر کنیم چنین چیزی ما را از کارمان عقب بیندازد. اما این قسمتی از کار ما به عنوان راهبر است. زمان نشان خواهد داد که چگونه این مسائل جانبی وقت‌گیر پیوندهای عمیقی ایجاد می‌کنند که در نهایت از طریق خدمت وقف شدهٔ این اعضای تیم به ما آسایش خاطر بسیاری می‌بخشد.

افرادی که نسبت به خبر خوش و قدوسیت متعهد هستند، تنبیه و تادیب را با وجود درد آن، ابزاری ضروری در جهت رسیدن به اشتیاق خود برای خشنود ساختن خدا می‌دانند. عبرانیان ۱۱:۱۲ تادیب خدا را اینطور توصیف می‌کند، «لکن هر تادیب در حال، نه از خوشی‌ها بلکه از دردها می‌نماید، اما در آخر میوه عدالت سلامتی را برای آنانی که از آن ریاضت یافته‌اند بار می‌آورد.» کتاب مقدس در انتقاد از کسانی که از تسلیم شدن در برابر چنین تادیبی امتناع می‌کنند سخت‌گیر است: « هر که تأدیب را دوست می‌دارد معرفت را دوست می‌دارد، اما هر که از تنبیه نفرت کند وحشی است» (امثال ۱۲:۱).

کمک در زمانی که دل‌سرد شده‌ایم

همهٔ ما در خدمت با شکست و ناامیدی مواجه می‌شویم. پروژه‌ها شکست می‌خورند؛ برنامه‌ها به نتیجه نمی‌رسند؛ افرادی که با هزینهٔ شخصی زیاد روی آنها سرمایه گذاری کرد ایم به ما خیانت می‌کنند؛ اشتباهات احماقانه مرتکب می‌شویم؛ افرادی که به آنها خدمت کردیم ما را رد می‌کنند و این فهرست می‌تواند همچنان ادامه داشته باشد. بزرگ‌ترین خطر در چنین زمان‌هایی این است که می‌توانیم واقعا دل‌سرد شویم. چون یک پروژه شکست خورده است، فکر می‌کنیم که موفق نیستیم. اما زندگی چیزی بیشتر از یک پروژه است. در این مواقع بیشتر از همه برای دوستان صمیمی‌مان ارزش قائل می‌شویم، چون به ما کمک می‌کنند تا به مشکلاتمان واقع بینانه‌تر نگاه کنیم. کتاب جامعه می‌گوید، «دو از یک بهترند ... زیرا اگر بیفتند،

یکی از آنها رفیق خود را خواهد برخیزانید. لکن وای بر آن یکی که چون بیفتد دیگری نباشد که او را برخیزاند» (۴: ۹-۱۰).

بعد از اینکه هادسِن تیلِر تقریبا دو سال در چین بود، عمیقا ناامید شده بود. مجمع مبشرین او به قولش برای حمایت از او عمل نکرده بود. مبشرینی که در چین بودند از روش‌های نادرست او انتقاد می‌کردند. نامزدش در انگلیس در نامه‌ای به هادسن نوشت که دوستش ندارد. کنسول‌گری بریتانیا به تیلِر گفت باید از کار در یکی از شهرهایی که او روی آن تمرکز کرده بود، دست بردارد. او برای مادرش نوشت، «قلب من غمگین است، غمگین، غمگین ... نمی‌دانم باید چه کاری انجام دهم.»[6]

در این مرحله یک مبشر خداشناس اسکاتلندی به نام ویلیام برنز که تقریبا بیست سال از او بزرگتر بود، با هادسِن تیلِر دوست شد. آنها به مدت هفت ماه با هم سفر، موعظه و دعا کردند. برنز پاسخ خدا به دل‌سردی تیلِر بود. جان پولِک زندگی‌نامه نویس می‌گوید، «برنز تیلِر را از دست خودش نجات داد.»[7] تیلِر سازمان خدمت در چین (China Inland Mission) را (که امروز مشارکت مبشرین خارج از کشور «Overseas Missionary Fellowship» نامیده می‌شود) را تاسیس کرد، که تاثیر آن یکی از هیجان‌برانگیزترین داستان‌های تاریخ خدمت معاصر را ارائه می‌دهد.

در اینجا به شش روشی اشاره می‌کنیم که دوستان‌مان زمانی که دل‌سرد شده‌ایم به ما کمک می‌کنند:

- عمل سادهٔ در میان گذاشتن با دوستان، بار بزرگی را از دوش ما برمی‌دارد و به ما آرامش می‌بخشد.
- بیان مشکلات‌مان به ابزاری برای کمک به ما در تفکر منطقی در مورد آنها تبدیل می‌شود.
- دوستان ما معمولا کمک می‌کنند تا به مسائل مثبتی دربارهٔ زندگی و شرایط خود پی ببریم، و از میزان تاریکی‌ای خود بکاهیم.

- محبت دوستان کمک می‌کند تا درد طرد شدگی‌ای که تجربه کرده‌ایم از بین برود.

- محبت آنها همچنین به ما کمک می‌کند تا با تلخی مبارزه کنیم. عصبانی بودن از دنیا زمانی که برخی از ساکنین آن با ما بسیار مهربان هستند، سخت است.

- دوستان همچنین به ما کمک می کنند در واکنش نسبت به یک بحران از تصمیمات عجولانه و احمقانه، مانند استعفا از شغل خود یا اظهارات عمومی احمقانه، خودداری کنیم. آنها به ما کمک می‌کنند تا حکیمانه‌ترین راه را برای واکنش انتخاب کنیم. در چنین مواقعی به افرادی نیاز داریم که از نظر احساسی تحت تاثیر مشکلات قرار نگیرند تا بتوانند به ما کمک کنند مسائل را واقع بینانه ببینیم.

این‌ها فقط چندین مزیت از خدمت گروهی است. موارد دیگری هم وجود دارد، مانند افزایش ثمره از طریق ترکیب عطایای مختلف که هر یک به به همراه دارند.

الاهیات ناله وجود ندارد

چند هفته قبل از نوشتن این فصل، در کنفرانس خادمین مسیحی در سری‌لانکا در این مورد صحبت کردم که افرادی که در خدمت هستند، باید دوستانی داشته باشند که به آنها پاسخگو باشند و بتوانند کشمکش‌ها و شادی‌های خود را با آنها در میان بگذارند. پاسخ ناراحت کننده به آنچه گفتم اینطور بود که این یک نظریهٔ خوب است اما عملی کردنش ممکن نیست. بسیاری گفتند که در نتیجهٔ اعتماد به دیگران آنقدر صدمه دیده‌اند که دیگر این کار را نخواهند کرد. چندین روز با این سوال دست و پنجه نرم می‌کردم: با وجود اینکه کتاب‌مقدس نشان می‌دهد چنین روابطی لازمهٔ زندگی مسیحی است چرا بسیاری از خادمین مسیحی که قویا به اقتدار کامل کتاب‌مقدس ایمان دارند، دوستان صمیمی‌ای ندارند؟

درحالیکه چند روز بعد از این کنفرانس یک کتاب دربارهٔ خدمت به معتادین به مواد مخدر

مطالعـه می‌کـردم (بعدا بیشتـر بـه آن می‌پـردازم)، ناگهـان متوجـه شـدم کـه شـاید کلیسـای در حـال رشـد سـری‌لانکا یـک مشکـل الاهیاتـی داشتـه باشـد. مـا شـاید مسـیحیت را بـه شکلـی نشـان می‌دهیـم کـه در آن هیـچ جایـی بـرای مفهـوم کتاب‌مقدسـی نالـه نمی‌گذاریـم.

امـروز کلیسـای معمولـی اونجلیـکال در حـال رشـد، الاهیاتـی قـوی دربارهٔ ضـرورت «رشـد» دارد. ایـن قطعـا یـک مفهـوم کتاب‌مقدسـی اسـت کـه رشـد از طریـق آمـدن گم‌شـدگان بـه سـوی مسـیح اتفـاق می‌افتـد. کتـاب اعمـال رسـولان بـرای افـرادی کـه نجـات یافته‌انـد شـادمانی می‌کنـد، و اغلـب دربارهٔ تعـدادی کـه بـه کلیسـا اضافـه شـده صحبـت می‌کنـد، و نشـان می‌دهـد کـه خـدا بـه رشـد عـددی کلیسـا توجـه دارد (۲: ۴۲، ۴۷؛ ۴: ۶؛ ۷: ۱۱؛ ۱: ۱۴؛ ۱).

کلیسـا همچنیـن الاهیاتـی قـوی دربارهٔ «سـتایش» دارد. بنابرایـن شهادت‌هایـی در مـورد کار قدرتمنـد خـدا در زندگـی مـردم و بـرکات خـدادادی حاصـل از کتاب‌مقدس تاییـد می‌شـود. نتیجـه پرسـتش مسـرورانه اسـت کـه کتاب‌مقدسـی هـم هسـت. آیـا کتاب‌مقدس کتابـی کامـل و بـزرگ بـه نـام مزامیـر نـدارد کـه بـه عنـوان عبـری آن «تِهیلیـم»، بـه معنـای «سـرودهای پرسـتش» اسـت؟

کلیسـاهای مـا الاهیاتـی قـوی دربارهٔ «قـدرت» دارنـد - دربارهٔ توانایـی خـدا بـرای بـرآورده کـردن نیازهـای افـراد و شکسـت دادن دشـمنان آنهـا. ایـن هـم یـک مفهـوم کتاب‌مقدسـی اسـت. در اناجیـل و کتـاب اعمـال رسـولان و در اشـارات مجـزا در رسـالات می‌بینیـم کـه خـدا بـا بـرآوردن نیازهـای افـراد، اغلـب بـه شـکل معجزه‌آسـایی، توجـه مـردم را جلـب و آنهـا را پذیـرای خبـر خـوش کـرد. در فصـل ۱۲ بـه ایـن موضـوع خواهیـم پرداخـت.

امـا اگـر الاهیـات دربـارهٔ رشـد کلیسـا، پرسـتش، و قـدرت بـا الاهیـات نالـه متعـادل نباشـند، می‌تواننـد منجـر بـه انحرافـات جـدی شـوند. مـن اصطـلاح «نالـه کـردن» را از رومیـان ۸: ۲۳ گرفتـه‌ام کـه می‌گویـد، «مـا نیـز کـه نوبـر روح را یافته‌ایـم، در خـود آه می‌کشـیم در انتظـار پسـرخواندگی یعنـی خلاصـی جسـم خـود.» در چنـد آیـه قبـل پولـس می‌گویـد، در نتیجـهٔ

سقوط «خلقت، مطیع بطالت شد» (۸: ۲۰). بنابراین ما نه هر چه را که می‌خواهیم به دست می‌آوریم؛ و نه کمالی که را خدا می‌خواهد در آسمان به ما عطا کند را به طور کامل تجربه می‌کنیم. اما کمی از آن را چشیده‌ام، چون ما «نوبر روح را یافته‌ایم» (۸: ۲۳). در زندگی ما بعضی از چیزها به خوبی پیش نمی‌ورد – در تصادف آسیب می‌بینیم، مریض می‌شویم، و افرادی خواهند بود که دوست‌مان ندارند و به ما آسیب می‌رسانند. علیرغم تمایل‌مان برای شباهت به مسیح، کامل و بی گناه، ما اشتباه می‌کنیم و مرتکب گناه می‌شویم. تشنگی ما که از چشیدن طعم آسمان می‌آید با واقعیت زندگی در دنیای سقوط کرده در تضاد است و نتیجه این است که گاهی ناله می‌کنیم.

در کتاب‌مقدس ناله می‌تواند هم‌زمان با پرستش وجود داشته باشد. در واقع، کتاب‌مقدس یک ژانر کامل (گروهی از انواع ادبی) به نام مرثیه دارد که بیانگر این ناله است. مرثیه‌ها تجلی دل‌ریش کننده و دردناک رنج و اندوه هستند. از ۱۵۰ سرود مزامیر (کتاب پرستش) پنجاه سرود آن مرثیه است. این بیانات در کتاب‌های دیگر کتاب‌مقدس مثل مراثی ارمیا و ارمیا هم یافت می‌شود. پژوهشگر کتاب‌مقدس به نام کریس رایت، محتوای مرثیهٔ کتاب‌مقدسی را اینطور شرح می‌دهد، «خدایا، من درد دارم؛ اما دیگران می‌خندند. خدایا، تو خیلی به من کمک نمی‌کنی، این موضوع تا کی می‌خواهد ادامه داشته باشد؟»[۸]

یک پژوهشگر دیگر کتاب‌مقدس، دوست من، دکتر دیوید بائر که اهل کاستاریکا است، یک تمایز مفید را که برخی از پژوهشگران بین مرثیه‌ها و شکایت‌ها قائل هستند را با من در میان گذاشت. مرثیه‌ها برای نشان دادن فریادهای ناامیدی افراد درهم شکسته گفته می‌شوند. اما شکایت‌ها فریاد افرادی است که که معتقدند خدا نیکو است و اکنون نمی‌توانند این نیکویی را در آنچه که تجربه می‌کنند ببینند. آنها به درگاه خدا فریاد می‌زنند، اما این فریادها رنگ امید دارند. اگر این تمایز را بپذیریم، آیات کتاب‌مقدسی که آن را مرثیه نامیده‌ایم، باید به طور دقیق‌تر، شکوائنامه نامیده شوند.

شخصیت‌های کتاب‌مقدس ترسی از ناله کردن نداشتند. اگر روح‌القدس الهام‌بخش بسیاری از مرثیه‌ها (یا شکایات) بوده تا در کتاب‌مقدس ثبت شوند، پس ناله هم قطعا باید قسمتی از زندگی مسیحی باشد.

افرادی که به الهیات ناله اعتقاد دارند، جایی برای تاکید بر بیان صادقانهٔ مشکلات و چالش‌ها خواهند داشت. و این جایگاه می‌تواند در کنار تاکید بر رشد، قدرت، و ستایش وجود داشته باشد. فکر می‌کنم گاهی آنقدر برای رشد اشتیاق داریم که مانند افرادی هستیم که کارشان تبلیغات است و فقط جنبهٔ مثبت محصول را معرفی می‌کنند و از حرف زدن دربارهٔ مشکلات آن خودداری می‌کنند. متوجه شدم که این روزها تبلیغ کنندگان باید جوانب منفی محصولات را بخوانند. و معمولا این کار را با لطافت و سریع انجام می‌دهند. فکر می‌کنم بسیاری از کلیساها هنوز این کار را انجام نداده‌اند. آنها می‌دانند که اگر پیامی که گفته می‌شود تمام کارهای شگفت‌انگیزی که خدا می‌تواند انجام دهد را نشان بدهد، افراد به کلیسا جذب خواهند شد. به دلایل تبلیغاتی، از مشکلاتی که مسیحیان با آنها مواجه هستند غفلت شده است. این مسئله آنقدر به مدت طولانی اتفاق افتاده که افراد بسیاری در درک خود از زندگی مسیحی، جایی برای ناله ندارند.

برخی در این فضا دربارهٔ مشکلات‌شان صحبت می‌کنند، و مسیحیان دیگر نمی‌دانند که چه باید بکنند. گاهی افرادی که با صداقت مسائل‌شان را مطرح می‌کنند طرد شده و سرزنش می‌شوند که مسیحیانی خوبی نبوده‌اند. به همین دلیل، آنها یاد می‌گیرند که بدون حرف زدن دربارهٔ مشکلات‌شان زندگی کنند، مگر اینکه آن مشکل نیاز به دعا داشته باشد و از طریق دعا در معرض کار شگفت‌انگیز قدرت خدا قرار بگیرد. آنها برای شفا، هدایت و پیدا کردن کار درخواست دعا می‌کنند، نه برای غلبه بر عصبانیت، یک عادت بد یا دلسردی.

به تعبیری این وضعیت نشان دهندهٔ درک ناقص فیض است. درک کتاب‌مقدسی این است که فیض آنقدر بزرگ است که مسیحیان بدون اینکه بترسند با گناهان خود

رو به رو شوند. در واقع گناه هرگز در کتاب‌مقدس توجیه نشده و به همین دلیل باید همیشه محکوم شود. اما فیض بزرگ‌تر از گناه است، و تا زمانی که اعتراف نکنیم که گناه کرده‌ایم فیض شامل حال‌مان نمی‌شود. بنابراین، اگر فیض خدا را به تمامی در زندگی‌مان می‌خواهیم، باید مشتاق باشیم به گناهان‌مان اعتراف کنیم، تا دری به سوی تجربه‌ای گران‌بها از فیض باز شود. چون گناه ما را غمگین کرده است، این اعتراف بی پرده یا به شیوه‌ای ساده انجام نمی‌شود. اما برای پاک شدن مشتاق هستیم و مشتاقانه با مشکل رو به رو می‌شویم و به دنبال بخشش هستیم.

اول یوحنا ۱: ۵ – ۲: ۳ این تناقض را با قدرت نشان می‌دهد. یوحنا می‌گوید: «ای فرزندان من، این را به شما می‌نویسم تا گناه نکنید» (اول یوحنا ۲: ۱). بنابراین هرگز نمی‌توان از گناه چشم‌پوشی کرد. اما او اینطور ادامه می‌دهد: «و اگر کسی گناهی کند، شفیعی داریم نزد پدر یعنی عیسای مسیح عادل. و اوست کفاره به جهت گناهان ما و نه گناهان ما فقط بلکه به جهت تمام جهان نیز» (اول یوحنا ۲: ۱-۲). فیض خدا در مسیح آنقدر بزرگ است که ما نباید از مواجه با گناه‌مان بترسیم. ما از رو به رو شدن با آن نمی‌ترسیم، چون می‌دانیم که «اگر در نور سلوک می‌نماییم، چنانکه او در نور است، با یکدیگر شراکت داریم و خون پسر او عیسای مسیح ما را از هر گناه پاک می‌سازد» (اول یوحنا ۱: ۷). ما از دورنمای از دست دادن معاشرت و پاک شدن، با راه نرفتن در نور نمی‌ترسیم. بنابراین مشتاق خواهیم بود تا «به گناهان خود اعتراف کنیم» (اول یوحنا ۱: ۹).

الاهیات ناقص دربارهٔ ناله و فیض در کنار هم می‌توانند باعث شوند که در یک کلیسا افراد از بیان صدمات و کشمش‌های عمیق خود به دیگران مسیحیان بترسند. به طور مثال، زمانی که بین اعضا مشکلاتی وجود دارد، آنها درباره‌اش حرف نمی‌زنند. آنها این اطمینان را ندارند که فیض خدا برای این چالش کافی است، و الاهیات ناله ندارند، تا بتواند به رفع وضع ناخوشایندی که از مطرح کردن موضوع به وجود آمده است کمک کند. پس انتخاب می‌کنند که موضوع را نادیده بگیرند. آنها به ستایش خدا

ادامه می‌دهند، و از طریق تمرکز بر نیکویی خدا، تجربیات خوشایندی از پرستش خواهند داشت. به دلیل تاکید بر قدرت، این کلیسا افراد نیازمند بسیاری را به خود جذب و به همین دلیل رشد می‌کند. راهبران کلیسا در ظاهر ممکن است یکدیگر در آغوش بگیرند و به هم لبخند بزنند، اما به دلیل مشکلات حل نشده از درون ناامیدی و خشم پنهان وجود دارد. آنها تا زمانی که مشکل آنقدر بزرگ شود که دیگر نتوانند آن را تحمل کنند با هم کار می‌کنند. و سپس در یک رویارویی ناخوشایند منفجر می‌شوند. اغلب کلیسا از هم می‌پاشد، و یک گروه کلیسا را ترک می‌کند.

گروه‌های عهد جدید: زندگی صادقانه

آنچه با سناریوی بالا در تضاد است، شرح زندگی عیسی و تیم دوازده نفره متشکل از شاگردان او در اناجیل است. آنجا چیزی وجود دارد که من آن را «زندگی صادقانه» می‌خوانم. هیچ چیز پنهانی دربارهٔ مشکلات شاگردان وجود ندارد. آنها نه تنها با شکست‌های‌شان مواجه شدند، بلکه روح‌القدس هم این مشکلات را در کتاب‌مقدس ثبت کرد تا ما بتوانیم چیزی از آنها یاد بگیریم.

می‌بینیم که آنها چیزهای احمقانه و خودخواهانه می‌پرسند. در تبدیل هیئت پطرس می‌خواست برای عیسی، موسی و الیاس سایه‌بان بسازد، و لوقا اضافه می‌کند که او نمی‌دانست چه می‌گوید (لوقا ۹: ۳۳). یعقوب و یوحنا به تحریک مادرشان، خواستند که در جلال عیسی در کنار او بنشینند (مرقس ۱۰: ۳۷). شاگردان دیگر وقتی این را شنیدند «بر یعقوب و یوحنا خشم گرفتند» (مرقس ۱۰: ۳۵– ۴۱). اما این قسمت سخنان غنی و عمیق عیسی را دربارهٔ ماهیت راهبری خدمت‌گزار و مکاشفهٔ خود به عنوان خدمت‌گزاری که آمد تا جانش را به عنوان فدیه برای بسیاری فدا کند، نشان می‌دهد (۱۰: ۴۲– ۴۵).

جایی دیگر می‌بینیم که آنها بین خودشان در این باره که چه کسی میان آنها بزرگ‌تر

است بحث می‌کنند. این بحث باعث شد مسیح چنین چیزی بگوید: «هر که از جمیع شما کوچک‌تر باشد، همان بزرگ خواهد بود» (لوقا ۹: ۴). آنها حتی در زمان شام آخر هم زمانی که عیسی لباس خدمت‌گزاری به تن کرد و پای‌شان را شست، در مورد این موضوع بحث کردند (لوقا ۲۲: ۲۴-۳۰).

شاگردان افرادی که بچه‌ها را نزد عیسی آوردند توبیخ کردند، با اینکه او می‌خواست که آنها بیایند تا بتواند آنها را نوازش کند. اما نتیجهٔ این داستان چنین کلمات به یاد ماندنی‌ای شد: «بچه‌های کوچک را بگذارید و از آمدن نزد من، ایشان را منع مکنید، زیرا ملکوت آسمان از مثل اینها است» (متی ۱۹: ۱۴). وقتی زن عطر گران‌بها بر سر عیسی ریخت شاگردان «غضب نمودند»، اعتراض آنها باعث شد تا عیسی دربارهٔ «کار زیبایی» که او برایش انجام داده بود صحبت کند (متی ۲۶: ۱۰- ۱۳).

این اجتماعی بود که اعضای آن از اعتراف به جهل و تردیدات خود ترسی نداشتند. بعد از اینکه عیسی به آنها گفت اگر مرا می‌شناختید، پدر مرا نیز می‌شناختید، فیلیپس به او گفت: «ای آقا پدر را به ما نشان ده که که ما را کافی است» (یوحنا ۱۴: ۸). این درخواست باعث شد تا عیسی او را با ملایمت سرزنش کند و در ادامه به صورتی استادانه و غیر قابل انکار از منحصر به فرد بودن خودش دفاع می‌کند (۱۴: ۹-۱۱).[۹] زمانی که شاگردان به توما گفتند که عیسی از مرگ برخاسته است، او بدون شواهد مملوس‌تر این موضوع را باور نکرد. اما آن اتفاق باعث سرزنشی ملایم و اظهار نظر مهمی در مورد ایمان نجات بخش شد (یوحنا ۲۰: ۲۴-۲۹).

در باغ جتسیمانی شاگردان زمانی که باید دعا می‌کردند، خوابیده بودند. آنها به این آماده‌سازی مهم قبل از اینکه دستگیری اتفاق بیفتد که منجر به اتفاقات وحشتناک دیگر و مرگ استادشان شد، نیاز داشتند. اما آن حادثهٔ شرم‌آور باعث این انتقاد شد: «روح راغب است، لیکن جسم ناتوان» (متی ۲۶: ۴۱). و زمانی که عیسی دستگیر شد، «جمیع شاگردان او را واگذارده، بگریختند» (متی ۲۶: ۵۶).

پطرس که راهبر اولین کلیسا بود، در اناجیل عملکرد خوبی نداشت. وقتی که عیسی دربارهٔ مرگش حرف زد و پطرس او را سرزنش کرد عیسی او را «شیطان» خطاب کرد (متی ۱۶: ۲۳). این موقعیت منجر به بیانیهٔ بزرگ از طرف عیسی دربارهٔ بها و پاداش پیروی از او شد (۱۶: ۲۴– ۲۸). بعد از اینکه پطرس شجاعانه شروع به راه رفتن روی آب کرد، ناگهان ترسید و فریاد زد: «خداوندا، مرا دریاب.» اما این اتفاق زمانی که شاگردان عیسی را پرستیدند و گفتند: «فی‌الحقیقه تو پسر خدا هستی» (متی ۱۴: ۳۳)، منجر به یکی از اولین اقرارها در اناجیل دربارهٔ الوهیت مسیح شد.

تنها به تعداد کمی از این اتفاقات در چهار انجیل اشاره شده است، و یکی از آنها انکار عیسی توسط پطرس است. اما این انکار و پشیمانی پطرس بعد از آن باعث شد که او به شکلی زیبا احیا و دوباره به خدمت گرفته شود. زمانی که فرشته از زنان خواست تا به شاگردان بگویند که عیسی از مرگ برخاسته است، تنها اسمی که به آن اشاره شد پطرس بود (مرقس ۱۶: ۷). یوحنا تصمیم گرفت انجیل خود را با شرح گفتگوی تاثیرگذار عیسی با پطرس در مورد محبت خود، دعوت به سیر کردن گوسفندان مسیح، شهادت پطرس و دعوت به پیروی از مسیح، تمام کند (یوحنا ۲۱: ۱۵– ۲۳).

عجب فهرست بلندی بود. ما می‌توانیم فهرستی مشابه از راهبران کلیسای اولیه تهیه کنیم. مرقس گروه پولس و برنابا را ترک کرد (اعمال رسولان ۱۳: ۱۳) و پولس این کار را ترک خدمت می‌دید (اعمال رسولان ۱۵: ۳۸). پولس و برنابا دربارهٔ اینکه آیا مرقس را در سفر بعدی همراه خود ببرند یا نه «نزاعی سخت» داشتند و از هم جدا شدند (اعمال رسولان ۱۵: ۳۶– ۴۰). اما به نظر می‌رسد که آنها بعدا دوباره همکار شدند (اول قرنتیان ۹: ۶) و نشان دادند که افراد بعد از اختلاف نظرهای جدی هم می‌توانند با هم کار کنند. پولس در اواخر عمرش از زندان در نامه‌ای به تیموتائوس اینطور می‌نویسند: «مرقس را برداشته، با خود بیاور زیرا که مرا به جهت خدمت مفید است» (دوم تیموتائوس ۴: ۱۱). البته مرقس نویسندهٔ دومین انجیل شد و احتمالا برای موعظهٔ انجیل در مصر پیش‌قدم

شـد. و آن ملـت خیلـی زود بـه مرکـز فکـری کلیسـا تبدیـل شـد. ایـن اتفاقـات بـه خوبـی نشان می‌دهنـد کـه چطـور افـرادی کـه در ابتـدا شکسـت می‌خورنـد، می‌تواننـد بازگردنـد و بـا قـدرت مـورد استفاده خـدا قـرار گیرنـد.

سپس در انطاکیـه موقعیت ناراحت کننـده‌ای پیـش آمـد کـه در آن برنابـا و پطـرس از طـرف آنهایـی کـه اهـل ختنـه بودنـد تحـت فشار قـرار گرفتنـد و از معاشـرت بـا امت‌ها کناره‌گیری کردنـد. ایـن کار باعـث شـد تـا پولـس پطـرس در مـلاء عـام سرزنـش کنـد (غلاطیـان ۲: ۱۱- ۱۴). امـا ایـن موقعیـت و اتفاقـات جانبـی آن باعـث شـد تـا پولـس رسالهٔ بی‌نظیـر خـود بـه غلاطیـان را بنویسـد. دوم قرنتیـان (مثـل غلاطیـان) شـامل بیانـات احساسـی و دردنـاک رنـج و انـدوه مثـل مرثیه/شـکایت اسـت. امـا از درد و شـفای آن، بازتابـی بی‌همتـا و دائمـی در مـورد شـکوه و جـلال خدمـت بیـرون آمـد (دوم قرنتیـان ۲: ۱۴– ۶: ۱۳). پولـس بـدون ناامیـدی از افراد و بـدون اینکـه جایـی بـرای تفرقـه در کلیسـا بگـذارد، بـا مشـکلات روبـرو شـد و بـرای پیـدا کـردن راه حلـی بـرای آنهـا تـلاش کـرد.

نکتـه زیبـا ایـن اسـت کـه پـس از هـر یـک از ایـن اشـتباهات، بینش‌هـای شگفت‌انگیزی از ذهـن خـدا پدیـدار شـد. اولیـن کلیسـاهای مسـیحی جوامعـی بودنـد کـه اشـتباهات بسـیاری کردنـد. امـا بـا رویارویـی بـا مشکلات‌شـان بـه جـای پنهـان کـردن آنهـا، بـه خـدا فرصـت دادند تـا عمیقـا بـه آنهـا خدمـت کنـد. نتیجهٔ ایـن کار بینـش الاهیاتـی و همچنیـن تعمیـق در زندگی روحانـی و اجتماعـی بـود. جامعـه‌ای کـه بـا کاستی‌هـای اعضـای خـود دسـت و پنجـه نـرم نمی‌کنـد، همیشـه جامعـه‌ای سـطحی خواهـد بـود.

سپس عهـد جدیـد تصویـری خـام از اولیـن تیم‌هـای شـاگردان ارائـه می‌دهـد. آنهـا و نویسـندگان عهـد جدیـد از بـه زبـان آوردن ضعف‌هـای خـود ترسـی نداشـتند. امـا ایـن عمـل اعتـراف بـه ضعف‌هـا بـا تعالیـم عیسـی مطابقـت دارد. او نشـان داد شخصـی کـه بـه گناهانـش اعتـراف می‌کنـد در ملکـوت بـزرگ اسـت. بیانیهٔ او دربارهٔ ملکـوت بـا چهـار جملـه کـه بـر ارزش شـناخت نیـاز انسـان تاکیـد می‌کنـد، آغـاز می‌شـود. او می‌گویـد مسـکینان در روح، ماتمیـان، حلیمـان، گرسـنگان و تشـنگان عدالـت، افـرادی هسـتند کـه حقیقتـا برکـت می‌یابند

(متـی ۵: ۳- ۶). او داسـتان فریسـی‌ای کـه فکـر می‌کنـد عـادل اسـت و یـک باجگیر گنـاه‌کار را کـه بـرای دعـا بـه معبـد رفته‌انـد تعریـف می‌کنـد. بعـد از اینکـه فریسـی دربـارهٔ وفـاداری‌اش بـه شـریعت خـدا حـرف زد، «باجگیـر دور ایسـتاده، نخواسـت چشـمان خـود را بـه سـوی آسـمان بلنـد کنـد بلکـه بـه سـینه خـود زده گفـت، خدایـا بـر مـن گناهـکار ترحـم فرمـا» (لوقـا ۱۸: ۱۳). بـا ایـن حـال عیسـی گفـت کـه ایـن مـرد اسـت کـه عـادل بـه خانـه مـی‌رود (۱۸: ۱۴). او گفت کـه بزرگ‌ترین‌هـا در ملکـوت آنهایـی هسـتند کـه برمی‌گردنـد کـه خـود را فروتـن می‌سـازند، و مثـل طفـل کوچـک می‌شـوند (متـی ۱۸: ۳-۴).

در کتاب‌مقـدس عیسـی تنهـا کسـی اسـت کـه گنـاه نکـرده، امـا اناجیـل نشـان می‌دهنـد کـه عیسـی هـم گاهـی دچـار کشـمکش می‌شـد. می‌بینیـم کـه او در مـرگ ایلعـازر می‌گریـد (یوحنـا ۱۱: ۳۵). بعـدا زمانـی کـه او دربـارهٔ مـرگ خـود تامـل کـرد، اعتـراف کـرد: «الان جـان مـن مضطـرب اسـت و چـه بگویـم؟ ای پـدر مـرا از ایـن سـاعت رسـتگار کـن. لکـن بـه جهت همیـن امـر تـا ایـن سـاعت رسیده‌ام» (یوحنـا ۱۲: ۲۷).

اناجیـل دسـت و پنجـه نـرم کـردن عیسـی بـا ارادهٔ خـدا در بـاغ جتسـیمانی را پنهـان نمی‌کننـد. متـی می‌گویـد او: «بی‌نهایـت غمگیـن و دردنـاک» بـود (متـی ۲۶: ۳۷)؛ مرقـس می‌گویـد: او «مضطـرب و دلتنـگ» بـود (مرقـس ۱۴: ۳۳). لوقـا در ایـن مـورد از همـه بیشـتر توضیـح می‌دهـد: «پـس بـه مجاهـده افتـاده، بـه سـعی بلیغ‌تـر دعـا کـرد، چنانکـه عـرق او مثـل قطـرات خـون بـود کـه بـر زمیـن می‌ریخـت» (لوقـا ۲۲: ۴۴). دلیـل رنـج او ایـن بـود کـه قبـول خواسـت خـدا (یعنـی تحمـل گنـاه جهـان بـر روی صلیـب) را بـرای خـودش سـخت می‌دانسـت. او اینطـور دعـا کـرد: «ای پـدر اگـر بخواهـی ایـن پیالـه را از مـن بگـردان، لیکـن نـه بـه خواهـش مـن بلکـه بـه ارادهٔ تـو» (لوقـا ۲۲: ۴۲). عیسـی کـه توسـط فرشـته تقویـت شـده بـود، چنـان پیروزمندانـه بـه سـوی صلیـب رفـت کـه افـرادی کـه بـرای دسـتگیری او آمـده بودنـد وقتی خـودش را بـه آنهـا معرفـی کـرد «برگشـته، بـر زمیـن افتادنـد» (یوحنـا ۱۸: ۶).

آیـا مـا هـم اغلـب از کاری کـه می‌دانیـم بایـد انجـام دهیـم طرفـه نمی‌رویـم؟ اعتـراف صادقانـهٔ

عیسی به خدا دربارهٔ احساساتش ما را تشویق می‌کند تا ترس‌های‌مان را به زبان بیاوریم. و زمانی که این کار را انجام می‌دهیم، افراد دیگر جامعه نباید ما را قضاوت کنند، بلکه باید با ما همدردی کنند و ما را یاری دهند تا تشویق به اطاعت شویم. به زبان آوردن نیازهای‌مان محرک کار خدا برای تقویت ما برای چالش‌های سختی است که داریم. افرادی که هرگز ترس خود را ابراز نمی‌کنند، گاهی اوقات به این دلیل که با مشکل دست و پنجه نرم نکرده‌اند و همچنین به این دلیل که کسی را ندارند که آنها را در زمان نیاز تشویق کند، نافرمانی می‌کنند.

بنابراین یک تیم سالم اعضایش را تشویق می‌کند تا نسبت به خطاها و ترس‌های‌شان باز باشند. تمایل آنها به خدا و اعتقادشان به کافی بودن فیض، ایشان را ترغیب می‌کند که بدون ترس به گناه و مشکلات مقابله کنند و به دنبال خدا باشند تا از آن برای خلوص، تعلیم و تعمیق جامعه استفاده کنند. اجتماعی که با مشکلات به صورت باز و کتاب‌مقدسی برخورد می‌کند به اجتماعی با روحانیت عمیق تبدیل می‌شود، زیرا خدا قادر است از طریق کشمکشی که برای حل مشکلات صورت می‌گیرد حقایق عمیق خود را به آنها تعلیم دهد و به ایشان خدمت کند.

حالا زمان این است تا به شما بگویم که این رشته افکار چطور با مطالعهٔ من در مورد نحوهٔ خدمت به معتادان مواد مخدر ایجاد شد. چیزی که می‌خواندم این بود که افراد وابسته به مواد مخدر زمانی به مواد متوسل می‌شوند که در برخورد با آنچه که نویسنده آن را «احساسات سنگین» می‌نامد مشکل دارند. احساسات سنگین شامل خشم، دلسردی، درد، غم، پشیمانی، و حسادت است.[۱۰] این احساسات موقعیتی را نشان می‌دهد که می‌توان با واکنش‌ها و روابط مناسب با آن برخورد کرد. اما افراد برداشتن این قدم را بسیار دردآور و ترسناک می‌بینند، و برای رهایی سریع‌تر استفاده از مواد را ترجیح می‌دهند.

اکثر برنامه‌های بازپروری در تلاش خود برای کمک به افراد وابسته به مواد مخدر از

فعالیت‌های گروهی و درمانی استفاده می‌کنند تا از روند بازگشت به مواد مخدر اجتناب شود. شرکت کنندگان عضوی از گروه می‌شوند و در این گروه آنها روح خود را آشکار می‌کنند و بدون اینکه طرد شوند، دردها و ترس‌هایشان را بیان می‌کنند. امید این است که از این طریق آنها یاد بگیرند که به جای متوسل شدن به مواد مخدر از روابط و واکنش‌های مثبت و مفید در هنگام احساس ناراحتی استفاده کنند. بسیاری از برنامه‌های بازپروری معتادینی که ترک کرده‌اند یا در حال ترک هستند را به عنوان اعضای این گروه‌ها به کار می‌گیرند. ایشان افراد رنج کشیده هستند؛ و افرادی که دربارهٔ افکار وحشتناکی که از ذهن‌شان می‌گذرد حرف می‌زنند را درک می‌کنند و دست رد به سینهٔ آنها نمی‌زنند.

بسیاری از کارکنان بازپروری مواد مخدر از تلاش برای ادغام اعضای خود در گروه‌های خارج از بازپروری ناامید شده‌اند، چون احساس می‌کنند مسیحیانی که در این گروه‌ها هستند تلاشی برای درک این افراد انجام نمی‌دهند. تلاش برای دانستن اینکه آنها در چه شرایطی هستند خارج از حوصله‌شان است. به همین دلیل، زمانی که افراد معتاد دربارهٔ مشکلات‌شان حرف می‌زنند، احساس می‌کنند که از طرف دیگران مورد قضاوت قرار می‌گیرند، آسیب می‌بینند، و از گروه بیرون می‌روند. به همین دلیل، برخی از سازمان‌های خدمتی کلیسای خود را تأسیس می‌کنند که تقریبا منحصر به افراد معتاد بهبود یافته و یا در حال بهبود است. معتقدم که باید واقعا سخت تلاش کنیم تا این افراد را در کلیساهای معمولی جا بدهیم. و همزمان می‌توانیم گروه‌های کوچکی برای آنها تشکیل بدهیم که در آنها این افراد بدانند که به جای قضاوت و طرد شدن، درک خواهند شد.

فکر می‌کنم که خادمین مسیحی هم با شرایط مشابهی مواجه هستند. آنها مشکلات خاصی دارند، و به نظر می‌رسد که کسی آنها را درک نمی‌کند. از آنها انتظار می‌رود به افرادی که رنج می‌کشند کمک کنند، اما زمانی که خودشان رنج می‌کشند جایی برای رفتن ندارند. اگر آنها مشکلات‌شان را با مسیحیان دیگر در میان بگذارند، این افراد

چنان متحیر یا ناراحت می‌شوند که ممکن است به خدمت آسیب برسانند.

کارکنان بازپروری از فرستادن اعضای‌شان به کلیساهای معمولی می‌ترسند، چون آنها با طرد شدگی مواجه می‌شوند. به همین شکل خادمین مسیحی از درمیان گذاشتن مشکلاتشان با گروهی که در آن عضو هستند می‌ترسند، چون تجربه‌های دردناکی از طرد شدن با انجام این کار دارند. ما به گروه‌هایی نیاز داریم که در آن خادمین مسیحی بتوانند بدون ترس دربارۀ مشکلات‌شان حرف بزنند – گروهی که ایشان در آن مسئولیت‌پذیر هستند. معتقدم که این گروه‌ها باید چنان الاهیات قوی‌ای از فیض و ناله داشته باشند که بتوانند با آنچه که من «زندگی صادقانه» می‌خوانم تطابق بیابند.

مسئولیت‌پذیری برای خادم مسیحی

یک «مرد جدی» در بتدای زندگی مسیحی‌جان وسلی از او پرسید: «آقا، آیا می‌خواهید که به خدا خدمت کنید و به بهشت بروید؟ یادتان باشید نمی‌توانید فقط به او خدمت کنید. به همین دلیل باید همراهانی پیدا کنید یا آنها را ایجاد کنید.» این همان چیزی است که امروز من تمام خادمین مسیحی را به انجام آن وا می‌دارم. همراهانی پیدا کنید، و اگر نمی‌توانید آنها را پیدا کنید، آنها را ایجاد کنید. وسلی از این توصیه برای خودش و جنبش متودیست که موسس آن بود، استفاده کرد.

وسلی زندگی اجتماعی‌ای را پرورش داد که چهار گروه مختلف داشت. اولین «جامعه» بود که معادل جماعت مدرن است. در آنجا کتاب‌مقدس را تعلیم می‌دادند و پرستش انجام می‌شد. گروه بعدی «اجتماعی» بود که گروهی محله‌ای بود و از دوازده نفر از اهالی همان منطقه تشکیل می‌شد. و گروهی ناهمگون شامل زنان و مردان، افراد مجرد و متاهل و رده‌های سنی مختلف بود. وظیفۀ این گروه این بود که تعالیمی را که در جلسات جامعه دیده بودند در زندگی روزمرۀ خود بکار بگیرند. چهارمین «گروه اختصاصی» بود، که متشکل از گروهی از افراد با هدفی مشترک بود، که با هم ملاقات

می‌کردند تا به آن به آن هدف برسند. به طور مثال برای افراد مرتدی که به دنبال احیا و برای مسیحیانی که به دنبال تقدس کامل بودند، گروه‌هایی وجود داشت.

سومین گروه که وسلی آن را «اتحاد» نامید و معادل گروه مسئولیت‌پذیر است بیشترین اهمیت را برای این مبحث دارد. این یک گروه همگن بود و گروه‌ها بر اساس جنس، سن و وضعیت تاهل تقسیم شدند. با محدود کردن گروه‌ها به این شکل، وسلی می‌توانست اعضا را تشویق کند تا مسائل خصوصی زندگی‌شان را با دیگران در میان بگذارند. در «قوانین گروه‌های اتحاد» وسلی آمده است که: «طراحی جلسات ما برای اطاعت از این فرمان خداست، ‹نزد یکدیگر به گناهان خود اعتراف کنید و برای یکدیگر دعا کنید تا شفا یابید› (نامۀ یعقوب ۵: ۱۶).» وسلی فهرستی از شش کاری که باید در این جلسه انجام شود را تهیه کرد که دو مورد آن برای ما اهمیت خاصی دارند:

۴. تا وضعیت واقعی روحمان را، همراه با خطاهایی که در فکر، گفتار و عمل مرتکب شده‌ایم و وسوسه‌هایی که از آخرین ملاقاتمان تجربه کرده‌ایم، به ترتیب، آزادانه و صریح برای یکدیگر بیان کنیم....

۶ تا از یکی از افراد جمع بخواهیم ابتدا وضعیت خود را بیان کند، و سپس از بقیه افراد به ترتیب دربارۀ وضعیت، گناهان و وسوسه‌های‌شان، هر چقدر که ممکن است سوالات بسیار و دقیق بپرسیم.[۱۱]

معتقدم که تمام خدمت‌گزاران باید بخشی از گروه وسلی باشند - گروهی از افراد که ایشان به آنها پاسخگو هستند. امروزه تمایلی در میان راهبران مسیحی وجود دارد که اعضای گروه‌هایی که نسبت به آنها مسئول هستند را از میان افرادی انتخاب کنند که با آنها همکاری مستقیم ندارند. اگر اعضای مختلف گروه بتوانند صریح باشند و یکدیگر را با نقاط ضعف، گناهان و مسائل چالش‌برانگیز دیگر رو به رو کنند، این موضوع می‌تواند موثر باشد. مشکل چنین گروهی این است که اعضا در محیط طبیعی‌ای که

در آن کار می‌کنند یکدیگر را نمی‌بینند.

آنهایی که با هم زندگی یا کار می‌کنند می‌توانند ببینند که واقعا در زندگی‌های‌شان چه اتفاقی می‌افتد. با توجه به تمایل طبیعی ما به منطقی جلوه دادن عیوب‌مان و پنهان کردن برخی از حقایق هنگام گفتن ضعف‌های خود به دیگران، این می‌تواند چیز ارزشمندی باشد. ما می‌توانیم به گروهی که نسبت به آن پاسخگو هستیم یک تصویر غیر واقعی ارائه بدهیم، و آنها هیچ راهی ندارند که بفهمند ما آیا ما تمام ماجرا را گفته‌ایم یا خیر. هیئت‌هایی که اعضای آن‌ها به طور فعال در یک خدمت مشارکت ندارند، از این عیب رنج می‌برند. معمولا تنها کارمند هیئت، راهبر است و چیزی که اعضا در جلسات می‌شنوند نظرات راهبر دربارهٔ مسائل است.

همچنین، افراد دیگر ممکن است نقاط ضعفی را مشاهده کنند که خود شخص به آنها پی نمی‌برد. افرادی که با هم کار می‌کنند موقعیت بهتری دارند تا یکدیگر را تحت نظر داشته باشند و نقاط قوت و ضعف هم را ببینند.

به دلایل بالا من فکر می‌کنم که یک گروه ایده‌آل که نسبت به آن پاسخگو هستیم از اعضای آن گروه تشکیل می‌شود. این گروهی از نوع همان گروهی است که عیسی با دوازده شاگردش تشکیل داد. می‌دانم که امروزه بسیاری از کشیشان و خادمین مسیحی در کلیسا و سازمان‌های‌شان افرادی را ندارند که بتوانند آنچه که در اعماق افکارشان می‌گذرد را با آنها در میان بگذارند. معتقدم که آنها باید برای ساخت چنین تیمی دعا و کار کنند؛ آنها باید دوستانی بیابند. و راه انجام این کار سرمایه‌گذاری روی افراد است، درست همانطور که عیسی روی شاگردانش سرمایه‌گذاری کرد. دربارهٔ این موضوع در دو فصل بعدی صحبت خواهیم کرد.

فکر می‌کنم افرادی که سابقهٔ دوستی طولانی با هم دارند هم می‌توانند گروه پاسخ‌گویی خوبی را تشکیل بدهند. حتی اگر با هم کار نکنند، در طول سال‌ها ارتباط

بی‌آلایشی با هم ساخته‌اند که پاسخگویی را ممکن می‌سازد. فریب دادن افرادی که شما را خیلی خوب می‌شناسند کار سختی است. آنها ضعف‌های شما را می‌شناسند و به همین دلیل زمانی که در تلاش برای کمک به شما هستند، حواس‌شان جمع است. گروه‌های موثر اینچنینی را دیده‌ام که از افرادی تشکیل شده که در کلیسای‌شان در گروه جوانان به یکدیگر خدمت کرده‌اند. آنها دیگر جوان نیستند، اما در زمان جوانی پیوند عمیقی در میان آنها شکل گرفته و همین، چنین امکانی را فراهم کرده که در زمان بزرگسالی هم بتوانند به یکدیگر کمک کنند.

به‌طور ایده‌آل، کشیش‌ها می‌توانند خدمت‌گزاران دیگر از فرقه یا سازمان خود که در منطقه فعالیت می‌کنند را به عنوان گروه پاسخگویی داشته باشند.. این همان کاری است که جان وسلی با واعظین خود کرد. اما متاسفانه امروزه بسیاری از مسیحیان از صحبت کردن دربارهٔ مشکلات‌شان با همکاران خود می‌ترسند، چون نمی‌توانند مطمئن باشند که شنوندگان از این اطلاعات به شکلی استفاده نمی‌کنند که به آنها آسیب برساند. تنها چیزی که دربارهٔ این موضوع می‌توانم بگویم این است که چنین موضوعی یک تراژدی وحشتناک است. مطمئنا عیسی نمی‌خواهد که راهبران کلیسایش چنین برخوردی نسبت به هم داشته باشند. ما باید برای اصلاح این وضعیت دعا و تلاش کنیم.

امروز شاهد هستیم که کشیش‌ها و خادمین مسیحی همفکری که به سازمان‌های مختلف تعلق دارند اما در یک منطقهٔ جغرافیایی خدمت می‌کنند، برای دعا و معاشرت گرد هم می‌آیند. این یک پیشرفت عالی است و باید همه جا وجود داشته باشد. برخی از این گروه‌ها به مکانی برای این خادمین تبدیل شده‌اند که می‌توانند روی آنها حساب کنند. این هم بسیار خوب است، مخصوصا اگر این خادمین افرادی را در گروه خودشان ندارند که با آنها دوستی کنند. اما به دلایلی که در بالا اشاره کردیم، این ساختار پاسخگویی ایده‌آل نیست. در حالی که چنین خادمینی باید به ملاقات یکدیگر ادامه دهند، همچنین باید روی ایجاد دوستان قابل اعتماد در سازمان خدمتی

خــود کار کننــد.

مــن دو گــروه دارم کــه بــه طــور جــدی بــه آنهــا پاسـخگو هسـتم. می‌گویــم «بــه طــور جــدی» چــون گروه‌هــای دیگــری هــم هسـتند کــه بــه آنهــا پاسـخگو هسـتم، مثــل تیــم راهبــری در کلیسـا. در واقــع در سـفرهای خدمتــی‌ام، کلیسـا یــا گروهــی را کــه در یــک زمــان معیــن بــا آنهــا خدمــت می‌کنــم، گروهــی می‌دانــم کــه در برابــر آن پاسـخگو هسـتم.

امــا بــرای کمــک گرفتــن در بسـیاری از تصمیمــات شـخصی و کارهــای زندگــی‌ام، بــه ســراغ آن دو گــروه اصلــی می‌روم. اولیــن گــروه شـامل پنــج دوسـت اسـت کــه بــا هــم در جوانــان بــرای مسـیح کار می‌کردنــد. مــا بیشـتر از ســی و پنــج ســال اسـت کــه دوسـتان نزدیکــی هسـتیم. دو نفــر از آنهــا همــکار قدیمــی در جوانــان بــرای مسـیح هسـتند و حــالا در ســازمان‌های خدمتــی دیگــری مشـغول هسـتند. یکــی هنــوز در جوانــان بــرای مسـیح کار می‌کنــد، و یــک نفــر دیگــر هــم در بیسـت و شــش ســالی کــه در جوانــان بــرای مسـیح خدمــت کــردم رییــس هیئــت مدیــره‌ام بــود. همــهٔ پنــج نفــر، از اعضــای هیئــت مدیــره در جوانــان بــرای مسـیح هسـتند. مــا ماهــی یــک بــار ملاقــات داریــم.

گــروه دیگــر شـامل راهبــران مــن در جوانــان بــرای مسـیح اسـت، و مــا معمــولا هــر دو هفتــه یــک بــار همدیگــر را ملاقــات می‌کنیــم. اعضــای ایــن گــروه بسـیار از مــن جوان‌تــر هسـتند، امــا بــا آنهــا از نزدیــک کار می‌کنــم، و بــه همیــن دلیــل از جهاتــی مهم‌تریــن گــروه در زندگــی‌ام هسـتند.

وقتــی یکدیگــر را می‌بینیــم ایــن سـوالات را از هــم می‌پرسـیم (کــه از یــک فهرسـت بلنــد سـوالات کــه همــکارم از یــک وب سـایت پیــدا کــرده بــود انتخــاب کردیــم).[۱۲] سـوالات بیشـتر مناسـب آقایــان اسـت، امــا فکــر می‌کنــم راهنمــای خــوب بــرای بانوانــی کــه می‌خواهنــد چنیــن گروهــی تشـکیل دهنــد باشــد.

۱. آیا به طور منظم با خدا وقت گذرانده‌ای؟

۲. آیا راستی و تمامیت وجودی خود را به هر شکلی به خطر انداخته‌اید؟

۳. آیا فکرتان پاک بوده است؟

۴. آیا مرتکب گناه جنسی شده‌اید؟

۵. آیا خود را در یک موقعیت نامناسب با یک زن قرار داده‌اید؟

۶. چه کار مهمی را برای همسر و/یا خانواده‌تان انجام داده‌اید؟

۷. آیا این هفته دربارهٔ ایمان‌تان با کسی صحبت کرده‌اید؟ اگر بله، چطور؟

۸. آیا دربارهٔ تمام موضوعاتی که صحبت کرده‌ایم صادق بودید؟

نمی‌توانم به اندازهٔ کافی توضیح بدهم که این گروه‌ها چقدر مفید بودند. ما برای ضعف‌های‌مان دعا می‌کنیم. دربارهٔ کشمکش‌ها و چالش‌ها، شادی‌ها و ناامیدی‌های‌مان صحبت می‌کنیم. دربارهٔ فرزندان‌مان حرف می‌زنیم و برای آنها دعا می‌کنیم. گاهی دربارهٔ الاهیات و سیاست صحبت می‌کنیم. بعد از هر سفر خارجی‌ام گزارشی دربارهٔ رفتارم به آنها ارائه می‌دهم. آنها نقاط آسیب‌پذیر زندگی مرا می‌دانند، و من دربارهٔ آن نقاط به آنها گزارش می‌دهم. و دفعات بسیاری حکمت این دوستان مرا از انجام کارهای احمقانه نجات داده است.

باید چیزی دربارهٔ تیم‌هایی که هم زنان و هم مردان در آنها حضور دارند بگوییم. قطعاً این امکان برای چنین تیم‌هایی وجود دارد که از دوستی و بیشتر برکات زندگی تیمی برخوردار شوند. تنها حوزه‌ای که باید در آن احتیاط کنند، اشتراک‌گذاری جزئیات خصوصی است که می‌تواند باعث ایجاد پیوندهای عاطفی ناسالم بین اعضای جنس مخالف شود. چیزی که دیده‌ام این است که اگر زنان در چنین تیم‌هایی در اقلیت باشند، اغلب دربارهٔ برخی از کشمکش‌های خصوصی که نمی‌توانند در مقابل مردان تیم در مورد آن صحبت کنند، حرف نمی‌زنند. راهبران باید مطمئن شوند که به زنان هم به طور مساوی خدمت می‌کنند. وقتی زنی یک مشکل خصوصی دارد، معمولا اول با او یک قرار ملاقات می‌گذارم و بعد یکی از این سه کار را انجام می‌دهم: ممکن است

همراه همسرم با او ملاقـات کنـم؛ ممکن از همسـرم بخواهـم او را ملاقـات کند؛ ممکن است او را بـه دسـت یـک زن قابـل اعتمـاد می‌سـپارم. این‌هـا موقعیت‌هایـی هسـتند کـه بایـد از عقده‌های مسـیحی خـود عبـور کنیـم و ایـن واقعیـت را بپذیریـم کـه دیگـران در کمـک بـه ایـن افـراد بهتـر از مـا عمـل خواهنـد کـرد.

اساسنامهٔ گـروه هـر چـه باشـد، یـک نفـر در گـروه بایـد مسـئول اطمینـان از برگـزاری منظـم گـروه باشـد. اکثـر خدمت‌گـزاران مطالبـات فـوری‌ای خـود دارنـد کـه بـه راحتـی می‌تواننـد از ایـن جلسـات چشم‌پوشـی کننـد. در نبـرد دیرینـه بیـن موضـوع فـوری و مسـئلهٔ مهـم، پیـروزی زمانـی حاصـل می‌شـود کـه شـخص فعالـی وجـود داشـته باشـد کـه مطمئـن شـود جلسـه برگـزار می‌شـود.

قبـل از اینکـه ایـن فصـل را تمـام کنـم، بایـد بگویـم بـرای مـا کـه متاهل هسـتیم، همسـران‌مان مهم‌تریـن شـریکان مـا بـرای پاسخگویـی هسـتند. ایـن رابطـه‌ای اسـت کـه بایـد پـرورش داده شـود، و مثـل هـر رابطـهٔ دیگـری زمـان می‌بـرد. کمتـر چیـزی بـه انـدازهٔ زمانـی کـه یـک خـادم مسـیحی متاهـل بـدون عجلـه صـرف صحبـت بـا همسـر خـود می‌کنـد، در زندگـی اهمیـت دارد. خادمیـن مسـیحی‌ای کـه آنقـدر مشـغول هسـتند کـه نمی‌تواننـد بـا همسران‌شـان صحبت‌هـای طولانـی داشـته باشـند، در واقـع بیـش از حـد مشـغول هسـتند.

امثـال سلیمان ۲۴: ۱۸ می‌گویـد: «کسـی کـه دوسـتان بسـیار دارد خویشـتن را هـلاک می‌کنـد، امـا دوسـتی هسـت کـه از بـرادر چسـبنده‌تر می‌باشـد.» مـا در «حرفـهٔ مـردم» هسـتیم. بـه همیـن دلیـل، شـغل مـا مسـتلزم ایـن اسـت کـه آشـنایان زیـادی داشـته باشـیم. امـا حتـی اگـر اینطـور هـم باشـد، می‌توانیـم تنهـا باشـیم. و همانطـور کـه ایـن آیـه بـه مـا هشـدار می‌دهـد، مـا می‌توانیـم زندگی‌مـان را نابـود کنیـم. باشـد کـه همـهٔ مـا دوسـتانی پیـدا کنیـم کـه از یـک بـرادر هـم بـه مـا نزدیک‌تـر باشـد.

شاگردسازی راهبران جوان‌تر

در فصل قبل دیدیم که عیسی با شاگردانش در قالب یک تیم کار کرد. در زمانی که با آنها سپری کرد، ایشان را پرورش و تعلیم داد و دید که به مبشرین بالغ و تاثیرگذار انجیل تبدیل شدند. من کار راهبران مسیحی‌ای که به مسیحیان دیگر کمک می‌کنند تا به شاگردان مسیح تبدیل شوند را خدمت شاگردسازی می‌نامم. راهبری را که مراقب کارآموز خود است را شاگردساز و کارآموز را شاگرد می‌نامم. کلمهٔ شاگردساز و شاگرد (که متضاد استاد و شاگرد است) به این حقیقت اشاره می‌کند که ما برای مسیح شاگردسازی می‌کنیم و نه برای خودمان. رابرت کلمن خدمت شاگردسازی برای مسیح را «برنامهٔ استاد برای بشارت می‌نامد»، که عنوان کتاب بی‌نظیر و کلاسیک او دربارهٔ این موضوع است.[1]

همانطور که در فصل قبلی دیدیم، راهبران کلیسای عهد جدید هم، استراتژی پرورش از طریق شاگردسازی را در پیش گرفتند. پولس همیشه با دستیاران وفاداری مثل تیموتائوس و تیتوس که آنها را «فرزندان» خود می‌نامید، سفر می‌کرد. او شش بار برای تیموتائوس، و یک بار برای تیتوس و فیلمون از واژهٔ محبت‌آمیز یونانی «تکنُن»[2]، استفاده کرد که «اصطلاحی برای نشان دادن محبت»[3] است. محبت زیادی نسبت به این افراد در دل او وجود داشت، و این آیه از تیموتائوس شاهد بر آن است: «چونکه دائما در دعاهای خود تو را شبانه روز یاد می‌کنم، و مشتاق ملاقات تو هستم چونکه اشک‌های تو را بخاطر

می‌دارم تا از خوشـی سـیر شـوم» (دوم تیموتائـوس ۱: ۳-۴). رابطهٔ او بـا تیموتائـوس بسـیار صمیمانـه بـود و آنقـدر بـه او اعتمـاد داشـت کـه دربـاره‌اش اینطـور بگویـد: «فرزنـد محبـوب من و امیـن در خداونـد تـا راه‌هـای مـرا در مسـیح بـه یـاد شـما بیـاورد، چنانکـه در هـر جـا و در هـر کلیسـا تعلیـم می‌دهـم» (اول قرنتیـان ۴: ۱۷). پولـس خدمـت عمومـی گسـترده‌ای داشـت، امـا بـا ایـن حـال از خدمـت شاگردسازی خادمیـن جوان‌تر غفلـت نکـرد. پطـرس در (اول پطرس ۵: ۱۳؛ واژهٔ یونانـی هوئی‌یـوس) مرقـس را فرزنـد خـود می‌خوانـد، و اشـاره می‌کنـد کـه بامـرد جـوان رابطهٔ شاگردسـاز – شـاگردی دارنـد.

ایـن موضـوع آنقـدر گسـترده اسـت کـه می‌تـوان درباره‌اش کتـاب نوشـت. و اگـر کسـی بـه دنبـال چنیـن کتابـی اسـت مـن کتـاب رابـرت کلمـن را پیشـنهاد می‌کنـم. بـا توجـه بـه محدودیت‌هـای ایـن کار، تصمیـم گرفتـم از دعـای عیسـی بـرای شـاگردان در یوحنـا ۱۷: ۱-۲۶ استفاده کنـم زیرا ایـن بـاب بـه خوبـی نشـان می‌دهـد کـه او چقـدر بـه آن‌هـا اهمیـت می‌داد و چطـور شاگردسـازی می‌کـرد. ایـن بـاب طولانی‌تریـن دعـای ثبـت شـدهٔ عیسـی اسـت، و می‌تـوان آن را بـه چهـار بخـش تقسـیم کـرد. در ابتـدا او بـرای جـلال خـودش دعـا می‌کنـد (۱۷: ۱-۵)؛ سپس بـرای شـاگردانش دعـا می‌کنـد (۱۷: ۶-۱۹)؛ بعـد بـرای آنهایـی کـه بـه او ایمـان دارنـد (۱۷: ۲۰-۲۳)؛ و در آخـر دوبـاره بـرای شـاگردان دعـا می‌کنـد (۱۷: ۲۴-۲۶). از بیسـت و شـش آیـه در ایـن دعـا، هفـده آیـه دعـا بـرای شـاگردان اسـت.

در اینجا بـه طـور خـاص بـه آیـات ۶-۱۹ می‌پردازیـم. ایـن قسـمت از ایـن بـاب شـکل اهمیت دادن عیسـی بـه شـاگردان را نشـان می‌دهـد، و الگویـی از والدگـری روحانـی ارائـه می‌کنـد. و همچنیـن اصـول بسـیار مفیـدی دربـارهٔ اینکـه والدیـن چطـور بایـد بـه فرزنـدان خـود اهمیـت دهنـد در اختیـار مـا می‌گـذارد. در واقـع، معتقـدم چندیـن اصـل در اینجـا وجـود دارد کـه بـه راهبـران در موقعیت‌هـای غیـر روحانـی هـم کمـک می‌کنـد. در ایـن فصـل و فصـل بعـدی، نـه ویژگـی والدگـری روحانـی را خواهیـم دیـد.

عیسی خدا را آشکار کرد

عیسی این بخش را اینطور آغاز می‌کند، «اسم تو را به آن مردمانی که از جهان به من عطا کردی ظاهر ساختم» (یوحنا ۱۷: ۶). در اینجا «اسم تو» نشان دهندهٔ ذات خداست. شاگردان از طریق عیسی متوجه شدند که خدا کیست. او همین موضوع را در آیهٔ ۲۶ تکرار می‌کند: « اسم تو را به ایشان شناسانیدم و خواهم شناسانید تا آن محبتی که به من نموده‌ای در ایشان باشد و من نیز در ایشان باشم.» عیسی این دانش را از طریق زندگی و تعالیمش به دیگران منتقل می‌کرد.

آشکار کردن خدا از طریق زندگی‌اش

در یوحنا جملات بسیاری را می‌بینیم که نشان می‌هد عیسی با زندگی خود خدا را به شاگردانش آشکار کرد. یوحنا می‌گوید: «خدا را هرگز کسی ندیده است؛ پسر یگانه‌ای که در آغوش پدر است، همان او را ظاهر کرد (یوحنا ۱: ۱۸). عیسی می‌گوید: «کسی که مرا دید فرستنده مرا دیده است» (یوحنا ۱۲: ۴۵؛ نک ۱۴: ۹). او می‌گوید وقتی صحبت می‌کند در واقع خداست که حرف می‌زند: «سخن‌هایی که من به شما می‌گویم از خود نمی‌گویم، لکن پدری که در من ساکن است، او این اعمال را می‌کند» (یوحنا ۱۴: ۱۰).

حالا مشخصا ما نمی‌توانیم همانطور که عیسی تصویر خدا بود، تصویر خدا باشیم. اما خوانده شده‌ایم تا خدا را در زندگی‌مان نشان دهیم. عیسی می‌گوید: «بگذارید نور شما بر مردم بتابد تا اعمال نیکوی شما را دیده، پدر شما را که در آسمان است تمجید نمایند» (متی ۵: ۱۶). پولس به ما می‌گوید که باید با تصویر مسیح مطابقت داشته باشیم (رومیان ۸: ۲۹؛ دوم قرنتیان ۳: ۱۸).

جان سلوین، اسقف مبشر در ملانزی (نام ناحیه‌ای است که از کناره غربی اقیانوس

آرام شرقی تا دریای آرافورا در شمال و شمال شرقی استرالیا ادامه دارد – مترجم) پسری از وحشی‌ترین جزایر دریای جنوب را تعلیم می‌داد. یک روز اسقف باید او را به خاطر لجبازی و خیره‌سری تادیب می‌کرد. پسر خشمگین شد و مشتی به صورت اسقف زد. او چیزی نگفت و آرام از آنجا دور شد. رفتار پسر هر روز بدتر می‌شد و سرانجام به دلیل اصلاح ناپذیری به جزیره‌اش برگشت.

سال‌ها بعد، یک مبشر برای عیادت از یک مریض به آن جزیره دعوت شد. او دانشجوی قدیمی اسقف سلوین بود و می‌خواست قبل از مرگش تعمید بگیرد. مبشر از او پرسید می‌خواهی چه اسمی داشته باشی. مرد در حال مرگ گفت: «اسم مرا جان سلوین صدا بزنید چون وقتی به او مشت زدم، به من آموخت که مسیح چطور بود.»⁴

عیسی دعای خود را اینطور تمام می‌کند: «اسم تو را به ایشان شناسانیدم و خواهم شناسانید تا آن محبتی که به من نموده‌ای در ایشان باشد و من نیز در ایشان باشم» (یوحنا ۱۷: ۲۶). به نظر می‌رسد که او نشان می‌دهد که آنها محبت خدای پدر را از طریق محبت عیسی درک و تجربه کرده‌اند. به همین ترتیب ما هم می‌توانیم با محبت والد گونهٔ خود به مردم کمک کنیم تا محبت خدای پدر را درک کنند. برای بیشتر افراد، چون تجربهٔ خوبی از محبت پدر زمینی خودشان نداشته‌اند قبول پدری خدا سخت است. زخم‌های درونی آنها آنقدر ایشان را بی احساس کرده که محبت متعهدانه‌ای که به رابطهٔ بین پدر و فرزند شکل می‌بخشد، نمی‌پذیرند. آنها برای محافظت از خود در برابر آسیب بیشتر، ممکن است در برابر امکان اعتماد به کسی که بخواهد مثل یک پدر آنها را دوست داشته باشد، مقاومت کنند.

شاید یکی از راه‌هایی که آنها می‌توانند عشق پدری خدا را درک کنند، تجربهٔ عشق والدینی از پدر یا مادر روحانی باشد. از این طریق آنها به این نتیجه می‌رسند که واقعا دوست‌داشتنی هستند. و این ذهن آنها را به این فکر باز می کند که خدا آنها را به این شکل عمیقا متعهدانه دوست دارد. وقتی به موضوع باور پیدا کنند، می‌توانند

زندگی‌شان را بـرای قبـول و تجربـهٔ محبـت خـدا بـاز کنند.

امـروز در جامعـه و کلیسا بحـران رابطـه وجـود دارد، و مـن بـه عنـوان کسـی کـه بـا جوانـان کار می‌کنـد بـه طـور خـاص ایـن موضـوع را می‌بینـم. جوانـان راهبـران خـود را از نظـر عمـل بـه آنچـه کـه موعظـه می‌کننـد چنـان غیرقابـل اعتمـاد می‌داننـد کـه دیگـر بـه کسـی اعتمـاد ندارنـد. نتیجـه ایـن اسـت کـه تقـدس بـه یـک موضـوع بـی ارزش بـرای آنهـا تبدیـل شـده اسـت. آنهـا راهبـران نامقـدس را دیده‌انـد کـه ملت‌هـا را در مسـیر شـکوفایی اقتصـادی قـرار می‌دهنـد و بـه ایـن احسـاس رسـیده‌اند کـه اگـر یـک راهبـر کشـوری را بـه چنیـن رفاهـی برسـاند، آن شخـص حتـی اگـر رفتـارش غیراخلاقـی باشـد راهبـر خوبـی اسـت.

میلیون‌هـا طرفـدار از سراسـر جهـان از معلمینـی در هنـد پیـروی می‌کننـد کـه رفتـار شخصـی آنهـا از نظـر اخلاقـی رسـواکننده بـوده اسـت و مـن از ایـن واقعیـت متعجب هستم.[5] و بعـد متوجه شـدم کـه اخلاقیـات بـرای بسـیاری از افـراد مسئلـهٔ مهمـی نیسـت. ایـن اسـاتید قدرت‌هـای معجزه‌آسـا دارنـد، و ایـن همـان چیـزی اسـت کـه افـراد از آنهـا می‌خواهنـد. در واقع، معنویـت تقریبـا منحصـرا بـه عنـوان قـدرت تعریـف شـده اسـت - قـدرت بـر اضطـراب، آینـده، بیمـاری، فقـر و غیـره. افـراد راهبرانـی را دنبـال می‌کننـد کـه می‌تواننـد بـه آنهـا ایـن قـدرت را ببخشـند، حتـی اگـر اخلاقیـات آن راهبـر ضعیـف باشـد. بنابرایـن محبوبیـت معنویت‌گرایـان، جادوگـران، روان خوان‌هـا، معلمیـن و امثـال ایـن افـراد در حـال افزایـش اسـت. همچنیـن اخیـرا مـوارد تاسـف‌باری از شکسـت اخلاقـی جـدی در میـان مبشـرین برجستـهٔ مسیحـی کـه عطایـای معجـزه آسـایی را در خدمـت خـود بـه نمایـش گذاشتـه‌اند، اتفـاق افتـاده اسـت.

امـا در مسیحیت کتاب‌مقدسـی قـدرت بـدون تقـدس بـی اسـتفاده و غیر قابـل قبـول اسـت (اول قرنتیـان ۱۳: ۱–۳). خـدای کتاب‌مقدس ماننـد خدایـان دیگـر نیسـت کـه بـه ظاهـر می‌تـوان بـا انجـام آیین‌هـای جادویـی خـاص آن‌هـا را خشـنود و از آن‌هـا لطـف دریافـت کـرد. خـدای کتاب‌مقدس یـک خـدای مقدس اسـت، کـه خواهـان تعهـد کامـل از طـرف افـراد در تمـام قسـمت‌های زندگـی اسـت. بنابرایـن، در مذهـب کتاب‌مقدسـی تقـدس آنقـدر مهـم اسـت کـه تمـام موفقیت‌هـای مـا بـدون آن بـی‌ارزش اسـت. تقـدس یکـی از شـروط اولیـه بـرای

راهبـری اسـت. بـه همیـن دلیـل اسـت کـه در فهرسـتی کـه پولـس بـه تیموتائـوس می‌دهـد و در آن بـه پانـزده شـرط بـرای سرپرسـتی اشـاره می‌کنـد (اول تیموتائـوس ۳: ۲-۷)، تنهـا یـک شـرط مربـوط بـه توانایـی می‌شـود («راغـب بـه تعلیـم باشـد»). باقـی شـروط دربارۀ شخصیـت، اعتبـار، بلـوغ، و زندگـی خانوادگـی اسـت. تمـام این‌هـا شـروط زندگـی خداپسـتدانه هسـتند.

بعـدا پولـس بـه تیموتائـوس هشـدار می‌دهـد، کـه دربارۀ دست‌گذاری راهبـران عجـول نباشـد (اول تیموتائـوس ۵: ۲۲). فـورا بعـد از ایـن اضافـه می‌کنـد «و در گناهـان دیگـران شـریک مشـو.» ایـن هشـدار می‌گویـد وقتـی راهبـری کـه تیموتائـوس دسـت‌گذاری کـرده گنـاه می‌کنـد، او نیـز در ایـن گنـاه شـریک اسـت. موقیعـت گنـاه کـردن راهبـران آنقـدر جـدی اسـت کـه فـردی کـه آنهـا را بـرای راهبـری دست‌گذاری کـرده مسئـولیت بخشـی از رسـوایی پیـش آمـده بـر عهـدۀ اوسـت. یعقـوب می‌گویـد: «ای بـرادران مـن، بسـیار معلـم نشـوید چونکـه می‌دانیـد کـه بـر مـا داوری سخت‌تـر خواهـد شـد» (یعقـوب ۳: ۱).

پولـس بـه تیموتائـوس گفـت کـه راه غلبـه بـر طـرد شـدگی از طـرف کلیسـا کـه بـه دلیـل جـوان بودنـش بـا آن مواجـه شـده ایـن اسـت «مومنیـن را در کلام و سـیرت و محبـت و ایمـان و عصمـت، نمونـه بـاش» (اول تیموتائـوس ۴: ۱۲). پولـس بـه تیتـوس گفـت: «خـود را در همـه چیـز نمونـه اعمـال نیکـو بسـاز و در تعلیـم خـود صفـا و وقـار و اخـلاص را بـکار بـر، و کلام صحیـح بـی عیـب را تـا دشـمن چونکـه فرصـت بـد گفتـن در حـق مـا نیابـد، خجـل شـود» (تیتـوس ۲: ۷-۸). پولـس در رسـالاتش سـه مرتبـه از خواننـدگان خـود می‌خواهـد از الگـوی او پیـروی کننـد. او بـه اهالـی قرنتـس اینطـور می‌گویـد: «اقتـدا بـه مـن نماییـد چنانکـه مـن نیـز بـه مسـیح می‌کنـم» (اول قرنتیـان ۱۱: ۱؛ نـک فیلمـون ۳: ۱۷؛ دوم تسـالونیکیان ۳: ۷).

یـک پاسـخ بـه مشـکل جهانـی راهبـری نامقـدس در جامعـه و کلیسـا ارائۀ نمونه‌هـای راهبـری خداپسـندانه اسـت. زمانـی کـه مسـیحیان دروغ می‌گوینـد، رشـوه می‌دهنـد، انتقـام می‌گیرنـد، شـخصی را پیش‌داوری می‌کننـد، رفتـار غیـر شـرفتمندانه دارنـد، زندگـی راهبـران ایشـان بایـد بـه عنـوان یـک عامـل بازدارنـده عمـل کنـد. دیـدن رفتـار راهبـران بایـد چنـان عطشـی بـرای

خـدا بـه افـراد بدهـد کـه از گنـاه شرمسـار شـوند و بـا جدیـت مشـتاق تقـدس باشـند. اگـر راهبـران مقـدس نباشـند، اعضـا بهانـه‌ای بـرای نامقـدس بـودن دارنـد. آنهـا اینطـور اسـتدلال می‌کننـد: «اگـر کشـیش مـن دروغ می‌گویـد، چـرا مـن نمی‌توانـم بگویـم؟» «اگـر کشـیش مـن بـه دیگـران تهمـت می‌زنـد چـرا مـن نمی‌توانـم ایـن کار را انجـام بدهـم؟» مـا امـروز بـا چالـش بزرگـی روبـرو هسـتیم تـا فضایـی ایجـاد کنیـم کـه در آن چنیـن اقداماتـی بـه سـادگی قابـل تحمـل نباشـد و نمونه‌هـای مثبـت راهبـری خداپسـندانه بـرای همـه آشـکار باشـد. چنیـن اسـتانداردهایی بـه عنـوان یـک عامـل بازدارنـدۀ قـوی در برابـر بی‌خدایـی عمـل می‌کنـد.

همان‌طـور کـه قبـلا گفتـم، مـا در جامعـه‌ای عمل‌گـرا زندگـی می‌کنیـم اگـر فـرد بـدون خـدا در بـرآوردن نیازهـای فـوری خـود قدرتمنـد عمـل کنـد، بی‌خدایـی فـرد بی‌خـدا را نادیـده می‌گیـرد. در چنیـن محیطـی می‌تـوان دیـد کـه چگونـه افـراد توانـا امـا بی‌خـدا می‌تواننـد حتـی در کلیسـا بـه دلیـل مفیـد بـودن بـرای برنامـۀ کلیسـا بـه راهبـری برسـند. بـه همیـن دلیـل اسـت کـه پولـس از تیموتائـوس می‌خواهـد کـه در دسـت‌گذاری راهبـران عجـول نباشـد (اول تیموتائـوس ۵: ۲۲). مـا در ایـن زمینـه نمی‌توانیـم اغمـاض کنیـم.

البتـه همـۀ مـا می‌افتیـم و گنـاه می‌کنیـم. و زمانـی کـه ایـن اتفـاق می‌افتـد بایـد بـا عواقـب آن مواجـه شـویم. سـپس، زمانـی کـه افـراد متوجـه جدیـت مـا نسـبت بـه گنـاه خـود می‌شـوند، چیـزی از جـلال خـدا کـه بـا گنـاه مـا از دسـت رفتـه بـود، بازگردانـده می‌شـود. پولـس می‌گویـد: «آنانـی کـه گنـاه کننـد، پیـش همـه توبیـخ فرمـا تا دیگـران بترسـند» (اول تیموتائـوس ۵: ۲۰). وقتـی کلیسـا می‌بینـد کـه چطـور بـا گنـاه رهبـر برخـورد شـده اسـت، متوجـه می‌شـود کـه تقـدس بـرای زندگـی مسـیحی بسـیار مهـم اسـت. از طریـق چنیـن کاری راهبـر توبیـخ شـده را تحقیـر می‌کنـد، امـا بـا دانسـتن اینکـه بخشـی از جـلال خـدا کـه توسـط گنـاه او از دسـت رفتـه بـود، احیـا می‌شـود، تسـلی می‌یابـد. اگـر هـدف اصلـی او در زندگـی جـلال خـدا باشـد، او در میـان درد خـود خشـنود خواهـد بـود.

دی. ال. مـودی بعـد از جلسـۀ پرسـتش در حـال دسـت دادن بـا افـراد بـود کـه مـردی بـه نزدیـک

شـد و عمـدا او را تحقیـر کـرد. «مـودی مـرد را هـول داد و او بـه پاییـن پله‌هـا افتـاد.» وقتی مـودی کمـی بعـد از آن بـرای موعظه در جلسهٔ بعـدی رفـت، اینطـور گفـت: «دوستان، قبل از شـروع بایـد اعتـراف کنـم کـه همیـن الان در سـالن تسـلیم خشـمم شـدم، و اشـتباه کـردم... اگـر آن مـرد اینجـا حضـور دارد، می‌خواهـم از او و خـدا طلـب بخشـش کنـم. بیاییـد دعـا کنیـم.»[٦]

متاسفانه، امـروزه مـا گاهـی اوقـات واکنـش کافـی بـه گناهـان راهبـران نشـان نمی‌دهیـم، زیـرا از غوغایـی کـه ممکـن اسـت بـه وجـود بیایـد می‌ترسـیم. بـه همیـن دلیـل موقعیت‌هایـی هسـتند کـه در آن اکثـر افـراد می‌داننـد کـه راهبـران کار اشـتباهی انجـام داده‌انـد، آن‌هـا ممکـن اسـت دربـارهٔ ایـن موضـوع بـه طـور خصوصـی صحبـت کننـد، امـا آن را در جمـع مطـرح نمی‌کننـد. بـا ایـن کار راهبـر وجـهٔ خـود را از دسـت نمی‌دهـد و آرامـش ظاهـری حفـظ می‌شـود. امـا عمـل احیا فروکـش می‌کنـد، جـلال خـدا از کلیسـا می‌رود، و یـک مانـع بـزرگ بـرای تقـدس در کلیسـا بـه وجـود می‌آیـد.

رابـرت مـورای مک‌کیـن (۱۸۱۳-۱۸۴۳)، کـه خـدا بـه شـکل فوق‌العـاده‌ای از او بـرای احیـای دوبـارهٔ اسـکاتلند اسـتفاده کـرد، امـا در سـن بیسـت و نـه سـالگی مـرد، اینطـور می‌گویـد: «بزرگتریـن نیـاز مـردم مـن تقدس شخصی مـن اسـت.» همیشـه بزرگتریـن نبـرد مـا در خدمت بـا خودمـان اسـت. تنهـا ناطاعتـی ماسـت کـه می‌توانـد تمایـل خـدا بـرای برکت دادن بـه مـا و مثمـر ثمـر سـاختن‌مان را خنثـی کنـد. علـل دیگـر تهدیـدی بـرای از بیـن بـردن برکـت از زندگـی مـا خواهنـد بـود، امـا تنهـا در صورتـی موفـق خواهنـد شـد کـه بـه ایـن حمـلات بـه شـکلی کـه خداپسـندانه نیسـت واکنـش نشـان دهیـم. خـدا در حاکمیـت خـود می‌توانـد حملات علیـه مـا را بـه نیکویـی تبدیـل کنـد. در مقدمهٔ ایـن کتـاب جملـهٔ دی. ام. مـودی را آوردم کـه گفتـه بـود بـا دی. ال. بیشـتر از هـر شـخص دیگـری کـه تـا بـه حـال ملاقـات کـرده، مشـکل داشـته اسـت.

آشکار کردن خدا با تعلیم

یکـی دیگـر از راه‌هایـی کـه عیسـی خـدا را بـرای شـاگردانش آشـکار کـرد از طریـق تعلیـم بـود. او در دعـای خـود در انجیـل یوحنـا بـاب ۱۷ چندیـن بـار بـه ایـن موضـوع اشـاره یـا آن را تلویحـا بیـان می‌کنـد. در آیـهٔ ۶ او می‌گویـد: «از آن تـو بودنـد و ایشـان را بـه مـن دادی و کلام تـو را نـگاه داشـتند.» بـرای حفـظ کلام خـدا آنهـا بایـد آن را از مسـیح شـنیده باشـند. آیـات دیگـر صریح‌تـر هسـتند: «زیـرا کلامـی را کـه بـه مـن سـپردی، بدیشـان سـپردم» (۱۷: ۸)؛ «مـن کلام تـو را بـه ایشـان دادم» (۱۷: ۱۴).

سـخنان مفصـل در یوحنـا ۱۳-۱۶ مثـال خوبـی از تعالیمـی اسـت کـه عیسـی بـه شـاگردانش داد. آر. تـی. فرانـس معتقـد اسـت کـه عیسـی بایـد چندیـن بـار چنیـن تعالیـم مبسـوطی را بـه شـاگردانش داده باشـد. فرانـس بـه ایـن واقعیـت اشـاره می‌کنـد کـه عیسـی عمـدا با شـاگردانش بـه مکان‌هـای خلـوت می‌رفـت تـا از جمعیـت دوری کنـد و در ایـن مـدت بـه آنهـا تعلیـم می‌داد (مرقـس ۶: ۳۰-۳۲). مرقـس ۹: ۳۰-۳۱ مثالـی خوبـی از ایـن موضـوع اسـت: «عیسـی از آنجـا بـه جلیـل رفـت و سـعی کـرد از نظـر مـردم دور بمانـد، تـا بتوانـد وقـت بیشـتری را بـا شـاگردانش صـرف کنـد و ایشـان را تعلیـم دهـد – ترجمـهٔ تفسـیری»[7] در اناجیـل هم‌نظـر، تعلیـم عیسـی در قسـمت آخـر خدمتـش «مختـص شـاگردان اسـت.»[8]

بـردن افـراد بـه سـوی کلام ابـزار اصلـی بـرای وارد کـردن آنهـا بـه مسـیر تقـدس اسـت. عیسـی بعـدا در دعـای خـود اینطـور می‌گویـد: «ایشـان را بـه راسـتی خـود تقدیـس نمـا. کلام تو راسـتی اسـت» (یوحنـا ۱۷: ۱۷). یکـی از تله‌هـای خدمـت شاگردسازی ایـن اسـت کـه افـراد را بیـش از حـد بـه خودمـان وابسـته کنیـم. و یکـی از بهتریـن راه‌هـا بـرای اجتنـاب از ایـن مشـکل ایـن اسـت کـه آنهـا را بـه سـوی کلام ببریـم، بـا ایـن کار آنهـا می‌تواننـد مسـتقیما نیـروی خـود را از کلام بگیرنـد. و چـه مـا آنجـا باشـیم و چـه نباشـیم، چـه انتظـارات آنهـا را بـرآورده کنیـم یـا نـه، همیشـه می‌توانیـم بـه کلمـه اعتمـاد کنیـم کـه منبـع مطمئـن اقتـدار بـرای زندگـی آنهـا اسـت.

بنابراین ما نه تنها کلام را به آنها تعلیم می‌دهیم، بلکه به آنان آموزش می‌دهیم که اهل کلام باشند، یعنی افرادی باشند که می‌دانند چطور به خوبی از کلام استفاده کنند. از نظر پولس چنین فردی خادم نیکوی خداست. او به تیموتائوس می‌گوید: «سعی کن که خود را مقبول خدا سازی، عاملی که خجل نشود و کلام خدا را بخوبی انجام دهد» (دوم تیموتائوس ۲: ۱۵).

بنابراین راهبران باید کلام را به آنانی که راهبری می‌کنند تعلیم دهند. کلیسای اولیه اینطور احساس کرد که رسولان باید از هم جدا شوند تا بتوانند روی دعا و خدمت به کلام تمرکز کنند (اعمال رسولان ۶: ۲، ۴). به همین دلیل، وقتی که می‌بینیم از پانزده شرطی که برای سرپرستان گذاشته شده، تنها یک مورد آن شرط مربوط به توانایی، تعلیم است، نباید تعجب زده بشویم (اول تیموتائوس ۳: ۲).

برخی از تعالیم در محیطی رسمی انجام می‌شوند. چنین آموزشی دارای ساختار و اصول است و در نتیجه به ما کمک می‌کند تا به ارائه «جمیع مقاصد الاهی» (اعمال رسولان ۲۰: ۲۷، ترجمهٔ شریف) به مردم خود نزدیک‌تر شویم. عیسی تعالیم اینچنین بسیاری انجام داد. در روز سبت که مردم انتظار داشتند به آنها تعلیم داده شود، عیسی به معبد می‌رفت. او به مناطق خاصی مثل ساحل یا کوهستان می‌رفت و مردم به طور ویژه نزد او می‌رفتند تا به آنها تعلیم دهد. موعظهٔ سر کوه (متی ۵-۷) تعلیمی که در قایق کنار ساحل انجام داد نمونه‌هایی از چنین آموزش‌هایی هستند (متی ۱۳: ۱-۹).

راه دیگری که توسط آن می‌توان افراد را به سمت کلام برد گفتگوهای الاهیاتی غیررسمی است. بسیاری از تعالیمی که در اناجیل وجود دارند شامل گفتگوهایی می‌شود که اتفاقی شکل گرفت. صحبت‌های عیسی دربارهٔ ثروت و پیروی از او (لوقا ۱۸: ۲۴-۳۰) با برخورد با حاکم جوان ثروتمند جرقه خورد. داستان سامری نیکو در نتیجهٔ اینکه یک فقیه در میانهٔ گفتگو از عیسی پرسید «همسایهٔ من کیست» پیش آمد (لوقا ۱۰: ۲۵-۳۷). صحبت‌های عیسی دربارهٔ امور آخر (لوقا ۲۱: ۶-۳۶) زمانی اتفاق افتاد که شنید: «بعضی

ذکـر هیـکل می‌کردنـد کـه بـه سنگ‌هـای خـوب و هدایـا آراسـته شـده اسـت» (لوقـا ۲۱: ۵).

بـه همیـن ترتیـب، وقتـی بـا هـم سـفر می‌کنیـم، در جلسـات تیمی‌مـان و هنـگام مواجهـه بـا بحران‌هـا، بـه سـادگی دربـارۀ مسائل مربـوط بـه خداونـد صحبـت می‌کنیـم. ایـن یکـی از دلایلـی اسـت کـه در جلسـات تیمـی نبایـد عجلـه کـرد (یکـی دیگـر از دلایـل ایـن اسـت کـه گفتگـوی غیـر رسـمی بـه عمیـق شـدن دوسـتی کمـک می‌کنـد). وقتـی از نظر الاهیاتـی در مـورد چیزهایـی کـه بـا آن روبـرو هسـتیم حـرف می‌زنیـم، جماعـت خـود را وارد نظـم و انضباطـی می‌کنیـم کـه کتاب‌مقدس را در هـر کاری کـه انجـام می‌دهنـد بـه کار ببرنـد. و ایـن راهـی اسـت کـه افـراد را پـرورش می‌دهیـم تـا مسیحیان کتاب‌مقدسـی شـوند.

یکـی از موضوعـات مهـم دعـای عیسـی در یوحنـا ۱۷ ایـن اسـت کـه او شـاگردانش را تـرک کـرد و آنهـا را بـه سراسـر جهـان فرسـتاد (یوحنـا ۱۷: ۱۱-۱۸).

تعالیـم او در راسـتای آماده‌سـازی آنهـا بـرای خدمـت بـود. آیـۀ ۱۸ می‌گویـد: «همچنـان کـه مـرا در جهـان فرسـتادی، مـن نیـز ایشـان را در جهـان فرسـتادم.» بـه همیـن ترتیـب، آموزش‌هـای مـا بایـد بـه گونـه‌ای باشـد کـه بـه کسـانی کـه هدایـت می‌کنیـم کمـک کنـد تـا بـه دنیـای خـاص خـود وارد شـوند.

هـر وقـت کـه مسئولیت شاگردسـازی یـک داوطلـب در جوانـان بـرای مسیح را دارم، بـه طـور مرتـب بـا او ملاقـات می‌کنـم. و در هنـگام ملاقـات زمـان بسیاری را صـرف حـرف زدن دربـارۀ چالش‌هایـی کـه او در خانـه، مدرسـه یـا محـل کار بـا آنهـا مواجـه اسـت می‌کنیـم. اینجا جایـی اسـت کـه او بایـد زندگـی مسیحی داشـته باشـد، و مـا نیازمندیـم دربـارۀ نوع پاسخ مسیحی‌وار او در مواجهـه بـا موقعیت‌هـای مختلـف صحبـت کنیـم.۹ زمانـی کـه بـا کارمندانی کـه حقـوق می‌گیرنـد هسـتم، صحبـت در مـورد مـواردی مثـل خدمـت، زندگـی خانوادگـی و روابـط آنهـا بـا خانـوادۀ همسـر و همسایگان‌شـان خواهـد بـود. البتـه، بـا هـر دو گـروه دربـارۀ زندگـی روحانـی شـخصی، زندگـی دعامحـور، و نبردشـان بـا وسوسـه صحبـت خواهیـم کـرد.

عیسی یک ناظر بود

ما مالک هیچ کسی نیستیم

عیسی دربارهٔ رابطهٔ خود با شاگردانش به این اشاره دارد که او می‌گفت مالک آنان نیست. آنها متعلق به خدا بودند. او آنها را اینطور توصیف می‌کند: «مردمانی که از جهان به من عطا کردی»، و می‌گوید: «از آن تو بودند و ایشان را به من دادی» (یوحنا ۱۷: ۶). او اینطور ادامه می‌دهد: «من برای آن‌ها دعا می‌کنم، . . . برای کسانی که تو به من داده‌ای دعا می‌کنم، زیرا آن‌ها از آنِ تو هستند،» (یوحنا ۱۷: ۶، ترجمهٔ شریف). اگر عیسی که خداوند تمام خلقت است، می‌تواند دربارهٔ اینکه خدا مالک فرزندان است اینطور صحبت کند، پس چنین چیزی در مورد ما بسیار بیشتر صدق می‌کند. ما مالک هیچ کسی نیستیم، حتی فرزندان‌مان. آنها متعلق به خدا هستند، و برای مدت زمانی به ما سپرده شده‌اند تا از آنها مراقبت کنیم. بنابراین، رابطهٔ ما با آنها را می‌توان به عنوان «سرپرستی» توصیف کرد، نه «مالکیت.»

اگرچه در این دعا عیسی مستقیما از کلماتی استفاده نکرد که معنای «ناظر» داشته باشد، اما این طرز فکر را ایجاد کرد. ناظر کسی است که «مدیریت خانه به او سپرده شده است (پیدایش ۴۳: ۱۹؛ لوقا ۱۶: ۱).»[۱۰] این موضوع را می‌توان اینطور تعریف کرد که یک استاد یا صاحب کار مسئولیتی را به کسی واگذار می‌کند که باید با وفاداری و دقت انجام شود. افرادی که آنها را راهبری می‌کنیم به ما سپرده شده‌اند تا از آنها مراقبت کنیم. ما سعی می‌کنیم تا آنجایی که می‌توانیم از آنها مراقبت کنیم، اما مالک آنها نیستیم.

همانطور که در ابتدای این فصل دیدیم، کتاب‌مقدس اغلب هنگام اشاره به رابطهٔ بین راهبران و افرادی که آنان را راهبری می‌کنند، از استعاره والد-فرزند استفاده می‌کند. فکر می‌کنم استعارهٔ خوبی باشد، چون تفکر مراقبت از فرزند کسی را به همراه دارد. اگر قرار بود یک کلمه دربارهٔ شاگردسازی بگویم، آن کلمه مراقب بود. اما جالب است که

عیسی اینطور می‌گوید: «و هیچ کس را بر زمین، پدر خود مخوانید زیرا پدر شما یکی است که در آسمان است» (متی ۲۳: ۹).

محتوای این جمله نشان می‌دهد که عیسی دربارهٔ وظیفهٔ والدگری صحبت نمی‌کرد بلکه دربارهٔ موقعیت و افتخاری صحبت می‌کرد که فریسیان با اجازه دادن به افراد برای «پدر» نامیدن آنها به دست آورده بودند. وقتی صحبت از موقعیت و افتخار است ما خادم هستیم. و زمانی که صحبت از عملکرد و وظیفه است، ما والد هستیم. راهبری ربطی به موقعیت ندارد؛ و مربوط به مسئولیت می‌شود.

مفهوم نظارت جایی را برای تغییر نقش باز می‌گذارد. در روایت همکاری بین پولس و برنابا در اعمال رسولان، همیشه، همیشه در ابتدا به برنابا اشاره می‌شود که نشان می‌دهد او به عنوان یک مرد بالغ رهبر بوده است (اعمال رسولان ۱۱: ۳۰؛ ۱۲: ۲۵؛ ۱۳: ۱، ۲، ۷). اما در میانهٔ روایت اولین سفر بشارتی، این ترتیب تغییر می‌کند، و پولس و برنابا می‌شود (۱۳: ۴۳، ۴۶، ۵۰؛ ۱۵: ۲، ۲۲، ۳۵، ۳۶). این تغییر احتمالا نشان می‌دهد که پولس عضو عالی مرتبهٔ تیم شده و به همین دلیل سخنرانی‌های عمومی را انجام می‌داد.

جالب است که این ترتیب در دو جای دیگر دوباره معکوس می‌شود. در لستره ابتدا به برنابا اشاره می‌شود. مردم لستره برنابا را مشتری، خدای حامی شهر، و پولس را با عطارد، که سخنگوی الاهی بود، می‌پنداشتند (اعمال رسولان ۱۴: ۱۲). اگرچه پولس به عنوان سخنران برجسته‌تر بود، اما به نظر می‌رسد مردم لستره برنابا را که مسن‌تر و متشخص‌تر به نظر می‌رسید، به عنوان رهبر می‌دیدند. جایی دیگر که دوباره برنابا در ابتدا می‌آید در روایت شورای اورشلیم است (اعمال رسولان ۱۵: ۱۲،۲۵). در اورشلیم برنابا راهبری بود که بیشتر مورد احترام قرار می‌گرفت، و بهتر بود که او راهبری را به عهده بگیرد.

سال‌ها پیش این افتخار را داشتم که همراه جیمز هادسن تایلر سوم در هند خدمت

کنم. او سال‌های زیاد رئیس انجمن خادمین خارج از کشور بود. این سازمان را که پدربزرگ او هادسن تایلر تاسیس کرده بود. اخیرا او را در هنگ کنگ که در آنجا کار و زندگی می‌کند ملاقات کردم. دربارۀ پسرش جیمی پرسیدم، و او با افتخار گفت: «او رئیس من است.» بعد از بازنشستگی از مقام مدیریت کل، پدر یک سازمان بشارتی تخصصی خادمین خارج از کشور را در کشور چین تاسیس کرد. سپس از مدیریت آن خدمت کناره‌گیری کرد و آن را به پسرش سپرد.

در پی درک این مفهوم از شاگردسازی، می‌توانیم ببینیم که ممکن است در مراحل مختلف زندگی والدین روحانی متفاوتی داشته باشیم. به نظر می‌رسد که این مورد دربارۀ مرقس که بی شک توسط برنابا تعلیم دیده بود، صدق می‌کند. بعدا پطرس او را «پسر من» می‌خواند (اول پطرس ۵: ۱۳). من در مراحل مختلف زندگی‌ام افراد متعددی را به عنوان پدر و مادر روحانی خود داشته‌ام. مادرم شاید بیشترین تاثیر را در پایه‌ریزی همۀ اتفاقات مسیر زندگی من برای خدا داشت. و کشیش دوران نوجوانی‌ام به نام جورج گود که خادمی اهل ایرلند بود را پدر روحانی خود می‌دانم. سپس تحت تاثیر مدیر سازمان جوانان برای مسیح به نام سَم شرارد قرار گرفتم. در دانشکدۀ الاهیات اَسبری، رابرت کلمن مثل پدرم شد.

و سپس در دانشکدۀ الاهیات فولر، دَن فولر که راهنمای من بود این نقش را به عهده گرفت.

امروز می‌توانم ببینم که هر کدام از این افراد چطور به طور مشخصی بر زندگی من تاثیر گذاشته‌اند. افراد دیگری هستند که آنها را راهنمای خود می‌دانم. به طور مثال، استاد درس بشارتم جی. تی. سی‌مند و استاد درس موعظه‌ام دونالد دی‌مارِی علاقۀ شخصی به من داشتند و چیزهای بسیار زیادی به من آموختند.

شاگردان ممکن بود تنها یک راهنمای اصلی داشتند و آن عیسی بود. اما عیسی کامل

بود، به همین دلیل می‌توانست یک تعلیم کامل به آنها بدهد. از آنجایی که ما کامل نیستیم، معتقدم که کار عاقلانه این است که افراد توسط بیش از یک نفر راهنمایی شوند تا بتوان نقاط ضعف دیگری را جبران کرد.[۱۱] من در کنترل امور مالی و اداری ضعیف هستم. افرادی که من راهنمای آنها هستم در این زمینه‌ها به کمک و نظارت نیاز دارند. بنابراین، ترتیبی دادیم تا افرادی که در این زمینه‌ها شایسته‌تر هستند، به آنها کمک کنند. این ممکن است در نمودار سازمانی ما کمی سردرگمی ایجاد کند، اما به انجام کار کمک می‌کند و اطمینان می‌دهد که کارکنان ما نظارت کافی دریافت می‌کنند.

ما همیشه باید آماده باشیم تا افرادی را که شاگردسازی می‌کنیم رها کنیم. و باید مراقب باشیم که به آنها نچسبیم و آنان را به منبع اصلی رضایت شخصی تبدیل نکنیم. در واقع، زمانی که خوب هستند شادی می‌کنیم و زمانی که رنج می‌برند ناراحت می‌شویم. اما منبع اصلی اطمینان ما همیشه خدا باشد. و اگر برای شاگردان‌مان بهتر باشد که تحت راهبری شخص دیگری باشند، باید با خوشحالی آنها را رها کنیم، چون بهترین‌ها را برای آنها می‌خواهیم. اگر به افراد بچسبیم و سعی در کنترل آنها داشته باشیم، خیلی زود زمانی که آنها بالغ می‌شوند و به دنبال استقلال بیشتر هستند، رابطه تیره و تار می‌شود. و اغلب جدایی ناخوشایندی رخ می‌دهد که به هر دو طرف آسیب می‌رساند. با این کار می‌توانیم استعدادهای آنها را نیز سرکوب کنیم. رضایت اصلی ما همیشه باید از سوی خدا باشد و هرگز نباید از هیچ جنبه‌ای از خدمت ما سرچشمه بگیرد. و این یکی از دلایل بسیاری است که نباید هرگز وقت‌مان برای خدا را قربانی خدمت کنیم.

رشد تدریجی در درک

عیسی می‌گوید: «الان دانستند آنچه به من داده‌ای از نزد تو می‌باشد» (یوحنا ۱۷: ۷). با استفاده از کلمهٔ الان ((نوون به یونانی، که به معنای حالا یا در حال حاضر است[۱۲])،

عیسی می‌گوید آنها قبل از این متوجه نبودند که او واقعا چه کسی بوده. گویی که اینطور می‌گوید: «بالاخره متوجه شدند.» او همان روز عصر چیزی شبیه به همین را گفته بود: «اگر مرا می‌شناختید، پدر مرا نیز می‌شناختید و بعد از این او را می‌شناسید و او را دیده‌اید» (یوحنا ۱۴: ۷). در همین گفتگو او با ملایمت فیلیپس را توبیخ کرد و گفت: «ای فیلیپس در این مدت با شما بوده‌ام، آیا مرا نشناخته‌ای؟» (۱۴: ۹). آنها بعد از سه سال شاگردی فشرده پیشرفت‌هایی کرده بودند، اما هنوز چیزهای بیشتری برای یادگیری داشتند. عیسی بعد از برخاستن از مرگ به دو شاگردش در راه عموآس اینطور گفت: «ای بی‌فهمان و سست دلان از ایمان آوردن به آنچه انبیا گفته‌اند» (لوقا ۲۴: ۲۵).

اگر عیسی بعد از اینکه تقریبا سه سال به طور مرتب با شاگردانش بود، می‌بیند که درک تعالیم او برای آنها سخت است، ما زمانی که برای شاگردسازی تلاش می‌کنیم و پیشرفت کند است نباید متعجب شویم. افرادی که با نوایمانان کار می‌کنند به طور خاص صحت این موضوع را درمی‌یابند، چون اکثر افرادی که به مسیح ایمان آوردند تحت تاثیر جامعهٔ مسیحی بزرگ نشده‌اند. فکر می‌کنم این مشکلی است که سازمان‌های خدمتی در غرب هم به طور فزاینده‌ای با آن مواجه خواهند شد. بنابراین زمانی که افرادی که آنها را شاگردسازی کرده‌ایم طوری عمل می‌کنند که به نظر می‌رسد به تمام آنچه به آنها آموخته‌ایم خیانت می‌کنند، نباید دلسرد شویم. باید در تعلیم کلام به آنها پشتکار داشته باشیم، و بدانیم که این همان چیزی است که در نهایت باعث تغییر در افکار و رفتارهای آنها می‌شود.

البته در این دوران ما از خدمت شخصی‌تر روح‌القدس بهره‌مند هستیم. به همین دلیل است که او در همان روز عیسی گفت: «رفتن من برای شما مفید است، زیرا اگر نروم تسلی دهنده نزد شما نخواهد آمد. اما اگر بروم او را نزد شما می‌فرستم» (یوحنا ۱۶: ۷). او در ادامه از منفعت ویژهٔ داشتن روح صحبت می‌کند: «و چون او آید، جهان را بر گناه و عدالت و داوری ملزم خواهد نمود» (۱۶: ۸). بنابراین ما کلام را تعلیم خواهیم داد، به روح‌القدس نگاه خواهیم کرد تا کار خود برای قانع کردن را انجام دهد. و اگر شاگردان

پذیـرای ایـن خدمـت دوگانـه باشـند، در معرفـت خـدا رشـد خواهنـد کـرد.

مسئولیت ویژه برای چند نفر

در حالیکـه دعـا ادامـه می‌یابـد، می‌بینیـم زمانـی کـه عیسـی روی زمیـن بـود بـا شـاگردانش رابطـه‌ای ویـژه داشـت: «مـن بـه جهت اینهـا سـوال می‌کنـم و بـرای جهان سـوال نمی‌کنـم، بلکـه از بـرای کسـانی کـه بـه مـن داده‌ای، زیـرا کـه از آن تـو می‌باشند» (یوحنـا ۱۷: ۹). او بـه عنـوان ناجـی جهـان، بـه همـه در ایـن دنیـا بـه یـک انـدازه اهمیـت می‌دهـد. بـه همیـن دلیـل اسـت کـه او آمـد تـا جهـان را نجـات دهـد (یوحنـا ۳: ۱۷). امـا زمانـی کـه او محدودیت‌هـای انسـانی را بـه چنـد نفـر مسئولیت ویـژه داد، و آنهـا را آمـوزش داد تـا بـه کارش بعـد از تـرک ایـن جهـان ادامـه دهنـد.

مـا هـم می‌توانیـم ایـن اصـل را در زندگـی خـود بـه کار ببریـم. مـا بـه ایـن جهان اهمیـت می‌دهیـم و هـر کاری کـه بتوانیـم انجـام می‌دهیـم تـا آن را بـه جـای بهتـری تبدیـل کنیـم. مـا مسئولیتـی بزرگتـر نسـبت بـه همسـایه و کلیسـای‌مان داریـم. امـا بزرگتریـن مسئولیت مـا در قبـال افـرادی اسـت کـه بـه مـا سـپرده شـده‌اند تـا از آنهـا مراقبـت کنیـم - مثـل اعضای خانـواده و افـرادی کـه از نزدیـک بـا آنهـا کار می‌کنیـم. بـرای راهبـران ایـن یعنـی افـرادی کـه آنهـا بـه طـور مسـتقیم بـر آنـان نظـارت می‌کننـد، و بـه ویـژه افـرادی کـه شاگردسازی می‌کننـد. اگـر بخواهیـم از تمـام دنیـا مراقبـت کنیـم، از شـدت فرسـودگی خواهیـم مـرد. مـا حتـی نمی‌توانیـم بـه طـور کامـل مراقـب همـه در کلیسـا یـا سـازمانی باشـیم کـه آن را راهبـری می‌کنیـم. بـه عنـوان راهبـر بایـد مطمئـن شـویم کـه از همـه مراقبـت می‌شـود، امـا شـاید لازم نباشـد ایـن کار را خودمـان بـه تنهایـی انجـام دهیـم. در واقـع، وظیفـهٔ اصلـی مـا ایـن اسـت کـه بـا تیمـی همـکاری کنیـم کـه از تـک تـک اعضـای گـروه مراقبـت می‌کنـد.

شادابی در خدمت

چند چیـز بـه انـدازۀ خدمـت شاگردسـازی مـا را در خدمـت تـازه نگـه مـی‌دارد. و زمانـی کـه مشتاقیم تـا شاگردان‌مان در زندگـی بـه خوبـی عمـل کننـد، در دعاهای‌مان دچار ناامیـدی می‌شـویم. و زمانـی کـه آنهـا شکسـت می‌خورنـد ایـن باعـث سـردرگمی مـا می‌شـود و مـا را از پـای درمی‌آورد. ایـن موضـوع مـا را بـرای رسـیدن بـه پاسخی بـرای سـوالات و مشکلاتی کـه شـاگردان‌مان بـا آنهـا رو بـه رو هسـتند بـه چالـش می‌کشـد، و بـه کمـک می‌کنـد تـا چیزهـای بسـیاری بیاموزیـم و در دانـش الاهیاتـی و خدمت‌مـان رشـد کنیـم. شاگردسازی همچنیـن مـا را بـه چالـش می‌کشـد تـا از لحـاظ روحانـی هوشـیار باشـیم، چـون می‌دانیم کـه اگـر مقـدس نباشـیم نمی‌توانیـم بـه آنهـا کمـک کنیـم تـا مقـدس باشـند. گاهـی می‌بینـم کارمنـد جوانـی کـه او را تعلیـم می‌دهـم بـا همـان مشکلاتـی درگیـر اسـت کـه مـن هسـتم. و ایـن انگیـزه‌ای اسـت کـه بـرای کمـک کـردن بـه او، زندگـی خـودم را سـر و سـامان بدهـم.

شاگردسـازی بـه شـکلی دیگـر هـم شادابـی را بـه زندگـی مـا مـی‌آورد. گاهـی کـه بسـیار مشغول یـا تحـت فشـارهای زیـادی هسـتم، طبیعتـا بـه ایـن فکـر نمی‌کنـم کـه بـا یـک کارمنـد جـوان قـرار ملاقـات بگـذارم، چـون مسـائل ضـروری بسـیاری وجـود دارد کـه بایـد بـه آنهـا رسـیدگی شـود. امـا قـراری بـرای یـک سـاعت در برنامـه گنجانـده شـده اسـت. اگـر بـه خاطـر داشـته باشـم کـه قـرار اسـت یـک سـاعت کامـل را بـا آن شـخص بگذرانـم، آن یـک سـاعت می‌توانـد مثـل یـک آبـادی کوچـک در وسـط صحـرا جایـی بـرای اسـتراحت در میـان یـک برنامـۀ دیوانـه کننـده باشـد. خـدا می‌توانـد از زمـان اسـتفاده کنـد تـا شادابـی شفابخـش خـود را بـه زندگـی مـا بیـاورد.

خدمت‌گزاری تعهد به مردم است

امـروزه صحبت‌هـای بسـیاری دربـارۀ راهبـری بـه عنـوان خدمت‌گـزاری وجـود دارد. مـا فقـط خادمیـن خـدا نیسـتیم، بلکـه خدمت‌گـزار افـرادی هسـتیم کـه در میـان آنهـا خدمـت می‌کنیـم

(دوم قرنتیـان ۴: ۵). مـن دوسـت دارم خدمت‌گـزاری را تعهـد بـرای انجـام هـر آنچـه کـه می‌توانیـم در راسـتای سعادت افرادی کـه خـادم آنها هسـتیم تعریـف کنم. در واقـع، ایـن را در فهرسـت خـودم از سـه نقـش مهـم راهبـر قـرار می‌دهـم.

برخـی از راهبران احسـاس می‌کننـد کـه بـه عنـوان مدیـر عامـل یـک سـازمان یـا کلیسـا بایـد نگاه‌شـان بـه تصویـر کلـی باشـد و نمی‌تواننـد وقـت خـود را صـرف کار بـرای تحقـق بهترین‌هـای خـدا بـرای افـراد کننـد. آنهـا ایـن کار را بـه بخـش توسعۀ نیـروی انسـانی در سـازمان واگـذار می‌کننـد؛ و ایـن یـک الگـوی کتاب‌مقدسـی نیسـت. سـازمان یـا کلیسـا آسـیب نخواهنـد دیـد چـون راهبران بـه افـرادی کـه تحـت رهبری‌شـان قـرار دارنـد وفـادار هسـتند. خـدا ایـن افـراد را بـه سـازمان/کلیسـا آورده اسـت. بهترین‌هـای خـدا بـرای آن‌هـا بایـد بـا بهترین‌هـای خـدا بـرای سـازمان یـا کلیسـا هم‌خوانـی داشـته باشـد، چـون او نقشـه‌ای شـگفت‌انگیز بـرای هـر دو دارد. بنابرایـن زمانـی کـه یـک فـرد در رسـیدن بـه بهتریـن خـدا بـرای زندگـی‌اش رشـد می‌کنـد، افـراد گروهـی کـه او بـه آن تعلـق دارد هـم در جهـت بهتریـن خـدا بـرای آن گـروه رشـد می‌کنـد.

اگـر بهتریـن خـدا بـرای یـک شـخص بـا هدف‌هـای گـروه مطابـق نباشـد، راهبـر بـه دلیـل نگرانـی هـم بـرای آن فـرد و هـم بـرای گـروه، سـعی می‌کنـد بـه او کمـک کنـد تـا جایـگاه مناسب‌تری پیـدا کنـد. بلـه، مـا ممکـن اسـت یـک کارمنـد خـوب را از دسـت بدهیـم، امـا بـا اقـدام در جهـت منفعـت افـرادی کـه تحـت مراقبـت مـا هسـتند، در نهایـت آسـیب نخواهیـم دیـد. مـا بـه خـدا اعتمـاد خواهیـم کـرد تـا از مـا مراقبـت کنـد و بـر انجـام کاری کـه می‌دانیـم مطابـق بـا اصـول کتاب‌مقدس اسـت تمرکـز می‌کنیـم. سـپس بـر اسـاس ایـن اصـل کـه وقتـی جـان خـود را از دسـت دادیـم، آن را خواهیـم یافـت، بـرکات خـدا را دریافـت خواهیـم کرد. اگـر یـک کارمنـد بـا ارزش را بـه ایـن دلیـل از دسـت می‌دهیـم کـه جایـی دیگـر بـرای او بهتـر اسـت، می‌توانیـم بـه خـدا اعتمـاد کنیـم کـه جبـران کنـد.

زمانـی کـه در راهبـری رشـد می‌کنیـم، دادن زمـان کافـی بـه خـدا بـرای مراقبـت از چنـد نفـر

به چالشی بزرگ تبدیل می‌شود. خدمت‌های عمومی می‌توانند زمان‌هایی را که برای شاگردسازی شخصی داشتیم از بین ببرند. باید تصمیمات سختی بگیریم تا مطمئن شویم که اولویت ما شاگردسازی است. در حالیکه در راهبری رشد می‌کنیم، باید خواندگی‌های اصلی‌مان را مدام به خودمان یادآوری کنیم. برای اینکه بتوانیم به نیازهای این خوانده‌شدگان به درستی پاسخ دهیم، باید از سایر زمینه‌های مشغولیت خود بکاهیم. مراقبت از افرادی که آنها را راهبری می‌کنیم، باید بسیار فراتر از اولویت‌های‌مان باشد. وقتی که یک راهبر هستید، اگر با دقت برنامه‌ریزی نکنید نمی‌توانید با افرادی که آنها را راهبری می‌کنید وقت بگذرانید. فکر می‌کنم باید به طور مرتب با افراد ملاقات کنیم و سختگیرانه به این قرارها پایبند باشیم. اکثر راهبران آنقدر مشغول هستند که نمی‌توان انتظار داشت که با همکاران نزدیک خودشان وقت کافی بگذرانند. بنابراین باید تصمیمات قاطعی بگیرند تا مطمئن شوند که با آنها ملاقات می‌کنند. معتقدم که ما هم وقتی که می‌خواهیم برای خانواده‌مان وقت بگذاریم با همین چالش مواجه هستیم. اگر در این مورد تصمیمات قاطعی نگیریم، می‌بینیم بدون اینکه متوجه باشیم از خانوده‌مان غافل شده‌ایم.

زمانی که مشعول برنامۀ بزرگی هستم سعی می‌کنم مطئن شوم قرارهای ملاقاتم با افرادی که راهبر آنها هستم را لغو نکنم. گاهی ممکن است به دلایل اضطراری قرار ملاقات را به زمان دیگری موکول کنیم. اما این درست مثل زمانی است که با خداوند می‌گذرانیم، اگر به دلیل شرایط اجتناب‌ناپذیر آن وقت را از دست بدهیم، به جای اینکه آن را لغو کنیم، در ساعت دیگری از روز آن را انجام خواهیم داد. هیچ جایگزینی برای زمانی که بدون عجله با افراد تحت حمایت و راهبری می‌گذرانیم وجود ندارد. در واقع صرف چنین زمان‌هایی یکی از اصلی‌ترین اهداف ما به عنوان یک راهبر است. بر اساس انجیل مرقس، زمانی که عیسی دوازده شاگرد را انتخاب کرد، قصد داشت دو کار را با آنها انجام دهد – با آنان باشد و آنها را برای بشارت راهی کند. مرقس ۳: ۱۴ می‌گوید: «و دوازده نفر (که آنها را رسولان نیز نام گذاشت) را مقرر فرمود تا همراه او باشند و تا ایشان را به‌جهت وعظ نمودن بفرستد.»

عیسی برای شاگردانش دعا کرد

یک اولویت کتاب‌مقدسی

قبـلا گفته‌ایـم کـه طولانی‌تریـن قسـمت (هفـده آیـه) از طولانی‌تریـن دعـای ثبـت شـدهٔ عیسـی (بیسـت و شـش آیـه) بـرای شـاگردانش بـود. تنهـا زمانـی کـه عیسـی دربـارهٔ زندگـی دعایـی خـود خـارج از کلمـات یـک دعـای ثبـت شـده صحبـت کـرد، وقتـی بـود کـه گفـت بـرای پطـرس دعـا کـرده اسـت تـا ایمانـش از بیـن نـرود (لوقـا ۲۲: ۳۲). در دعـای کاهـن اعظـم عیسـی کـه در حـال مطالعـهٔ آن هسـتیم، عیسـی گفـت کـه بـه طـور خـاص بـرای شـاگردانش دعـا می‌کنـد: «مـن به‌جهـت اینهـا سـوال می‌کنـم و بـرای جهـان سـوال نمی‌کنـم، بلکـه از بـرای کسـانی کـه بـه مـن داده‌ای، زیـرا کـه از آن تـو می‌باشـند» (یوحنـا ۱۷: ۹).

پولـس در ده رسـاله از سـیزده رسـاله‌اش می‌گویـد کـه بـرای مخاطبـان رسـالات دعـا می‌کنـد. در دو رسـاله‌اش می‌گویـد کـه شـب و روز دعـا می‌کنـد. او می‌گویـد شـب و روز بـرای خواسـته‌اش کـه رفتـن بـه تسـالونیکی اسـت دعـا می‌کنـد (اول تسـالونیکیان ۳: ۱۰). او سـپس بـه فرزنـد روحانـی‌اش تیموتائـوس اینطـور می‌گویـد: «دائمـا در دعـای خـود تـو را شـبانه روز یـاد می‌کنـم» (دوم تیموتائـوس ۱: ۳). اینجـا یـک بـار دیگـه دعـای متمرکـز شـده بـرای شـخصی را می‌بینیـم کـه پولـس نسـبت بـه او مسـئولیت ویـژه‌ای داشـت.

افـراد اغلـب بـه مـا واعظیـن می‌گوینـد کـه «بـرای آنهـا دعـا کنیـم.» گاهـی ایـن درخواسـت‌ها را بعـد از اتمـام سـخنرانی زمانـی کـه بـا افـراد احوال‌پرسـی می‌کنیـم، می‌شـنویم. اگـر سـه نفـر از صـد نفـری کـه بـا مـا دسـت می‌دهنـد درخواسـت دعـا داشـته باشـند چطـور می‌توانیـم آن را بـه یـاد بیاوریـم؟ معمـولا وقتـی چنیـن درخواسـتی از مـن می‌شـود، همـان لحظـه بـرای آن فـرد دعـا می‌کنـم، و اینطـور بـه قولـی کـه داده‌ام عمـل می‌کنـم. گاهـی ممکـن اسـت یـادم بمانـد و دوبـاره دعـا کنـم و گاهـی ممکـن اسـت کـه دعـا را در فهرسـت دعاهایـم قـرار دهـم.

امـا مـا نمی‌توانیـم بـرای افـرادی کـه در قبـال آنهـا مسـئول هسـتیم بـه طـور موقـت دعـا

کنیم - افرادی مثل اعضای خانواده و آنهایی که شاگردمان هستند یا افرادی که بر آنان نظارت داریم. من سعی می‌کنم برای این افراد هر روز دعا کنم، معمولا پنج روز در هفته برای همکارانم و هر روز برای خانواده‌ام دعا می‌کنم. برای اطمینان از اینکه فراموش نکنم، آنها را در فهرست دعایم قرار می‌دهم، و همچنین بعضی موارد خاص دربارهٔ زندگی و خدمت آنها را نوشته‌ام تا برای‌شان دعا کنم. من همچنین عکس آنها را در اتاقی که در آنجا دعا می‌کنم قرار داده‌ام.

نام خانوادگی اسکادر در کلیسای جنوب آسیا بسیار برجسته است. دکتر آیدا اسکادر دانشکدهٔ پزشکی و بیمارستان مشهور وِلور را تاسیس کرد. جان اسکادر پدربزرگ آیدا برای خدمت ابتدا به سری‌لانکا (که در آن زمان حاکمان استعمارگر به آن سیلان می‌گفتند) آمد و سپس به جنوب هند رفت. او شش فرزند داشت و همهٔ آنها مبشر شدند. گزارش شده که او اینطور می‌گوید که مادر فرزندانش به معنای واقعی کلمه برای آنها به ملکوت دعا می‌کرد. در واقع، او عادت داشت که روز تولد فرزندانش را در دعا و روزه بگذراند.

با پیروی از راهنمایی پولس که گفت: «همیشه دعا کنید» (اول تسالونیکیان ۵: ۱۷)، در ساعات مختلف روز برای افراد «دعاهای سریع» بکنیم. پدری را داریم که پسرش در یک مهمانی است، و پدر نگران است که پسرش چه واکنشی به وسوسه‌هایی که در آن مهمانی وجود دارد نشان می‌دهد. در این شرایط پدر می‌تواند به صورت مداوم برای پسرش دعای کوتاه بکند. او برای پسرش که در مهمانی است، مبارزهٔ روحانی می‌کند. یک مادر می‌تواند زمانی که دختر روحانی یا بیولوژیکی‌اش امتحان می‌دهد برای او دعا کند. یک کشیش می‌تواند در خانه برای مدیر جدید گروه جوانان برای اولین ملاقاتش با کمیتهٔ انجمن جوانان دعا کند. این موضوع برای من یادآور جنگی است که یوشع علیه عمالیقی‌ها راهبری می‌کرد، پیروزی در آن بوسیلهٔ دعای موسی بود که هارون و حور دست‌های او را بالا نگه داشتند (خروج ۱۷: ۱۰-۱۳). البته دعاهای سریع از پیش‌زمینهٔ زمانی که به تنهایی با خدا می‌گذرانیم می‌آید و همانطور که در فصل چهارده به آن

خواهیـم پرداخـت هرگـز نبایـد جایگزیـن وقت‌هـای تنهـای یـک نفـر بـا خـدا شـوند.

معتقـدم کـه دعـا بـرای افـرادی کـه آنهـا را راهبـری می‌کنـم مهم‌تریـن کاری اسـت کـه بـه عنـوان یـک راهبـر انجـام می‌دهـم. ایـن اعتقـاد بـر پایـهٔ آن چیـزی اسـت کـه کتاب‌مقـدس دربـارهٔ قـدرت دعـا می‌گویـد. کلیسـای اورشـلیم بـا دادن فرصـت بـه رسـولان بـرای اینکـه خودشـان را «بـه عبـادت و خدمـت کلام بسـپارند» یـک سـنت بنـا نهـاد (اعمـال رسـولان ۶: ۴). در راسـتای ایـن اصـل، اولیـن مـورد در شـرح شـغل رسـمی مـن بـه عنـوان مدیـر جوانـان بـرای مسـیح ایـن اسـت کـه بـرای ایـن سـازمان و افـراد آن دعـا کنـم. زمان‌هایـی کـه موسـی بـرای اسـرائیل شـفاعت کـرد شـناخته شـده هسـتند (بـه طـور مثـال خـروج ۱۷: ۱۰-۱۲؛ اعـداد ۱۲: ۱۳-۱۵؛ ۲۱: ۷؛ تثنیـه ۳۳: ۶-۱۷؛ مزمـور ۱۰۶: ۲۳). سـموئیل بـه قـوم اسـرائیل گفـت: «و امـا مـن، حاشـا از مـن کـه بـه خداونـد گنـاه ورزیـده، تـرک دعـا کـردن بـرای شـما نمایـم» (اول سـموئیل ۱۲: ۲۳). دابلیـو. ای. سنگسـتر اینطـور می‌گویـد: «زمانـی کـه بـه آسـمان می‌رویـم و تمـام دعاهایـی کـه بـر روی زمیـن کرده‌ایـم می‌بینیـم، از اینکـه کـم دعـا کرده‌ایـم شرمسـار می‌شـویم.»

اگـر دعـا مهم‌تریـن کاری باشـد کـه انجـام می‌دهیـم، پـس بایـد در پیشـرفت زندگـی دعاگونه‌مـان کوشـا باشـیم. و بـا انجـام راه‌هـای جدیـد دعـا کـردن، بـه آن طـراوت ببخشـیم. دابلیـو. ای. سنگسـتر می‌گویـد کسـی کـه بـه طـور جـدی دعـا می‌کنـد خیلـی زود متوجـه می‌شـود کـه بـه یـک فهرسـت دعـا نیـاز دارد. چنیـن فهرسـتی بـه مـا کمـک می‌کنـد تـا مسـائلی را کـه می‌خواهیـم بـرای آنهـا دعـا کنیـم را بـه یـاد بیاوریـم. و فهرسـتمان را مـدام بازنگـری می‌کنیـم تـا نیازهـای فعلـی دعـا را منعکـس کنـد. مـن عکس‌هایـی کـه بـر اسـاس دسته‌بنـدی مرتـب شـده‌اند را در تمـام اتـاق کارم در خانـه چسبانده‌ام. و بـه نظـرم ایـن یـک کمـک عالـی در راسـتای دعـا بـرای دیگـران اسـت. همانطـور کـه متخصصـان بـه دنبـال بهبود مهارت‌های‌شـان در زمینـهٔ تخصصـی خـود هسـتند، راهبـران مسـیحی هـم بایـد در بهبـود مهارت‌هـای خـود در دعـا تـلاش کننـد. فکـر می‌کنـم، فهرسـت دعای‌مـان پـروژهٔ خوبـی اسـت کـه وقتـی کـه در مرخصـی سـالانه یـا تعطیـلات هسـتیم روی آن کار کنیـم.

به آنها بگویید برای‌شان دعا می‌کنید

هـم عیسـی هـم پولـس بـه افـراد می‌گفتنـد کـه بـرای آنهـا دعـا می‌کننـد. فکـر می‌کنـم مـا هـم بایـد همیـن کار را انجـام دهیـم؛ و ایـن می‌توانـد یـک دلگرمـی واقعـی باشـد. بـه طـور مثـال، اگـر بچـه‌ای کار سـختی مثـل امتحـان دادن در پیـش رو داشـته باشـد، دانسـتن اینکـه پـدرش بـرای او دعـا می‌کنـد، باعـث دلگرمـی‌اش می‌شـود. همیچنیـن ممکـن اسـت کـه دانش‌آمـوز تشـویق شـود کـه در هنـگام دلسـردی بـدون اینکـه تسـلیم شـود اسـتقامت داشـته باشـد. معتقـدم زمانـی کـه افـراد می‌داننـد کـه دیگـران برای‌شـان دعـا می‌کننـد اطمینـان و امیـد عظیمـی بـه وجـود می‌آیـد. آنهـا اگـر بداننـد یکـی از آنانـی کـه برای‌شـان دعـا می‌کنـد راهبرشـان اسـت ایـن سـودمندتر می‌شـود.

دعا تمرینی برای امید است

دعـای عیسـی بـرای شـاگردانش در واقـع تمرینـی بـرای امیـد بـود. در زمـان کوتاهـی همـهٔ آنهـا فـرار می‌کردنـد. پطـرس بـا لعنـت فرسـتادن و قسـم خـوردن انـکار کـرد کـه او را می‌شناسـد. امـا عیسـی بـا امیـد بـه فراتـر از آن شکسـت‌ها نـگاه کـرد. ایـن بـه طـور خـاص در مـورد دعـای او بـرای پطـرس صـدق می‌کنـد. عیسـی می‌گویـد: «ای شـمعون، ای شـمعون، اینـک شـیطان خواسـت شـما را چـون گنـدم غربـال کنـد، لیکـن مـن بـرای تـو دعـا کـردم تـا ایمانت تلـف نشـود؛ و هنگامـی کـه تـو بازگشـت کنـی بـرادران خـود را اسـتوار نمـا» (لوقـا ۲۲: ۳۱-۳۲). او فراتـر از شکسـت بـه زمانـی نـگاه کـرد کـه پطـرس مسـیحیان دیگـر را تقویـت می‌کـرد.

کلمنـت اسـکندریه یـک مدرسـهٔ آموزشـی مسـیحی را در شـهر اسـکندریهٔ مصـر در سـال‌های ۱۹۰-۲۰۲ پـس از میـلاد اداره می‌کـرد. او داسـتان چگونگـی دعـای یوحنـای رسـول بـرای نوایمـان جوانـی کـه سـرگردان شـده بـود تـا رهبـر گروهـی از دزدان شـود را بیـان مـی کنـد:

یوحنـا بـا فریـاد گفـت: «چـرا از مـن می‌گریـزی فرزنـدم؟ تـو هنـوز بـه زندگـی امیـد داری. مـن

از جانـب تـو پاسخگوی مسیـح خواهـم بـود.» وقتـی مـرد جوان گریـه کـرد و او را در آغـوش گرفت، یوحنـا بـا دعاهـای بسیار بـرای او شفاعت و همـراه بـا او در روزهـای مـداوم تـلاش کـرد. آن‌هـا می‌گوینـد کـه او از آنجـا جـدا نشـد تـا زمانـی کـه یوحنـا او را بـر جماعـت منصوب کـرد و بدیـن ترتیـب نمونـه‌ای عالـی از توبـهٔ واقعـی و نشـانه‌ای بـزرگ از تولـد دوباره را نشان داد.[۱۳]

ممکن است گاهـی ایـن دعـای مـا باشـد کـه بـه عبـور افـراد از شـرایط دشـوار کمـک می‌کنـد. چندیـن سـال پیـش بـه مـدت هجـده روز بـه سنگاپور رفتـم. برنامـه‌ام ایـن بـود کـه آخـر هفته‌هـا موعظـه کنـم و در روزهـای هفتـه بنویسـم. در آن زمـان یـک کلاس مطالعـهٔ کتاب‌مقـدس را راهبـری می‌کـردم کـه دو نوایمـان جـوان کـه در دهـهٔ بیسـت زندگی‌شـان بودنـد، در آن حضـور داشـتند. یکـی از آنهـا قبـل از ایمـان آوردن بـه مسیـح از طریـق کلیسـای مـا معتـاد بـه الـکل و دیگـری معتـاد بـه مـواد مخـدر بـود. زمانـی کـه در سنگاپور بـودم بـار بزرگـی را بـر دوشـم احسـاس کـردم کـه بـرای آن دو نفـر دعـا کنـم، و بـرای آنهـا حتـی بیشـتر از حالـت معمولـی دعـا کـردم.

وقتـی برگشـتم، مطلـع شـدم آن شخصی کـه معتـاد بـه مـواد مخـدر بـود دوبـاره بـه سـمت آن رفتـه اسـت. در آن زمـان بـا مشـکلاتی جـدی در خدمـت دسـت و پنجـه نـرم می‌کـردم و احسـاس کـردم کـه ایـن تیـر خـلاص بـود. چطـور ممکـن بـود بـا آن همـه دعایـی کـه کـرده بـودم یکـی از آنهـا اینقـدر بـد سـقوط کنـد، چـون فکـر کـرده بـودم از جانـب خداونـد بـرای دعـا برانگیختـه شـده بـودم. ایـن اتفـاق حـدودا هشـت سـال پیـش افتـاد. ایـن دو نفـر اکنـون راهبـران مسـیحی خوبـی هسـتند. اینطـور فکـر کـردم کـه دعایـم بـرای آنهـا مثـل دعـای عیسـی بـرای پطـرس بـود. دعایـم او را از سـقوط محافظـت نکـرد، ممکـن اسـت کـه بـه او کمـک کـرده باشـد کـه آنقـدر بـد سـقوط نکنـد کـه دیگـر هرگـز نتوانـد برگـردد.

ارزش والایـی در دعـای مـداوم وجـود دارد کـه متاسـفانه اخیـرا بـه دلیـل تاکیـد جدیـد بـر دعاهـای راهبـردی بـه عنـوان بخشـی از جنـگ روحانـی تـا حـدی کمرنـگ شـده اسـت.

می‌بینیـم کـه افـراد می‌رونـد و پیـروزی مسـیح را بـر مکان‌هـا و شـرایط اعـلام می‌کننـد. البتـه در ایـن تاکیـد حقیقتـی وجـود دارد، امـا هرگـز نبایـد از دعـوت بـه تـداوم در دعـا بـرای افـراد و مسـائل در مـدت زمـان طولانـی کـم کنـد.[۱۴] عیسـی داسـتان زن بیـوهٔ مُصـری را می‌گویـد کـه قاضـی اهمیتـی بـه او نمی‌دهـد، «تا نشـان دهـد کـه بایـد همیشـه دعـا کننـد و هرگـز دل‌سـرد نشـوند» (لوقـا ۱۸: ۱ – ترجمـهٔ تفسـیری).

پولس در افسسیان ۶: ۱۸ اینطور می‌گوید: «در هـر وقـت در روح دعـا کنیـد و بـرای همیـن بـه اصـرار و التمـاس تمـام بجهـت همـه مقدسـین بیـدار باشـید» و توصیـف ماهیـت نبـرد روحانـی را بـه اوج خـود می‌رسـاند.

گاهـی تنهـا کاری کـه می‌توانیـم بـرای افـراد انجـام دهیـم دعـا بـرای آنهاسـت. آنهـا ممکـن اسـت علیـه آنچـه کـه بـه آنهـا تعلیـم داده‌ایـم سرکشـی کـرده باشـند، و در موقعیتـی نباشـند کـه بـه نصیحـت مـا گـوش کننـد. اگرچـه ممکـن اسـت بـه مـا اجـازه ندهنـد کـه بـا آنهـا دربارهٔ خـدا صحبـت کنیـم، امـا مـا می‌توانیـم دربـارهٔ آنهـا بـا خـدا صحبـت کنیـم. خـدا قطعـا دعـای یـک مـادر دل‌شکسـته بـرای پسـر گم‌شـده‌اش را می‌شـنود.[۱۵] بایـد در دعـا تـداوم داشـته باشـیم.

جـورج مولـر در اوایـل خدمتـش متعهـد شـده بـود کـه روزانـه بـرای ایمـان آوردن پنج نفـر دعـا کنـد. اولیـن شـخص از ایـن پنـج نفـر هجـده مـاه پـس از اینکـه او شـروع بـه دعـای روزانـه کـرد بـه مسـیح ایمـان آورد. دومیـن نفـر پنـج سـال بعـد از ایمـان نفـر اول ایمـان آورد و سـومین نفـر شـش سـال بعـد از نفـر دوم. او یـک بـار نوشـت کـه بـرای دو نفـر دیگـر سـی و شـش سـال دعـا کـرده اسـت، و آنهـا هنـوز بـه مسـیح ایمـان نیاورده‌انـد. نفـر چهـارم کمـی قبـل از مـرگ مولـر ایمـان آورد و نفـر پنجـم چنـد سـال پـس از مـرگ او.[۱۶]

عیسی از طریق آنها جلال یافت

نکتهٔ بعدی که عیسی در دعای خود به آن اشاره کرد، مربوط به پاداش شاگردسازی است. عیسی می‌گوید: «آنچه از آن من است از آن تو است و آنچه از آن تو است از آن من است و در آنها جلال یافته‌ام» (یوحنا ۱۷: ۱۰). فکر می‌کنم باید مراقب باشیم که اینطور فکر نکنیم ما نیز از طریق شاگردان همانطور که عیسی از طریق شاگردانش جلال یافت، جلال می‌یابیم. قطعاً این چیزی نیست که به دنبال آن هستیم. تمام جلال باید برای عیسی باشد. اما چون ما با مسیح یکی هستیم، سهمی از آن داریم.

نباید سعی کنیم که از جلال شاگردان‌مان برای پیش‌برد خود استفاده کنیم. و نباید دربارهٔ آنها طوری حرف بزنیم تا توجه را بر موفقیت خود در شاگردسازی متمرکز کنیم. چارلز اسپرجن از طریق موعظهٔ یک فرد عادی که روز یکشنبه به جای واعظ غایب موعظه کرد، ایمان آورد. اسپرجن هرگز نگفت که آن شخصی عادی که موعظه کرد چه کسی بود، اما بسیاری ادعا کردند که آن شخص بوده‌اند.

وقتی دیگران جملاتی از این قبیل می‌گویند احساس ناراحتی می‌کنم: «او فرزند روحانی من است»، یا «او برای من مثل تیموتائوس است.» چنین جملاتی می‌تواند جلالی که از آن مسیح هست را بگیرد و به ما بدهد. در بالا دیدیم که پولس و پطرس چنین جملاتی گفتند، در این موارد که آنها تیموتائوس، تیتوس، فیلمون، و مرقس را فرزندان خود خواندند، هدف‌شان بالا بردن آنها بود و نه خودشان. چیزی که دربارهٔ آن هشدار می‌دهم، عادت استفاده از شاگردان برای خودستایی است.

اما این واقعیت وجود دارد که وقتی افرادی که روی آنها سرمایه‌گذاری کرده‌ایم کارشان را به خوبی انجام می‌دهند، شادی عظیمی برای ما به ارمغان آورده می‌شود. رابرت کلمن می‌گوید: «جلال معلم این است که زیر پای شاگردش بنشیند و از او بیاموزد.» این پاداش شاگردسازی است. بسیاری موفق نخواهند شد، و از آنجایی که ما آنها را

بسیار دوست داریـم، شکسـت آنهـا قلـب مـا را می‌شـکند. امـا برخـی هـم موفـق می‌شـوند، و موفقیـت آنهـا تـلاش مـا را ارزشـمند می‌کند.

البتـه، برخـی از مـا ثمـرهٔ زحمات‌مان را زمانـی کـه بـه آسـمان می‌رویـم می‌بینیـم. ممکـن اسـت خوانـده شـویم تـا زمیـن سـخت را شـخم بزنیـم و آن را بـرای دیگـری آمـاده کنیـم تـا محصـول را برداشـت کنـد. بنابرایـن، نبایـد ارزیابـی خـود از خدمت‌مـان را صرفـا براسـاس سـطح موفقیتـی کـه می‌بینیـم، پایه‌گـذاری کنیـم.
امـا زمانـی کـه افـرادی کـه روی آنهـا سـرمایه‌گذاری کرده‌ایـم موفـق می‌شـوند، قلب‌مـان پـر از شـادی می‌شـود. پولـس خطـاب بـه اهالـی فیلپـی اینطـور می‌گویـد: «بنابرایـن، ای بـرادران عزیـز و مـورد اشـتیاق مـن و شـادی و تـاج مـن . . .» (فیلیپیـان ۴: ۱).

<h1 style="text-align:center">۱۱</h1>

<h1 style="text-align:center">اعزام شاگردان برای خدمت</h1>

در این فصل با استفاده از اصولی که از دعای کهانت اعظم عیسی که برای شاگردانش کرد، گرفته شده، بحث خود را در مورد شاگردسازی ادامه می‌دهیم (یوحنا ۱۷: ۶-۱۹). در فصل قبلی دیدیم که شاگردسازها خدا را به شاگردان آشکار، به عنوان ناظر عمل، و برای شاگردان دعا می‌کنند و از موفقیت‌های آنها احساس شادی و رضایت به دست می‌آورند.

عیسی از شاگردان محافظت و آنها را برای تنهایی پس از خود آماده کرد

در آیات ۱۱ و ۱۲ عیسی در دعا توضیح می‌دهد که چطور آنها را برای رفتنش آماده کرد. او می‌گوید، «بعد از این در جهان نیستم اما اینها در جهان هستند و من نزد تو می‌آیم. ای پدر قدوس اینها را که به من داده‌ای، به اسم خود نگاه دار تا یکی باشند چنانکه ما هستیم. مادامی که با ایشان در جهان بودم، من ایشان را به اسم تو نگاه داشتم» (یوحنا ۱۷: ۱۱-۱۲).

در آیهٔ ۱۱ عیسی از خدا می‌خواهد که آنها را «به اسم خود نگاه دار» کلمهٔ تِرِئوُ که نگاه داشتن ترجمه شده چهار بار در این دعا دیده می‌شود. در اولین بار استفاده به «نگاه داشتن کلام» اشاره دارد و به معنای «رعایت» یا «اطاعت» است (۱۷: ۶). سه

مرتبهٔ دیگـر بـه معنـای «حفاظـت» یـا «سرپرستی» می‌آیـد. در آیهٔ ۱۲ عیسـی می‌گویـد: «ایشان را بـه اسـم تـو نـگاه داشـتم.» و در آیهٔ ۱۵ اینطور دعا می‌کند: «خواهـش نمی‌کنـم کـه ایشـان را از جهـان ببـری، بلکـه تـا ایشـان را از شـریر نـگاه داری.» در آیهٔ ۱۲ عیسـی از کلمـه‌ای دیگـر فولاسُـو بـه معنـای «حفاظـت کـردن» اسـتفاده می‌کنـد¹ و می‌گویـد: آنهـا را «حفـظ نمـودم.»

ما اول از آنها محافظت می‌کنیم

بیاییـد پیـش زمینهٔ ایـن بیانـات را تصویـر سـازی کنیـم. عیسـی در حـال تـرک ایـن دنیـا بـا تاثیـرات شیطانی بسـیار آن اسـت. او تـا زمانـی کـه بـا شـاگردان بـود از آنهـا محافظـت کـرد. حـالا نـه تنهـا می‌خواهـد آنـان را تـرک کنـد، بلکـه می‌خواهـد آنهـا را بـه سرتاسـر جهـان هـم بفرسـتد. بـه همیـن دلیـل از خـدا می‌خواهـد کـه مراقب‌شـان باشـد؛ و ایـن چقـدر شـبیه بـه راهبـری و والدگـری اسـت. در ابتـدای شاگردسـازی و والدگـری بایـد از فرزنـدان روحانـی و جسـمانی‌مان مراقبت‌هـای ویـژه حفاظتـی بـه عمـل بیاوریـم. بعدتـر می‌توانیـم آنهـا را رهـا کنیـم تـا زندگـی مسـتقل‌تری داشـته باشـند.

بچه‌هـا بایـد در برابـر چیزهایـی کـه هنـوز توانایـی مقابلـه بـا آنهـا را ندارنـد، محافظـت شـوند، مثـل تصاویـر جنسـی واضـح در تلویزیـون و اینترنـت. ممکـن اسـت فاحشـه‌هایی در خیابـان باشـند کـه بچه‌هـا دائمـا آنهـا را ببیننـد. امـا ممکـن اسـت والدیـن دربارهٔ اینکـه آنهـا چـه کسـی هسـتند و چـه کاری انجـام می‌دهنـد توضیحـی ندهنـد. در هـر صـورت، زمانـی کـه بچه‌هـا بـزرگ می‌شـوند و پـا بـه جوانـی می‌گذارنـد، والدیـن بایـد بیشـتر در ایـن بـاره بـه آنهـا بگوینـد و همچنیـن دیـدگاه مسـیحی دربارهٔ فحـوش را بـا آنهـا درمیـان بگذارنـد.

بـه همیـن صـورت، ، آموزش‌هـای پرشـور و مقتدرانهٔ فرقه‌هـا کـه بـه کتاب‌مقـدس اسـتناد می‌کننـد، اغلـب بـرای نوایمانـان بسـیار جـذاب اسـت، بـه‌ویـژه اگـر ایـن نوایمانـان شـروع بـه دیـدن چیزهایـی در کلیسـای خـود کننـد کـه آنهـا را دوسـت ندارنـد. بایـد در ایـن مـورد بـه آنهـا

هشدار داد.

ممکـن اسـت یـک کشـیش بـه فرزنـدان کوچکـش نگویـد کـه چطـور یـک راهبر متشـخص در کلیسـا او را آزار داده. درک اینکـه چنیـن چیزهایـی در کلیسـا اتفـاق می‌افتـد و بـه ویـژه اینکـه منشـا ایـن درد یـک راهبـر محتـرم بـوده، بـرای آنهـا سـخت اسـت.

راهبـران همچنیـن بایـد فرزندان‌شـان را بـرای مواجهـه بـا خطـرات دنیـا تجهیـز کننـد. افـراد جـوان بایـد بـا چشـمان بـاز و درکـی نسـبت بـه برخـی از چالش‌هایـی کـه بـا آنهـا مواجـه خواهنـد شـد وارد دنیـا شـوند. آنهـا بایـد بـرای مقابلـه بـا چنیـن چالش‌هـای اینچنینـی راهنمایـی داشـته باشـند.

دو عنصـر ضـروری بـرای چنیـن آماده‌سـازی‌ای وجـود دارد. یکـی هشـدار دربـارهٔ خطـر اسـت. دو کلمـهٔ یونانـی را در اناجیـل کـه مفهـوم «هشـدار» را دارنـد بررسـی کـردم، و متوجـه شـدم کـه آنهـا بیسـت مرتبـه ایـن معنـی را می‌رسـانند. اولیـن کلمـه پروسِـکو اسـت کـه ده بـار اسـتفاده شـده و بـه معنـای «بـا دقـت توجـه کـن، محافظـت کـن، مراقـب بـاش و مواظـب بـاش» اسـت. کلمـهٔ دیگـر بلِپُـو اسـت کـه شسـت و شـش بـار در اناجیـل آمـده اسـت و معمـولا بـه معنـای «دیـدن» اسـت، امـا می‌توانـد مفهـوم «مراقـب بـاش» را داشـته باشـد، و ده مرتبـه بـا ایـن مفهـوم آمـده اسـت. ایـن بیسـت مرجـع بـه مـا نشـان می‌دهـد کـه عیسـی اغلـب دربـارهٔ خطراتـی کـه در ایـن دنیـای گناهـکار وجـود دارد بـه افـراد هشـدار داده اسـت.

واضـح اسـت کـه شاگردسـاز بایـد چیزهایـی در مـورد دنیـای شـاگردش بدانـد. در طـی سـال‌ها بخش‌هـای بسـیار متفاوتـی از جوانـان بـرای مسـیح در سـری‌لانکا را راهبـری کرده‌ام. از آنجایی کـه نوجوانـان علاقـهٔ بسـیاری بـه موسـیقی دارنـد، مـن بایـد آهنگـی را کـه بـه گـوش می‌دهنـد بررسـی و بـا آنهـا در مـورد موضوعاتـی ماننـد اشـعار و حـرکات بـدن و لبـاس نوازنـدگان صحبت کنـم. بـه عنـوان یـک جنبـش جوانـان، دربـارهٔ برنامه‌هـای تلویزیونـی محبـوب بیـن نوجوانـان بحـث کـرده و آن‌هـا را از دیـدگاه مسـیحی نقـد می‌کنیـم و محتـوای خـوب و بـد را می‌گوییـم.

فکر می‌کنم والدین باید این کار را دربارهٔ برنامه‌های تلویزیونی که فرزندان‌شان تماشا می‌کنند انجام دهند. ما همچنین در مورد مباحثات در زمینه ورزش و سیاست صحبت می‌کنیم، یعنی موضوعاتی که به نظر می‌رسد کل ملت را هیجان زده می‌کند، تا نوجوانان تحت تاثیر افکار عمومی قرار نگیرند، و به شیوه‌ای مسیحی دربارهٔ این موضوعات فکر کنند.

همچنین برای ما مهم است که دربارهٔ واکنش‌های مسیحی به چالش‌های خاصی که مردم ما با آنها مواجه می‌شوند گفتگو کنیم. به طور مثال، باید نشان دهیم که چرا مسیحیان مجلات هرزه‌نگاری نمی‌خوانند یا فیلم‌های آن را تماشا نمی‌کنند. دلیل این کار تنها این نیست که هرزه‌نگاری گناه است. چون اگر این تنها دلیلی بود که برای آن ارائه می‌دادیم، وسوسه همچنان پرقدرت عمل می‌کند و وجود دارد. افراد می‌توانند اینطور توجیه کنند که هرزه‌نگاری اگرچه گناه است اما لذت بخش است. دیدگاه مسیحی این است که در نهایت هرزه‌نگاری لذت‌بخش نیست. در حقیقت، این کار لذت جنسی واقعی را از بین می‌برد. به همین دلیل جوانان از این کار دوری می‌کنند چون می‌خواهند از رابطهٔ جنسی لذت ببرند. در این دنیا با تصاویر انحرافی بسیاری از رابطهٔ جنسی، ما باید یک نگرش کتاب‌مقدسی سالم در میان مسیحیان نسبت به رابطهٔ جنسی به عنوان چیز زیبایی که خدا آفریده، ایجاد کنیم. ما همچنین باید واقعا با دلایل این موضوع که رابطهٔ جنسی خارج از ازدواج گناه و بسیار خطرناک است دست و پنجه نرم کنیم، به ویژه به این دلیل که اکثریت جامعه این رفتار را کاملا عادی می‌دانند.

در اینجا چالش‌هایی را که جوانان با آن‌ها روبه‌رو هستند را به عنوان مثال آورده‌ام. ما باید بدانیم چالش‌های گروهی که راهبری می‌کنیم چه هستند. ما باید به افراد تحت مراقبت‌مان دربارهٔ آنها هشدار دهیم و به سوی پاسخ‌های مسیحی هدایت کنیم.

سطح محافظت تغییر می‌کند

درست همانطور که عیسی شاگردانش را رها کرد و به سراسر جهان فرستاد و آنها را برای مراقبت به خدا سپرد، ما هم فرزندان روحانی و جسمانی‌مان را رها می‌کنیم. ابتدا خواهیم دید میزانی که آنها را هدایت می‌کنیم تغییر می‌کند. قبلا آنها از نزدیک بر آنها نظارت می‌کردیم، اما بعد از مدتی آنها را به حال خودشان می‌گذاریم و زمانی که وارد عرصه می‌شوند برای‌شان دعا می‌کنیم. عیسی حداقل در دو سفر بشارتی که شاگردهای خود را در غالب گروه‌های دو نفره فرستاد همین رفتار را با آنها کرد.

قبلا ما از شاگردان‌مان مثل کودک مراقبت می‌کردیم، اما بعدا آنها را به عنوان همتای خودمان دیدیم. عیسی در مکالمه‌ای که در شام آخر داشت، به شاگردانش گفت: «دیگر شما را بنده نمی‌خوانم زیرا که بنده آنچه آقایش می‌کند نمی‌داند؛ لکن شما را دوست خوانده‌ام زیرا که هر چه از پدر شنیده‌ام به شما بیان کردم» (یوحنا ۱۵: ۱۵). حالا که عیسی دانش مورد نیاز شاگردان را به آنها داده بود، با آنها مثل دوستانش رفتار کرد.

این یکی از لذت‌های راهبری و والدگری است. افرادی که زمانی مثل بچه‌ها با آنها رفتار شده بود حالا تبدیل به دوست شده‌اند. به عنوان کسی که با جوانان کار می‌کند، متوجه شدم که فرزندان جسمانی‌ام به «مشاوران» من تبدیل شده‌اند. اغلب از آنها راهنمایی می‌خواهم که چطور حقیقت خاصی را که قرار است در مورد آن حرف بزنم در زندگی نوجوانان اعمال کنم. همانطور که در فصل قبل گفتیم، وقتی معلمین بتوانند زیر پای شاگردان‌شان بنشینند و از آنها بیاموزند، لذت بزرگی نصیب آنها می‌شود.

البته آنها به عنوان دوست برای برخورداری از زندگی خداپسندانه به یکدیگر انگیزه می‌دهند (عبرانیان ۱۰: ۲۴-۲۵). هرچند راه‌هایی که از طریق آنها برکات می‌آیند متفاوت هستند، اما برکت گرفتن ما از دیگران هرگز متوقف نمی‌شود.

یک بار که دربارهٔ دوستی راهبران با افرادی که آنها را راهبری می‌کنند صحبت کردم، یک کشیش از میان مخاطبان آمد و به من گفت اینطور یاد گرفته که این طرز فکر اشتباه است؛ و چنین دوستی‌ای مانعی برای رهبری و اعمال اقتدار خواهد بود. به یوحنا ۱۵: ۱۵ اشاره کردم که در آن عیسی، راهبر استاد، گفت که دوست شاگردانش است.

بارها به چیزی که این کشیش گفت فکر کردم و به این نتیجه رسیدم که او رفتار رایج بین راهبران مسیحی معاصر را منعکس می‌کند که تمرکز روابطشان با افرادی که راهبری می‌کنند بر انجام کار است و نه بر نیازها و احساسات افرادی که کار را انجام می‌دهند. شرح وظایف برای آنها نوشته شده و انتظار می‌رود که آنها را انجام دهند؛ و در این زمانه‌ای که بر محور بهره‌وری است صحبت کردن اینکه کارکنان چه احساسی دارند غیرعملی و وقت‌گیر تلقی می‌شود.

با این حال پولس روابط دوستانهٔ عمیقی با افراد تحت راهبری خود داشت. صمیمی بودن رابطهٔ او با تیموتائوس در این آیه مشخص است: «مشتاق ملاقات تو هستم چونکه اشک‌های تو را بخاطر می‌دارم تا از خوشی سیر شوم» (دوم تیموتائوس ۱: ۴). این نشان می‌دهد که یک پیوند عاطفی میان پولس و تیموتائوس وجود داشته است. پولس به تیموتائوس اجازه داد تا از نزدیک او را نظاره کند. او می‌گوید: «لیکن تو تعلیم و سیرت و قصد و ایمان و حلم و محبت و صبر مرا پیروی نمودی، و زحمات و آلام مرا مثل آنهایی که در انطاکیه و ایقونیه و لستره بر من واقع شد» (دوم تیموتائوس ۳: ۱۰-۱۱).

چنین روابطی با گذراندن زمان بسیار با یکدیگر شکل می‌گیرند.

من معتقدم که اگر راهبران امروزی وقت بگذارند تا چنین روابط گرمی با افراد تحت راهبری‌شان ایجاد کنند، نتیجه آن یک احساس قوی از رفاقت انجیلی در تیم‌های خدمتی ما خواهد بود. زمانی که با هم سپری می‌شود فضایی را ایجاد می‌کند که اعضای تیم به راحتی بتوانند نظراتشان را بیان کنند. کارکنان می‌توانند سوءتفاهمات

را از بیـن ببرنـد و در مـورد مخالفـت خـود نسبـت بـه شیوهٔ عمـل راهبـران برطـرف کننـد. نتیجـهٔ ایـن کار ایـن اسـت کـه اگـر تیـم ماموریتـی پرشـور بـرای موفیـت داشـته باشـد، فضایـی بـا انگیـزهٔ بـالا ایجـاد می‌شـود. بـا وجـود چنیـن انگیـزه‌ای، خواهیـد دیـد کـه اعضـای تیـم سخت‌کوشـانه تـلاش و از خودگذشـتگی می‌کننـد تـا بـه هدف‌هـای مشترک‌شـان برسـند. چنیـن تلاشـی انگیـزهٔ کارکنـان بـرای انجـام کار بیشـتر را بـالا بـرده و کارایـی را افزایـش می‌دهـد، و بـه دلیـل اتحـاد شـما قـدرت روحانـی آشـکار می‌شـود. بنابرایـن زمانـی کـه صـرف ایجـاد یـک تیـم دوسـتانه شـده اسـت، بـه خوبـی بـا نتایـج نهایـی جبـران می‌شـود.

محافظت منجر به اتحاد می‌شود

بسیـار جالـب اسـت کـه عیسـی بـه اتحـاد بـه عنـوان نتیجـهٔ محافظتـی کـه از خـدا بـرای شـاگردانش می‌خواهـد، اشـاره می‌کنـد. عیسـی اینطـور دعـا کـرد: «ای پـدر قـدوس اینهـا را کـه بـه مـن داده‌ای، بـه اسـم خـود نـگاه دار تـا یکـی باشـند چنانکـه مـا هسـتیم» (یوحنـا ۱۷: ۱۱). کلمهٔ «تـا»، هینـا، بـه معنـای «بـه طـوری کـه» یـا «بـه منظـور اینکـه» اسـت. اتحـاد بـه وضـوح بـه عنـوان نتیجـهٔ محافظتـی کـه او در آیـات قبلـی از آن صحبـت کـرده بـود، معرفـی می‌شـود. چنـد چیـز می‌توانـد مسـبب عـدم اتحـاد در جامعـهٔ مسیحـی باشـد. عـدم اتحـاد یکـی از بزرگتریـن اسـتراتژی‌های شیطـان علیـه کلیسـا اسـت، و گاهـی ایـن مشـکل نتیجـهٔ حملـهٔ مسـتقیم اوسـت. راهبـران بایـد هوشیـار باشـند و از طریـق دعـا، صحبـت کـردن بـا افـرادی کـه از ایـن حملـه آسیـب دیده‌انـد و ابـزار دیگـر، تمـام تلاش‌شـان را بـرای غلبـه بـر ایـن حملـه انجـام دهنـد.

یوحنـا می‌گویـد راه رفتـن در نـور از نظـر روحانـی شـرط لازم بـرای مشـارکت مسیحـی اسـت: «لکـن اگـر در نـور سـلوک می‌نماییـم، چنانکـه او در نـور اسـت، بـا یکدیگـر شـراکت داریـم و خـون پسـر او عیسـی مسیـح مـا را از هـر گنـاه پـاک می‌سـازد» (اول یوحنـا ۱: ۷). ایـن آیـه اینطـور می‌گویـد، بـه دلیـل اینکـه یـک یـا چنـد نفـر از اعضـا در گنـاه زندگـی می‌کننـد یـا دربـارهٔ مشکلات‌شـان چیـزی نمی‌گوینـد اتحـاد گاهـی اوقـات از بیـن مـی‌رود.

دلایـل عـدم اتحـاد متفـاوت اسـت، و راهبرانـی کـه زندگـی جامعـهٔ مسـیحی را جـدی می‌گیرنـد در ایـن مـورد هوشـیار خواهنـد بـود. و عمـل کـردن بـه ایـن نصیحـت پولس کـه می‌گویـد: «سـعی کنیـد کـه یگانگـی روح را در رشـته سـلامتی نـگاه داریـد» (افسسـیان ۴: ۳)، خیلـی زود بـه یکـی از مسـئولیت‌های آنهـا تبدیـل خواهـد شـد. پیتـر اوبریـن اینطـور توضیـح می‌دهـد کـه فعلـی کـه (در اینجـا وجـه وصفـی اسـت) «سـعی کنیـد» (اسپودازوُ) ترجمـه شـده اسـت، «حـس عجلـه، فوریـت، یـا حتـی نوعـی بحـران در آن وجـود دارد.»[۲] مثـل پولـس، عیسـی هـم دربـارهٔ رسـیدگی بـه مسـائل مربـوط بـه اتحـاد، بسـیار صریـح اسـت. «پـس هـرگاه هدیـه خـود را بـه قربان‌گاه بـبری و آنجـا بـه خاطـرت آیـد کـه بـرادرت بـر تـو حقـی دارد، هدیـه خـود را پیـش قربان‌گاه واگـذار و رفتـه، اول بـا بـرادر خویـش صلـح نمـا و بعـد آمـده، هدیـه خـود را بگـذران» (متـی ۵: ۲۳-۲۴).

وقتـی مشـکلاتی دربـارهٔ اتحـاد وجـود دارد از اینکـه امـروز مسـیحیان از ایـن رویکـرد اسـتفاده نمی‌کننـد متعجـب هسـتم. آنهـا نامـه می‌نویسـند، بـا دیگـران صحبـت می‌کننـد، جلسـات را تحریـم می‌کننـد، امـا بـا فـردی کـه بـا او مشـکل دارنـد صحبـت نمی‌کننـد. گاهـی آنهـا قبـل از اینکـه برونـد و بـا بـرادر یـا خواهـری کـه لازم اسـت بـا او آشـتی کننـد حـرف بزننـد، وکیـل می‌گیرنـد.

اغلـب قبـل از اینکـه اتحـاد برقـرار شـود، ممکـن اسـت مکالمـه چنـد سـاعت طـول بکشـد و ایـن کار سـختی اسـت. راهبـران معمـولا افـراد مشـغولی هسـتند. آیـا آنهـا می‌تواننـد ایـن همـه زمـان صـرف کننـد؟ ایـن تعامـل معمـولا ناخوشـایند اسـت. آنهایـی کـه از مـا عصبانـی هسـتند ممکـن اسـت بسـیار از مـا جوان‌تـر و کـم تجربه‌تـر باشـند. ممکـن اسـت چیزهایـی بگوینـد کـه نامحترمانـه باشـد. اگـر اینطـور باشـد، بایـد در یـک زمانـی ترجیحـا بعدتـر، دربـارهٔ ایـن موضـوع بـا آنهـا مواجـه شـویم. امـا آیـا بـرای راهبـران تحقیرآمیـز نیسـت کـه خـود را در معـرض چنیـن رفتـاری قـرار دهنـد؟ راهبـران خدمت‌گـزاران مـردم و گروه‌هـای راهبـری خـود هسـتند. ایـن کار چـه زمان‌بـر و تحقّیرآمیـز باشـد چـه نباشـد، مـا وظایـف فـوری را بـر عهـده می‌گیریـم، چـون فوریـت مـد نظـر عیسـی و پولـس را در رابطـه بـا حـل مشـکلات اتحـاد درک

کرده‌ایــم.

ویژگــی متمایــز محبــت مسیحی، تمایــل بــه مقابلــه بــا تمایلات طبیعــی مــا و برداشــتن گامــی اضافــی بــرای آوردن محبــت مسیح بــه شــرایطی اســت کــه از طریــق دیگــری امکان‌پذیــر نیســت. وقتــی راهبــران مسیحی در انجــام ایــن کار پشــتکار داشــته باشــند، قــادر خواهنــد بــود تــا جامعـهٔ مسیحــی حقیقــی را در حــال انجــام کار ببیننــد. می‌توانــم بگویــم در بیسـت و پنــج ســال خدمتــم در جوانــان بــرای مسیح در ســری‌لانکا، نــگاه داشــتن «یگانگــی روح را در رشــته سلامتی» درگیــر کننده‌تریــن چالشــی بــود کــه داشته‌ام. ســال گذشــته کــه کشیش کلیسای‌مان بــرای تعطیــلات خــارج از کشــور بــود، مــن مسئولیت‌های اضافــی بســیاری در کلیسـای‌مان داشــتم. در همــان زمــان، نــگاه داشــتن اتحــاد بزرگتریــن چالشــی بــود کــه بــا آن مواجــه شــدیم.

اگــر ایــن چالــش را جــدی بگیریــم و بــرای اتحــاد تــلاش کنیــم، زندگــی اجتماعــی مــا عمــق و غنــای فوق‌العــاده‌ای پیــدا می‌کنــد. اگــر از تفرقه‌هــا بگذریــم و یــا ســعی کنیــم آنهــا را نادیــده بگیریــم، هرگــز غنــای آن زندگی اجتماعــی کــه خدا بــرای مــا در نظر داشــت را نخواهیم چشــید. اینکــه عیسی اتحــاد را بــه عنــوان نتیجـهٔ اصلــی محافظت معرفــی می‌کنــد، نشــان می‌دهــد چقــدر ایــن موضوع بــرای او اهمیــت داشــته اســت. بــه همیــن ترتیــب، راهبــران مسیحیان هــم بایــد در فهرســت اولویت‌هــای خــود جایــگاه بالایــی بــرای اتحــاد در نظر بگیرنــد.

عیسی خوشی خود را به او اعلام کرد

چیز بعــدی کــه عیســی مشــتاق بــود تــا شــاگردان قبــل از رفتنــش داشــته باشند خوشــی او بــود. بــه همیــن دلیــل او اینطــور دعــا کــرد: «امــا الان نــزد تــو می‌آیــم. و ایــن را در جهان می‌گویــم تــا خوشــی مــرا در خــود کامــل داشــته باشــند» (یوحنــا ۱۷: ۱۳– قدیــم). بــه تاکیــد بــر فراوانــی خوشــی توجــه کنیــد: او دربارهٔ خوشــی «کامــل» (پلِـرُو) در آنهــا صحبت می‌کنــد. ترجمـهٔ تفسیری اینطــور می‌گویــد: «تــا از خوشــی مــن لبریــز باشــند.» در همــان شــب او و یــک

بار دیگـر دربارهٔ خوشـی کامـل صحبـت می‌کنـد و اینطور می‌گویـد: «ایـن را بـه شـما گفتـم تـا خوشـی مـن در شـما باشـد و شـادی شـما کامـل گـردد» (یوحنـا ۱۵: ۱۱). توجـه کنیـد کـه در هـر دو آیـه عیسی چطـور خوشـی را مرتبـط بـا خـود دانسـت و آن را بـه عنـوان یـک شـادی کامـل معرفـی کـرد. در آن شـب او همچنیـن دو بـار در مـورد اینکـه آرامـش خـود را بـه شـاگردان می‌دهـد صحبـت کـرد (یوحنـا ۱۴: ۲۷؛ ۱۶: ۳۳). بـه نظـر می‌رسـد کـه بـرای عیسـی بسـیار مهـم بـود کـه در آن سـاعت مهـم خوشـی و آرامـش خـود را بـه آنها بدهـد.

از آنجایـی کـه مـا ناجیـان جهـان نیسـتیم، نمی‌توانیـم شـادی خـود را ماننـد عیسـی بـه مـردم بدهیـم. امـا می‌توانیـم منعکـس کننـدهٔ خوشـی عیسـی و نمونـه‌ای از آن باشـیم، و بـه شـاگردان‌مان در مسـیر خوشـی کمـک کنیـم. البتـه شـادی بـه عنـوان یـک ویژگـی بنیـادی در مسـیحیت، بارهـا و بارهـا در کتاب‌مقـدس آمـده اسـت؛ و دومیـن ثمـرهٔ روح اسـت (غلاطیـان ۵: ۲۲). در فیلیپیـان ۴: ۴ دربـارهٔ آن بـه مـا فرمـان داده شـده اسـت: «در خداونـد دائمـا شـاد باشـید. و بـاز می‌گویـم شـاد باشـید.» تکـرار ایـن موضـوع، اهمیـت شـادی را بـه عنـوان ویژگـی بنیـادی زندگـی مسـیحی برجسـته می‌کنـد. بنابرایـن مسـیحیان بایـد افـراد شـادی باشـند، و راهبـران بایـد نمونه‌هایـی از شـادی باشـند.

اگـر قـرار اسـت راهبـر باشـیم، جسـتجوی شـادی بایـد بخـش مهمـی از زندگـی مـا باشـد. ایـن قسـمتی از وظیفـهٔ ماسـت. درسـت اسـت، مـا بـرای انجیـل جفـا می‌بینیـم؛ و هزینـهٔ گزافـی بـرای وفـاداری بـه خـدا و اصـول او می‌پردازیـم. امـا ایـن کارهـا بـه دلیـل داشـتن یـک سـبک زندگـی شـاد انجـام می‌شـود. در واقـع عیسـی بعـد از گفتـن: «ایـن را بـه شـما گفتـم تـا خوشـی مـن در شـما باشـد و شـادی شـما کامـل گـردد» (یوحنـا ۱۵: ۱۱)، اینطـور ادامـه می‌دهـد: «ایـن اسـت حکـم مـن کـه یکدیگـر را محبـت نماییـد، همچنـان کـه شـما را محبـت نمـودم. کسـی محبـت بزرگتـر از ایـن نـدارد کـه جان خـود را بـه جهـت دوسـتان خـود بدهـد» (یوحنـا ۱۵: ۱۲- ۱۳). ابتـدا بایـد شـادی بیایـد، و از دل ایـن قـوت شـروع بـه خدمـت فداکارانـه می‌کنیـم. در فصـل ۳، در زمینـهٔ گرفتـن تاییـد خـدا، بـه ایـن نـگاه کردیـم کـه چطـور می‌توانیـم شـادی را در زندگـی خـود پـرورش دهیـم. یـک بـار در سـخنرانی سـال نـو جـورج مولـر اینطـور گفـت:

«سلامتی خانواده‌مان، رونق تجارت، کار و خدمت‌مان به خداوند، ممکن است مهم‌ترین موضوعاتی باشند که باید به آنها توجه کنیم؛ اما به نظر من، مهم‌ترین چیزی که باید به آن توجه کنید این است که فرای همه چیز روح شما در خداوند شاد باشد.» او اینطور ادامه می‌دهد: «چیزهای دیگری ممکن است شما را تحت فشار قرار دهند؛ حتی ممکن است که کار خداوند در فوریت مورد توجه شما باشد، اما این جست‌وجوی شادی از اهمیت فوق‌العاده‌ای برخوردار است. هر روز به دنبال این باشید تا این موضوع مهم‌ترین کار زندگی‌تان باشد.»[۳] شادی خداوند گنج ارزشمندی است. و ما نباید بدون آن از خانه بیرون برویم.

جان استَم و همسرش بتی، در چین مبشر بودند و در سال ۱۹۳۴ زمانی که بیست و هفت ساله و بیست و هشت ساله بودند شهید شدند. مرگ غم‌انگیز آنها انگیزۀ جوانان بسیاری برای شروع خدمت بشارت شد. جان یک بار اینطور گفت: «هر چه که دارم از من بگیرید، اما شیرینی راه رفتن و صحبت کردن با شاه جلال را از من نگیرید.»[۴]

البته که ما دربارۀ شادی در خداوند صحبت می‌کنیم. و شادی‌های دیگری هستند که به خاطر دوست داشتن خدا و مردم از دست می‌دهیم. چند پاراگراف قبل پولس مسیحیان در فیلپی را ترغیب کرد که: «در خداوند دائما شاد باشید» و به آنها گفت: «خوشی مرا کامل گردانید تا با هم یک فکر کنید و همان محبت نموده، یک دل بشوید و یک فکر داشته باشید» (فیلیپیان ۲: ۲). چون آنها کاملا متحد نبودند پولس بخشی از شادی را از دست داده بود. بعدا او به طور مشخص‌تری نوشت: «از افودیه استدعا دارم و به سنتیخی التماس دارم که در خداوند یک رای باشند» (فیلیپیان ۴: ۲). هرکسی که واقعا این دنیا را دوست داشته باشد از دیدن درد و مشکلات آن ناراحت و حتی خشمگین می‌شود.

با این حال اگر ما فردی ناخشنود بدون شادی خداوند باشیم، به حل این مشکلات کمکی نخواهیم کرد. در واقع، ما خودمان به بخشی از مشکل تبدیل خواهیم شد.

همان‌طور کـه در فصل ۷ گفتـم، یکـی از غم‌انگیزتریـن چیزهـا دیـدن کارمنـدان مسـیحی خشـمگین در کلیسـا اسـت. احتمـالا کلیسـا بـه آن‌هـا آسـیب رسـانده اسـت. آن‌هـا بـا افـراد دردسرسـاز کـم مشـکل نداشته‌اند. امـا مـا نبایـد بـه انسان‌هـای بـد اجـازه بدهیـم زندگی‌مـان را خـراب کننـد. و بـه دو دلیـل بسـیار خـوب، نبایـد ایـن کار را انجـام دهیـم.

اول، کتاب‌مقـدس در ایـن مـورد کامـلا صریـح اسـت کـه هـر وقـت افـراد بـا مـا بـد باشـند، محبـت خـدا از شـرارت آن‌هـا بزرگ‌تـر اسـت. پولـس می‌گویـد: «محبـت خـدا در دل‌هـای مـا بـه روح‌القـدس کـه بـه مـا عطـا شـد ریختـه شـده اسـت» (رومیـان ۵: ۵). کلمـه‌ای بـه «ریختـه شـده» (اکئـو) ترجمـه شـده اغلـب بـرای مایعـات اسـتفاده می‌شـود، و می‌توانـد و حتـی می‌توانـد بـه معنـای «سـیلاب» باشـد، همان‌طـور کـه موفـات آن را ایـن طـور ترجمـه کـرده اسـت.[۵] «ایـن کلمـه فراوانـی و پراکندگـی را نشـان می‌دهـد.»[۶] مفسـر برجسـته، آلبرشـت بنـگل (۱۶۸۷–۱۷۵۲)، از واژهٔ لاتیـن آدوندانتیسـیمه بـرای توصیـف آن اسـتفاده کـرده اسـت.[۷] محبـت خـدا پایـان ناپذیـر اسـت و مـا بـه فـور از آن بهـره می‌بریـم؛ و پـس از آنکـه محبـت تاثیـر دلخواهـش را بـر مـا گذاشـت، درد، انـدوه، دل‌شکسـتگی و حتـی خشـم بجـا ممکـن اسـت باقـی بماننـد، چـون ایـن احساسـات می‌تواننـد در کنـار محبـت وجـود داشـته باشـند. امـا ناخشـنودی نمی‌توانـد. مـا بایـد بـا ناخشـنودی‌ها بجنگیـم و اجـازه بدهیـم خـدا مـا را دوسـت داشـته باشـد، و تـا زمانـی کـه احسـاس کنیـم خـدا آرامـش خـود را بـه مـا داده اسـت او را رهـا کنیـم. یعقـوب تمـام شـب بـا خـدا کشـتی گرفـت و اینطـور گفـت: «تـا مـرا برکـت ندهـی، تـو را رهـا نکنـم» (پیدایـش ۳۲: ۲۶).

دلیـل دوم کـه نمی‌توانیـم ناخشـنود باشـیم ایـن اسـت کـه خـدا از مشـکلات مـا بزرگ‌تـر اسـت. اگـر بـه او اجـازه دهیـم همان‌طـور کـه در کلامـش وعـده داده (رومیـان ۸: ۲۸)، او می‌توانـد چیزهـای وحشـتناکی را کـه بـرای مـا اتفـاق می‌افتنـد را بـه خیریـت تبدیـل کنـد. در نهایـت، نـه تنهـا مـا پیـروز می‌شـویم، «بلکـه در همـهٔ ایـن امـور از حـد زیـاده نصـرت یافتیـم، بوسـیله او کـه مـا را محبـت نمـود» (رومیـان ۸: ۳۷). عبـارت «از حـد زیـاده نصـرت یافتیـم» از کلمـهٔ هوپرنیکائـوُ می‌آیـد کـه مفهـوم «فـرا پیـروزی» را در بـر دارد. «و بـه پیـروزی‌ای یـک طرفـه در

کـه در آن دشـمن یـا رقیـب بـه طـور کامـل شکسـت می‌خـورد اشـاره دارد.»[8]

ممکـن اسـت کسـی قصـد آسـیب رسـاندن بـه مـا را داشـته، امـا در نهایـت در وضعیتـی بهتـر از قبـل قـرار گرفتیـم؛ چـون خداونـد آن نیـت بـد را بـه چیـزی نیکـو تبدیـل کـرده اسـت. می‌توانیـم همـراه یوسـف اینطـور بگوییـم: «شـما دربارهٔ مـن بـد اندیشـیدید، لیکن خـدا از آن قصـد نیکـی کـرد، تـا کاری کنـد کـه قـوم کثیـری را احیا نمایـد، چنانکـه امـروز شـده اسـت» (پیدایـش ۵۰: ۲۰). ایـن آیـه بـه مـا قـدرت می‌دهـد تـا ایـن افـراد را ببخشـیم، و بـا قـدم آگاهانـه‌ای کـه بـرای بخشـش برمی‌داریـم، یوغـی کـه بـر زندگی‌مـان اسـت از بیـن مـی‌رود. و می‌توانیـم در آزادی روح بـدون هیـچ مانعـی در برابـر محبـت و خوشـی خـدا کـه روح‌مـان را سرشـار می‌کنـد، خدمـت کنیـم.

مـن یـک نقـد نسـبتا ناخوشـایند دربارهٔ یکـی از کتاب‌هایـم خوانـدم کـه توسـط یـک رهبـر و محقـق معتبـر مسـیحی کـه احتـرام زیـادی بـرای او قائـل بـودم. نقـد او روی نقطـه‌ای حسـاس از زندگی‌ام دسـت گذاشـته بـود، و بـرای مـدت زیـادی بـا خشـمی کـه از ایـن موضـوع داشـتم درگیـر بـودم. ایـن موضـوع را فرامـوش می‌کـردم امـا دوبـاره و بـه سـراغم می‌آمـد و عذابـم مـی‌داد. یـک روز در حـال ورزش دوچرخـه سـواری دعـا و فکـر می‌کـردم، بـا یـک اقـدام آگاهانه و قطعـی توانسـتم ایـن بـرادر را ببخشـم. بـا اینکـه ایـن اتفـاق سـال‌ها قبـل افتـاده، امـا طـوری آن را بـه یـاد مـی‌آورم کـه گویـی دیـروز بـود. مـکان و سـاعتی کـه آن اتفـاق افتـاد را بـه خوبـی بـه یـاد مـی‌آورم. احسـاس کـردم یـوغ بزرگـی از شـانه‌هایم برداشـته شـد. گاهـی همچنـان از نظـری کـه بـه داده بـود ناراحـت می‌شـوم، امـا فکـر می‌کنـم کـه دردش از بیـن رفتـه اسـت. حـالا کـه بـه گذشـته نـگاه می‌کنـم، می‌توانـم بگویـم کـه ایـن نقـد بـه مـن کمـک کـرد تـا نویسـندهٔ بسـیار بهتـری شـوم، اگرچـه همچنـان معتقـدم کـه نظـری ناعادلانـه داده بـود. در حقیقـت، منتقـدان مـا گاهـی از دوسـتان‌مان بیشـتر بـه مـا کمـک می‌کننـد.

خادمیـن مسـیحی اغلـب بـا چنیـن نبـردی درگیـر هسـتند. همانطـور کـه در بـالا گفتـم، شـادی خداونـد گنـج عظیمـی اسـت کـه نمی‌توانیـم بـدون آن زندگـی کنیـم.

عیسی شاگردانش را در معرض نفرت دنیا قرار داد

نکتهٔ بعدی چیزی است که نمی‌خواستم دربارهٔ آن در مبحث شاگردسازی صحبت کنم، اما بابی را دنبال می‌کنیم که این موضوع در آن بسیار برجسته است. و همچنین نکته‌ای مهم است. عیسی در آیهٔ ۱۴ اینطور می‌گوید: «من کلام تو را به ایشان دادم و جهان ایشان را دشمن داشت زیرا که از جهان نیستند، همچنان که من نیز از جهان نیستم» (یوحنا ۱۴:۱۷). به شکلی همهٔ ما در این دنیا غریبه‌ایم. کسانی که کاملا پیرو خواست خدا باشند، معمولا مورد احترام عموم مردم قرار نمی‌گیرند و گاهی حتی با نفرت آن‌ها روبه‌رو می‌شوند. انجیل آن‌قدر تمام و کمال و دقیق است که تنها در صورتی می‌تواند مورد پسند همه باشد که با حذف برخی از «حقایق سخت» از شدت آن بکاهیم.

اینکه آنها از ما متنفر باشند به اندازهٔ کافی سخت هست، اما وقتی از شاگردان‌مان متنفر می‌شوند سخت‌تر است. این یکی از اندوه‌های همراه با خدمت بشارتی است. ما خبر خوش نجات را به مردم می‌دهیم و آنچه آنها می‌پذیرند خبر خوش است. اما این خبر خوش برای خانوادهٔ برخی از افرادی که آن را پذیرفته‌اند خبر وحشتناکی است. برای من که در خدمتی کار می‌کنم که عمدتا به جوانان غیر مسیحی بشارت می‌دهم، این واقعیت بار سنگینی است. گاهی اوقات دیدن خانواده‌هایی که به دلیل تغییر دین یکی از اعضا از هم می‌پاشند، آزاردهنده است. البته که عیسی آن را پیش‌بینی کرده بود: «گمان مبرید که آمده‌ام تا سلامتی بر زمین بگذارم. نیامده‌ام تا سلامتی بگذارم بلکه شمشیر را. زیرا که آمده‌ام تا مرد را از پدر خود و دختر را از مادر خویش و عروس را از مادر شوهرش جدا سازم. و دشمنان شخص، اهل خانه او خواهند بود» (متی ۱۰: ۳۴-۳۶).

ما باید بین این جنبه از بشارت و این تعلیم که مسیحیان باید به والدین و خویشاوندان

خــود احتــرام بگذارنــد و مراقبــت آنهــا باشــند تعــادل برقــرار کنیــم. پولــس بــه صراحــت بــه مســیحیان درمــورد عــدم توجــه بــه خانوادههایشــان هشــدار میدهــد. او میگویــد: «ولــی اگــر کســی بــرای خویشــان و علیالخصــوص اهــل خانــه خــود تدبیــر نکنــد، منکــر ایمــان و پســتتر از بــی ایمــان اســت» (اول تیموتائــوس ۵: ۸). مــا از جوانانمــان میخواهیــم پــس از اینکــه بــه مســیح ایمــان میآورنــد بهتریــن رفتــار ممکــن را بــا والدینشــان داشــته باشــند. بــه آنهــا توصیــه میکنیــم کــه در خانــه حکیمانــه زندگــی کننــد تــا بــا ایــن کار هــم بــه والدینشــان احتــرام بگذارنــد و هــم از خــدا اطاعــت کننــد.

بــا ایــن حــال مــا میدانیــم کــه هــر چقــدر تــلاش کنیــم تــا نســبت بــه دیگــران محتــرم، بــا محبــت، و بــا ملاحظــه باشــیم، جفــا وجــود خواهــد داشــت. همانطــور کــه عیســی شــاگردانش را آمــاده کــرد مــا هــم بایــد افــراد را آمــاده کنیــم (بــه طــور مثــال متــی ۱۰: ۱۷ – ۴۲؛ یوحنــا ۱۵: ۱۸ – ۲۵).

عیسی شاگردانش را به جهان فرستاد

مــا بــه ایــن حقیقــت کــه عیســی شــاگردانش را بــه سراســر جهــان فرســتاد نــگاه کردیــم، و دیدیم کــه او چطــور آنهــا را بــرای مواجهــه بــا شــرارتهای آن آمــاده کــرد. حــالا بــه نظــر میرســد کــه عیســی در پایــان دعــا بــر ایــن حقیقــت تمرکــز دارد کــه همانطــور کــه خــودش بــرای خدمت بــه ایــن دنیــا آمــد شــاگردانش نیــز بایــد همیــن کار را بکننــد. آیــات ۱۵ و ۱۶ دعــوت بــرای رفتن بــه سراســر جهــان، امــا از «جهــان نبــودن» را شــرح میدهــد: «خواهــش نمیکنــم کــه ایشــان را از جهــان ببــری، بلکــه تــا ایشــان را از شــریر نــگاه داری. ایشــان از جهــان نیســتند چنانکــه مــن از جهــان نمیباشــم» (یوحنــا ۱۷: ۱۵ – ۱۶). آیــهٔ ۱۸ رفتــن آنهــا بــه سراســر جهــان را بــا آمــدن عیســی بــه ایــن دنیــا مربــوط میکنــد: «همچنــان کــه مــرا در جهــان فرســتادی، مــن نیــز ایشــان را در جهــان فرســتادم.» او آمــد تــا جهــان را نجــات دهــد، و مــا هــم پیــام نجــات او را بــه جهــان میبریــم. او چیــزی شــبیه بــه همیــن را هــم بعــد از قیامــش میگویــد: «چنانکــه پــدر مــرا فرســتاد، مــن نیــز شــما را میفرســتم» (یوحنــا ۲۰: ۲۱).

در نهایت فقط عیسی این حق را دارد تا به مردم ماموریت دهد تا به سراسر جهان بروند، و از ما برای تحقق این ماموریت استفاده می‌کند. ما آنچه را که می‌دانیم با دیگران به اشتراک می‌گذاریم و آنها را برای خدمت به خدا می‌فرستیم. و آنها هم به نوبۀ خود بر افراد دیگر سرمایه‌گذاری می‌کنند. ما به این خدمت تکثیری می‌گوییم که به خوبی در دوم تیموتائوس ۲: ۲ معرفی شده است: «و آنچه به شهود بسیار از من شنیدی، به مردمان امین بسپار که قابل تعلیم دیگران هم باشند.» در این آیه چهار نسل از مسیحیان در روند تکثیر توصیف شده‌اند. پولس نمایندۀ نسل اول است و این حقیقت را با تیموتائوس که نمایندۀ نسل دوم است در میان می‌گذارد. تیموتائوس هم به نوبۀ خود حقیقت را با مردمان امین که نسل سوم هستند در میان می‌گذارد و آنها هم به نسل چهارم خواهند آموخت.

روش عیسی برای آماده‌سازی شاگردان برای این ماموریت بسیار آموزنده است. کتاب «برنامۀ استاد برای بشارت» اثر رابرت کلمن، این روند را شرح می‌دهد.[۹] بگذارید در اینجا به چند نکته اشاره کنم.

اول، می‌بینیم که عیسی همیشه قابلیت و توانایی آنها را مقابل چشمانش داشت. او زمانی که شمعون و آندریاس را دید، گفت: «از عقب من آیید که شما را صیاد مردم گردانم» (مرقس ۱: ۱۷). زمانی که دوازده شاگرد را منصوب کرد، دو دلیل برای این انتصاب داشت، و یکی این بود که آنها قرار بود برای بشارت فرستاده شوند. مرقس می‌گوید: «و دوازده نفر را مقرر فرمود تا همراه او باشند و تا ایشان را بجهت وعظ نمودن بفرستد، و ایشان را قدرت باشد که مریضان را شفا دهند و دیوها را بیرون کنند» (مرقس ۳: ۱۴ – ۱۵).

دوم اینکه همانطور که در باب آخر می‌بینیم عیسی به آنها تعلیم داد. بخش بزرگی از تعلیم عیسی در اناجیل دستورالعمل‌هایی است که به دوازده شاگردش داد.

سوم، او قبل از اینکه شاگردان را برای ماموریت منصوب کند، آنها را برای انجام وظایف خدمتی می‌فرستاد. معروف‌ترین آنها زمانی است که او شاگردان را برای خدمت سیار دو به دو اعزام کرد، یک بار دوازده نفر و بار دیگر هفتاد و دو نفر (متی ۱۰؛ لوقا ۱۰). چهارم، او آنها را مامور کرد. عهد جدید چندین بار به فرمان اعظم اشاره می‌کند. بیانات معروفی در چهار انجیل و اعمال رسولان وجود دارد (متی ۲۸: ۱۸ – ۲۰؛ مرقس ۱۶: ۱۵؛ لوقا ۲۴: ۴۶- ۴۹؛ یوحنا ۲۰: ۲۱؛ اعمال رسولان ۱: ۸). اما آیات دیگری هم وجود دارد که به این فرمان اشاره می‌کند، مثل آیه‌ای که ما اینجا درباره آن صحبت می‌کنیم: «همچنان که مرا در جهان فرستادی، من نیز ایشان را در جهان فرستادم» (یوحنا ۱۷: ۱۸؛ نک اعمال رسولان ۱۰: ۴۲). هر یک از بیانات مختلف درباره ماموریت بر جنبۀ متفاتی از آن تمرکز دارد. متی بر نکات متعددی تمرکز دارد – از اقتدار لازم تا ماهیت خدمت، و حضور مسیح در کنار افرادی که آن را انجام می‌دهند. مرقس وسعت چالش را نشان می‌دهد: «تمام عالم.» لوقا بر پیغام و قدرتی که برای انجام کار لازم است تمرکز دارد. یوحنا آمدن عیسی به این دنیا را الگویی برای انجام این کار نشان می‌دهد. اعمال رسولان بر قدرتی که برای انجام ماموریت نیاز است و بر وسعت جغرافیایی آن تمرکز دارد. اعمال رسولان ۱۰: ۴۲ فرمان به موعظه و شهادت درباره اینکه عیسی داور زندگان و مردگان است را شرح می‌دهد.

در اینجا عیسی راهبری آینده‌نگرانه را نشان می‌دهد. او همیشه مردم را به کار بزرگ و با شکوهی که باید انجام دهند، هدایت می‌کند. قرار دادن تصویر بزرگ در برابر مردم یکی از الزامات کلیدی یک راهبر است. مشکلات و چالش‌هایی که افراد در دنیای کوچک خود با آن‌ها روبرو می‌شوند، می‌تواند آن‌ها را گرفتار کند، طوری‌که تصویر کلی را فراموش کرده و دیدگاه‌شان را از دست بدهند. بنابراین، راهبر باید همیشه به تصویر اشاره کند.

امروز برخی مخالف استفاده از اصطلاح «فرمان اعظم» هستند، و به این حقیقت اشاره می‌کنند که وظایف بسیار دیگری نیز وجود داشتند که عیسی رسولان را مامور به

انجام آنها کرد. در هر صورت، من معتقدم که تکرار بسیار ماموریت برای موعظهٔ انجیل و شکل‌های مختلفی که این موضوع در چهار انجیل و اعمال رسولان آمده، نشان می‌دهد که این کار آنقدر مهم است که همیشه باید در برنامهٔ کلیسا در اولویت باشد. به همین دلیل من هنوز باور دارم که درست بگوییم بشارت جهانی بزرگ‌ترین وظیفهٔ کلیسا است. قطعا، اگر معتقد باشیم که افراد بدون مسیح برای همیشه گم شده هستند، پس متوجه فوریت معرفی مسیح به آنان خواهیم شد.

کسانی که در رساندن پیام انجیل به افراد دور از دسترس فعالیت می‌کنند، به خوبی می‌دانند این کار لازمهٔ چه تلاش عظیمی است. این کار معمولا جفا و عدم محبوبیت را به همراه دارد. اغلب نتایج آماری به اندازهٔ نتایج برنامه‌های دیگر چشم‌گیر نیستند. بسیاری از نیازهای فوری دیگر در کلیسا وجود دارد که به راحتی می‌توان به خاطر آنها از بشارت چشم پوشی کرد یا به آن جایگاهی فرعی داد؛ و نتیجه این خواهد بود که اگرچه کلیسا اونجلیکال (بشارتی) است و اغلب در برنامه‌هایش بشارت را دارد، اما بشارت در میان غیرمسیحیان یا بسیار کم اتفاق افتاده یا اصلا انجام نشده است. بنابراین چون غفلت از بشارت به افراد دور از دسترس بسیار آسان است و به دلیل تکرار مکرر ماموریت که نشان می‌دهد امری است که فوریت دارد و باید در اولویت قرار بگیرد، معتقدم که استفاده از کلمهٔ «اعظم» در رابطه با فرمان کاملا به جا بوده است.

ما درست مثل عیسی به مردم با امید نگاه می‌کنیم. هر ایماندار ظرفی مهم است که خداوند منتظر استفاده از اوست. عیسی به پطرس که فردی پرشور و تا حدی بی‌ثبات بود نگاه کرد و گفت، این مرد قرار است به یک صخره تبدیل شود (متی ۱۶: ۱۸ - ۱۹). او به پطرس که بسیار دلسر شده بود گفت که به بره‌های مسیح را غذا خواهد داد و برای انجیل شهید خواهد شد (یوحنا ۲۱: ۱۵ - ۲۳).

پولس همواره تیموتائوس را تشویق می‌کرد که به دعوت خود وفادار بماند و با توجه به آرزوها و اهدافش او را راهنمایی می‌کرد. پولس به او گفت: «زنهار از آن کرامتی که در

تـو اسـت کـه بوسـیله نبـوت بـا نهـادن دسـتهای کشیشـان بـه تـو داده شـد، بـی اعتنایـی منما» (اول تیموتائـوس ۴: ۱۴). پولـس بـا چشـمانی پـر از امیـد بـه تیموتائـوس نـگاه کـرد، امیـد بـه اینکـه ایـن نبوتهـا تحقـق یابنـد. بنابرایـن زمانـی کـه پولـس بـه شـاگردانش تعلیـم مـی‌داد، نبوتهـا را در نظـر می‌گرفت. او اینطـور گفت: «ای فرزنـد تیموتـاؤس، ایـن وصیـت را بـه تـو می‌سـپارم بـر حسـب نبوت‌هایـی کـه سـابقا بـر تـو شـد تـا در آنهـا جنـگ نیکـو کنـی» (اول تیموتائـوس ۱: ۱۸). او تیموتائـوس را تعلیـم مـی‌داد تـا بـه فـرد بزرگـی تبدیـل شـود کـه پولـس می‌دانسـت (از طریـق نبـوت) او بـه آن تبدیـل خواهـد شـد.

بنابرایـن مـا بـه افـراد بـا چشـم امیـد نـگاه می‌کنیـم. حتـی وقتـی مرتکـب اشتباه می‌شـوند در پـس ذهن‌مـان ایـن آرزو وجـود دارد کـه ببینیـم بـه چیزهـای شـگفت انگیـزی کـه خـدا بـرای آنهـا در نظـر گرفتـه دسـت پیـدا می‌کننـد. و اگـر آنهـا تیموتائـوس خجالتـی (دوم تیموتائـوس ۱: ۷) هسـتند شـاید لازم باشـد چیزهـای خوبـی کـه خـدا برای‌شـان در نظـر دارد را بـه آنهـا یـادآوری کنیـم. افـراد در ایـن جامعـهٔ رقابتـی در معـرض دلسـردی و طردشـدگی‌های بسـیاری قـرار می‌گیرنـد. باشـد کـه مـا از آن دسـته افـرادی باشـیم کـه توانایی‌هـای دیگـران در خـدا را بـه آنهـا یـادآوری کنیـم، و بـه آنـان کمـک کنیـم تـا «عطـای الاهـی را ... شـعله‌ور» سـازند (دوم تیموتائـوس ۱: ۶ - تفسـیری).

بگذاریـد در ایـن بگویـم کـه می‌توانیـم بـه دو صورت بـه مسیحیانی کـه می‌بینیـم نـگاه کنیـم. هـر مسیحی ضعف‌هـا و قوت‌هایـی دارد. برخـی از راهبـران بـر قوت‌هـا تمرکـز می‌کننـد و ضعف‌هـا را چیزهایـی می‌بیننـد کـه بایـد روی آنهـا کار کـرد. وقتـی راهبـران بـه ایـن شـاگردان می‌اندیشـند، مهم‌تریـن فکـر آنهـا توانایـی آنهاسـت و نـه چیزهایـی کـه آزارشـان می‌دهد. سـایر راهبـران بـر نقـاط ضعف تمرکـز می‌کننـد تـا در زمـان ملاقـات بـا ایـن افـراد، بـه فوریـت بـه ایـن نـکات ضعف اشـاره کننـد. آیـا می‌توانـم اسـتراتژی قبلـی را بـه شـما توصیه کنـم؟ تمرکـز بـر نقـاط قـوت افـراد بـه آنهـا امیـد می‌بخشـد، کـه ایـن امیـد بـه آنهـا شـجاعت می‌بخشـد تـا بـرای غلبـه بـر نقـاط ضعف یـا جبـران آن هـا تـلاش کننـد. فکـر می‌کنـم ایـن رویکـرد راهـی باشـد تـا ایـن گفتـهٔ پولـس را اعمـال کنیـم: «محبـت ... همـه را بـاور می‌نمایـد؛

در همــه حــال امیــدوار می‌باشــد» (اول قرنتیــان ۷: ۱۳).

مــن بــه کســی کــه مــرا درک می‌کنــد و توانایی‌هایــی در مــن می‌بینــد اعتمــاد می‌کنــم، و درمــورد ضعف‌هایــم از او کمــک و راهنمایــی می‌گیــرم. اگــر زمانــی شخصــی را ملاقــات کنــم و بــه نظــر برســد کــه او مــرا رد می‌کنــد، بــه او بــرای کمــک کــردن در قســمت‌هایی از زندگــی کــه برایــم مشکل‌ســاز شــده‌اند، اعتمــاد نمی‌کنــم.

چیزهایــی کــه مــا بــرای دیگــران می‌خواهیــم می‌تواننــد بــه بخــش ثابــت دعاهــای مــا بــرای آنهــا تبدیــل شــود. می‌توانیــم ایــن خواســته‌ها را لیســت دعای‌مــان بنویســیم، و اینطــور بــه یــاد خواهیــم داشــت کــه بــه طــور خــاص بــرای آنهــا دعــا کنیــم. راهبــران خــوب بــا چشــم امیــد بــه افــراد نــگاه می‌کننــد.

عیسی مُرد تا شاگردان را تقدیس کند

آخریــن جملــهٔ دعــای عیســی کــه آن را بررســی می‌کنیــم ایــن اظهــار نظــر تــا حــدودی عجیــب اوســت: «بــه جهــت ایشــان مــن خــود را تقدیــس می‌کنــم تــا ایشــان نیــز در راســتی، تقدیــس کــرده شــوند» (یوحنــا ۱۷: ۱۹). مــا معمــولا فکــر می‌کنیــم کلمــهٔ «تقدیــس» بــه مقــدس شــدن از ایــن نظــر کــه شــبیه بــه مســیح شــویم اشــاره دارد، امــا می‌دانیــم کــه عیســی در اینجــا کامــلا مقــدس بــود. بــا ایــن حــال، «تقدیــس» می‌توانــد بــه معنــای عملــی بــرای وقــف کــردن خــود بــه ارادهٔ خــدا هــم بــه کار بــرود. عیســی می‌گویــد کــه ایــن کار را «بــه جهــت ایشــان» انجــام می‌دهــد، کــه بــه معنــای مــرگ او بــرای آنهاســت. دان کارســون می‌گویــد: «عبــارت ‹بــرای آنــان› هوپِــر آتــوُن تداعی‌کننــدهٔ بخش‌هایــی از کتاب‌مقــدس دربــارهٔ کفــارهٔ اســت (بــرای مثــال، مرقــس ۱۴: ۲۴؛ لوقــا ۲۲: ۱۹؛ یوحنــا ۶: ۵۱؛ اول قرنتیــان ۱۱: ۲۴).»[۱۰]

واضــح اســت کــه مــرگ و قیــام مســیح نقطــهٔ اوجــی اســت کــه انجیــل یوحنــا بــه ســوی آن حرکــت می‌کنــد (بــه طــور مثــال یوحنــا ۱: ۲۹؛ ۱۰: ۱۷ -۱۸؛ ۱۱: ۴۹ -۵۲؛ ۱۲: ۲۳ - ۲۶؛ ۱۸:

۱۱؛ ۱۹: ۳۰). در آیهٔ ۱۹ عیسی در مورد عمل بزرگ تقدیس خود صحبت می‌کند، یعنی زمانی که برای شاگردان و برای همهٔ مردم خواهد مرد.

عیسی می‌گوید که نتیجهٔ مرگ او این است که شاگردانش نیز تقدیس خواهند شد (یوحنا ۱۹: ۱۷). از آنجایی که تقدیس مسیح در اینجا به‌صورت موازی با تقدیس شاگردان ارائه شده است، احتمالا باید تقدیس شاگردان را به همان معنایی بدانیم که در ارتباط با مسیح مطرح شده است – یعنی وقف شدن برای خدمت به خدا.

آیا می‌توانیم از این راه مسیح در مرگ برای شاگردان‌مان پیروی کنیم؟ قطعا نمی‌توانیم برای گناهانی که آنها مرتکب شده‌اند بمیریم. اما این ما را از دادن جان خود برای افرادی که به خدمت آنها خوانده شده‌ایم مبرا نمی‌کند. در آیهٔ قبلی عیسی گفت: «همچنان که مرا در جهان فرستادی، من نیز ایشان را در جهان فرستادم» (یوحنا ۱۷: ۱۸؛ نک یوحنا ۲۰: ۲۱). اگر ما هم مثل او به جهان فرستاده شده‌ایم، پس باید انتظار داشته باشیم همانطور که او برای دیگران مرد، ما هم برای دیگران بمیریم. این موضوع همچنین در یوحنا ۱۰: ۱۱- ۱۸ آنجا که عیسی گفت به عنوان شبان نیکو باید برای گوسفندانش بمیرد، آمده است. به همین ترتیب اگر ما هم شبان نیکو هستیم، باید برای افرادی که از آنها مراقبت می‌کنیم بمیریم.

عیسی قبل‌تر در دعای کهانت اعظم، این حقیقت را که مسیحیان برای دیگران می‌میرند، به وضوح و با جزئیات بیشتر بیان کرد. او گفت: «این است حکم من که یکدیگر را محبت نمایید، همچنان که شما را محبت نمودم» (یوحنا ۱۵: ۱۲). و مبادا از این نکته غافل شویم که او در ادامه می‌گوید که ما چطور باید یکدیگر را دوست داشته باشیم: «کسی محبت بزرگ‌تر از این ندارد که جان خود را به جهت دوستان خود بدهد» (۱۵: ۱۳). عیسی برای نشان دادن اینکه این جنبه‌ای اساسی از شاگردسازی است، در ادامه می‌گوید: «شما دوست من هستید اگر آنچه به شما حکم می‌کنم بجا آرید» (۱۵: ۱۴). بر اساس این منطق، یکی از راه‌هایی که ببینیم یک شخص دوست عیسی است یا نه این است که ببینیم آیا او می‌خواهد برای دیگران بمیرد.

البته که ما نمی‌توانیم مثل عیسی برای تمام دنیا بمیریم. در واقع، وقتی عیسی مرگ خود را به عنوان نمونه‌ای برای ما در یوحنا ۱۵: ۱۳ شرح می‌دهد، اینطور می‌گوید که او «جان خود را به جهت دوستان خود» می‌دهد. قبل‌تر او می‌گوید «یکدیگر را محبت نمایید» که دوباره به معنای مردن برای اشخاصی است که به ما نزدیک هستند. مسیحیان برای «یکدیگر» و برای «دوستان‌شان» می‌میرند، یعنی در واقع برای افرادی که نسبت به آنها احساس مسئولیتی خاص دارند. وقتی از عیسی که خدای ابدی است پیروی می‌کنیم، با توجه به محدودیت‌های انسانی‌مان، این کار را با مفهومی محدود انجام می‌دهیم. کاری که عیسی به عنوان خدا برای کل جهان انجام داد، ما برای افرادی که نسبت به آنها مسئول هستیم انجام می‌دهیم. البته که در یک موقعیت اضطراری ممکن است برای دیگران بمیریم؛ و این یک فرمان قطعی نیست؛ دوستان ما تنها کسانی نیستند که ما برای آنها می‌میریم.

به طور مثال، ممکن است ما برای نجات جان یک غریبه که در حال غرق شدن است به دریا برویم و در راه نجات او بمیریم. ممکن است خودمان را جلوی گلوله‌ای بیندازیم که به سوی یک بچه شلیک شده است. اما این‌ها استثناهایی در قانون هستند.

همانطور که در فصل قبل گفتیم، ما مسئولیت ویژه‌ای در قبال گروه‌های مختلف مردم داریم. مهم‌ترین آنها اعضای خانوادهٔ ما هستند و بعد از آنها در ردهٔ بعدی همکاران در محل کار و خدمت، افرادی که آنها را راهبری می‌کنیم، و شاگردان‌مان قرار می‌گیرند. و سپس اعضای کلیسا، همسایه‌ها، و دوستان‌مان. ما با درجات مختلف نسبت به این افراد و گروه‌های دیگر از مردم مسئول هستیم. به طور مثال، کشیشان نمی‌توانند به طور کامل به تمام اعضای کلیسا توجه کنند. اگر آنها راهبران خوبی باشند، این وظیفه را بین گروهی از راهبران تقسیم می‌کنند. در حالی که راهبران این مسئولیت را دارند که مطمئن شوند همهٔ افراد گروه یا کلیسا مورد توجه قرار می‌گیرند، ممکن است خود

آنها کسانی نباشند که به هر فرد توجه می‌کنند.

جالب است که پولس می‌گوید مردان باید برای زنان‌شان بمیرند: «ای شوهران زنان خود را محبت نمایید، چنانکه مسیح هم کلیسا را محبت نمود و خویشتن را برای آن داد» (افسسیان ۵: ۲۵). به کارگیری این آیه به ما کمک می‌کند تا بتوانیم توضیح دهیم که منظورمان از مردن برای دیگران چیست. بسیاری از زنان می‌گویند: «من واقعاً نمی‌خواهم همسرم برای من بمیرد. فقط از او می‌خواهم که با من حرف بزند! او از سر کار به خانه می‌آید و آنقدر بد خلق است که حتی یک کلمه هم حرف نمی‌زند. حتی وقتی که من سعی می‌کنم با او حرف بزنم ناراحت می‌شود.» این شوهر بعد از یک روز کاری سخت از نظر جسمی و عاطفی خسته است و حرف زدن آخرین کاری است که می‌خواهد انجام دهد. اما چون همسرش را دوست دارد، از تمایلش به سکوت می‌گذرد و با او صحبت می‌کند. در آن زمان حرف زدن برای او مثل مرگ است.

موقعیت‌های مشابهی وجود دارند که در آنها شوهر به خاطر عشق به اعضای خانواده‌اش تمایلات طبیعی خود را می‌کشد. او ممکن است بسیار مشغول باشد و به خاطر چالش‌های کاری اضطراب داشته باشد. و خانوادهٔ او نیازی دارند که فوری نیست اما یکی از وظایف معمول او به عنوان همسر یا پدر است. اما به عنوان یک مسیحی، او همه چیز را کنار می‌گذارد تا آن نیاز را برآورده کند، زیرا انجام کارهای روزمره از ویژگی‌های اساسی یک خانوادهٔ دارای ثبات است. اگر خانواده بدانند که همسر یا والدین‌شان، که در خدمت مسیحی هستند، به طور مرتب راحتی خود را قربانی کرده تا به خانواده خدمت کنند، در این صورت آنها گاهی او را در شرایطی که نمی‌تواند کاری را که باید انجام شود، انجام دهد، می‌بخشند.

از اعضای خانواده‌های افرادی که در کار خدمت هستند شنیده‌ام که می‌گویند این افراد آنقدر به دیگران اهمیت می‌دهند که از خانوادهٔ خود غافل می‌شوند. و زمانی که خانواده‌شان به آنها نیاز دارند توانی برای‌شان باقی نمانده است. این یکی از دلایلی است که چرا اعضای خانوادهٔ برخی از کارکنان موفق مسیحی که انگیزهٔ بالایی دارند

و سخت کار می‌کنند از آن خدمت راضی نیستند. این کارکنان باید هر روز از راحتی و تمایلات خود بگذرند تا بتوانند به خانواده‌شان توجه کنند.

ملاقات شخصی با افرادی که این راهبران راهبری یا شاگردسازی می‌کنند جنبه‌ای مهم از مسئولیت‌های یک راهبر است. با رشد در راهبری، پیدا کردن زمان برای انجام این کار سخت‌تر و سخت‌تر می‌شود. اغلب موضوع مهم و فوری‌ای برای صحبت کردن وجود ندارد، به همین دلیل ما هم با افراد ملاقات نمی‌کنیم. نتیجه این است که ما افرادی که از نزدیک با آنها کار می‌کنیم را کمتر و کمتر می‌بینیم. و با اینکه احتمالا هر روز در کار آنها را می‌بینیم احساس می‌کنند که از آنان غافل شده‌ایم و از ما دور شده‌اند. هر چقدر هم که مشغولیت داشته باشیم، باید خودمان را منضبط کنیم تا با افرادی که راهبری می‌کنیم ملاقات‌های منظم داشته باشیم. و انجام این کار هم ممکن است به شکلی مرگ باشد.

گاهی ممکن است نیاز فوری یکی از اعضای خانواده یا فردی که راهبری یا شاگردی‌اش را بر عهده داریم، در زمانی که ما بسیار شلوغ هستیم، ظاهر شود. یا آن شخص ممکن است بیمار، بسیار دلسرد یا از چیزی خشمگین باشد. اینها موقعیت‌هایی هستند که شما نمی‌توانید خدمت به آن فرد را به تعویق بیندازید. بنابراین ما به شکلی زمانی را برای برآوردن این نیاز اختصاص می‌دهیم و دعا می‌کنیم که خداوند ما را قادر سازد تا کارهای دیگرمان را نیز انجام دهیم. بهایی که اینجا می‌پردازیم ممکن است از خواب یا استراحتمان بگذریم، یا خسته شویم. اینجا خستگی مرگی است که ما برای این افراد تجربه می‌کنیم.

البته گاهی اوقات، فداکاری‌ای که برای این افراد انجام می‌دهیم، مستقیم و به وضوح تعهد ما را نشان می‌دهد. برنابا حاضر نشد که از مرقس بگذرد، با اینکه او در موقعیت قبلی باعث شکست تیم خدمت شده بود. و برنابا بهای تعهدش به مرقس را پرداخت (اعمال رسولان ۱۵: ۳۶- ۴۱). امروز هم ممکن است راهبران برای ادامهٔ حمایت از فردی که به او باور دارند و اشتباهش باعث شرمساری راهبر شده، بهایی بپردازند.

بعـد از اینکـه یـک کارمنـد گناهـی جـدی انجـام داد و تنبیـه شـد، راهبر متعهد کارمنـد را فرامـوش نمی‌کنـد، بلکـه ممکـن اسـت نیـاز داشـته باشـد کـه سـاعت‌های زیـادی را بـرای بهبـودی او از گنـاه صـرف کنـد – سـاعاتی کـه در میـان یـک برنامـه شـلوغ بـرای آنهـا برنامه‌ریـزی نشـده اسـت. اگـر تادیـب وضـع شـده ایجـاب کند کـه کارمنـد بـرای مدتـی موعظـه نکنـد، سـازمان یـا کلیسـا ممکـن اسـت مجبـور باشـد بـرای او یـک شـرح شـغل موقـت ایجـاد کنـد. و ایـن کار ممکـن اسـت راحـت نباشـد.

یـک کارمنـد سـازمانش را تـرک می‌کنـد و از حوادثـی کـه منجـر بـه تـرک شـده بسـیار عصبانـی اسـت. احتمـالا هـم بـرای او و هـم بـرای سـازمان بهتـر اسـت کـه جایـی دیگـر کار کنـد. امـا اگـر نتوانـد بـه درسـتی خشـم خـود را کنتـرل کنـد، بـرای همیشـه از خدمـت کنـار گذاشـته می‌شـود. راهبر بایـد بـا او مفصـل صحبـت کنـد و فرصتـی بدهـد تا هـم دیدگاهـش را بگویـد. معمـولا ایـن کار بـرای یـک راهبـر بسـیار دردنـاک اسـت. امـا ایـن کارمنـد در موقعیت آسـیب‌پذیری قـرار دارد، و ایـن کمتریـن کاری اسـت کـه می‌توانیـم برایـش انجـام دهیـم. در واقـع، حتـی اگـر او عصبانـی باشـد، ممکـن اسـت از روی دلسـوزی بـرای او فراتـر از حـد معمول تـلاش کنیـم تـا مطمئـن شـویم آینـده‌ای امـن دارد. و ایـن ممکـن اسـت بـه معنـای اسـتفاده از نفـوذ مـا بـه عنـوان راهبر بـرای یافتـن شـغل دیگـری بـرای او باشـد.

گاهـی ممکـن اسـت لازم باشـد زمـان زیـادی را بـرای کمـک بـه افـراد جوان‌تـر بـه خاطـر چالش‌هـای خـاص زندگـی آنهـا صـرف کنیـم. در اینجـا بـه چنـد مثال از چنیـن کارهـای زمان‌بـری اشـاره می‌کنـم: جمع‌آوری کمک‌هـای مالـی بـرای تحصیـل آنهـا، کمـک کـردن در راسـتای آمادگـی بـرای سـخنرانی، ملاقـات بـا والدینـی کـه از بـودن فرزندشـان در خدمـت ناراضـی هسـتند حتـی اگـر آنهـا در جـای دوری زندگـی کننـد، صـرف سـاعت‌های طولانـی بـرای مطالعـهٔ یـک موضـوع بـه منظـور مشـاوره بـه جوانـان در مـورد آن.

بنابرایـن مـردن بخشـی جداناپذیـر از رویکـرد مـا بـه خدمـت خواهـد بـود. و اگـر چنیـن باشـد، مـا بـدون تردیـد ایـن فداکاری‌هـا را انجـام خواهیـم داد؛ و اعتـراض زیـادی بـه ایـن مـورد نخواهیـم

داشــت، چــون آن را بخشــی از دعوتمــان بــرای راهبــری مســیحی می‌بینیــم. اگــر مــا یــک الاهیــات کتاب‌مقدسـی مسـتحکم در مـورد صلیـب باشـیم، وقتـی نیازهـای افـرادی کـه راهبری می‌کنیـم مقـدار زیـادی از زمـان و انـرژی مـا را می‌گیـرد، در مـورد آن شـکایت نمی‌کنیـم. امـا در دراز مـدت خواهیـم دیـد کـه چنیـن هزینه‌هایـی فـداکاری بزرگـی نیسـتند. اگـر بـه شـکل فداکارنـه روی افـراد سـرمایه‌گذاری نکنیـم، راهبـران خوبـی را پـرورش نخواهیـم داد. ممکـن اسـت برنامه‌هـای چشـمگیری داشـته باشـیم و مـردم را بـا اسـتعدادهای فوق‌العادۀ خـود تحـت تاثیـر قـرار دهیـم، امـا خیلـی زود اعتبـار مـا تحـت تاثیـر نحـوه‌ای کـه افـراد دسـت از کار بـا مـا می‌کشـند و شکسـتمان در پـرورش واقعـی راهبـران قـرار خواهـد گرفـت؛ و مثـل بسـیاری از کارشناسـانی خواهیـم بـود کـه امـروزه در سراسـر جهـان بـه برگـزاری سـمینارهایی دربـارۀ موضوعـات تخصصـی مشـغول هسـتند، امـا در واقـع هیـچ خدمـت یـا فعالیـت عملـی‌ای ندارنـد کـه گفته‌هایشـان را تاییـد کنـد.

پـاداش دیگـری بـرای تعهـد پـر هزینـه بـه افـراد وجـود دارد، کـه قبـلا بـه آن اشـاره کرده‌ایـم. وقتـی راهبـران بـرای مـردم خـود می‌میرنـد، ایـن افـراد کـه بـا تعهـد راهبـران خـود بـه چالـش کشـیده شده‌انـد نیـز بـرای کلیسـا یـا سـازمانی کـه دارنـد خواهنـد مـرد. امـروز راهبـران از ایـن موضـوع شـاکی هسـتند کـه بـه دلیـل کمبـود در تعهـد در میـان مسـیحیان، نمی‌تواننـد برنامه‌هـای کـه می‌خواهنـد را انجـام دهنـد. در تـلاش بـرای از بیـن بـردن بحـران تعهـد، کلیسـاها سـمینار برگـزار می‌کننـد و واعظیـن موعظـه می‌کننـد. شـاید یکـی از راه‌هـای حـل ایـن مشـکل ایـن اسـت کـه راهبـران بهـای تعهد بـه ایـن مسـیحیان را بپردازنـد. و چنیـن کاری باعـث می‌شـود تـا ایـن مسـیحیان بهـای تعهـد بـه برنامه‌هـای کلیسـا را بپردازنـد. امـا در اینجـا راهبـر متعهـد هیـچ جایگزینـی نـدارد. تعهـد، تعهـد مـی‌آورد.

امـروزه قوانیـن و کتابچه‌هـای راهنمـای کارمنـدان در نظـارت و هدایـت کارکنـان مسـیحی بسـیار برجسـته شده‌انـد. در حالیکـه اینهـا مفیـد هسـتند، هرگـز نبایـد جایگزیـن کار بسـیار وقت‌گیـر مراقبـت شـبانی از کارمنـدان شـوند. مراقبـت شـبانی بـرای راهبرانـی کـه صرفـا بـر پیشـرفت و نتایـج متمرکـز هسـتند، بیـش از حـد سـخت و پرچالـش اسـت. حـل مشـکلات بـا تکیـه بـر

قوانیـن و انتصـاب فـردی بـرای بررسـی مشـکلات پیش‌آمـده شـاید به‌نظر کارآمدتـر و از نظـر ذهنـی کم‌فشـارتر از صـرف سـاعت‌ها گفتگـو بـا افـراد درگیـر باشـد. امـا زمانـی کـه راهبـران چنیـن روش‌هایـی را انتخـاب کـرده و ابـراز توجـه شـخصی بـه افـرادی کـه راهبـری می‌کننـد را نادیـده می‌گیرنـد، اغلـب تعهـد پرشـوری را کـه باعـث می‌شـود بهـای لازم بـرای موفقیت برنامه‌هـا را بپردازنـد، از دسـت می‌دهنـد. آن‌هـا فقـط «بـر اسـاس قانـون عمـل می‌کننـد.»

همـهٔ مـا موافقیـم کـه مراقبـت شـبانی بخـش مهمـی از خدمـت یـک شـبان اسـت، امـا کلیسـا بایـد مطمئـن شـود کـه ایـن مراقبـت بـرای کارکنـان هـم فراهـم می‌شـود. و بهتریـن فـرد بـرای انجـام ایـن وظیفـه، کسـی اسـت کـه بـر کارکنـان نظـارت می‌کنـد. اخیـرا پدیـده‌ای بـا عنـوان «شبان سـیار بـرای شـبانان» دیـده می‌شـود کـه ایـن نیـاز را تـا حـدی بـرآورده می‌کنـد. ایـن یـک رونـد خوشـایند اسـت. کارهـای کمـی وجـود دارد کـه یـک خدمت‌گـذار مسـیحی بالـغ و بـا تجربـه بتوانـد انجـام دهـد و از نظـر راهبـردی مهم‌تـر از کمـک بـه سـایر خدمت‌گـزاران مسـیحی باشـد. امـا ایـن پیشـرفت نبایـد راهبـران را از مسـئولیت مراقبـت از افـرادی کـه هدایـت می‌کننـد، معـاف کنـد.

در پایـان ایـن بحـث بایـد بگویـم کـه نـوع تعهـد بـه افـراد کـه در فصل‌هـای قبلـی به آن اشـاره شـد، یـک یـادگار کهنـه و غیرعملـی نیسـت کـه بـا زندگـی پرشـتاب امـروز ناسـازگار باشـد. فرهنـگ مطلـوب یـک سـازمان، بـرای نهـادی در جامعـه بـا نیـاز بـه تحقـق یـک ماموریـت هدایـت می‌شـود. موفقیـت در تحقـق ایـن ماموریـت بـه دسـتیابی بـه اهـداف قابـل سـنجش بسـتگی دارد. چنیـن طـرز فکـری می‌توانـد بـه کلیسـا یـا سـازمان کمـک کنـد تـا از رکـود خـارج شـده و رشـد کنـد. امـا نبایـد فرامـوش کنیـم کـه قلـب فرهنـگ سـازمانی مسـیحی، براسـاس رابطه‌محـوری اسـت، نـه پروژه‌محـوری. محبـت بـه یکدیگـر حتـی بـه قیمـت جـان دادن بـرای هـم، اسـاس زندگـی سـازمانی مسـیحی اسـت. بسـیاری از افـراد در نسـل مـا تـا حـد زیـادی ایـن تفکـر را از دسـت داده‌انـد و کلیسـا بـه دلیـل ایـن فقـدان، بهـای سـنگینی پرداختـه اسـت.

۱۲

خدمت به بیماران و افراد گرفتار روح پلید

سـه چهـارم از فصـل اول انجیـل مرقـس (۲۱:۱- ۳۴) اتفاقـات خـاص روز سـبت را شـرح می‌دهـد. عیسـی ابتـدا بـه کنیسـه مـی‌رود، در آنجـا تعلیـم می‌دهـد، و بـه فـردی کـه گرفتـار روح پلیـد شـده کمـک می‌کنـد (۲۱:۱- ۲۸). و سـپس بـه خانـۀ شمعون و آندریـاس مـی‌رود و مـادر زن شـمعون را شـفا می‌دهـد (۲۹:۱- ۳۱). هنـگام غـروب بـه افـراد زیـادی کـه بـرای شـفا و رهایـی از دیوهـا نـزد او آورده شـده‌اند خدمـت می‌کنـد (۳۴-۳۲:۱). ایـن بـاب بـرای خادمـان مسیحی بسـیار مفیـد اسـت، زیـرا در آن توصیف‌هایـی از خدمـت معمـول و مردمـی او را می‌بینیـم – بـه ویـژه خدمـت او در روز سـبت.

اخراج ارواح پلید و خدمت معجزه‌آسا

اولیـن موقعیـت ویـژه‌ای کـه مرقـس دربـارۀ آن صحبـت می‌کنـد موعظـه در کنیسـۀ کفرناحـوم در روز سـبت اسـت. او بـرای توصیـف موعظـه از کلمـۀ تعلیـم دیداسکوُ استفاده می‌کنـد (مرقـس ۲۱:۱). او بـه واکنـش افـراد نیـز اشـاره می‌کنـد: آنهـا «از تعلیـم وی حیـران شـدند، زیـرا کـه ایشـان را مقتدرانـه تعلیـم مـی‌داد نـه ماننـد کاتبـان» (مرقـس ۲۲:۱). امـا قسـمت بیشـتر ایـن روایـت بـه توصیـف نحـوۀ بیـرون رانـدن روح شـریر توسـط عیسـی از مـردی کـه آنجـا بـود اختصـاص دارد (۲۳:۱- ۲۷).

نزدیک شدن به ارواح پلید در کتاب‌مقدس و جهان

اگر انتخاب موضوعاتی کـه در ایـن کتـاب دربـارهٔ آن صحبـت می‌کنیـم بـه عهـدهٔ مـن بـود، اخـراج ارواح پلیـد را انتخـاب نمی‌کـردم. یکـی از مزایـای موعظـه، آمـوزش و نـگارش تفسیری ایـن اسـت کـه گاهـی ناچـار می‌شـویم بـه مسائلـی بپردازیـم، فقـط بـه ایـن دلیـل کـه آنهـا در کتاب‌مقدس آمده‌اند.

در عهـد جدیـد اخـراج ارواح پلیـد موضـوع بسیـار مهمـی اسـت. در انجیـل متـی بـه هفـت مـورد برخـورد کـردم کـه خدمـت عیسـی در ایـن زمینـه را روایـت می‌کنـد. در انجیـل مرقـس هشـت مرتبـه و در انجیـل لوقـا نـه مرتبـه بـه ایـن موضـوع اشـاره شـده اسـت. مرقـس در توصیـف انتخـاب دوازده رسـول، بـه سـه ویژگـی اساسـی نقـش آنهـا اشـاره می‌کنـد. یکـی از ایـن ویژگی‌هـا «قـدرت اخـراج دیوهـا» اسـت (مرقـس ۳: ۱۵؛ مراجعـه کنیـد: متـی ۱۰: ۱؛ مرقـس ۶: ۷؛ ۱۶: ۱۷؛ لوقـا ۹: ۱). بنابرایـن شـاگردان هـم در اناجیـل ارواح را اخـراج می‌کننـد (مرقـس ۶: ۱۳؛ لوقـا ۱۰: ۱۷)، و همچنیـن مـردی ناشـناس ایـن کار را انجـام داده بـود کـه شـاگردان او را بازخواسـت کردنـد (مرقـس ۹: ۳۸؛ لوقـا ۹: ۴۹). چهـار مـورد در اعمـال رسـولان پیـدا کـردم کـه بـه ایـن خدمـت بـه طـور خـاص در روایـات آن اشـاره شـده اسـت (اعمـال رسـولان ۶: ۱۶؛ ۸: ۷؛ ۱۶: ۱۶؛ ۱۹: ۱۲).

هیـچ چیـزی وجـود نـدارد کـه نشـان دهـد، ارواح پلیـد بعـد از دورهٔ عهـد جدیـد دیگـر وجـود ندارنـد. امـا بسیـاری از کلیسـاها در برنامه‌های‌شـان چیـزی ندارنـد کـه اعتقـاد بـه وجـود ارواح پلیـد را نشـان دهـد. در کلیسـای امـروز، بسیـاری از مسیحیان دربـارهٔ خطـرات دو دیـدگاه افراطی شـیطان‌زدگی و شـیطان‌هراسـی صحبـت می‌کننـد. بـا ایـن حـال، مـن فکـر می‌کنـم بیشـتر کلیسـاهای امـروزی را می‌تـوان در یکـی از ایـن دو گـروه قـرار داد.

بـه نظـر می‌رسـد برخـی از مسیحیان در همـه جـا ارواح پلیـد پیـدا می‌کننـد. همـه چیـز، از بیمـاری تـا ضعـف انسـانی، و علف‌هـای هـرز در مـزارع، بـه ارواح پلیـد نسـبت داده می‌شـوند.

ایـن می‌توانـد بسـیار خطرنـاک باشـد. ایـن ممکـن اسـت نشـان‌دهندۀ بی‌صبـری نسـل مـا باشـد کـه بـه دنبـال راه‌حل‌هـای فـوری و موقـت هسـتند. بسـیاری از موقعیت‌هـای سـخت، مثـل عـادات ناپسـند، روابـط پرتنـش، یـا افـراد سرسـخت نسـبت بـه انجیـل، نیازمنـد تعهـدی قـوی از سـوی مـا هسـتند تـا بتـوان راه‌حلـی بـرای آن‌هـا یافـت. برخـی دعـوت شـده‌اند تـا در دعـا و خدمـت وفادارانـه پایـدار بماننـد، حتـی اگـر قبـل از اینکـه افـراد سرسـخت بـه انجیـل واکنشـی نشـان دهنـد، ثمـرات کمـی ببیننـد. برخـی دیگـر نیـز خوانـده شـده‌اند بـا صبـر دعـا و تـلاش کننـد تـا یـک رابطـۀ زناشـویی پرتنـش بهبـود یابـد. برخـی از افـراد در ایـن نسـل عجـول مـا بـه جـای صبـر می‌رونـد و پیـروزی مسـیح را بـر نیروهـای شـریر در آن مکان‌هـا و موقعیت‌هـا اعـلام می‌کننـد، امـا بـرای اسـتقامت در کاری کـه ممکـن اسـت بـرای تغییـر شـرایط لازم باشـد، صبـور نیسـتند.[۱]

نسـبت دادن بیماری‌هـا، ضعف‌هـا و مشـکلات روحـی و روانـی بـه ارواح پلیـد می‌توانـد صدمـات زیـادی ایجـاد کنـد و شـخص را از کمکـی کـه بـرای مشـکل نیـاز دارد محـروم کنـد. بـا ایـن حـال، بسـیاری از اوقـات دلایـل شـیطانی بـرای مشـکلات وجـود دارد، حتـی اگـر شـرایط چنیـن علتـی را نشـان ندهـد.[۲] بـه همیـن دلیـل، بـه تشـخیص و دقـت بسـیاری نیـاز اسـت.

افـرادی را دیـده‌ام کـه عطیـۀ ویـژۀ تشـخیص را دارنـد، همان‌طـور کـه در اول قرنتیـان ۱۲: ۱۰ آمـده اسـت. یـک خانـم میان‌سـال در کلیسـای مـا بـود کـه کنتـرل عقلـش را از دسـت داد بـود و طـوری رفتـار می‌کـرد کـه نشـان می‌داد موضـوع جـدی اسـت. او فکـر می‌کـرد تحـت تاثیـر یـک روح پلیـد اسـت و می‌خواسـت کسـی را کـه در ایـن زمینـه عطیـه داشـت ملاقـات کنـد. مـا او را نـزد خادمـی کـه خدمـت شـفا انجـام می‌داد بردیـم. بعـد از شـنیدن داسـتانش و دعـا بـرای آن زن، او بـه مـا گفـت کـه فکـر می‌کنـد مشـکل ایـن زن روانـی اسـت نـه روح پلیـد.

او زنـی مهربـان و بـا ملاحظـه بـود کـه در سـکوت بـه شـدت رنـج کشـیده بـود و بیشـتر سـال‌های زندگـی‌اش کسـی چیـزی دربـارۀ درد او نمی‌دانسـت. بـه نظـر می‌رسـید کـه او حـالا در سـن پیـری دیگـر توانایـی پنهـان کـردن دردش را نـدارد. پزشـک‌ها تاییـد کردنـد کـه

مشکل او افسردگی حاد است. او هرگز از افسردگی بیرون نیامد، و زمانی که مرد، با آرامش بسیار او را به خداوندی سپردیم که در اواخر عمرش با او آشنا شده بود. ما احساس کردیم که دورهٔ کوتاه بیماری روانی در مقایسه با یک ابدیت کامل در آسمان چیزی نیست.

من همچنین می‌دانم که امروزه برخی افراد مشاورهٔ حساس را با پذیرش این احتمال که یک نیروی شیطانی ممکن است در یک موقعیت خاص دخالت داشته باشد، ترکیب می‌کنند. در واقع، اکثر افرادی که با ارواح پلید درگیر یا به طور آشکار تحت تاثیر آنها بوده‌اند، پس از رهایی از این قدرت‌ها به مشاوره نیاز دارند.

دیدگاه دیگر این است که هرگز موضوع ارواح ناپاک را به‌عنوان دلیلی ممکن برای یک مشکل مطرح نکنید. افراد ممکن است به خدمت در این حوزه عادت نداشته باشند، و به همین دلیل با آن احساس راحتی نکنند. یکی دیگر از دلایلی که برخی واقعیت وجود ارواح پلید را در خدمت رد می‌کنند رویکرد علمی امروزی به زندگی است. شاید در فرهنگ‌هایی که مردم بیشتر مستعد ترس از ارواح هستند، نشانه‌های معمول تسخیر توسط ارواح پلید بیشتر باشد. شیطان در فرهنگ‌هایی که رویکرد عقلانی، مادی‌گرایانه و علمی‌تری به زندگی دارند، اغلب از روش‌های دیگری برای کنترل مردم استفاده می‌کند. ما متوجه شدیم که بروز تجلیات شیطانی در کارهای «جوانان برای مسیح» به زبان سینهالا (که در آن جوانان کمتر غربی شده‌اند)، بسیار بیشتر از کارهای مشابه به زبان انگلیسی است.

می‌دانیم که شیطان می‌تواند به «قلب افراد» در فرآیندی که برخی آن را شیطان‌زدگی[۳] یا دیوزدگی می‌خوانند نفوذ کند، حتی آنهایی که نشانه‌های معمول تسخیر شدن توسط او را نشان نمی‌دهند، درست همان‌طور که شیطان در مورد حنانیا و سفیره عمل کرد (اعمال رسولان ۵: ۳) این اصطلاح برای موقعیت‌هایی به کار می‌رود که شیطان چنان افراد را درگیر یک طرز فکر یا روش عملی می‌کند که فریفته می‌شوند و از

عواقب آن چشم‌پوشی می‌کنند. این شیطان‌زدگی در شرق و غرب رواج دارد.

بنابراین ممکن است شخصی که او را منطقی و مسئول می‌دانستیم، با عشق یا شهوت نسبت به کسی اغفال شده باشد و از مسئولیت‌های خود در قبال خانواده و شغل خود کوتاهی کند. این روند به وضوح در کتاب امثال باب ۷ توضیح داده شده است. راهبران زمانی که راهبری آنها تهدید می‌شود گاهی در تلاش برای حفظ قدرت، به شیوه‌های خشن و غیرمنطقی عمل می‌کنند. احتمالا واضح‌ترین تجلی شیطان‌زدگی اعتیاد به مواد مخدر، الکل، قمار، یا رابطهٔ جنسی باشد. ضعف‌های یک شخص، مثل تنبلی، عدم صداقت در گفته‌ها، تمایل به تماشای عکس‌هایی که لذت جنسی را برمی‌انگیزند و چیزهایی از این قبیل، شیطان‌زدگی نیستند. اما اگر به او اجازه بدهیم می‌تواند از ضعف‌های ما استفاده و ما را شیطان زده کند.

اگر شیطان‌زدگی اتفاق افتاده باشد، یک رویکرد همه جانبه برای شفا لازم است. این رویکرد شامل اعترافی مشخص، دعا، تسلیم شدن به خدا، و برداشتن قدم‌هایی در راستای اصلاح اشتباهات انجام شده است. در جامعهٔ مسیحی افراد دیگر می‌توانند با گوش کردن، مشاوره، دعا و فراهم کردن نظارت و پاسخ‌گویی، و تادیب کمک کننده باشند.

در جامعهٔ پست‌مدرن غربی، علاقهٔ رو به افزایشی نسبت به مسائل معنوی وجود دارد. همراه با این علاقه شیفتگی‌ای نسبت به فعالیت‌های شیطانی به وجود آمده است. به تعداد فیلم‌هایی که اخیرا در غرب با مضمون شیطانی به نمایش درآمده‌اند توجه کنید. فیلم «جن‌گیر» یکی از اولین نشانه‌های چنین تمایلی بود. چنین پذیرشی نسبت به مسائل شیطانی می‌تواند منجر به افزایش آسیب‌پذیری مردم غرب در برابر تسخیر شیطانی می‌شود.

خادمین مسیحی در سراسر جهان باید نسبت به احتمال تاثیرات شیطانی بر مردم هوشیار

و بـرای خدمـت بـه چنیـن افـرادی آمـاده باشـند.

ویژگی‌های مرسوم این خدمت

توصیـف مرقـس در ۱: ۲۳– ۲۷ برخـی از ویژگی‌هـای مرسـوم تسـخیر توسـط ارواح پلیـد و واکنـش مسـیحیان نسـبت بـه آن را ارائـه می‌دهـد.

۱. دیـو، کـه در اینجـا «روح پلیـد» خوانـده می‌شـود، از طریـق فـرد تسـخیر شـده حـرف زد: «ای عیسـی ناصـری مـا را بـا تـو چـه کار اسـت؟ آیـا بـرای هـلاک کـردن مـا آمـدی؟ تـو را می‌شناسـم کیسـتی، ای قـدوس خـدا!» (مرقـس ۱: ۲۴).

۲. اگرچـه مـردم آنجـا ممکـن اسـت ماهیـت واقعـی عیسـی را تشـخیص نـداده باشـند، امـا روح پلیـد متوجـه شـد، و ایـن نشـان می‌دهـد کـه یـک قـدرت معنـوی مافـوق طبیعـی در آن دخیـل بـوده اسـت.

۳. چیـزی کـه روح بـه عیسـی گفـت (۱: ۲۴) گفتـهٔ کلینتـون آرنولـد کـه اینطـور گفـت ثابـت می‌کنـد: «ارواح پلیـد بـرای تـرک بدنـی کـه در آن قـرار دارنـد مقاومـت می‌کننـد. آنهـا ممکـن اسـت بـرای در امـان مانـدن خودشـان دعـا کننـد.»

۴. عیسـی بـه طـور مسـتقیم بـا روح شـریر حـرف می‌زنـد: «خامـوش شـو و از او درآی!» (۱: ۲۵). آرنولـد می‌گویـد: «مـا می‌توانیـم دعـا کنیـم و از خـدا بخواهیـم تـا فـردی را از شـریر رهایـی دهـد، امـا شـاید لازم باشـد مثـل عیسـی بـه طـور مسـتقیم روح را مخاطـب قـرار دهیـم.»[۴] پولس هـم بـا یـک روح حـرف زد، او بـه روحـی کـه کنتـرل یـک دختـر در فیلیپـی را در دسـت داشـت اینطـور گفـت: «تـو را می‌فرمایـم بـه نـام عیسـای مسـیح از ایـن دختـر بیـرون بیـا» (اعمـال رسـولان ۱۶: ۱۸).

۵. همان‌طور که اغلب اتفاق می‌افتاد، دیو شخصی را که که در کنیسهٔ کفرناحوم بود، با واکنش‌هایی نسبتا خشونت‌آمیز ترک کرد: «در ساعت آن روح خبیث او را مصروع نمود و به آواز بلند صدا زده، از او بیرون آمد» (۱: ۲۶).

۶. معمولا مثل همین مورد، شاهدی واضح از اینکه روح پلید فرد را ترک کرده است وجود دارد.

باب‌های دیگر ویژگی‌های دیگری را به ما می‌دهند که قابل توجه است. اتفاقی که مربوط به رهایی مردی در سرزمین جدریان بود (مرقس۵: ۱-۱۹) بسیاری از این ویژگی ها را نشان می‌دهد.

۷. ارواح پلید می‌توانند اسم داشته باشند. وقتی عیسی از روح پلیدی که در مرد ساکن بود اسم او را پرسید، اینطور پاسخ داد: «نام من لجئون است زیرا که بسیاریم» (مرقس ۵: ۹).

۸. از این مثال متوجه می‌شویم که یک شخص می‌تواند توسط ارواح پلید بسیاری تسخیر شود. مثل یک سپاه رومی که ۶۰۰۰ سرباز داشت. مریم مجدلیه هفت روح پلید داشت که مسیح آنها را اخراج کرد (مرقس ۱۶: ۹؛ لوقا ۸: ۲).

۹. نمونه‌های دیگر به ما نشان می‌دهند که چطور «ارواح پلید می‌توانند به خودشان یا دیگران آسیب بزنند»[۵] درست مثل ارواح پلیدی که در جدریان بودند: او «در قبور ساکن می‌بود و هیچ کس به زنجیرها هم نمی‌توانست او را بند نماید، زیرا که بارها او را به کنده‌ها و زنجیرها بسته بودند و زنجیرها را گسیخته و کنده‌ها را شکسته بود و احدی نمی‌توانست او را رام نماید، و پیوسته شب و روز در کوه‌ها و قبرها فریاد می‌زد و خود را به سنگ‌ها مجروح می‌ساخت» (مرقس ۵: ۳-۵).

۱۰. از بابی که در بالا نقل قول کردیم متوجه می‌شویم که ارواح پلید می‌توانند به

افرادی کـه در آنهـا سـاکن هسـتند قـدرت بدنـی بالایـی بدهنـد. همـراه با جوانـان برای مسـیح در اردو بودیـم و در آنجـا دختـر نوجوانـی تحـت تاثیـر ارواح پلیـد بـود و کنتـرل او بـرای چنـد مرد تنومنـد سـخت بود.

در تمـام مـواردی کـه عیسـی بـا آن مواجـه شـد، روح پلیـد بـه سـرعت خـارج شـد. نمونه‌هـای بسـیاری را می‌شناسـم کـه افـراد بـرای مـدت قابـل توجهـی قبـل از اینکـه شـخص در نهایـت رهـا شـود، دعـا کردنـد. البتـه، عیسـی در مـورد شـخصی صحبـت کـرد کـه از یـک روح پلیـد رهـا شـد و پـس از آن کـه جسـمش خالـی شـد، و دوبـاره هفـت روح پلیـد در آن سـاکن شـدند (متـی ۱۲: ۴۳-۴۵). در واقـع بـه نظـر می‌رسـد کـه ارواح پلیـد قبـل از رهایـی نهایـی، چندیـن بـار فـرد را تسـخیر می‌کننـد.

همسـرم یـک جلسـۀ مطالعـۀ کتاب‌مقدس بـرای پرسشـگران بودایـی را در کلیسا راهبـری می‌کنـد. یـک زن بـه ایـن جلسـه آمـد و زمانـی کـه شـروع شـد بسـیار احسـاس ناراحتـی می‌کـرد. او بـه جـای اینکـه بـه دیگـران در گـروه یـا کتاب‌مقدس نـگاه کنـد بـه پاییـن نـگاه می‌کـرد. اعضـای گـروه دسـتش را گرفتنـد و بـرای او دعـا کردنـد. آن زن در جلسـۀ پرستشـی هـم همیـن احسـاس را داشـت. سـپس راهبـران متوجـه شـدند کـه ایـن بایـد حضـور روح پلیـد باشـد. گاهـی در طـی جلسـۀ پرستشـی فریـاد می‌زد. او طـوری حـرف می‌زد کـه گویـی روح پـدرش کـه مـرده بـود در اوسـت. راهبـران و کشـیش کلیسای‌مان او را بـه خانـۀ کشـیش در کلیسـا می‌بردنـد و همراهـش دعـا می‌کردنـد، گاهـی ایـن کار تمـام مـدت جلسـۀ پرسـتش ادامـه داشـت. او احسـاس رهایـی می‌کـرد، امـا نشـانه‌ها چنـد هفتـه بعـد دوبـاره ظاهـر می‌شـدند. و دوبـاره همـان رونـد تکـرار می‌شـد.

اوایـل کـه دچـار ایـن حمـلات شـده بـود، حـدود یـک مـاه نتوانسـت سـر کار بـرود. خانـوادۀ او پـول زیـادی را بـرای جن‌گیـران خـرج کردنـد امـا بی‌فایـده بـود. حـالا او بعـد از دعـا سـریع احسـاس رهایـی می‌کنـد و می‌توانـد روز بعـد سـر کار بـرود. امـا زمانـی کـه بـه کلیسـا می‌آمـد دچـار حملـه می‌شـد.

تقریباً دو یا سه ماه بعد از این او کاملاً رها شد. این اتفاق مربوط به چهار سال پیش است. در حال حاضر او نان آور اصلی خانواده است، چون شوهرش در حال ترک اعتیاد است و دو فرزند او مسیحیان خوبی هستند. قابل توجه‌ترین تغییر این است که ظاهر او چقدر متفاوت شده اشت. به‌جای حالت ترسانی که قبل حالا چهرهٔ بشاش و درخشانی داشت، و من فقط می‌توانم این را به کاری که فیض خدا انجام داد نسبت دهم.

چرا رهایی نهایی اینقدر طول کشید؟ احتمالاً ارواح پلید او را تحت کنترل روانی قرار داده بودند به طوری که او مستعد حملات بیشتر بود. شاید او هنوز یک مسیحی واقعی نبود و چیزی که در اینجا اتفاق افتاد مثل چیزی است که عیسی دربارهٔ مردی گفت که بعد از رهایی اولیه گرفتار هفت روح پلید شد (متی ۱۲: ۴۳-۴۵). شاید هم راهبران ما در این خدمت غیر حرفه‌ای بودند و کارهایی را که باید انجام می‌شد به شیوهٔ درست انجام ندادند. مطمئناً هیچ یک از ما عطیهٔ خاصی برای چنین کاری نداشتیم، اما زمانی که این نیاز در کلیسای ما ظاهر شد، باید نسبت به آن واکنش نشان می‌دادیم. و معتقدم که خدا به تلاش‌های اشتباه اما جدی ما برکت داد.

در موقعیتی شاگردان عیسی قادر نبودند یک روح ناپاک را اخراج کنند. زمانیکه عیسی بر روی کوهی بود که در آنجا تبدیل هیات شده بود، پسری را که علائمی شبیه به بیماری صرع داشت، نزد آنها آوردند. وقتی پدر پسر این را گفت: «اگر می‌توانی بر ما ترحم کرده، ما را مدد فرما» (مرقس ۹: ۲۲)، عیسی پاسخ داد: «اگر می‌توانی ایمان آری، مومن را همه چیز ممکن است» (۹: ۲۳). بنابراین به نظر می‌رسد ایمان افراد نزدیک به فرد تسخیر شده نقشی در این روند داشته باشد. اما گاهی، مثل مورد ارواح پلید در جدریان، تا آنجایی که می‌دانیم هیچ کس به جز افرادی که مراقب خوک‌ها بودند، در آن حوالی نبود، و این چوپانان هیچ ارتباطی با آن مرد نداشتند. و در مورد دختر فالگیر در فیلپی هم کارفرماهایش نمی‌خواستند که او رهایی یابد.

بعد از اینکه شاگردان نتوانستند آن پسر را شفا دهند، «چون به خانه در آمد، شاگردانش

در خلـوت از او پرسـیدند: «چـرا مـا نتوانسـتیم او را بیـرون کنیـم؟» (۲۸ :۹). عیسـی اینطور پاسخ داد: «ایـن جنـس بـه هیـچ وجـه بیـرون نمی‌رود جـز بـه دعـا» (۲۹ :۹). برخـی از نسـخه‌های خطـی بعـد از دعـا «و روزه» را اضافـه کرده‌انـد. چـه عیسـی ایـن را گفتـه باشـد چـه نـه، برخی از نسـخه‌های خطـی اینطـور می‌گوینـد کـه بسـیاری در چنـد قـرن اول در کلیسـا معتقـد بودنـد کـه دعـا و روزه کلیـد آمادگـی بـرای چنیـن خدمتـی اسـت. دوسـتانم کـه بـرای چنیـن خدمتـی عطیـه یافته‌انـد بـه مـن می‌گوینـد کـه معمـولا سـعی می‌کننـد قبـل از انجـام چنیـن وظایفـی زمـان بیشـتری را بـرای دعـا صـرف کننـد. فکـر می‌کنـم کـه جایـگاه دعـا در اینجـا مشـابه جایگاهـش در مسـح بـرای خدمـت اسـت کـه در فصـل ۲ درباره‌اش صحبـت کردیـم.

تعلیم قدرتمند و معجزات

وقتـی عیسـی در کنیسـهٔ کفرناحـوم مـردی را کـه روح پلیـد داشـت رهایـی داد، مـردم از ایـن کار او شـگفت‌زده شـده بودنـد. قبـل گـزارش ایـن موعظـه، مرقـس اینطـور گفتـه بـود: «از تعلیم وی حیـران شـدند، زیـرا کـه ایشـان را مقتدرانـه تعلیـم می‌داد نـه ماننـد کاتبـان» (مرقـس ۲۲ :۱). بعـد از معجـزه، او دوبـاره می‌گویـد: «و همـه متعجـب شـدند، به‌حـدی کـه از همدیگـر سـؤال کـرده، گفتنـد: «ایـن چیسـت و ایـن چـه تعلیـم تـازه اسـت کـه ارواح پلیـد را نیـز بـا قـدرت امـر می‌کنـد و اطاعتـش می‌نماینـد؟» (۲۷ :۱). جالـب اسـت کـه معجـزه بـه شـکلی بـا تعلیـم ارتبـاط دارد.

در انجیـل مرقـس دوازده کلمـهٔ یونانـی پیـدا کـردم کـه بـرای بیـان شـگفتی، حیـرت، لـرز یـا ترسـی کـه در واکنـش مـردم بـه خدمـت عیسـی بـه کار رفته‌انـد (برخـی از ایـن دوازده کلمـه بسـیار بـه هـم نزدیـک هسـتند، چـون ریشـهٔ مشـابه دارنـد). همان‌طـور کـه در ۲۷ :۱ دیدیـم، شـگفتی مربـوط بـه تعلیـم اسـت امـا بـا معجـزه هـم مرتبـط اسـت. در انجیـل مرقـس سـه مرتبـه شـگفتی بـه طـور خـاص بـرای تعلیـم اسـت (۲۲ :۱؛ ۱۱ :۱۸؛ ۱۲ :۱۷). ایـن اظهـار نظـر متـی بعـد از موعظـهٔ سـر کـوه را بـه مـا یـادآورد می‌شـود: «و چـون عیسـی ایـن سـخنان را ختـم کـرد، آن گـروه از تعلیـم او در حیـرت افتادنـد، زیـرا کـه ایشـان را چـون صاحـب قـدرت

تعلیم می‌داد و نه مثل کاتبان» (متی ۷: ۲۸-۲۹). در انجیل مرقس دوازده مرتبه شگفتی یا ترس در نتیجهٔ موعظه اتفاق می‌افتد.[۶]

کتاب اعمال رسولان الگویی مشابه در کلیسای اولیه نشان می‌دهد. دو مرتبه شگفتی یا ترسی که به دلیل پیغام موعظه شده به وجود آمده بود را پیدا کردم (اعمال رسولان ۴: ۱۳؛ ۲۴: ۲۵). یک بار «امت‌ها ... شاد خاطر شده، کلام خداوند را تمجید نمودند» چون برخی از آنها نجات یافته بودند (۱۳: ۴۸). یک بار، همان‌طور که در مرقس ۱: ۲۷ آمده، شگفتی نسبت به تعلیم وجود داشت، اما این شگفتی با یک معجزه برانگیخته شد (۱۳: ۱۲). هشت بار، شگفتی یا ترس واکنشی به معجزات است،[۷] و در این میان ترسی که در واکنش به مرگ حنانیا و سفیره به وجود آمد گنجانده شده است (۵: ۵، ۱۲). سه بار شگفتی نسبت به پدیدهٔ صحبت به زبان‌ها که در نتیجهٔ پر شدن از روح بود، اتفاق افتاد (۲: ۷، ۲: ۱۲؛ ۱۰: ۴۵). بعد از اینکه زندان‌بان در فلیپی متوجه شد که هیچ‌یک از زندانیان بعد از زلزله فرار نکرده‌اند: «لرزان شده، نزد پولس و سیلاس افتاد» (۱۶: ۲۹).

با دیدن تاثیر شگرف انجیل بر زندانیان، خود او علاقه‌مند می‌شود و می‌پرسد: «ای آقایان، مرا چه باید کرد تا نجات یابم؟» (۱۶: ۳۰). و نتیجه این است که تمام خانواده‌اش نجات پیدا می‌کنند.

واضح است که عیسی و مسیحیان اولیه هر جا که می‌رفتند شور و هیجانی ایجاد می‌کردند. آنها در تعالیم و رفتارشان چنان متفاوت و شگفت‌انگیز بودند که مردم از گفته‌ها و کارهای آنان حیرت‌زده می‌شدند. در شهر تسالونیکی مخالفین انجیل فریادزنان می‌گفتند: «آنانی که ربع مسکون را شورانیده‌اند، حال بدینجا نیز آمده‌اند» (اعمال رسولان ۱۷: ۶). مسیحیان همیشه متفاوت هستند زیرا در این جهان افراد با گناه و عدم اعتقاد راحت‌تر هستند، و پیام ما به گناه حمله می‌کند، و خدایی که همراه ماست، خدای قادر مطلقی است که با معجزه کار می‌کند. معمولا زمانی که موعظه می‌کنیم، افراد علاقه‌ای به شنیدن گفته‌های ما ندارند. ما باید توجه آنها را جلب کنیم. در اناجیل

و کتاب اعمال رسولان اغلب این جلب توجه از طریق موعظهٔ قدرتمند و معجزات بود. در اول تسالونیکیان ۱: ۵-۶، پولس می‌گوید که پنج عامل با هم منجر به ایمان آوردن اهالی تسالونیکی شدند: «انجیل ما بر شما محض سخن وارد نشده، بلکه با قوت و روح‌القدس و یقین کامل، چنانکه می‌دانید که در میان شما بخاطر شما چگونه مردمان شدیم. و شما به ما و به خداوند اقتدا نمودید و کلام را در زحمت شَدید، با خوشی روح‌القدس پذیرفتید.» پنج عامل در اینجا کلام، قوت، روح‌القدس، ایمان کامل، و زندگی مثال زدنی رسولان است.

فکر می‌کنم این موضوع که همان مبشرین مردم را هم از طریق نیروی معجزه‌آسا و هم از طریق موعظهٔ قانع کننده جذب کردند، بسیار قابل توجه است. قدرت و حقیقت دو جاذبهٔ عالی مسیحیت برای بیگانگان هستند، و در عهد جدید، همان مردم هر دو را نادیده گرفتند. در حین مطالعهٔ کتاب اعمال رسولان برای نوشتن تفسیر آن، این یکی از اکتشافات شگفت‌انگیزیم بود.[۸] پطرس، پولس، و استیفان افرادی بودند که الاهیات دفاعی داشتند و معجزه می‌کردند. به طور خاص از کشف الاهیات دفاعی دقیقی که در پیام پطرس در اعمال رسولان وجود داشت شگفت‌زده شدم. در مورد خدمت استیفان گفته شده که مردم «با آن حکمت و روحی که او سخن می‌گفت، یارای مکالمه نداشتند» (اعمال رسولان ۶: ۱۰). خدمت او با مسح روح‌القدس و اقناع فکری شناخته می‌شد.

امروز چقدر کم چنین ترکیبی را می‌بینیم. اغلب می‌بینیم که کلیساها یا بر «خدمت با قدرت» یا «خدمت بشارتی، دفاعیات یا تفسیری» تمرکز می‌کنند. همچنین کلیساهایی را می‌بینیم که بر بقا تمرکز می‌کنند – کلیساهایی که معمولا در حال مرگ هستند. چندین نمونه می‌شناسم که افراد در خدمتی عطیه یافته‌اند که با چیزی که کلیسا بر آن تاکید دارد متفاوت است، و آنها با کلیسا احساس دوری دارند. وقتی راهبران یک کلیسا که پشت منبر خدمتی قوی دارند، فردی را پیدا می‌کنند که دغدغهٔ خدمت به بیماران از طریق دعا برای شفا را دارد، ممکن است بگویند: «شاید بهتر باشد کلیسایی پیدا کنی که در آن احساس راحتی بیشتری داشته باشی.» راهبران کلیسا که در «خدمت

با قدرت» قوی هستند، ممکن است چیز مشابهی به کسی بگویند که به دفاعیات علاقه‌مند است.

امروز می‌بینیم که افراد بیشتری به کلیساهایی می‌روند که «در آنجا احساس راحتی بیشتری دارند.» از چه زمانی راحتی در خدمت و زندگی کلیسایی از چنین ارزش بالایی برخوردار شد؟ انجیل آنقدر رادیکال است و نیازهای این جهان آنقدر فوری هستند که نمی‌توانیم راحت باشیم. اما امروز بسیاری از مسیحیان به این طرز تفکر رسیده‌اند که هدف اصلی کلیسا سرگرم کردن افراد و خدماتی است که می‌خواهند مثل برنامه‌ای خوب برای جوانان یا برنامهٔ موسیقی را به آنها ارائه دهند. در چنین محیطی می‌بینیم که افراد به کلیساهایی می‌روند که در آن راحت هستند. در نتیجه، کلیساها برخی از منابع حیاتی غنای روحانی را که از دل ناراحتی برمی‌آید از دست خواهند داد. آنها با از دست دادن کمال کتاب‌مقدسی به کلیساهای ناسالم تبدیل خواهند شد. کلیساهای کتاب‌مقدسی همیشه مکان‌های ناراحتی هستند چون دائما به دنبال کمال کتاب‌مقدسی‌اند.

از سوی دیگر، حقیقت کتاب‌مقدسی گسترده و کامل است. و از طرف دیگر ذهن ما کوچک است و ما نا کامل هستیم. بنابراین، همیشه برای پذیرفتن برخی از جنبه‌های حقیقت کتاب‌مقدسی که هنوز خودمان را نسبت به آنها باز نکرده‌ایم با چالش مواجه می‌شویم. در واقع، این زندگی معمولی مسیحی است. و از سویی آرامشی داریم که فراتر از درک است، چون خدا ما را به طور کامل پذیرفته است. اما از طرف دیگر، آرامش نداریم چون به طور کامل آنچه که خدا برای ما در نظر دارد را نپذیرفته‌ایم. و تا زمانی که زنده‌ایم با چنین تنشی زندگی خواهیم کرد.

با این حال اغلب راه‌هایی برای عقلانی جلوه دادن و توجیه نقص خود پیدا می‌کنیم. برخی به ابزارهای تفسیری متوسل می‌شوند تا از مواجهه با کاربردهای دشوار برخی بخش‌های کتاب مقدس اجتناب کنند. بعضی از افراد برای اجتناب از مواجهه با کاربردهای دشوار برخی از بخش‌های کتاب مقدس به ابزارهای تفسیری متوسل

می‌شوند. آنهایی که اتفاقات معجزه‌آسا را در کلیسای‌شان تجربه نمی‌کنند ممکن است بگویند که معجزات با عصر رسولان متوقف شد و بنابراین از مواجهه با پیامدهای آن قسمت‌هایی که از معجزات می‌گویند اجتناب می‌کنند. در واقع، برخی حتی افرادی را که برای شفای معجزه‌آسا دعا می‌کنند محکوم کرده و آن را عملی غیرکتاب‌مقدسی می‌دانند. این افراد می‌گویندکه دین قدرت‌گرا مبتنی بر تجربه است و کتاب‌مقدسی نیست. اما همان‌طور که جک دیر در کتاب خود با عنوان «شگفت‌زده از قدرت روح» نشان می‌دهد، این افراد که به ظاهر کتاب‌مقدسی هستند، اجازه داده‌اند تجربه، الاهیات آن‌ها را تعیین کند و این امر به بهای از دست رفتن حقیقت کتاب‌مقدس تمام شده است.[۹]

برخی از کلیساها که از نظر عددی رشد نمی‌کنند ممکن است بگویند این بهای وفاداری است. آنها می‌گویند که وفادارانه کلام را تعلیم داده‌اند، اما افراد نمی‌خواهند حقایق ناخوشایند کلام را بشنوند. آنها می‌گویند که تسلیم روح عصری نشده‌اند که به دنبال تجربیات معجزه‌آسا است و از به خطر انداختن کیفیت برای کمیت خودداری کرده‌اند. در حالیکه همهٔ این‌ها ممکن است درست باشد، دلیل عدم رشد آنها همچنین می‌تواند این باشد که نتوانسته‌اند خود را به‌طور کامل به روی روش‌های خدمتی که برای رابطه و قدرتمند شدن ضروری است، باز کنند، چون با این روش‌ها احساس راحتی نمی‌کرده‌اند.

افرادی که ضمن تاکید بر خدمت قدرتی، بر محتوای انجیل تاکید چندانی نمی‌کنند، می‌توانند به قدرت نشان داده شده در خدمت‌شان و راهی که مردم می‌آیند و توسط آن مورد برکت قرار می‌گیرند، به عنوان توجهی برای روش‌های خود اشاره کنند. در هر صورت، اغلب افرادی که در درجهٔ اول به دنبال قدرت می‌آیند مدت زیادی در کلیسا نمی‌مانند. وقتی مدتی از این تاکید می‌گذرد یا زمانی که خدا بلافاصله درخواست معجزه‌ای را برآورده نمی‌کند، بی قرار می شوند و به جای دیگری می‌روند. در بسیاری از کلیساهایی که بر خدمت قدرتی تاکید دارند، پرستش‌کنندگان به میزان بالایی به

کلیسا می‌آیند و بعد از مدتی می‌روند و پرستش‌کنندگان جدید می‌آیند.

بعد از سالیان بسیار از خدمت بشارتی در میان غیر مسیحیان، به این نتیجه رسیده‌ام که اکثر افراد در ابتدا چون متوجه شده‌اند که مسیح می‌تواند نیازهای‌شان را برآورده کند به او ایمان می‌آورند. اما برای اینکه مدت طولانی با او بمانند باید متقاعد شوند که او حقیقت است. زمانی که بسیاری از افراد متوجه شدند که تعالیم عیسی آنقدر سخت است که نمی‌توانند آنها را بپذیرند، از او دور شدند، و عیسی از آنها پرسید که آیا آنان هم می‌روند؟ پاسخ به یاد ماندنی پطرس اینطور بود: «خداوندا نزد که برویم؟ کلمات حیات جاودانی نزد تو است» (یوحنا ۶: ۶۸).

خواندگی بشارتی خاص ما هر چه که باشد، خدا می‌خواهد که قدرت انجیل را به جهان نشان دهیم. این کار ممکن است از طریق موعظه، خدمت قدرتمند به افراد نیازمند، و همانطور که جایی دیگر در کتاب‌مقدس آموزش داده شده است، از طریق زندگی شایان تقلید (متی ۵: ۱۶؛ اول تسالونیکیان ۱: ۵-۶) برآورده شود.

شفای بیماران جسمی

باقی باب یک انجیل مرقس، دربارهٔ خدمت عیسی برای شفای بیماران جسمانی است. بعد از زمانی که در کنیسهٔ کفرناحوم گذراند، به خانهٔ شمعون و آندریاس رفت و آنجا مادر زن شمعون را شفا داد (مرقس ۱: ۲۹-۳۱). در زمان عصر بیماران و دیو زدگان بسیاری را نزد او آوردند و شفا گرفتند (۱: ۳۲-۳۴). روز بعد او از کفرناحوم رفت و «در تمام جلیل در کنایس ایشان وعظ می‌نمود و دیوها را اخراج می‌کردس (۱: ۳۹). در ادامه این روایت می‌آید که چطور یک جذامی را لمس کرد و او را شفا داد (۱: ۴۰-۴۵). به طور واضح، شفا یک جنبهٔ مهم از خدمت عیسی در انجیل مرقس است. از این فصل می‌توانیم به برخی از اصول مهم در مورد خدمت شفای او پی ببریم. قبلاً در بحثمان در مورد اخراج ارواح پلید به نکات مرتبطی اشاره کردیم.

مشارکت شخصی در روند شفا

در شفای مادر زن شمعون، می‌دانیم که عیسی ابتدا به خانهٔ او رفت. سپس «دست او را گرفته، برخیزانیدش» (۱: ۳۱). چنین مشارکت شخصی‌ای در روند شفا الگویی است که در سراسر خدمت او دیده می‌شود. وقتی شخص ناشنوایی که لکنت زبان داشت را نزد عیسی آوردند، «او را از میان جماعت به خلوت برده، انگشتان خود را در گوش‌های او گذاشت و آب دهان انداخته، زبانش را لمس نمود».» و سپس کلماتی را به زبان آورد که او را شفا داد (مرقس ۷: ۳۳-۳۴).

وقتی شخص نابینایی را نزد او آوردند، «دست آن کور را گرفته، او را از قریه بیرون برد و آب دهان بر چشمان او افکنده، و دست بر او گذارده از او پرسید که «چیزی می‌بینی؟» او بالا نگریسته، گفت: «مردمان را خرامان، چون درختها می‌بینم.» پس بار دیگر دست‌های خود را بر چشمان او گذارده، او را فرمود تا بالا نگریست و صحیح گشته، همه چیز را به خوبی دید» (مرقس ۸: ۲۲-۲۵). ما نمی‌دانیم که او چرا باید چنین روندی را طی می‌کرد. اما چیزی که می‌بینیم ارتباط واضح با شخصی است که او را شفا می‌دهد. درست مثل مورد قبلی، او آن شخص را از جمعیت دور می‌کند تا بتواند شخصا به او رسیدگی کند.

نمونه‌های دیگری از مشارکت شخصی را می‌توان ارائه داد. به نظرم پیاده‌روی طولانی او به سمت خانهٔ ایلعازر بسیار قابل توجه است. هیچ اتفاق نظری در مورد اینکه عیسی چه مسافتی را باید طی می‌کرد تا به بیت عنیا برسد، وجود ندارد، چون در مورد اینکه عیسی در زمان دریافت این خبر در کجا بود، تردید وجود دارد. ممکن است او در شهری که با آنجا بیست کیلومتر فاصله داشت بود یا شاید هم در جایی که نه کیلومتر فاصله داشت. فاصله هر چقدر که بود، رفتن به شهر ایلعازر در نزدیکی اورشلیم مستلزم یک

پیاده‌روی طولانی بود. البته می‌دانیم عیسی بعد از اینکه رسید و غم دوستانش را دید گریست (یوحنا ۱۱: ۳۵).

مشارکت عیسی برای شفای فرد جذامی در مرقس باب ۱ شاید چشم‌گیرترین باشد. مرقس می‌گوید که عیسی «دست خود را دراز کرد و او را لمس نمود» (۱: ۴۱). «افراد جذامی از باقی جامعه جدا بودند، و افراد سالم آنها را نادیده می‌گرفتند. لمس کردن جذامی‌ها ممنوع بود و اکثر افراد از تصور این کار برآشفته می‌شدند.»[۱۰] و عیسی این مرد را لمس کرد. او یک بار دیگر رسومات را زیر پا گذاشت و تابوت پسر زن بیوه را در لمس کرد (لوقا ۷: ۱۳). چنین لمس کردنی جنبه‌ای از هم‌ذات پنداری با افرادی است که به آنها خدمت می‌کنیم، که موضوع فصل اول این کتاب بود.

در کنار جذامیان قرن اول بیماران مبتلا به ایدز، فاحشه‌هایی که دچار بیماری‌های مقاربتی هستند و معتادان به مواد مخدر قرار دارند که هیچ کس نمی‌خواهد به آنها نزدیک شود و از آنها مراقبت کند. به نظرم شرم آور است که برخی از چهره‌های مشهور مثل الیزابت تیلور و پرنسس دایانا به دلیل ابراز نگرانی عمومی برای بیماران مبتلا به ایدز شناخته می‌شوند، در حالی که مسیحیان اغلب تنها به دلیل محکوم کردن سبک زندگی‌ای که باعث چنین بیماری شده شناخته می‌شوند. با این حال، مطمئن هستم که مسیحیان بسیاری همیشه (نه فقط در زمان رویدادهای پر مخاطب) با بیماران مبتلا به ایدز کار می‌کنند و توجه زیادی به آنها نمی‌شود. مسیحیان باید به این دلیل که بابت محبت مسیح به سراغ ناامیدان و موقعیت‌های ناخوشایند می‌روند شناخته شوند.

تصمیم مارتین لوتر را به یاد می‌آورم که در سال ۱۵۲۷ وقتی طاعون شهر ویتنبرگ را در برگرفت، آنجا ماند. جان که یکی از امرای انتخابگر (امرای انتخابگر تعداد محدودی از امیرهای حاکم در امپراتوری مقدس روم بودند، که با هم انجمن انتخاباتی را تشکیل می‌دادند، و وظیفه آنها انتخاب امپراتور بود – مترجم) بود، دستور داد تا او باقی افرادی که در دانشگاه بودند به شهر یِنا بروند. لوتر از رویکرد بی‌ملاحظه نسبت به این

موضوع دفاع نمی‌کند. در واقع او گام‌های عملی که برای جلوگیری از گسترش این بیماری باید برداشته شوند را بیان می‌کند. و می‌گوید اگر وظایف روحانی و مدنی فردی را مجبور به ماندن در ویتنبرگ نمی‌کند، باید شهر را ترک کند.»[11] اما او به عنوان یک کشیش باید در آنجا می‌ماند. لوتر می‌گوید:

«افرادی مثل واعظین و کشیشان که در خدمت روحانی هستند باید در برابر خطر مرگ استوار بمانند. ما یک فرمان واضح از مسیح داریم که می‌گوید: «شبان نیکو جان خود را در راه گوسفندان می‌نهد» (یوحنا ۱۰: ۱۱). چون زمانی که افراد در حال مرگ هستند بیشتر از هر چیزی به به خدمتی روحانی‌ای نیاز دارند که قلب آنها را با کلام و آیین مقدس تسلی می‌دهد و در ایمان به مرگ غلبه می‌کند.»[12]

دیتریش بونهوفر کشیش و الاهیدان لوتری اهل آلمان زمانی که در نیویورک بود و نازی‌ها بر آلمان حکومت می‌کردند، برخورد مشابهی را نشان داد. او بعد از آنکه نازی‌ها به دلیل انتقاد از رژیم، اکثر فرصت‌های خدمت را از او گرفتند، به آمریکا آمده بود. بعد از کمتر از یک ماه در آمریکا، دربارهٔ تصمیمش برای رفتن به آنجا دچار تردیدهای جدی شد. او به راینهولد نیبور که مرخصی او را برای آمدن به آمریکا را فراهم کرده اینطور نوشت: «آمدنم به آمریکا اشتباه بود. من باید با مسیحیان آلمان در این دورهٔ سخت در تاریخ کشورمان زندگی کنم. و اگر مصیبت‌های این دوران را با مردم کشورم شریک نشوم حق مشارکت در بازسازی زندگی مسیحی در آلمان بعد از جنگ را نخواهم داشت.»[13]

خدمت عیسی، لوتر و بونهوفر با سبک برخی از مبشرین شفا دهندهٔ مشهور امروزی بسیار فاصله دارد. آنها بعد از اینکه جلسه شروع می‌شود می‌آیند، وظیفه‌شان را انجام می‌دهند و بعد به سرعت از مردم جدا می‌شوند، و حتی قبل از پایان جلسه، به محیط امن یک هتل برده می شوند. خادمین کتاب‌مقدسی با مردم هم‌ذات پنداری می‌کنند و در کنار آنها هستند.

برخاسته از ترحم

مرقـس می‌گویـد وقتـی عیسـی فـرد جذامـی را دیـد و درخواسـت او بـرای شـفا را شـنید، «عیسـی ترحـم نمـوده، دسـت خـود را دراز کـرد و او را لمـس نمـوده، گفت: «می‌خواهـم. طاهـر شـو!» (مرقـس ۱: ۴۱). فعلـی کـه در اینجـا بـه «ترحم نمـودن» (اسپلاگخنیزُمای) ترجمه شـده کلمـه‌ای قـوی اسـت کـه دفعـات متعـددی بـرای واکنـش عیسـی نسـبت بـه نیازهای جسـمانی و روحانـی افـراد اسـتفاده شـده اسـت.[۱۴] برخـی از پژوهشـگران ترجیـح می‌دهنـد کلمـه‌ای کـه در ایـن آیـه آمـده را بـه جـای «ترحـم»، بـه عنـوان ترجمـه‌ای از فعـل اُرگیزُمـای کـه در برخـی نسـخه‌های دیگـر بـه کار رفتـه اسـت «خشـم» ترجمـه کننـد.[۱۵] حتـی اگـر ایـن درسـت باشـد، تصـور ایـن اسـت کـه عیسـی عمیقـا تحـت تاثیـر نیـاز فـرد جذامـی قـرار گرفتـه بـود. فعلـی کـه معنـای «ترحـم» دارد در گـزارش چهار معجـزهٔ دیگـر آمـده اسـت – شـفای بیمـار در میـان جمعیـت بسـیار (متـی ۱۴: ۱۴)، خـوراک دادن بـه چهـار هـزار نفـر (متـی ۱۵: ۳۲؛ مرقـس ۸: ۲)، شـفای دو مـرد نابینـا (متـی ۱۴: ۱۴)، زنـده کـردن پسـر زن بیـوه در نائیـن (لوقـا ۷: ۱۳).

واکنـش طبیعـی مسـیحیان بـه یـک نیـاز، دلسـوزی اسـت. امـروز بـه مـا دربـارهٔ درگیـر شـدن بیـش از حـد احساسـی بـا مشـکلات خدمت‌مـان هشـدار داده شـده اسـت. در اینجـا حکمتـی وجـود دارد کـه بایـد بـه آن توجـه کنیـم. مـا هرگـز نبایـد هویـت خـود را طـوری از خدمـت بگیریـم کـه نیازهـای افـراد امنیـت شخصی‌مـان را تعییـن کنـد. امنیـت مـا همیشـه بایـد از مسـیح تامیـن شـود. امـا بـا قـدرت آن امنیـت در مسـیح، می‌توانیـم نیازهـای جهـان را بپذیریـم و بـه سـوی شـفقت و ترحـم سـوق پیـدا کنیـم. بـاب پیـرس، بنیانگـذار آژانـس بشردوسـتانهٔ مسـیحی وُرلـد ویـژن می‌گویـد: «بگذاریـد قلـب مـن از چیزهایـی بشـکند کـه قلـب خـدا را می‌شـکند.» پولـس وقتـی کـه بـه گم‌گشـتگی یهودیـان می‌اندیشـید، از رفتـار اسـتاد خـود پیـروی کـرد، او می‌گویـد: «مـن بخاطـر شـما بـه شـدت اندوهگینـم و دائمـا دردی جانـکاه در وجـود خـود احسـاس می‌کنـم – تفسـیری» (رومیـان ۹: ۲). در جایـی دیگـر او می‌گویـد: «بـاری دارم کـه روز و شـب بـر دوشـم سـنگینی می‌کنـد و آن احسـاس مسـئولیتی اسـت کـه بـرای

تمام کلیساها دارم – تفسیری» (دوم قرنتیان ۱۱: ۲۸). اگر حقیقتا با افراد هم‌ذات پنداری کنیم نمی‌توانیم از نظر عاطفی با آنها احساس جدایی داشته باشیم.

معتقدم که اگر استوارانه در شادی و امنیت خداوند ریشه دوانده باشیم، بدون اینکه از نظر عاطفی فروبپاشیم می‌توانیم از این طریق درد را تحمل کنیم.[16] آیا پولس بر این امر اصرار نداشت که: «در خداوند دائما شاد باشید. و باز می‌گویم شاد باشید» (فیلیپیان ۴: ۴). عیسی به شاگردانش گفت، «این را به شما گفتم تا خوشی من در شما باشد و شادی شما کامل گردد» (یوحنا ۱۵: ۱۱). و بلافاصله بعد از این به آنها گفت که باید یکدیگر را آنقدر دوست داشته باشند که جان‌شان را برای هم بدهند (یوحنا ۱۵: ۱۲-۱۳). اول به دنبال شادی خداوند می‌رویم، سپس خودمان را برای درد این دنیای محنت‌بار باز می‌کنیم. معتقدم که امروز دغدغهٔ یافتن راه‌حل برای اضطراب ناشی از خدمت می‌تواند نشانه‌ای از این واقعیت باشد که خادمین امنیت ریشه داشتن در رابطهٔ شاد با خداوند را از دست داده‌اند. آنها قدرت پذیرش درد که یک عامل اجتناب ناپذیر در خدمت است را ندارند. برخی از افراد به دلیل عدم امنیت خود، هنگامی که با نیازهای انسانی مواجه می‌شوند، خود را به هیجانی ناسالم می‌اندازند. این الگو اغلب منجر به فرسودگی می‌شود. برخی از افراد از درگیری شخصی با این نیازها اجتناب کرده‌اند.

تشویق به علنی نکردن

بعد از شفای جذامی، عیسی «او را قدغن کرد و فورا مرخص فرموده، گفت: "زنهار کسی را خبر مده، بلکه رفته خود را به کاهن بنما و آنچه موسی فرموده، به جهت تطهیر خود بگذران تا برای ایشان شهادتی بشود"» (مرقس ۱: ۴۳-۴۴). کلمهٔ «قدغن کرد» ترجمهٔ کلمهٔ اِمبریمأسای است که معمولا به معنای «با تندی صحبت کردن؛ نکوهش تند»[17] است. ظاهرا این خواسته ضروری بود.

کلمات قدرتمند مشابه دیگری که افراد شفا یافته را ساکت می‌کند را در جاهای دیگر

نیـز یافـت مـی شـود. بعـد از اینکـه دختـر یایـروس از مـرگ برخاسـت، او «ایشـان را بـه تاکیـد بسیار فرمـود: «کسـی از ایـن امـر مطلـع نشـود» (مرقـس ۵: ۴۳). در اینجـا کلمـۀ دیاسـتِلومای بـه معنـای «دسـتور یـا فرمـان» اسـت.[18] بعضـی از اینکـه مـرد ناشـنوا کـه لکنـت زبـان داشـت شـفا یافـت، «ایشـان را قدغـن فرمـود (دیاستِلومای) کـه هیـچ کـس را خبـر ندهنـد» (مرقس ۷: ۳۶). بعـد از بینـا کـردن چشـم دو مـرد نابینـا، "عیسـی ایشـان را بـه تاکیـد (امبریمامُـای) فرمـود کـه زنهـار کسـی اطّـلاع نیابـد" (متـی ۹: ۳۰). بعـد از تبدیـل هیـات، «و چـون ایشـان از کـوه بـه زیـر می‌آمدنـد، عیسـی ایشـان را قدغـن فرمـود (اِنتَلومـای، فرمـان یـا دسـتور) کـه "تـا پسـر انسـان از مـردگان برنخیـزد، زنهـار ایـن رویـا را بـه کسـی بـاز نگوییـد" (متـی ۱۷: ۹).

دلیـل ایـن دسـتورات فـوری بـرای سـکوت بعـد از معجـزه چیسـت (کـه اکثـر آنهـا توسـط ذینفعانـی کـه از مسـیح شـفا گرفتـه بودنـد رعایـت نشـدند)؟ احتمـالا بایـد در اینجـا بـه تئـوری «سـر مسـیحایی» اشـاره کنیـم کـه توسـط محقـق عصـر جدیـد آلمانـی ویلیـام فِریـد (۱۸۵۹– ۱۹۰۶) ارائـه شـد. فِریـد در اواخـر قـرن گذشـته اینطـور اسـتدلال کـرد کـه عیسـی خـودش ادعـا نکـرد کـه ماشـیح اسـت بلکـه بعـد از رسـتاخیز او شـاگردانش متقاعـد شـدند کـه او ماشـیح اسـت. فِریـد می‌گویـد کـه مضمـون پنهـان کـردن کـه در دسـتورات مربـوط بـه سـکوت آمـده، سـاختۀ ذهـن مرقـس اسـت؛ و بـرای توضیـح ایـن مسـئله شـکل گرفـت کـه چگونـه عیسـی می‌توانسـت به‌عنـوان ماشـیح معرفـی شـود، در حالـی کـه نـه خـود چنیـن ادعایـی کـرده بـود و نـه در دوران خدمـت زمینـی‌اش به‌عنـوان ماشـیح شـناخته شـده بـود.[19] کتـاب فِریـد نقـش بزرگی در شـکل گرفتـن ایـن رویکـرد بـه اناجیـل داشـت کـه آنهـا را بـه عنـوان مـدارک الاهیاتـی دیـد و دقـت تاریخـی آنهـا را نادیـده گرفـت. در چنیـن دیدگاهـی، برخـی از رویدادهـای ذکـر شـده در اناجیـل در واقـع سـاخته و پرداختـه شـده‌اند تـا حقیقـت الاهیاتـی‌ای را کـه نویسـنده قصـد تاکیـد بـر آن داشـت را بـه تصویـر بکشـند. ایـن رویکـرد هـم در میـان برخـی از مکاتـب مطالعـات کتاب‌مقدسـی رایـج اسـت. بـا ایـن حـال معتقـدم کـه شـواهد زیـادی وجـود دارد کـه بـاور کنیـم اناجیـل در واقـع بـرای نشـان دادن آنچـه کـه حقیقتـا اتفـاق افتـاده نوشـته شـده‌اند.[20] اگـر اینطـور بـود، چـرا عیسـی از مـردم می‌خواسـت کـه سـکوت کننـد؟ دلایـل متعـددی ارائـه شـده اسـت، و معتقـدم کـه در بسـیاری از آنهـا حقیقـت وجـود دارد. یـک چیـز قطعـی اسـت، بـر

خلاف شفا دهندگان هم عصرش، «عیسی تمایلی نداشت که نقش یک شفا دهندۀ مشهور را داشته باشد.»[21] شهرت «آرزوی او نبود، بلکه سرنوشتنش بود.»[22] مفهوم آن این است که عیسی به دنبال خدمت شفا دادن نرفت و آن را علنی نکرد. قبل‌تر دیدیم که او برخی از افرادی را که می‌خواست شفا دهد از جمعیت دور کرد.

با این حال، بیشتر افرادی که امروز در خدمت شفا هستند خدمت‌شان را به طور گسترده علنی می‌کنند. با اینکه مسیحیان در سری‌لانکا اقلیت کوچکی هستند، دیدن تابلوهای تبلیغاتی در جاده‌ها برای جلسات شفا امری عادی است. برخی عکس افراد شفا گرفته و خلاصه‌ای از اینکه موضوع چطور اتفاق افتاده است را به تصویر می‌کشند. دونالد کارسون می‌گوید: «هیچ سابقه‌ای از رفتن عیسی به جایی برای برگزاری جلسۀ شفا، یا اینکه افراد را برای شفا گرفتن دعوت کند، یا اینکه عیسی پیشنهاد دعایی کلی برای شفا بدهد، وجود ندارد.»[23] معتقدم که فرمان عیسی به رازداری برای ما هشداری است در مورد خطرات سازماندهی جلسات شفابخشی و استفاده از شفا به عنوان جاذبۀ اصلی در خدمت بشارتی ماست.

یکی از خطرات بزرگ تاکید بیش از حد بر شفا این است که می‌تواند بشارت انجیل را تحت الشعاع قرار دهد. این خطر همچنین می‌تواند گفتۀ عیسی برای رازداری را هم تحت تاثیر قرار دهد. همانطور که استفان شورت می‌گوید: «عیسی نمی‌خواست افراد فقط برای دریافت مزایای جسمانی نزد او بیایند.»[24] بسیاری از غیر مسیحیان صرفا برای رفع یک نیاز جسمانی یا مادی به جلسات مسیحی می‌آیند. و وقتی آنها می‌آیند ما انجیل را با آنها در میان می‌گذاریم. اما متوجه شده‌ام که در ذهن آنها گذر از نیازهای احساسی به انجیل بسیار سخت است. آنها به توضیحات ما دربارۀ انجیل گوش می‌دهند شاید حتی آن را بپذیرند، اما در اعماق وجودشان وقتی به مسیحیت و مسیحیان فکر می‌کنند، چیزی که می‌اندیشند این است که اینجا همان‌جایی است که می‌توانم نیازهای جسمی و مادی‌ام را برطرف کنم. بنابراین حتی با اینکه به وضوح انجیل به آنها گفته شده، شنیدنش برای‌شان سخت است.

به همین دلیل انجیل همیشه باید در برنامه‌های ما در اولویت باشد. مهربانی جنبه‌ای از انجیل است. بنابراین همیشه جنبه‌ای از خدمت ما در این جهان خواهد بود. اما اگر اعمال محبت‌آمیز اساساً برای این انجام شوند که «مردم را در کنار خود داشته باشیم» یا به عنوان یک کلیسا رشد کنیم، می‌توانیم با مشکلات بسیاری مواجه شویم. افراد ممکن است به ظاهر زندگی خود را به مسیح اختصاص دهند و به کلیسا بپیوندند، در حالیکه تمرکز اصلی‌شان همچنان این باشد: «چه مزایای مادی و جسمانی‌ای می‌توانم از این کلیسا به دست بیاورم؟» وقتی متوجه می‌شویم که چنین چیزی اتفاق می‌افتد، باید قدم‌هایی قطعی برای رفع این سوءتفاهم برداریم.

بعد از خوراک دادن به پنج هزار نفر، مردم می‌خواستند عیسی را به زور ببرند و او را پادشاه کنند. وقتی عیسی متوجه شد، فوراً «از ایشان جدا شد و تنها بالای کوهی رفت – تفسیری» (یوحنا ۶: ۱۵). وقتی مردم به او رسیدند، از او پرسیدند، «ای استاد کی به اینجا آمدی؟» (۶: ۲۵). عیسی پاسخ داد: «آمین آمین به شما می‌گویم که مرا می‌طلبید نه به سبب معجزاتی که دیدید، بلکه به سبب آن نان که خوردید و سیر شدید. کار بکنید نه برای خوراک فانی بلکه برای خوراکی که تا حیات جاودانی باقی است که پسر انسان آن را به شما عطا خواهد کرد، زیرا خدای پدر بر او مهر زده است» (۶: ۲۶-۲۷). عیسی تلاش می‌کرد تا تمرکز آنها را از غذای مجانی به سوی حقیقت انجیل ببرد. در ادامهٔ این روایت تعلیم سخت عیسی دربارهٔ نان حیات می‌آید (۶: ۲۸ - ۵۹). «آنگاه بسیاری از شاگردان او چون این را شنیدند گفتند: "این کلام سخت است! که می‌تواند آن را بشنود؟"» (۶: ۶۰). نتیجه این بود که «در همان وقت بسیاری از شاگردان او برگشته، دیگر با او همراهی نکردند» (۶: ۶۶). عیسی ترجیح می‌داد چند ایماندار واقعی داشته باشد تا پیروان بسیاری که به دلایل اشتباه آمده بودند.

زندگی سادهو سوندار سینگ واعظ هندی اغلب همراه با معجزات بود، و در زمان موعظه دربارهٔ آنها صحبت می‌کرد. اما زمانی که متوجه شد این کار موجب سوءتفاهم می‌شود و از پیام انجیل می‌کاهد دیگر دربارهٔ آنها صحبت نکرد.[۲۵]

برخـی از ســازمان‌های خدمتـی، بخـش فعالیت‌هـای اجتماعـی خـود را کامـلا از بخـش بشــارتی جـدا می‌کننـد. مـا بایـد ایـن کار را در شـمال ســری‌لانکا کـه جنـگ زده اسـت انجـام دهیـم، در آنجـا افـرادی کـه مجـاز بـه انجـام فعالیت‌هـای اجتماعـی هسـتند، مجـاز بـه بشـارت نیسـتند. بـه همیـن دلیـل مـا در شـهرهایی کـه هـر دو خدمـت را انجـام می‌دهیـم، دو ســازمان متفـاوت بـا دو دفتـر کار متفـاوت داریـم. فکـر نمی‌کنـم تنهـا یـک راه حـل بـرای ایـن مشـکل وجـود داشـته باشـد. هـر یـک از سـازمان‌های خدمتـی بایـد تـلاش کننـد تـا ببیننـد چطـور می‌تواننـد بـرآورده کـردن نیازهـا و موعظـهٔ انجیـل را در زمینـهٔ خاصـی کـه در آن فعالیـت می‌کننـد ترکیـب کننـد.

جان وسـلی معتقـد بـود کـه یکـی از دلایلـی کـه عیسـی درخواسـت کـرد معجزاتـش علنـی نشـوند ایـن بـود کـه «او نمی‌خواسـت روسـای کاهنـان، کاتبـان و فریسـیان، کـه بیشـترین دشـمنی را بـا او داشـتند، بیشـتر از آنچـه اجتناب‌ناپذیـر بـود، خشـمگین کنـد.»[۲۶] آنهـا از آنجایـی کـه می‌دیدنـد قدرت‌شـان بـر مـردم توسـط قـدرت معجـزات از بیـن می‌رود، و چـون نمی‌توانسـتند معجـزه کننـد، بیشـتر خشـمگین می‌شـدند.

فکـر می‌کنـم کـه ایـن موضـوع مناسـبی باشـد کـه امـروز هـم بـه آن فکـر کنیـم. مـا افـرادی را از سـایر ادیـان در سـری‌لانکا می‌بینیـم کـه بـا عصبانیـت شـکایت می‌کننـد کـه مسـیحیان بـا رشـوه دادن بـه افـراد از طریـق وعـدهٔ پـول و معجـزه «مـردم آنهـا را مـی دزدنـد.» اغلـب برایـم جـای تعجب دارد کـه چیـزی چنیـن واکنـش خشـمناکی را برمی‌انگیـزد. بـه ایـن نتیجـه رسـیده‌ام، کـه قدرتـی کـه در خدمت‌هـای شـفابخش ظاهـر می‌شـود، یـادآرو شکست‌شـان در برابـر استعمارگـران قدرتمنـدی اسـت کـه متاسـفانه از کشـورهای به‌اصطلاح مسـیحی بودنـد. آنهـا فکـر می‌کننـد کـه مسـیحیان می‌آینـد کـه دوبـاره شکست‌شـان دهنـد – و ایـن بـار از طریـق قـدرت معجـزه. زخم‌هـای قدیمـی سـر بـاز می‌کننـد و نتیجـه مخالفتـی خشـمگینانه بـا انجیـل اسـت. معتقـدم فراهـم کـردن شـرایط بـرای معجزاتـی کـه در کلیسـا ظاهـر می‌شـوند در چنیـن فضایـی حکیمانـه نیسـت؛ و می‌توانیـم اجـازه دهیـم ایـن پیغـام بـه جـای یـک کمپیـن

تبلیغاتی بزرگ، دهان به دهان منتشر شود.

پولس می‌گوید در کنار ضعیفان، ضعیف شد تا بتواند آنها را به سوی ایمان بیاورد (اول قرنتیان ۹: ۲۲). بنابراین وقتی افراد احساس ضعف می‌کنند و به خاطر این موضوع خشمگین هستند، شاید خواندگی ما این باشد که به جای اثبات قدرتمان با آنها همدلی کنیم. معتقدم که این موضوع در مورد خدمت در میان افرادی که زمانی تحت حکومت یا سلطهٔ گروهی بودند که خدمت‌گزار یا مبشر به آن تعلق دارد، صدق می‌کند. با اینکه این اتفاقات ممکن است سال‌ها پیش افتاده باشد اما خاطرات تلخ چنین غلبه‌ای معمولا تا چند نسل باقی می‌ماند. بنابراین کارکنان مسیحی متعلق به گروهی که زمانی قدرتمند بودند، باید تمام تلاش خود را انجام دهند تا ضعف گروهی را که به آن خدمت می‌کنند بشناسند.

معتقدم که این اصل در خدمت سفیدپوستان به بومیان آمریکا و آفریقایی-آمریکایی‌ها در آمریکای شمالی کاربرد دارد. همچنین باور دارم در روزگاری که مسلمانان افراطی جنگ مقدس یا جهاد را علیه ملت‌های «مسیحی» اعلام می‌کنند، واجب است که مسلمانان، مسیحیان را به عنوان خدمت‌گزاران فروتن ببینند تا افرادی که از ابرقدرت‌ها حمایت می‌کنند. فکر می‌کنم ممکن است گاهی دولت‌ها نیاز به جنگ با گروه‌های مسلمان داشته باشند، اما پیروزی در چنین جنگ‌هایی معمولا افراد را به انجیل نزدیک‌تر نمی‌کند. در این فضا، مسیحیان برای جلب نظر مسلمانان متخاصم باید با قدرت خدمت‌گزاری خود را نشان دهند.

بیایید زمانی که یک نیاز انسانی را می‌بینیم با مهربانی رفتار کنیم، و به دنبال این باشیم که آن نیاز را تحت قدرت خدا قرار دهیم. اما بیایید مراقب باشیم که این قدرت را به شکلی تبلیغ نکنیم که پیام انجیل را از بین ببرد.

اگر این عطایا را نداشته باشید چه؟

دربارهٔ خدمت بیرون راندن دیوها و شفا بسیار صحبت کردیم، اما در فهرست عطایا که در اول قرنتیان باب ۱۲ آمده نشان می‌دهد که عطیهٔ «شفا» و «انجام معجزه» به همهٔ مسیحیان بخشیده نشده است. با این حال همهٔ ما با افرادی مواجه می‌شویم که بیمار هستند و برخی هم با افراد دیو زده مواجه می‌شوند. بنابراین لازم است چیزی گفته شود که دربارهٔ افرادی که چنین عطایایی ندارند صدق کند - و فکر می‌کنم من هم جزء این دسته افراد باشم.

۱. به نظرم افرادی که چنین عطایایی دارند دعا می‌کنند و ایمان دارند که خدا به شکل معجزه‌آسایی شفا می‌دهد. بر سر مزار ایلعازر عیسی «به آواز بلند ندا کرد: ”ای ایلعازر، بیرون بیا”» (یوحنا ۱۱: ۴۳). پطرس به مرد لنگ گفت: «مرا طلا و نقره نیست، اما آنچه دارم به تو می‌دهم. به نام عیسی مسیح ناصری برخیز و بخرام!» (اعمال رسولان ۳: ۶). به نظر می‌رسد که خدا به برخی ایمانی می‌بخشد تا باور کنند که این شفا به صورت آنی اتفاق خواهد افتاد. شاید وقتی افرادی که این عطایا را ندارند برای بیماران دعا می‌کنند، چنین اظهارات مطمئنی مبنی بر شفای فوری بیان نکنند.
۲. در هر صورت، وقتی شخصی را می‌بینیم که واضحا دیو زده است، شکی نیست که خدا می‌خواهد او را به طور کامل شفا دهد. پس حتی اگر فکر می‌کنیم که عطیهٔ خاص در این مورد نداریم، باید به روح پلید با کلماتی شبیه به عیسی که گفت: «»خاموش شو و از او درآی!» دستور بدهیم که برود (مرقس ۱: ۲۵).

۳. همهٔ ما باید برای شفای افراد دعا کنیم. و باید با ایمان دعا کنیم. یعقوب می‌گوید وقتی شخصی بیمار است باید از کشیشان کلیسا بیایند «تا برایش دعا نمایند» (یعقوب ۵: ۱۴). و اینطور ادامه می‌دهد: «دعای ایمان، مریض را شفا خواهد بخشید و خداوند او را خواهد برخیزانید» (یعقوب ۵: ۱۵). این آیات دربارهٔ همهٔ مشایخ و کشیشان صدق می‌کند، و به این موضوع اشاره می‌کند که افرادی که عطیهٔ خاص شفا را ندارند در زمان دعا باید ایمان داشته باشند. اما شاید افرادی که این عطیه را دارند، با ایمان

باور داشته باشند که دعای خاصی به شکل معجزه‌آسا پاسخ داده می‌شود و بر همین اساس آن را اعلام کنند.

دعا همراه با بیماران در میان ما یکی از مسئولیت‌های مهم خادمین مسیحی است. گاهی مردم بعد از اینکه برایشان دعا کرده‌ام شهادت داده‌اند که بهتر شده‌اند، هرچند نمی‌دانم که آیا به دعای من ربطی دارد یا نه. اغلب برای غیر مسیحیانی که بیمار هستند دعا می‌کنم. حتی اگر شفا در همان لحظه اتفاق نیفتند، چنین دعاهایی این افراد را با خدایی در ارتباط قرار می‌دهند که می‌توانند دربارهٔ مشکلات‌شان با او حرف بزنند. این موضوع می‌تواند برای افرادی که شیرینی رابطهٔ محبت‌آمیز با خدای شخصی را نمی‌دانند بسیار تاثیرگذار باشد.

یک خانوادهٔ بودایی در سری‌لانکا، دخترشان به سرطان مبتلا شده بود. برخی از مسیحیان آمدند و برای او دعا کردند، دختر ابتدا بعد از دعا بهتر شد، اما بعد از مدتی مرد. با این حال، بیماری او خانواده‌اش را با خدا وارد رابطه کرد. با اینکه یکی از اعضای خانواده مرده بود، اما بعد از آن برخی از آنها مسیحی شدند، و دو نفرشان اکنون در خدمت تمام وقت هستند. به نظر می‌رسد یکی از آنها عطیهٔ شفای معجزه‌آسا دارد.

هرگز ندیده‌ام که یک غیر مسیحی قبول نکند که برایش دعا شود. معمولا قبل از دعا زیاد صحبت نمی‌کنم، اگرچه دعایم به شکلی است که کسی که اطلاعات کمی در مورد خدا و انجیل دارد، می‌فهمد چه می‌گویم و خدایی را که در حضور او دعا می‌کنم را خواهد شناخت. در مطالعاتم برای نوشتن این فصل، متوجه شدم که باید بیشتر دربارهٔ خدا و انجیل صحبت کنم، چون ما در نام مسیح دعا می‌کنیم. ایمان آوردن یک فرد به مسیح مهم‌ترین شفایی است که به دنبال آن هستیم.[۲۷]

۴. باید به یاد داشته باشیم که تمام بیماری‌ها بلافاصله با دعای ما توسط خدا شفا پیدا نمی‌کنند. گاهی افراد به تدریج شفا می‌یابند، و گاهی شفای جسمانی دریافت

نمی‌کنند. اما چه آنها شفا بیابند یا نه، کلیسا باید از اعضای بیمار خود مراقبت شبانی به عمل بیاورد. بنابراین، ملاقات بیماران وظیفهٔ هر خدمت‌گزار انجیل است. تنها زمانی که بیشتر از یک روز در بیمارستان ماندم در چهارده سالگی برای عمل آپاندیس بود. دو خاطرهٔ واضحی که از آن زمان دارم ملاقات‌های روزانهٔ و دعاهای شبانم، کشیش جورج گود، و محبت یک راهبهٔ مبشر کاتولیک بود که در آن بیمارستان کار می‌کرد. بیماری، افراد را آسیب‌پذیر و آمادهٔ دریافت مراقبت کلیسا می‌کند.

۵. گاهی ممکن است افرادی که اطراف‌مان هستند را به سوی اشخاصی که عطیهٔ دعا دارند هدایت کنیم. ممکن است آنهایی که خدمت شفا انجام می‌دهند متعلق به فرقهٔ دیگری باشند، اما از آنجایی که ما همه اعضای بدن مسیح هستیم، این موضوع نباید مشکلی ایجاد کند. بسیاری از خدمت‌گزاران می‌ترسند که اگر افراد را نزد شخص دیگری بفرستند، آنها را برای همیشه از دست بدهند، و افراد به آن کلیسایی بروند که خدمت شفا ارائه می‌دهد. معتقدم که اگر آنقدر به سلامتی یک شخص توجه می‌کنید که او را به گروه دیگری که می‌تواند به آن شخص کمک کند می‌فرستید، اکثر افراد متوجه تعهد شما خواهند شد و شما را ترک نخواهند کرد و برای اینکه نگران‌شان بودید قدردان‌تان خواهند بود. اما گاهی ممکن است افراد ما را ترک کنند.

یک بار شخصی که عمیقا دوستش داشتم و زمان بسیاری را با او گذرانده بودم و بسیار با هم دعا کرده بودیم را به سازمان خدمتی دیگر که متخصص در رفع نیاز خاص او بود، فرستادم. بعدا اینطور احساس کردم او باور دارد که آن گروه در واقع به او کمک کرده و ما در این مورد موفق نبوده‌ایم. و این مرا بسیار ناراحت کرد. اما می‌توانم برای اینکه به این شخص کمک بسیاری شد خدا را شکر کنم. او به دلیل ناپختگی فراموش کرده بود که چه کاری برایش انجام دادم؛ و فکر می‌کنم اگر از او پخته‌تر باشم باید او را برای این کارش ببخشم. رابطهٔ ما به مدت پنج سال سرد شده بود و بعد از این زمان به گرمای سابقش برگشت. اما، این یکی از دردهای خدمت است. ما روی افراد سرمایه‌گذاری می‌کنیم و بعد آنها را از دست می‌دهیم. گاهی آنها از ملکوت خارج

می‌شوند. گاهی هم مسیحی می‌مانند اما از خدمت ما می‌روند. اگر می‌خواهیم در خدمت خوشحال بمانیم، باید برای چنین از فقدان‌هایی آماده باشیم و یاد بگیریم چطور خشم ناشی از آن‌ها مهار کنیم تا زندگی‌مان را تلخ نکنند.

۶. اغلب دلایل روانی برای بیماری جسمی وجود دارد که می‌توانیم هنگام خدمت به بیمار به آنها بپردازیم. در مورد اینکه چند درصد از بیماری‌های جسمی دلایل عاطفی دارند، نظرات متفاوت است. جیم گلنون می‌گوید که یک بار بعد از اینکه در یک سخنرانی گفت که این عدد ۶۰ تا ۷۰ درصد است، یک پزشک متخصص که در جمع حضار بود گفت به نظرش این عدد ۹۰ درصد است.[۲۸] گلنون مثال‌های قابل توجهی از بیمارانی ارائه می‌دهد که بعد از اینکه توانستند با برخی از بخش‌های دردناک خاطراتشان کنار بیایند و افرادی که آنها را آزار داده بودند را ببخشند، شفا یافتند. دوباره می‌گویم که نقش ما در اینجا این است که احساس کنیم مشکلی هست که به کمک متخصص نیاز دارد و فرد را نزد متخصص بفرستیم. از طرف دیگر ممکن است لازم باشد که افراد را از طریق گوش دادن با دقت و همدلی، مشاوره و دعا به سوی شفای عاطفی هدایت کنیم.

۷. می‌توانیم شخصی را که عطیهٔ شفا (اول قرنتیان ۱۲: ۲۸) یا خدمت (رومیان ۱۲: ۷؛ اول پطرس ۴: ۱۱) دارد را هدایت کنیم تا به طور منظم به یک فرد بیمار خدمت کند. یکی از لذت‌های راهبری استفاده از نفوذمان برای تطبیق نیازهای افراد با کسانی است که می‌توانند آن نیازها را برآورده کنند. بسیاری از افراد بیمار به کمک‌های عملی بسیاری نیاز دارند که ما خادمین کلام ممکن است قادر به ارائهٔ چنین کمک‌هایی نباشیم. اما ممکن است افرادی در سازمان خدمتی ما باشند که عطیهٔ خدمت به دیگران را داشته باشند، افرادی که عطیه یافته‌اند تا نیازمندان را ملاقات کنند و نیازهای آنها را ببینند و برای رفع این نیازها عمل کنند.

یـک فـرد مسـیحی کـه در خدمـت اسـت، همیشـه در قسـمت‌هایی کـه در خدمـت عیسـی برتـری داشـتند بـا افـراد نیازمنـد مواجـه خواهـد شـد. چـه دوسـت داشـته باشـیم چـه نـه، بایـد بـرای مواجهـه بـا ایـن نیازهـا مهارت‌هایـی را پـرورش دهیـم. و بـه یـاد داشـته باشـیم کـه همـه در ایـن قسـمت‌ها عطیـه نیافته‌انـد، و بایـد مطمئـن شـویم کـه بـا ایـن وجـود خدمـت مـا بـا ایـن افـراد کتاب‌مقدسـی برخـورد خواهـد کـرد. مطمئنـم کـه ایـن فصـل راه‌هایـی بـرای چنیـن خدمتـی ارائـه داده اسـت.

۱۳

ملاقات خانگی

در فصل قبل دیدیم که پس از خدمت در کنیسه در روز سبت، عیسی «با یعقوب و یوحنا به خانهٔ شمعون و اندریاس رفت (مرقس ۱: ۲۹). و مادر زن شمعون را شفا داد، که پس از شفا برخاست و به «خدمت‌گزاری ایشان مشغول گشت» (۱: ۳۱). احتمالا او شام را حاضر کرد.[1] بعد از شام «تمام شهر بر در خانه ازدحام نمودند» (۱: ۳۳). و «کسانی را که به انواع امراض مبتلا بودند، شفا داد و دیوهای بسیاری بیرون کرد» (۱: ۳۴). قابل توجه است که نویسندگان انجیل بسیاری از وقایع مهم در زندگی عیسی که در خانه‌ها اتفاق افتاده است را، ثبت می‌کنند. او معجزات مهمی را در خانه‌ها انجام داد، و از اتفاقاتی که در خانه‌ها می‌افتاد استفاده کرد تا حقایق مهم را تعلیم دهد.

خدمت عیسی در خانه‌ها

شواهد زیر را در نظر داشته باشید:

- عیسی درست در ابتدای خدمت خود، آندریاس و یکی از شاگردان یحیی را به خانه‌ای که در آن اقامت داشت برد و گفتگویی طولانی با آنها داشت و احتمالا آنها شب را در آنجا گذراندند (یوحنا ۱: ۳۷-۳۹).[2]

- اولین معجزهٔ او در یک جشن عروسی بود، که احتمالا در خانهٔ داماد برگزار شده بود.[۳] یوحنا می‌گوید این «اولین معجزهٔ عیسی بود و او به‌وسیلهٔ آن جلال خود را ظاهر کرد، و شاگردانش به او ایمان آوردند (یوحنا ۲: ۱۱).

- مرقس می‌گوید که شفای مفلوج در کفرناحوم زمانی اتفاق افتاد که او «در خانه» بود (مرقس ۲: ۱). و احتمالا آنجا خانهٔ شمعون و آندریاس بود.[۴] و این بار جمعیت آنقدر زیاد بود که او را از طریق سقف نزد عیسی بردند. در این موقعیت عیسی ادعا می‌کند که قدرت بخشش گناهان را دارد (مرقس ۲: ۵-۱۱).

- عیسی برای صرف غذا به خانهٔ لاوی رفت که در آنجا بسیاری از باجگیران و گناهکاران با او نشستند (مرقس ۲: ۱۵-۱۶). این موقعیت می‌تواند به عنوان «دیداری برای پیگیری» از خانهٔ یک «نوایمان» در نظر گرفته شود. اما همچنین نمونه‌ای از حضور عیسی در جایی بود که افرادی که با کنیسه ارتباطی نداشتند، در آنجا بودند. عیسی در پاسخ به راهبران یهود دربارهٔ نشست و برخاستی که داشت، اینطور گفت: «تندرستان احتیاج به طبیب ندارند بلکه مریضان. و من نیامدم تا عادلان را بلکه تا گناهکاران را به توبه دعوت کنم» (مرقس ۲: ۱۷).

- زمانی که او برای صرف غذا به خانهٔ یک فریسی رفت، زنی گناهکار و گریان پاهای او را تدهین کرد، و گفتگویی که در ادامهٔ این کار صورت گرفت، منجر به تعالیم مهمی دربارهٔ شکرگزاری و نجات شد (لوقا ۷: ۳۶-۵۰).

- عیسی به خانهٔ یایرس یکی از روسای کنیسه رفت، و دختر او را شفا داد (متی ۹: ۱۸-۲۶؛ مرقس ۵: ۳۵-۴۳؛ لوقا ۸: ۴۹-۵۶).

- متی باب ۱۳ چند مورد از مثل‌های عیسی را ثبت کرده است. عیسی مفهوم اولین مثل که مثل برزگر بود را برای شاگردان توضیح داد (متی ۱۳: ۱۸-۲۳). بعد از آن دوباره با جمعیت صحبت کرد[۵] و سه مثل دیگر گفت - مثل کرکاس، دانهٔ خردل و خمیرمایه (متی ۱۳: ۲۴-۳۳). «آنگاه عیسی آن گروه را مرخص کرده، داخل خانه گشت و شاگردانش نزد وی آمده، گفتند: "مثل کرکاس مزرعه را بجهت ما شرح فرما"» (۱۳: ۳۶). در اینجا خانه مکانی است که عیسی و شاگردان در آن به بحث الاهیاتی می‌پردازند.

- زمانـی کـه او بـرای صـرف غـذا در خانـهٔ مریـم و مرتـا بـود، شـکایت مرتـا از خواهـرش دری را بـرای ایـن تعلیـم مهـم کـه سرسپردگی مهم‌تر از خدمـت اسـت، بـاز کـرد (لوقـا ۱۰: ۲۸-۴۲).

- او ملاقاتـی بشـارتی از خانـهٔ زکا باج‌گیـری منفـور داشـت. ایمـان آوردن زکا فرصتـی را بـرای نمایشـی واضـح از ثمرهٔ توبـه فراهـم کـرد، و زمزمه‌هـای مـردم باعـث شـد کـه عیسـی بیانیـه‌ای مهـم دربـارهٔ ماموریـت خـود ارائـه دهـد، یعنـی «جستجو و نجـات گمشـدگان» (لوقـا ۱۹: ۱۰).

- او مسـیری طولانی تـا خانـهٔ ایلعـازر را پیـاده رفـت. و زمانـی کـه بـا مرتـای عـزادار صحبت می‌کـرد بیانیـهٔ مهـم خـود دربـارهٔ اینکـه خـود او «قیامـت و حیـات» اسـت را اعـلام کـرد (یوحنـا ۱۱: ۲۵-۲۶). و در آنجـا وقتـی دوسـتانش را در حـال گریـه دیـد، او هـم گریسـت (۱۱: ۳۵).

- در پایـان خدمـت عمومـی عیسـی، می‌بینیـم کـه او دو بـار زمانـی کـه بـرای صـرف غـذا در خانـهٔ شـمعون ابـرص (متـی ۲۶: ۶-۱۳؛ مرقـس ۱۴: ۳-۹) و ایلعـازر (یوحنـا ۱۲: ۱-۸) بـود، بـا روغن‌هـای گران‌بهـا تدهیـن شـد. از واقعـهٔ اول، اظهـارات عیسـی دربـارهٔ اینکـه آن زن او را بـرای دفـن مسـح کـرده اسـت، و از واقعـهٔ دوم، اظهـار نظـر دربـارهٔ اینکـه فقـرا همیشـه بـا مـا باشـند، برخاسـت.

بـه طـور واضـح خانـه مکانـی مهـم بـرای خدمـت اسـت. عیسـی در خانـهٔ بیگانـگان (زکا)، دوسـتان (ایلعـازر، مریـم و مرتـا)، همراهـان (شـمعون و آندریـاس)، شـخصیت‌های عمومـی (فریسـی و یایـرس)، نـو ایمـان (لاوی)، و دوسـتان یـا اقـوام کـه در قانـا مراسـم عروسـی داشـتند خدمـت کـرد. او بـه خانـهٔ ایمانـداران (شـمعون، ایلعـازر، و لاوی)، گناهـکاران (زکـی)، و افـرادی کـه تمایلـی بـه او نداشـتند (فریسـیان) رفـت. در خانـه او بـه غریبه‌هـا، گناهـاکاران، دوسـتان، و بـه شـاگردان خـود و خانـوادهٔ آنهـا خدمـت کـرد.

شـاگردان عیسـی سـنت او را مبنـی بـر دادن جایـگاه رفیـع بـه خانـه بـه عنـوان عرصـه‌ای بـرای خدمـت ادامـه دادنـد. عیسـی در زمـان حیـات خـود بـا فرسـتادن آنهـا بـرای خدمـت

شرایط را فراهم کرد تا این کار را شروع کنند. و در آن زمان به آنان گفت: «چون به خانه‌ای درآیید، بر آن سلام نمایید» (متی ۱۲:۱۰). در جایی دیگر دربارهٔ اهمیت خانه و مهمان‌نوازی در کتاب اعمال رسولان توضیح داده‌ام.[۶] در کلیسای اولیه بشارت در خانه‌ها اتفاق افتاد، مثل زمانی که کورنیلیوس و دوستانش ایمان آوردند (اعمال رسولان ۱۰). واعظینی که سفر می‌کردند در خانه‌ها اقامت می‌کردند، مثل پطرس که در یافا در خانهٔ شمعون ماند (اعمال رسولان ۹: ۴۲) و پولس در خانهٔ لیدیه (اعمال رسولان ۱۴:۱۶-۱۵). مسیحیان در خانه از هم‌صحبتی و غذا خوردن با هم لذت بردند (اعمال رسولان ۲: ۴۶). پولس به طور منظم به عنوان بخشی از کار شبانی‌اش به خانه‌ها می‌رفت (اعمال رسولان ۲۰: ۲۰).

حضور در جایی که گمشدگان بودند

ملاقات عیسی از خانهٔ زکی (لوقا ۱۹: ۵-۱۰) و لاوی و غذا خوردن با باجیگران و گناهکاران (مرقس ۲: ۱۵-۱۷) نمونه‌هایی از این هستند که او در کنار گمشدگان خواهد بود. در خانهٔ لاوی او بر روی میز دراز کشید. در میان یهودیان این حالتی عادی برای غذا خوردن نبود. این کار در موقعیت‌های خاص مثل مهمانی‌ها، جشن‌ها، و اوقات سرگرمی انجام می‌شد.[۷] راهبران یهود که عیسی را در چنین حالت راحتی در میان افرادی که گناهکار به حساب می‌آمدند، دیدند از شاگردان پرسیدند «چرا با باجگیران و گناهکاران اکل و شرب می‌نماید؟» (مرقس ۲: ۱۶).

رفتار عیسی به شکلی بود که اینطور مورد انتقاد قرار گرفت «مردی . . . پر خور و باده‌پرست و دوست باجگیران و گناهکاران» (لوقا ۷: ۳۴). احتمالا دلیل چنین انتقادی این بود که او با چنین افرادی در ارتباط بود و «باجگیران و گناهکاران به نزدش می‌آمدند تا کلام او را بشنوند» (لوقا ۱۵: ۱). پولس هم زمانی که در آتن - شهر سقراط - بود همین کار را انجام داد (اعمال رسولان ۱۷: ۱۶). او در بازار شهر عقاید فیلسوفانهٔ خود را با افراد در میان می‌گذاشت.

با توجه به تمام فعالیت‌هایی که با مسیحیان داریم، چقدر راحت تماس‌مان با افرادی که با کلیسا هیچی ارتباطی ندارند از بین می‌رود. و چقدر برای خدمت‌گزاران مسیحی مهم است به مکان‌هایی بروند که در آنجا بتوانند با افراد غیر ایمان‌دار تعامل داشته باشند.

من از کالوین وا، که به تازگی پس از تقریبا سی سال خدمت به عنوان کشیش کلیسای متحد متدیست در شهر الگر در ایالت اوهایو، بازنشسته شد، درس‌های ارزشمند بسیاری در مورد خدمت آموختم. الگر شهری کوچک با جمعیت کمتر از ۹۰۰ نفر است، و تعداد افرادی که به کلیسا می‌روند تقریبا ۱۰۰ نفر است. این کلیسا به دلیل برنامه‌های خدمتی مهم‌اش که از خدمت‌های بسیاری در ایالات متحده و خارج از کشور – از جمله کار ما – پشتیبانی می‌کند، به خوبی شناخته شده است.

اما علاقهٔ کشیش کالوین به خدمت محدود به پروژه‌های خارج از الگر نیست. او برای صبحانه مرا به رستورانی برد که افراد محلی و کشاورزان در آنجا می‌شدند. او تقریبا هر روز به آن رستوران می‌رفت. نتیجهٔ این کار دوستی کشیش کالوین با بسیاری از افراد محلی است که هیچ ارتباطی با کلیسا ندارند. وقتی آنها در خانواده دچار بحرانی مثل مرگ می‌شوند، کشیش کالوین همان شخصی است که برای کمک با او تماس می‌گیرند. این موقعیت‌ها فرصت‌های بشارتی ارزشمندی را فراهم می‌کنند.

برخی از کارکنان مرکز بازپروی ما در سازمان جوانان برای مسیح به خیابان‌های خاصی که مرکز جوانان معتاد است می‌روند. آنها با این جوانان دوست می‌شوند و می‌توانند تعدادی از آنان را تحت پوشش خدمت ما قرار دهند.

راهبران مسیحی اغلب با همین هدف، به محافل اجتماعی و سازمان‌های اینچنینی دیگر می‌روند. معمولا چنین کاری اتلاف وقت به نظر می‌رسد، اما این کار به ما کمک می‌کند تا ارتباطات ارزشمندی برای رساندن پیام انجیل برقرار کنیم و همچنین

مردمی را که برای رساندن این پیام با آنها ارتباط برقرار کردیم، بهتر بشناسیم. رفتن به مهمانی‌های دوستان و اقوام غیر مسیحی‌ام بسیار مفید است، چون در این مراسم چیزهای زیادی دربارهٔ جهان یاد می‌گیرم.

من در درجهٔ اول با فقرا کار می‌کنم، و در سری‌لانکا افراد فقیر فقط با اتوبوس سفر می‌کنند. به همین دلیل من در طول سال به چند سفر طولانی با اتوبوس می‌روم. هر چه سنم بالاتر می‌رود این کار برایم سخت‌تر می‌شود، چون سفر با اتوبوس در سری‌لانکا بسیار ناخوشایند است. اما متوجه شدم که این کار برای خدمتم خیلی مفید است، و به طور خاص به من کمک می‌کند تا شرایط افرادی که به آنها خدمت می‌کنم را درک کنم. این درک تاثیر قابل توجهی بر موعظه، تدریس و مشاورهٔ من دارد.

زمانی که در آمریکا دانشجو بودم، بیرون یک کلیسا تابلویی دیدم که رویش اینطور نوشته شده بود: «شخصیت هر فرد را از افرادی که با آنها معاشرت می‌کند می‌توان شناخت.» اولین چیزی که به ذهنم رسید این بود که عیسی با باجگیران و گناهکاران معاشرت می‌کرد. دلیل اینکه بسیاری از مسیحیان تمایلی به معاشرت با افراد گناهکار ندارند این است که می‌توانند در برابر وسوسه‌هایی که اغلب بسیار ظریف اما قدرتمند در چنین معاشرت‌هایی وجود دارند آسیب‌پذیر و تسلیم شوند. سه روز قبل نوشتن این قسمت از یک گردهمایی با راهبران خدمت‌مان برگشته بودم. در آنجا دربارهٔ برنامه‌های یکی از بخش‌های خدمات‌مان صحبت کردیم که داوطلبان و کارکنان آن امیدوارند به مکان‌هایی بروند که معمولا برای مسیحیان بسیار سخت و خطرناک تلقی می‌شوند. ما دربارهٔ خطرهای چنین کاری و برخی از کارکنان مسیحی که به چنین مکان‌هایی رفتند و تسلیم وسوسه‌های آنجا شدند گفتگو کردیم.

و به این نتیجه رسیدیم افرادی که وارد چنین خدمتی می‌شوند باید عضو گروهی قوی باشند که نسبت به آن پاسخگو هستند و می‌توانند تجربیات و وسوسه‌های خود را با آنها درمیان بگذارند و همیشه دربارهٔ حکمت خدمتی که انجام می‌دهند صحبت کنند.

همچنین تصمیم گرفتیم افراد باید از سر اشتیاقی آتشین برای ارتباط برقرار کردن با گمشدگان به چنین مکان‌هایی بروند حتی اگر در آنجا فرصت کمی برای صحبت در مورد خداوند داشته باشند.

بازدیدهای بشارتی از خانه‌ها

معتقدم بازدیدهای بشارتی از خانه‌هایی که در اناجیل و اعمال رسولان آمده، ملاقات‌هایی برنامه ریزی شده از خانه‌های خاص، مانند خانهٔ زکی بود. این با روشی که در آن از همهٔ خانه‌های یک منطقه بازدید می‌شود، که توسط شاهدان یهوه و گروه‌های مسیحی مانند «جنبش هر خانه» (Every Home Crusade) انجام می‌شود، متفاوت است. با این حال، هیچ چیزی در کتاب مقدس وجود ندارد که نشان بدهد بازدید از خانه‌های خاص یک روش درست و موثر برای انجام بشارت نیست.

در خدمت «جوانان برای مسیح»، داوطلبان و کارکنان ما ملاقات‌های بشارتی زیادی را از خانه‌های افرادی که از طریق برنامه‌های ارتباطی مختلف با آنها تماس گرفته‌ایم، انجام می‌دهند. معمولا قبل از یک جلسهٔ بشارتی مهم، داوطلبان ما سعی می‌کنند تا به خانهٔ تمام افرادی که با آنها ارتباط برقرار کرده‌اند بروند و آنها را برای شرکت در جلسه دعوت کنند. این بازدیدها ثابت کرده‌اند که روشی بسیار موثر برای برداشت میوهٔ بشارتی در میان جوانانی هستند که از طریق برنامه‌های ورزشی، موسیقی، نمایش و آموزشی ما با آنها ارتباط برقرار شده است. من همچنین با برنامه‌های موثر ملاقات‌های بشارتی که در آن اعضای کلیسا با استفاده از مواد آموزش تهیه شده توسط سازمان خدمتی Evangelism Explosion به ملاقات افراد می‌روند، آشنا هستم.

شاید یکی از معروف‌ترین دیدارهای بشارتی در تاریخ، دیدار ادوارد کیمبل با دانش آموز هجده ساله کلاس‌های یکشنبه‌اش، دوایت لایمن مودی باشد. این جوان تقریبا یک سال در کلاس او بود. دوایت به دلیل توافق با عمویش که او را در کفش فروشی‌اش استخدام کرده بود یکشنبه‌ها به این کلاس می‌رفت. عموی او احساس می‌کرد که

اگر این مرد جوان به کلیسا برود از دردسر دور می‌ماند. در آن زمان مودی هیچ تمایلی برای سپردن زندگی‌اش به مسیح نداشت تا اینکه تمام خوش‌گذرانی‌هایش را کرد و بزرگ‌تر شد.

کلیسا خدمتی به اسم «جلسات بیداری» داشت، و کیمبل باری بر دوش خود احساس کرد که باید به دیدار مودی جوان برود و با او دربارهٔ رابطه‌اش با خداوند صحبت کند. او مغازه به مغازه گشت و دوایت را در پشت فروشگاه در حال بسته بندی کفش‌ها و قرار دادن در قفسه‌ها دید و او را در مورد رابطه‌اش با خداوند به چالش کشید. آنطور که کیمبل می‌گوید، «به نظر می‌رسید که مرد جوان آماده بود چون همانجا، در پشت آن کفش‌فروشی در بوستون، مودی خودش و زندگی‌اش را به مسیح داد.»[۸] هرچند که این ملاقات در خانه اتفاق نیفتاد، اما در جایی بود که مودی آن را متعلق به خود می‌دانست، به همین دلیل آن را خانه در نظر می‌گیرم.

به یادماندنی‌ترین تجربه‌ام از ملاقات بشارتی زمانی بود که به خانهٔ یکی از کارکنان جوانان برای مسیح رفتم. پدر او در حال مرگ بود، و پسرش از من خواست تا به خانهٔ آنها بروم و دربارهٔ مسیح با او صحبت کنم. این مرد از پیشگامان جنبش کمونیستی در سری‌لانکا و فردی روشن‌فکر بود. سر بحث را با صحبت در مورد بیماری و تجربیات مختلف شغلی او باز کردم و مدتی با گفتگوی دوستانه ادامه دادم. اما کارمند جوان بی‌صبر شده بود و زود وسط بحث ما پرید و گفت: «آجیت، می‌خواستی چیزی به پدرم بگویی.» این کار مقدمه‌ای را فراهم کرد که بتوانم دربارهٔ انجیل صحبت کنم.

بعد از اینکه دربارهٔ انجیل توضیح دادم، از او پرسیدم که آیا می‌خواهد زندگی‌اش را به مسیح بسپارد؟ و در کمال تعجب او به سرعت پاسخ داد بله. یک بار دیگر برایش توضیح دادم که سپردن زندگی به مسیح که او انجام داد چه مفهومی دارد، و از او خواستم دعای اعتراف به ایمان را بعد از من تکرار کند، و او همین کار را انجام داد. عجب تغییری در این مرد در حال مرگ اتفاق افتاد. او یک هفتهٔ دیگر زنده ماند، و به نظر می‌رسید که پر

از شـادی اسـت. و وقتـی مسـیحیان بـه ملاقـات او می‌رفتنـد از آنهـا می‌خواسـت دعـا کننـد و سـرود بخواننـد. بعـدا در جلسـهٔ پرستشـی روز شـکرگزاری بـا خوشـی دربارهٔ او حـرف زدم. و نـه تنهـا از دسـتاوردهای زمینـی‌اش بسـیارش گفتـم، بلکـه از رابطـه‌اش بـا خداونـد و اینکـه چقـدر آمـادهٔ مـرگ بـود هـم صحبـت کـردم.

همانطـور کـه عیسـی بـه خانـهٔ زکـی و لاوی رفـت، مـا هـم می‌توانیـم بـه خانـهٔ افـراد مطـرود برویـم. همیـن واقعیـت کـه مـا بـه چنیـن خانه‌هایـی می‌رویـم می‌توانـد بـه فرصتـی بـزرگ بـرای انجیـل تبدیـل شـود.

مالتـو یـک قبیلـهٔ کوهسـتانی در هنـد بـا نـرخ مـرگ و میـر بـالا اسـت کـه انتظـار می‌رفـت تـا سـال ۲۰۲۵ منقـرض شـود. آنهـا تقریبـا هرگـز حمـام نرفتـه بودنـد چـون بـه آب دسترسـی نداشـتند. در نتیجـه باقـی جامعـه از آنهـا دوری کردنـد، و چـون بـوی بـدی می‌دادنـد افـراد بـه آنهـا نزدیـک نمی‌شـدند. مبشـرین از *Friends Missionary Prayer Band* شـروع بـه کار در میـان ایـن قبیلـه کردنـد؛ و تـه تنهـا بـه روسـتاهای آنهـا رفتنـد، بلکـه در خانه‌هـای آنـان ماندنـد و حتـی در کنارشـان خوابیدنـد.

تـا سـال ۱۹۹۶ تقریبـا ۳۴۰۰۰ نفـر از جمعیـت ۸۵۰۰۰ نفـری ایـن قبیلـه مسـیحی شـدند، و بـا تغییـر در شـیوهٔ زندگـی، مـرگ و میـر بـه میـزان قابـل توجهـی کاهـش یافـت. مبشـرین بـرای برداشـت چنیـن محصولـی بهـای گزافـی پرداختنـد. مبشـرین از بیماری‌هـای مالاریـا، سـل و کالا آزار (یـک بیمـاری انگلـی مزمـن کـه بـر اثـر گـزش نوعـی پشـه خاکـی از ایـن حیوانـات آلـوده یـا انسـان مبتـلا بـه فـرد سـالم منتقـل می‌شـود) کـه اهالـی مالتـو را می‌کشـت مردنـد. یکـی از افـرادی کـه جـان باخـت، پسـر جـوان پاتریـک جاشـوا، راهبـر ملـی سـازمان خدمتـی *Prayer Band* بـود. او فـوق لیسـانس خـود را در رشـتهٔ مـددکاری اجتماعـی دریافـت کـرده بـود و بـرای کمـک بـه بازسـازی اجتماعـی در میـان ایـن افـراد زندگـی می‌کـرد. بعـد از مرگـش سـه جـوان دیگـر بـرای پـر کـردن جـای او رفتنـد، و ایـن فـداکاری‌ای پربهـا امـا ارزشـمند بـود کـه بـا پذیرفتـن مهمان‌نـوازی مـردم، نشـانه‌ای از یکـی شـدن بـا آن‌هـا داشـت.

ملاقات‌های خانگی شبانی

عـادت بازدیـد از خانه‌هـا بـا اسـتعارهٔ شـبانی کـه منتظـر نمی‌شـود تـا گوسـفند گمشـده بـه سـراغش بیایـد، و نـود و نـه گوسـفند دیگـر را رهـا می‌کنـد و بـه دنبـال آن یـک گمشـده مـی‌رود، مطابقـت دارد. راهبـران مسیحـی همیشـه بـه جاهایـی کـه افـراد در آنجـا هسـتند، و از آنجایـی کـه خانـه مهم‌ترین مـکان در زندگـی یـک شـخص اسـت، آنهـا بایـد اغلـب بـه خانـهٔ افـراد برونـد. بیشـتر ملاقات‌های خانگـی عیسـی کـه در بـالا بـه آنهـا اشاره شـد، در واکنـش بـه یـک نیـاز یـا بحـران بـود. بـه همیـن شـکل، خدمت‌گـزاران مسیحـی زمانـی کـه بحرانـی وجـود دارد در کنـار افـراد هسـتند. معتقـدم یکـی از جوانـب خدمـت دعا کـه رسـولان خـود را وقـف آن کـرده بودنـد (اعمـال رسـولان ۴: ۶) دعـا کـردن همـراه افـراد در زمـان نیـاز آنهـا بـود.

متوجـه شـدم زمانـی کـه بـه خانـهٔ افـراد می‌رویـم، لازم نیسـت کار زیـادی انجـام دهیـم. اینکـه حضـور داشـته باشـیم تـا گـوش کنیـم و در زمـان نیـاز وارد عمـل شـویم، تنهـا چیـز لازم اسـت. در یـک زمـان مناسـب می‌توانیـم بـا خانـواده دعـا کنیـم. چنیـن معاشـرتی بـه آن خانـواده ایـن حـس را می‌دهـد کـه راهبـر مسیحـی در زمـان نیـاز و مشـکلات «در کنارشـان» بـود.

اصـول اساسـی رسـولان مقـدس کـه مجموعـه‌ای از قوانیـن کلیسـا کـه بیـن سـال هـای ۳۵۰ تا ۴۰۰ گـردآوری شـده اسـت، امـا احتمـالا منشـا قـرن دوم و سـوم دارد اینطور می‌گویـد: «مثل یـک شـبان دل‌سـوز، سـخت کوشـانه گلـهٔ خـود را تغذیـه کنیـد. جسـتجو کنیـد و حسـاب گله را نـگاه داریـد. در جسـتجوی نیازمنـد باشـید، درسـت همانطـور کـه خداونـد خدا پـدر مهربان مـا پسـر خـود یعنـی شـبان نیکـو و نجـات دهنـده را فرسـتاد تـا مـا را بجویـد.»[۹] و بعـد از این مثل گوسـفند گمشـده کلمـه بـه کلمـه نقـل می‌شـود.

اگـر بخواهیـم کامـلا از تشـبیه مثـل گوسـفند گمشـده پیـروی کنیـم، آنـگاه گوسـفند گمشـده عضـوی از گلـه اسـت کـه گمـراه شـده اسـت. نسـخهٔ متـی از ایـن مثـل بـه روشـنی اشاره

می‌کند که وقتی عیسی دربارهٔ گوسفند گمشده صحبت کرد، منظورش ایماندارانی بودند که از خدا دور شده‌اند (متی ۱۸: ۱۲-۱۴). پاراگراف‌های قبل و بعد از این مثل، دربارهٔ ایماندارنی است که از راه‌های خدا دور شده‌اند. به همین دلیل راهبران مسیحی به دنبال مسیحیانی می‌روند که از گله جدا شده‌اند.

معمولا افرادی که جدا شده‌اند از راهبران خشمگین هستند، و رفتارشان توهینی به این راهبران است. آنها احتمالا علیه راهبران صحبت می‌کنند. و زمانی که افراد اینطور رفتار می‌کنند راهبران معمولا بسیار آزرده و خشمگین می‌شوند. در چنین شرایطی اغلب اینطور شنیدم که راهبران می‌گویند به دنبال این افراد نخواهند رفت و آنها باید نزدشان بیایند. اما ما نسبت به سلامت گله تعهد داریم. و این واقعیت که به ما توهین شده یا آسیب دیده‌ایم، در درجه دوم اهمیت قرار دارد. دغدغهٔ اصلی برگرداندن گوسفند گمراه شده به گله است.

شاید این الگوی جهانی برای رفتار راهبران نباشد. اما زمانی که صحبت از اصل محبت مسیحی می‌شود، همیشه پا فرای آنچه می‌گذاریم که از نظر دنیا درست است. پدر قید و بندهای فرهنگی را کنار گذاشت و احتمالا ردای خود را بالا زد و به سمت پسر گمشده‌اش که در حال بازگشت بود، دوید (لوقا ۱۵: ۲۰). کنت بیلی، کارشناس فرهنگ خاورمیانه می‌گوید: «یک نجیب زادهٔ شرقی که ردا به تن دارد هرگز نمی‌دود. و چنین کاری بسیار تحقیرآمیز است.» او از ارسطو که چنین می‌گوید نقل می‌کند: «مردان بزرگ هرگز در ملاعام نمی‌دوند.»[۱۰] پسر گمشده رسوایی بزرگی برای خانواده‌اش به بار آورده بود، اما همهٔ اینها به امید استقبال از او در بازگشت به خانه کنار گذاشته شد.

به همین شکل ما هم به دنبال آنهایی می‌رویم، که با رفتارشان و حرف‌هایی که زدند اسم ما را رسوا کرده‌اند. این موضوع در درجهٔ دوم اهمیت قرار دارد، دغدغهٔ اصلی بازگرداندن آنها به خانه است. می‌توانیم به مسائل دیگر بعدا رسیدگی کنیم. آنها قدرت مقابله با این مسائل را نخواهند داشت، مگر اینکه عشقی ببینند که بر ناامنی‌ها

و احساس گناهشان غلبه کند. قلب سرسخت آنها با دیدن چنین محبتی نرم، و دری برای توبه، اعتراف و جبران باز می‌شود.

هرگز نباید فراموش کنیم که عیسی در دوست داشتن و مردن برای ما پیش‌قدم شد. و چون چنین محبت و تدبیری برای گناهانمان دیدیم، شجاعت پیدا کردیم که از گناهانمان روی برگردانیم و به شفقت خدا امیدوار باشیم. اگر او صبر می‌کرد تا ما توبه کنیم و بعد محبت خود را به ما نشان دهد، هرگز توبه نمی‌کردیم. درست همانطور که خدا در نجات ما پیش‌قدم شد، ما هم اولین قدم کار برای احیای افراد گمراه را برمی‌داریم. و کلید این کار بازدید از آنهاست.

بنابراین وقتی نامه‌ای تلخ از یک عضو ناراضی دریافت می‌کنیم، یا می‌شنویم که سخنان خشمگینانه‌ای دربارهٔ ما گفته شده است، اولین فکری که به ذهنمان می‌رسد این است که با یک وکیل مشورت کنیم و نامه‌ای بنویسیم که ما را در برابر اقدامات قانونی محافظت کند. اما تشویق‌تان می‌کنم که به جای این کارها، به دیدن آن افراد بروید و با آنها صحبت کنید، و هر کاری که از دست‌تان برمی‌آید را برای به دست آوردن دل آنها انجام دهید. ممکن است دو ساعت طول بکشد تا آنچه که در ذهنشان است را به شما بگویند. ساعت اول ممکن است صرف صحبت‌های سطحی یا انکار موقعیت شود. این وسوسه به سراغ اکثر ما می‌آید که تسلیم شویم و برویم. اما اگر دوام بیاوریم، این امکان را داریم که یک شخص سقوط کرده را احیا کنیم و کمک کنیم که یک دشمن به دوست تبدیل شود.

ملاقات به عنوان نشانی از خدمت‌گزاری

آنچه که گفتیم با درک ما از خدمت مسیحی به عنوان خدمت‌گزاری همخوانی دارد. این ایده که یک خدمت‌گزار مسیحی فقط به این دلیل که اشخاص را دوست دارد و به قصد به آنها به دیدارشان می‌رود، در فرهنگ‌هایی که افراد اغلب مجبورند برای خدمات

یـک خدمت‌گـزار مذهبـی هزینـه بپردازنـد، ایـده‌ای انقلابـی اسـت. یـک روزنامه‌نـگار هنـدو کـه در روزنامـه‌ای هنـدی دربـارهٔ مسـیحی شـدن تعـداد زیـادی از افـراد قبیلـه‌ای کـه در کوه‌هـا زندگـی می‌کننـد مقالـه‌ای نوشـته و در آن سـه دلیـل موفقیـت بشـارت مسـیحی را عنـوان می‌کنـد. او در ابتـدا می‌گویـد، مبشـرین مسـیحی بـه مکان‌هـای دورافتـاده‌ای می‌رونـد کـه افـراد خارجـی تمایلـی بـه رفتـن ندارنـد. حتـی ماموران سرشـماری دولتـی معمـولا بـدون طی کـردن مسـیر دشـوار کوهسـتانی، تخمینـی تقریبـی از تعـداد جمعیـت سـاکن در ایـن روسـتاهای قبیلـه‌ای ارائـه می‌دهنـد. دوم، می‌گویـد کـه خدمت‌گـزران مسـیحی در مـدت زمـان کوتاهـی راهبـری را بـه افـراد محلـی واگـذار می‌کننـد کـه بـه آنهـا احسـاس هویـت و ارزش‌منـدی می‌دهـد. در مـورد سـوم می‌گویـد کـه مسـیحیت «دیـن ارزانـی» اسـت. و منظـورش ایـن اسـت کـه لازم نیسـت بـرای دریافـت خدمـت از کشـیش مسـیحی پولـی بپـردازی.

بارهـا زمانـی کـه بـه خانـهٔ بودایی‌هـا یـا افـرادی کـه از بودیسـم بـه مسـیحیت ایمـان آورده بودنـد رفتـم، افـراد بـه مـن می‌گفتنـد کـه اگـر یـک راهـب بودایـی بـه خانـهٔ آنهـا بیایـد، بایـد حمـل و نقـل او را بـه عهـده بگیرنـد، هدیـه‌ای بـه او بدهنـد کـه معمـولا ردای نارنجـی رنـگ راهبـران بودایـی اسـت، و غذایـی کـه می‌خواهـد را بـرای او فراهـم کننـد. ایـن حقیقـت کـه مـا بـدون هیـچ توقعـی و حتـی اغلـب بـدون اینکـه از مـا بخواهنـد بـه دیـدار افـراد می‌رویـم، شـاهدی قـوی بـر انجیـل مسـیحی اسـت.

بـه عنـوان افـرادی کـه بـا جوانـان کار می‌کنیـم، وقتـی خانـوادهٔ آنهـا بیمـار هسـتند بـه عیـادت آنهـا می‌رویـم. در شـرایط خـاص مثـل زمانـی کـه عضـوی از خانـواده بـرای عمـل جراحـی بـه بیمارسـتان مـی‌رود، قبـل از آن بـا آنهـا دعـا کنیـم. قبـل از امتحـان بـا دانش‌آمـوزان دعـا می‌کنـد. گاهـی والدیـن غیـر مسـیحی زمانـی کـه بحرانـی در خانـواده دارنـد بـا کارمنـدان مـا تمـاس می‌گیرنـد تـا بـه دیـدن آنهـا برونـد، چـون بـه ایـن بـاور رسـیده‌اند کـه کارکنـان مـا افـرادی هسـتند کـه در مواقـع نیـاز در کنارشـان هسـتند.

پیوریتـن انگلیسـی بـه نـام ریچـارد باکسـتر (۱۶۹۱–۱۶۱۵) کشـیش کلیسـایی بـزرگ (در شـهر

کیدرمینستر) بـود، و نمی‌توانسـت بـه دیـدن همـهٔ اعضـا کلیسـا بـرود. بـه همیـن دلیـل اعضای کلیسـا بـرای دیـدن او کلیسـا می‌رفتنـد. او در کتابـش بـه نـام «کشیش اصلاح‌یافتـه» توضیـح می‌دهـد کـه چطـور در هفتـه پنجـاه تـا شصت خانـواده را ملاقـات کـرد، و معمـولا روزهای «دوشـنبه و سه‌شـنبه از صبـح تـا شـب» را بـه ایـن کار اختصـاص مـی‌داد. و در سـال ۸۰۰ خانـواده را ملاقـات می‌کـرد. او آن‌قـدر بـه اثرگـذاری دیدارهـای شـخصی بـا اعضـا بـاور داشت کـه این‌طـور می‌گویـد: «در اغلـب افـرادی کـه بـه ایـن شـکل ملاقـات می‌کنـم، نشانه‌های موفقیـت بیشـتری می‌بینـم تـا در تمـام تلاش‌هـای عمومـی‌ام بـرای دسترسـی بـه آن‌هـا.»[11]

البتـه زمانـی کـه بـه ایـن شـکل بـه ملاقـات افـراد می‌رویـم، افـرادی کـه بـه آن‌هـا خدمت مـی کنیـم را می‌شناسـیم. گیلبـرت برنـت (۱۶۴۳–۱۷۱۵)، اسقف انگلیکـن متولـد اسـکاتلند از سـالزبری در انگلسـتان، در سـال ۱۶۹۲ کتابـی تاثیرگـذار در مـورد مراقبت‌هـای شـبانی منتشـر کـرد. او این‌طـور می‌نویسـد، «بـه عنـوان پایـه و اساسـی کـه سـایر بخش‌هـای مراقبت‌های شـبانی می‌تواننـد بـه خوبـی بـه واسـطهٔ آن مدیریـت شـوند، او بایـد مرتـب از کل کلیسـا، بـه صـورت خانـه بـه خانـه، بازدیـد کنـد تـا آن‌هـا را بشناسـد و توسـط آن‌هـا هـم شـناخته شـود.»[12]

هـم ثروتمنـدان و هـم فقـرا عضـوی از جنبـش متودیسـت اولیـه بودنـد. مسـیحیان ثروتمند شـروع بـه نزدیـک شـدن بـه مسـیحیان فقیـر و پیوسـتن بـه آن‌هـا در یـک گـروه کردند. فقیرترهـا دربـارهٔ تمـام سـختی‌هایی کـه در محـل کارشـان بـا آن مواجـه بودنـد صحبـت می‌کردنـد. مسـیحیان ثروتمنـد از بی‌عدالتی‌هـای موجـود در جامعـه خـود خشـمگین بودنـد و شـروع بـه صحبـت علیـه بی‌عدالتـی اجتماعـی کردنـد. نتیجـه ایـن بـود کـه نهضـت بیـداری متدیسـتی تاثیـر عمیقـی در برقـراری عدالـت اجتماعـی در بریتانیـا داشـت.[13]

بزرگ‌تریـن و تاثیرگذارتریـن الاهیدانـان تاریـخ، کـه نوشته‌هایشـان چنـان بینـش نافـذی داشـت کـه بـه طـور چشـمگیری بـر تاریـخ کلیسـا تأثیر گذاشـت، آن‌هایـی بودنـد کـه از طریـق خدمـت شـبانی رابطـه‌ای نزدیـک بـا افـراد داشـتند. از آگوسـتین مقـدس (۳۵۴–۴۳۰) بعـد از پولـس رسـول بـه عنـوان تاثیرگذارتریـن الاهیدان تاریـخ کلیسـا یاد می‌شـود. رویای اصلی

او این بود که در یک صومعه زندگی کند تا بتواند مراقبه و دعا انجام دهد و بخواند و بنویسد. او یک جامعهٔ کوچک رهبانی در شهری به نام تاگاسته داشت. اما او واعظ خوبی بود و به همین دلیل از او دعوت می‌شد تا در کلیساها موعظه کند. او بعضی از این دعوت‌ها را پذیرفت اما از رفتن به کلیساهایی که کشیش نداشتند، اجتناب می‌کرد، چون می‌ترسید که از او بخواهند کشیش شود.

یک بار زمانی که به شهر هیپو رفته، به جلسه‌ای پرستشی در آنجا رفت. اسقف والریوس که کشیش کلیسا بود، وقتی او را در میان جماعت دید، به آنها گفت به کمک یک شبان دیگر در کارها نیاز دارد. جماعت پیام را دریافت کردند و آگوستین را به جلو کشیدند و او را در همان جا به عنوان شیخ منصوب کردند. او شروع به گریه کرد و مردم فکر کردند دلیل گریه‌اش این است که به عنوان شماس انتخاب شده و نه شیخ. اما دلیل اصلی این بود که او متوجه شد دیگر نمی‌تواند رویایی برای یک زندگی آرام داشته باشد. آگوستین در شهر هیپو ماند و تا زمان مرگش که تقریبا چهل سال بعد بود، در آنجا خدمت کرد. چالش‌های شبانی نوشتن را برای او گاهی سخت می‌کرد. کتاب او دربارهٔ تثلیث هفده سال طول کشید، چون هر بار که چالشی سر راهش قرار می‌گرفت باید پروژه را کنار می‌گذاشت تا به آن موضوع رسیدگی کند. اما او چقدر تاثیرگذار بود. و این تاثیر قطعا با این حقیقت ارتباط داشت که او همیشه به افراد کلیسا نزدیک بود.[۱۴]

گاهی اوقات ژان کالون را به عنوان یک استاد دانشگاه گوشه‌گیر تصور می‌کنیم که به جای حضور در کلیسا بیشتر وقتش را در خانه به مطالعه اختصاص می‌داد. اما حقیقت این است که او در عین حال که نویسنده‌ای پرکار در زمینه الاهیات بود، کشیش پرکاری هم بود. یک نویسنده دربارهٔ او می‌گوید: «او خواب را از خودش دریغ می‌کرد. در خانه‌اش همیشه به روی هر کسی که به مشورت نیاز داشت باز بود. او دائما با تمام امور کلیسا و دولت در ارتباط بود. او به عیادت بیماران و مسکینان می‌رفت و تقریبا همهٔ اهالی شهر را می‌شناخت.»[۱۵] کالون زمانی اینطور نوشت: «از زمانی که به اینجا آمده‌ام

فقط دو ساعت را به خاطر دارم که کسی نیامده و مزاحمم نشده باشد.»[۱۶] در فصل قبل اشاره کردیم که دوران طاعون لوتر با تصمیم خود برای ماندن در ویتنبرگ و خدمت به افراد در حال مرگ و داغدار، جان خود را در به خطر انداخت. جان وسلی در طول سال ۳۲۰۰۰ کیلومتر سوار بر اسب سفر کرد و بیشتر از ۸۰۰ موعظه در یک سال انجام داد. نسخه‌ای که من از آثار ادبی او دارم شامل چهارده جلد است که هر کدام بیش از ۵۰۰ صفحه دارند. اما در دفترچۀ یادداشت روزانه‌اش نمونه‌های بسیاری از اینکه او خانه به خانه برای ملاقات افراد رفته یا اینکه افراد به محل اقامتش رفته‌اند تا او بتواند شخصا با آنها صحبت کند، وجود دارد.

کلیسای غرب، به دلیل ثروتی که دارد می‌تواند از عهدۀ استخدام کشیشان متخصص در حوزه‌های تخصصی برآید. اما در کلیساهای بزرگ‌تر روند ناسالمی وجود دارد که در آن واعظین زیاد به کلیسا سر نمی‌زنند یا مراقبت‌های معنوی دیگری ارائه نمی‌دهند. و برای انجام چنین کارهایی افرادی را استخدام می‌کنند. و این کار قطعا منجر به ارتباط کمتر واعظ با افراد می‌شود، و به نوبۀ خود بر توانایی آنها برای انتقال دیدگاه‌های عمیق‌شان به مخاطبین آنها می‌شود. آنها ممکن است پیام‌های اساسی درخشانی را موعظه کنند، اما فاقد بینشی هستند که تنها از طریق ارتباط نزدیک با مردم حاصل می‌شود.

در واقع کشیش یک کلیسای بزرگ ممکن است قادر به ملاقات تک تک اعضا نباشد. و قسمتی از این مسئولیت‌ها به افراد دیگر واگذار شود. حتی در کلیساهای کوچک‌تر واعظ باید اعضای عادی کلیسا را آموزش دهد تا در برخی از وظایف مراقبت شبانی کلیسا مشارکت کنند. اما هر واعظ، چه در کلیسای کوچک چه در کلیسای بزرگ، باید به ملاقات افراد برود و مراقبت شبانی را ارائه دهد. این مسئولیت کشیش و رهبران جماعت است که مطمئن شوند کشیش آنقدر زیر بار سنگین دیدارهای کشیشی قرار نگیرد که سایر جنبه‌های زندگی و خدمت او تحت تاثیر منفی قرار گیرد.

اعلام برکت بر افراد

بـا اینکـه دادن برخـی بـرکات خـاص بـه افـراد ارتبـاط نزدیکـی بـا ملاقات‌هـای خانگـی عیسـی نـدارد، این کاری اسـت کـه مـا اغلب در ملاقات‌هـای خانگـی در سـری‌لانکا انجـام می‌دهیـم. دو روز بعـد از «تکمیـل» نـگارش این فصـل، از مـن خواسـته شـد کـه این بخـش را بنویسـم. روز کریسـمس بـود، و بعـد از تمـام شـدن جلسهٔ کلیسـا بـا یکـی از اعضـا گفتگویـی داشـتم، و او بـه مـن گفت پسـرش کـه تازه ازدواج کـرده مبتـلا بـه آبلـه مرغـان شـده و خیلی درد دارد. و بـه مـن گفت کـه می‌خواهـد روی مقـداری آب دعـا بخوانـم تـا آن را بـا خـودش بـه خانـه بـبرد و پسـرش را بـا آن تدهیـن کنـد. بـه او گفتـم کـه مـن چنیـن کارهایـی انجـام نمی‌دهـم، امـا آن روز صبـح بـه خانـه‌اش رفتـم و بـرای او دعـا کـردم.

وقتـی بعـد از آن ملاقـات بـه خانـه برمی‌گشـتم بـه اتفاقـی کـه افتـاد فکـر می‌کـردم. ایـن جـوان از بودیسـم بـه مسـیح ایمـان آورده بـود، امـا متاسـفانه در حـال حاضـر خیلـی بـه کلیسـا و حتـی بـه نظر مـن بـه خداونـد هـم نزدیـک نبـود. در زمـان بیماری‌اش احسـاس کـرد کـه بـه برکتـی از جانـب خـدا نیـاز دارد، و درخواسـت آب برکـت گرفتـه داشـت. سـال‌ها بـرای ایـن پسـر دعـا کـرده بـودم تـا کامـلا بـه سـوی خداونـد بازگـردد و از ایـن فرصت اسـتفاده کـردم تـا در زندگی بـرای مسـیح تاثیرگـذار باشـم.

مـری ایوانـس اینطـور می‌گویـد: «برکـت دادن بـه کسـی یعنـی اینکـه آرزو یـا دعـا کنیـم کـه اتفاقـات خـوب و خوشـایند بـرای آن فـرد پیـش بیایـد.»[۱۷] عمـل اعـلام برکـت راهبـران بـر مـردم اغلـب در عهـد عتیـق دیـده می‌شـود. گاهـی برکـت بـر کل افـرادی کـه بـا هـم جمع شـده بودنـد اعـلام می‌شـد؛ و مشـهورترین ایـن بـرکات کـه هنـوز از آن اسـتفاده می‌کنیـم برکـت کاهنـان اسـت: «یهـوه تـو را برکـت دهـد و تـو را محافظـت نمایـد. یهـوه روی خـود را بـر تـو تابـان سـازد و بـر تـو رحمـت کنـد. یهـوه روی خـود را بـر تـو برافـرازد و تـو را سـلامتی بخشـد» (اعـدا ۶: ۲۴-۲۶). کتاب‌مقـدس برکاتـی را گـزارش می‌دهـد کـه راهبرانـی مثـل

موسی، هارون، یوشع، و داوود به قوم خدا دادند (خروج ۳۹: ۴۳؛ لاویان ۹: ۲۲-۲۳؛ یوشع ۲۲: ۶۲؛ دوم سموئیل ۶: ۱۸). دعاهایی که معمولا در پایان مشارکت‌های مسیحی برای برکت می‌کنیم، معادل امروزی این رسم عهد عتیق هستند.

در مواقع دیگر این برکات به افراد خاصی داده شده است. برکتی که اسحاق می‌خواست به عیسو بدهد اما یعقوب آن را دزدید نمونه‌ای از چنین برکاتی است (پیدایش ۲۷-۲۸). وقتی یعقوب به مصر رسید و فرعون را ملاقات کرد و قبل از اینکه از حضور او برود فرعون را برکت داد (پیدایش ۴۷: ۱۰). یعقوب قبل از مرگش یوسف را برکت داد و دستان خود را بر دو پسر او افرایم و منسی گذاشت (پیدایش ۴۸: ۱۴). یوشع میراث خود را به کالیب بخشید و او را برکت داد (یوشع ۱۴: ۱۳).

گاهی اوقات در کنار برکت، کلامی از پیشگویی یا پیش‌بینی درباره آنچه خدا برای فرد مورد برکت انجام خواهد داد، می‌آمد. زمانی که یعقوب یوسف را برکت داد چنین کلامی گفت (پیدایش ۴۸: ۱۵-۱۶). عیلی زمانی که القانه و حنا والدین سموئیل را برکت داد چنین کاری کرد: «خداوند تو را از این زن به عوض عاریتی که به خداوند داده‌ای، اولاد بدهد» (اول سموئیل ۲: ۲۰). آیهٔ بعدی می‌گوید که او سه پسر و دو دختر دیگر به دنیا آورد.

سه مورد در اناجیل پیدا کردم که موارد قابل توجهی برای مطالعهٔ ما دربارهٔ راهبرانی که اعلام برکت می‌کنند، هستند. زمانی که یوسف و مریم عیسی را به معبد می‌بردند و شمعون را دیدند، پیرمرد فورا با دیدن نجاتی که خدا برای جهانیان آماده کرده بود، سخنان ستایش‌آمیزی بر زبان آورد. سپس مریم و یوسف را برکت داد و دربارهٔ آنچه که برای عیسی و از طریق او اتفاق می‌افتاد، برای مریم پیشگویی کرد. دو مثال دیگر از خدمت عیسی هستند. اولین زمانی است که بچه‌ها را نزد عیسی آوردند: «ایشان را در آغوش کشید و دست بر ایشان نهاده، برکت داد» (مرقس ۱۰: ۱۶). و دومین درست قبل از صعود او به آسمان بود: «دست‌های خود را بلند کرده، ایشان را برکت داد. و چنین

شــد کــه در حیــن برکـت دادن ایشـان، از ایشـان جـدا گشـته، بـه سـوی آسـمان بـالا بـرده شـد» (لوقـا ۲۴: ۵۰-۵۱).

متوجـه شـدیم کـه در هـر دو مثالـی کـه عیسـی افـراد را برکـت داد، از دسـتانش اسـتفاده کـرد. زمانـی کـه بچهها را برکـت داد دسـتان خـود را بـر آنهـا نهـاد. بعـدا کلیسـا در موقعیتهـای مختلـف مثـل مامـور کـردن افـراد بـرای انجـام خدمـت، عمـل دستگذاری را انجـام داد (اعمـال رسـولان ۶: ۶؛ ۱۳: ۳). افـرادی کـه بـه دنبـال شـفا بودنـد از عیسـی خواسـتند کـه بـر فـرد بیمـار دسـت بگـذارد (مرقـس ۵: ۲۳؛ ۷: ۳۲). عیسـی و دیگـر راهبـران کلیسـای اولیـه ایـن کار را در موقعیتهـای دیگـر شـفا دادن انجـام دادنـد (مرقـس ۸: ۲۳؛ لوقـا ۴: ۴۰؛ ۱۳: ۱۳؛ اعمـال رسـولان ۹: ۱۲، ۱۷؛ ۲۸: ۸). زمانـی کـه عیسـی قبـل از صعـودش دسـتان خـود را بـالا بـرد تـا رسـولان را برکـت دهـد (لوقـا ۲۴: ۵۰)، مثـل هـارون کاهـن اعظـم رفتـار کـرد کـه «دسـتهای خـود را بـه سـوی قـوم برافراشـته، ایشـان را برکـت داد» (لاویـان ۹: ۲۲).

تمـام شـواهد بـالا نشـان میدهـد زمانـی کـه افـراد را برکـت میدهیـم، در نقـش کاهـن عمـل میکنیـم. دسـتی کـه بـر افـراد گذاشـته میشـود یـا بـه طـرف آنهـا دراز میشـد نشـان میدهـد کـه برکـت از «کاهـن» بـه افـراد منتقـل میشـود. ایـن برکـت البتـه بـه خـود کشـیش تعلـق نـدارد و از جـای دیگـری سرچشـمه میگیـرد. و از جانـب خـدا اسـت کـه کاهـن بـه عنـوان واسـطه عمـل میکنـد. ایـن چیـزی اسـت کـه در حـال حاضـر تمـام ایمانـداران میتواننـد بـه «عنـوان واسـطههایی بـرای قـدرت خـدا و تسـهیلکنندگان اهـداف خـدا عمـل کننـد.»[۱۸] دعـوت بـه واسـطهگری بـرای برکـت خـدا چیـزی اسـت کـه بایـد بسـیار جـدی بگیریـم. بایـد مطمئـن شـویم کـه بـا خـدا هماهنـگ هسـتیم و گفتههـا و دعایمـان در زمـان برکـت دادن بـا خواسـتههای خـدا بـرای فـرد مـورد برکـت همسـو اسـت. معمـولا زمانـی کـه بایـد بـرای شـخصی بـه ایـن شـکل دعـا کنـم، از خـدا میخواهـم کـه مـرا هدایـت کنـد تـا حرفهـای درسـت را بگویـم، و سـعی میکنـم تـا حـد امـکان پذیـرای صـدای خـدا باشـم. یـک یـا دو روز پـس از نوشـتن ایـن، بـه خانـهٔ یکـی از کارکنـان جوانـان بـرای مسـیح کـه بـه تازگـی صاحـب یـک فرزنـد پسـر شـده اسـت خواهـم رفـت. و چندیـن روز دربـارهٔ اینکـه چـه

دعایـی بایـد بـرای بچـه و والدینـش انجـام دهـم فکـر و دعـا کـرده‌ام.

خدمتی نه چندان محبوب

خدمـت ملاقـات هرگـز در میـان خدمت‌گـزاران مسیحی محبوب نبـوده اسـت. در اواخـر قـرن هفدهـم، گیلبـرت برنـت اینطـور می‌نویسـد: «می‌دانـم کـه ایـن شـیوهٔ ملاقات‌هـای محلـی آنقـدر منسـوخ شـده کـه شـاید نـه کشیـش و نـه افـراد تمایلـی بـه ادامـهٔ آن داشـته باشـند.» بـه همیـن دلیـل او می‌گویـد کـه اسقف‌هـا بایـد موعظه‌ای بـرای افـراد روحانـی انجـام دهنـد کـه در آن «دلایـل و اهـداف انجـام ایـن کار را توضیـح دهنـد تـا پیش‌داوری‌هایـی کـه ممکـن اسـت در برابـر آن بـه وجـود آیـد، برطـرف شـود.»[۱۹]

بـه دلیـل طـرز برخـورد منفـی سـازمان‌های خدمتـی نسـبت بـه ایـن کار، شـاید لازم باشـد کـه بـر اهمیـت حیاتـی آن تاییـد کنیـم. بـه عـلاوه، ایـن بخشـی از کار خداسـت و تمـام کارهایـی کـه بـرای خـدا انجـام می‌شـوند و در راسـتای خواسته‌هـای قـرار دارنـد عالـی و بسـیار مهـم هسـتند. جـورج هربـرت (۱۵۹۳-۱۶۳۳)، در کتـاب راهنمـای کلاسیـک قـرن هفدهـم خـود در مـورد مراقبت‌هـای شـبانی، بـا عنـوان «کشیـش روسـتایی»، بـه موضـوع بی‌اهمیتـی نسـبی کشیشـان بـه ملاقات‌هـای شـبانی پرداختـه اسـت. او اینطـور می‌گویـد کـه خدمت‌گـزار «بـاور دارد هیـچ کاری در خدمـت خـدا بی‌اهمیـت نیسـت؛ همیـن کـه کاری افتخـار خدمـت بـه خـدا را پیـدا کنـد، بلافاصلـه پرجـلال می‌شـود. بنابرایـن، او از ورود بـه فقیرتریـن کلبه‌هـا اکراهـی نـدارد، حتـی اگـر مجبـور باشـد خمیـده وارد شـود و حتـی اگـر آن‌جا بـوی بسـیار ناخوشـایندی بدهـد. چـرا کـه هـم خـدا در آن‌جـا حضـور دارد و هـم افـرادی کـه خـدا برایشـان جـان داد.»[۲۰]

شـاید برخـی از مـا اینطـور احسـاس می‌کنیـم کـه عطیـهٔ خدمـت بـه بیمـاران، ملاقـات از خانه‌هـا، و چنیـن وظایـف شـبانی را نداریـم. بـا ایـن حـال ایـن خوانـدگی ماسـت و در خدمـت ممکـن اسـت کارهـای بسـیاری انجـام دهیـم کـه آنهـا را دوسـت نداریـم و بـه طـور خـاص عطیـهٔ آن را نداریـم. بـا اینحـال انجـام ایـن کارهـا خدمـت مـا را غنـی می‌کنـد. در بـالا دیدیـم

کـه ملاقـات مـا را بـه افـراد و نیازهای‌شـان نزدیـک می‌کنـد، و می‌توانیـم آنهـا را بهتـر بشناسـیم. و ایـن ارتبـاط بـه نوبـهٔ خـود مـا را قـادر می‌سـازد کـه صـورت تاثیرگذارتـری بـه آنهـا خدمـت کنیـم. ایـن تجربیـات بـر موعظه‌مـان تاثیـر خواهنـد گذاشـت، و مهارت‌هـای مـا در به‌کارگیـری کلام بـرای شنوندگانمان را بهبـود می‌بخشـد. بنابرایـن چـه کاری کـه انجام می‌دهیـم را دوسـت داشـته باشـیم و چـه نداشـته باشـیم؛ چـون مـا خدمت‌گـزاران مـردم هسـتیم و بایـد بـه آنهـا و نیازهای‌شـان نزدیـک باشـیم.

بـه نظـرم سـخنان محقـق عهـد جدیـد انگلیسـی اف. اف. بـروس بسـیار مفیـد هسـتند. وقتـی از او در مـورد اصولـی کـه در تعییـن ارادهٔ خـدا بـرای زندگی‌اش دنبـال می‌کنـد پرسـیدند، اینطور پاسـخ داد: «خیلـی سـاده، اولا کاری را کـه برایـش حقـوق می‌گیـرم انجـام می‌دهـم؛ بعـد آنچـه را کـه بایـد انجـام دهـم انجـام می‌دهـم؛ و سـپس آنچـه را کـه دوسـت دارم انجـام می‌دهـم.»[۲۱] فکـر می‌کنـم در انجـام بسـیاری از چیزهایـی کـه در خدمت‌مـان انجـام می‌دهیـم مهـارت چندانـی نداریـم. امـا اگـر فرصـت کافـی بـرای اسـتفاده از عطایای‌مـان را داشـته باشـیم، می‌توانیـم از پـس انجـام کارهایـی کـه دوسـت نداریـم و عطیـهٔ آن را دریافـت نکرده‌ایـم، برآییـم.

بـه عنـوان یـک معلـم کتاب‌مقـدس متوجـه شـدم انجـام کارهایـی کـه دوست‌شـان نـدارم واقعـا بـه مـن کمـک کرده‌انـد تـا حقایـق کتاب‌مقدسـی را بـرای مخاطبینـم بـه کار بـبرم، هرچنـد کـه اغلـب دربارهٔ آنهـا شـکایت می‌کنـم. بنابرایـن تخصص‌گرایـی بیـش از حد می‌توانـد خطرنـاک باشـد. مـا در کشـورهای فقیرتـر نمی‌توانیـم از پـس آن برآییـم. امـا کسـانی کـه در غـرب تحصیـل می‌کننـد و بـرای خدمـت بـه کشـورهای فقیرتـر برمی‌گردنـد، اغلـب احسـاس ناکامـی می‌کننـد، زیـرا کارهـای زیـادی انجـام می‌دهنـد کـه طبـق نظـام ارزشـی کـه در غـرب جـذب کرده‌انـد، غیرضـروری تلقـی می‌شـود. در کشـورهای فقیـر، امکانـات و شـرایط مثـل کشـورهای ثروتمنـد نیسـت و مـا نمی‌توانیـم ماننـد آن‌هـا عمـل کنیـم. وقتـی کسـی در کشـورهای غربـی درس می‌خوانـد و بعـد بـرای خدمـت بـه کشـور فقیـر برمی‌گـردد، ممکـن اسـت احسـاس کنـد کاری کـه انجـام می‌دهـد مفیـد یـا کافـی نیسـت. چـون ارزش‌هـا

و معیارهایـی را در غرب یـاد گرفتـه کـه در کشور فقیر کاربـردی یـا ممکـن نیسـتند. امـا بـه نظـر مـن تخصص‌گرایـی بیـش از حـد نوعـی تجمـل اسـت کـه نـه در کشـورهای فقیـر و نـه در کشـورهای ثروتمنـد بـه آن نیـاز نداریـم. ایـن کار می‌توانـد متخصصانـی را تربیـت کنـد کـه بـا زمینۀ خدمـت خـود بیگانـه هسـتند.

خادمیـن مسـیحی بـا داشـتن دانشـی کلـی در هـر زمینـه‌ای متخصـص می‌شـوند. ایـن یعنـی، درحالیکـه انـواع خدمت‌هـای مختلـف را انجـام می‌دهنـد، بـرای عطایـای خاصـی هـم کـه دارنـد وقـت می‌گذارنـد. بـه ایـن بـاور رسـیده‌ام کـه اگـر واقعـا ۲۰ درصـد از کاری کـه انجـام می‌دهیـم را دوسـت داشـته باشـیم، و بـه طـور کلـی ۴۰ درصـد هـم برای‌مـان قابـل قبـول باشـد، می‌توانیـم از پـس ۴۰ درصـدی کـه دوسـت نداریـم بربیاییـم.[۲۲] امـا همانطـور کـه در بـالا دیدیـم، آن ۴۰ درصـدی کـه دوسـت نداریـم ممکـن اسـت بـرای عمـق بخشـیدن و برقـراری ارتبـاط نزدیـک بـا خدمت‌مـان بسـیار مهـم باشـد. بـا ایـن حـال، اگـر متوجـه شـویم کـه در انجـام مسـئولیت‌هایمان، تقریبـا هیـچ کاری را کـه دوسـت داریـم و در انجـام آن احسـاس شایسـتگی می‌کنیـم، وجـود نـدارد، پـس شـاید در کار اشـتباهی هسـتیم.

۱٤

دعا

در سال ۲۰۰۱ بیست و پنجمین سالگی مدیریت جوانان برای مسیح در سری‌لانکا را جشن گرفتم. باید مطلبی کوتاه در ارتباط با این موضوع در بولتن دعای جوانان برای مسیح می‌نوشتم. تصمیم گرفتم دربارهٔ مهم‌ترین کاری که در این بیست و پنج سال انجام داده بودم بنویسم. اعتراف کردم که آن کار را به اندازهٔ کافی انجام نداده‌ام، اما همان مقدار کم از نظرم مهم‌ترین کار من است. منظورم در اینجا دعاست.

قبل‌تر چندین بار دربارهٔ دعا در این کتاب صحبت شده است. در فصل‌های ۲ و ۱۲ دربارهٔ ارتباط دعا و دست‌گذاری برای خدمت صحبت کردیم. و فصل‌های ۳ و ۷ در مورد دست و پنجه نرم کردن با خدا در دعا در رابطه با چالش‌های شخصی‌مان بود. فصل ٤ دربارهٔ عزلت‌گزینی صحبت کردم که دعا بخش مهمی از آن بود. در فصل ۱۰ دربارهٔ نیاز به دعا برای افرادی که آنها را راهبری می‌کنیم صحبت کردیم. در چندین فصل دیگر هم جوانب مختلف دعا مطرح شده است. از آنجایی که دعا بخش مهمی از خدمت و زندگی خدمت‌گذار مسیحی است، نباید جای تعجبی داشته باشد که کتابی دربارهٔ خدمت اینقدر دربرگیرندهٔ دعا باشد. در اینجا به بررسی ممارست در دعا به عنوان یکی از عناصر کلیدی سبک زندگی خادمین خواهیم پرداخت.

هاوارد مارشال در مقاله‌ای مفید در مورد دعا در اناجیل هم‌نظر، می‌گوید که عیسی

از عـادات معمـول یهودیـان در دعا پیـروی می‌کرده و نویسـندگان اناجیـل بـه آن اشـاره‌ای نکرده‌انـد، چـون ایـن کاری کامـلا عـادی بـوده اسـت. و ایـن موضـوع آنقـدر عـادی بـود کـه قابـل ذکـر در اناجیـل نبـود. بنابرایـن مارشـال می‌گویـد: «وقتـی نویسـندگان اناجیـل هم‌نظر از دعـا نـام می‌برنـد، بایـد دلایـل خاصـی داشـته باشـند و مـا حـق داریـم در هـر مـورد بپرسـیم کـه چـرا.»[1] جیمـز دان می‌گویـد: «اگرچـه دعاهـای او در زمان‌هـای معمـول دعـا یعنـی صبـح، عصـر بـود، امـا نیـاز او بـه دعـا حداقـل در موقعیت‌هایـی کـه در اناجیـل بـه آنهـا اشـاره شـده اسـت، فراتـر از یـک دعـای رسـمی بـود.»[2]

مکان سری دعا

مرقس بـاب ۱ چنیـن اشـاره‌ای بـه دعاهـای عیسـی دارد. بـاب ۳۵ می‌گویـد: «بامـدادان قبـل از صبـح برخاسـته، بیـرون رفـت و بـه ویرانـه‌ای رسـیده، در آنجـا بـه دعـا مشـغول شـد.» اشـاره به «ویرانـه» ایـن موضـوع را بیـان می‌کنـد او بـه آنجـا رفـت تـا از مـردم دور باشـد. منبـع مشـابه در لوقـا نمی‌گویـد کـه عیسـی دعـا کـرد (لوقـا ۴: ۴۲)، بلکـه می‌گویـد دوری از مـردم دلیـل اصلـی رفتـن بـه آن ویرانـه بـرای وقـت دعـا بـود. بعدتـر مرقس بـاب ۱ می‌گویـد کـه عیسـی بـه جاهـای متـروک می‌رفـت چـون افـراد بـه دنبـال او می‌رفتنـد (۱: ۴۵).

لوقـا می‌گویـد عیسـی «بـه خـارج از شـهر می‌رفـت تـا در تنهایـی دعـا کنـد» (لوقـا ۵: ۱۶ - عصـر جدیـد). شـکل جملـه در اینجـا نشـان می‌دهـد کـه ایـن یـک عـادت همیشـگی بـوده. در میـان ایـن مکان‌هـای متـروکـه کوهسـتان هـم بـود. و زمانـی کـه در کـوه دعـا می‌کـرد تبدیـل هیـات اتفـاق افتـاد (لوقـا ۹: ۲۸). لوقـا وقتـی توصیـف می‌کنـد کـه عیسـی بعـد از شـام آخـر بـرای دعـا بـه بـاغ جتسـیمانی رفـت، می‌گویـد کـه رفتـن بـه کـوه زیتـون «عـادت او بـود» (لوقـا ۲۲: ۳۹). و بـا اینکـه شـاگردان همـراه عیسـی بودنـد «او از ایشـان بـه مسـافت پرتـاب سـنگی دور شـده، بـه زانـو درآمـد و دعـا کـرده» (لوقـا ۲۲: ۴۱). گاهـی او تمـام شـب در کوهسـتان مشـغول بـه دعـا بـود، «در آن روزهـا بـر فـراز کـوه برآمـد تـا عبـادت کنـد و آن شـب را در عبـادت خـدا بـه صبـح آورد» (لوقـا ۶: ۱۲).

در جایی دیگر عیسی می‌گوید: «لیکن تو چون عبادت کنی، به حجره خود داخل شو و در را بسته، پدر خود را که در نهان است عبادت نما» (متی ۶: ۶). با این حال افراد بسیاری مثل عیسی که «جای سر نهادن» نداشت، از نعمت داشتن مکانی خصوصی در خانه‌های‌شان محروم هستند، بنابراین باید راهی خلاقانه برای آن پیدا کنند. از آنجایی که بیشتر مطالعات و کار نوشتن را آخر شب انجام می‌دهم، صبح‌ها خیلی زود بیدار نمی‌شوم. و اغلب بعد از اینکه همه بیدار می‌شوند دعا می‌کنم. گاهی آنقدر تلفن زنگ می‌زند که یا باید آن را از پریز بکشم یا به کلیسایی در نزدیکی خانه بروم تا دعا کنم. این موضوع که عیسی هم مشکلاتی مشابه داشت و برای غلبه بر آنها راه‌های مختلفی را امتحان کرد، برای ما تسلی بخش است. چیزی که از او می‌توانیم بیاموزیم این است که باید او مثل مکان‌هایی خصوصی برای دعا داشته باشیم تا هر وقت که ممکن است از افراد دوری کنیم و بتوانیم بدون مزاحمت زمانی برای دعا داشته باشیم.

اغلب از تمام خادمین برای دعا در مکان‌های عمومی دعوت می‌شود. اما دعای عمومی هرگز نمی‌تواند جایگزین دعای خصوصی شود. دعای خصوصی یک ویژگی اساسی از زندگی مسیحی و به طبع آن جنبه‌ای مهم از آمادگی برای خدمت عمومی است. واعظ متودیست ای. ام. باندز اینطور می‌نویسد: «برخی از واعظین متودیست در خلوت بسیار کوتاه و در حضور عموم بسیار طولانی دعا می‌کنند. قاعده این است که دعاهای خصوصی طولانی و دعاهای عمومی کوتاه باشند.» او اینطور ادامه می‌دهد: «زانو زدن در این دعاهای طولانی و بی‌روح، مصلوب شدن مطلق است.»[۳] نکتهٔ او این است که نه تنها دعای عمومی افرادی که وقت کمی در دعای خصوصی می‌گذرانند، طولانی می‌شود، بلکه این دعاها بی‌روح و کسل‌کننده می‌شوند. فردی که در رابطهٔ شخصی نزدیک به خدا نیست، نمی‌تواند افراد را به حضور او هدایت کند.

یک ویژگی اساسی شیوهٔ زندگی خادمین

در روایت مرقس باب ۱، وقتی که عیسی صبح زود بر روی کوه دعا می‌کرد، شاگردان

که باید بعد از او بیدار شده باشند از خانه بیرون رفتند و دنبال عیسی گشتند (۳۶ :۱). زمانی که او را پیدا کردند گفتند: «همه به دنبال تو می‌گردند – عصر جدید» (۳۷ :۱). محققین می‌گویند واژه‌ای که «دنبال گشتن» (زِتِئوُ) ترجمه شده «به نظر دلالت بر نوعی به دنبال بودن ناخوشایند دارد.»[۴] که در واقع همینطور بود و در پاسخ عیسی به این موضوع اشاره شد: «به دهات مجاور هم برویم تا در آنها نیز موعظه کنم، زیرا که به جهت این کار بیرون آمدم.» (۳۸ :۱). چیزی که به نظر می‌رسید فرصت بزرگی برای خدمت باشد، قرار نبود پذیرفته شود، چون این خواست خدا برای او نبود. دو نکته جالب در این روایت، به اولویت دعا در زندگی عیسی اشاره دارد. اول، عیسی حتما بعد از چنین روز سبت شلوغی خیلی خسته بوده. اگر او هم مثل من بود، بعد از چنین روز شلوغی، تمایل طبیعی برای بیدار شدن در «صبح خیلی زود» و دعا کردن نداشت. دوم، خدمت بزرگی در انتظارش بود که در آن زمان به آن اعتنایی نکرد. بعد از یک روز پر مشغله با خدمت، گذراندن زمان با کیفیت و بدون مزاحمت با خدا برای عیسی اولویت بود. او بعد از خوراک دادن به پنج هزار نفر هم همین کار را کرد. او به شاگردانش گفت تا «به کشتی سوار شده، پیش از او به بیت صیدا عبور کنند تا خود آن جماعت را مرخص فرماید. و چون ایشان را مرخص نمود، به جهت عبادت به فراز کوهی برآمد» (مرقس ۶: ۴۵– ۴۶).

همهٔ ما زمان‌هایی مانند این را تجربه کرده‌ایم که فشارهای خدمت آنقدر شدید است که به راحتی می‌توانیم از وقت خود با خداوند صرف نظر کنیم. یک هفته قبل از نوشتن این فصل، به کنفرانس ملی آموزش راهبران جوانان که توسط سازمان جوانان برای مسیح ترتیب داده شده بود، رفته بودم. همهٔ کارکنان ما بسیار مشغول بودند و تمام تلاش‌شان را می‌کردند تا همه چیز به خوبی پیش برود. من در آنجا به عنوان سخنران حضور داشتم؛ و هر روز صبح تقریبا زود بیدار می‌شدم تا با خداوند وقت داشته باشم. اما تقریبا از این بابت احساس گناه می‌کردم، چون همکارانم به سختی کار می‌کردند در حالیکه به نظر می‌رسید من در حضور خدا در حال استراحت هستم. اما من در واقع کار می‌کردم. برای یک راهبر، یک جنبهٔ مهم از کار دعا است. به همین

دلیـل کلیسـای اولیـه تصمیـم گرفـت رسـولان را از برخـی وظایـف معـاف کنـد تـا آنهـا بتواننـد بـر دعـا و خدمـت کلام تمرکـز کننـد (اعمـال رسـولان ۴: ۶).

پولس در توصیـف اپفـراس، بنیانگـذار کلیسـای کولسـی، نشـان داد کـه دعـا کار اسـت. در آن زمـان اپفـراس همـراه پولـس بـه دور از کولسـی بـود. پولس اینطـور میگویـد: «اپفـراس بـه شـما سـلام میرسـاند ... و پیوسـته بـرای شـما در دعاهـای خـود جـد و جهـد میکنـد تـا در تمامـی ارادهٔ خـدا کامـل و متیقـن شـوید. و بـرای او گواهـی میدهـم کـه دربارهٔ شـما و اهـل لاودکیـه و اهـل هیراپولـس بسـیار محنـت میکشـد» (کولسیان ۴: ۱۲-۱۳). دو کلمـهای کـه در اینجـا بـرای کار اسـتفاده شـدهاند کلمـات بسـیار سـنگینی هسـتند. «جـد و جهـد» کـه ترجمـهٔ کلمـهٔ (اَگُنیزومـای) اسـت بـه چنیـن معانـیای دارد «کوشـش، جنـگ، تمـام تـلاش خـود را کـردن، رقابـت کـردن (در مسـابقات ورزشـی).»[۵] «محنـت کشـیدن» از کلمـهٔ (پونُوس) میآیـد و معنـی «کاری کـه مسـتلزم تـلاش یـا زحمـت زیـاد اسـت» را دارد.[۶] و ایـن ایـده بـا افـزودن صفـت (پُلـووس) کـه بـه معنـای «بسـیار» اسـت، تقویـت میشـود. ایـن سـه کلمـه در کنـار هـم نشـان میدهنـد کـه اپفـراس بـا اینکـه دور بـود، امـا تـلاش بسـیاری بـرای آنهـا میکـرد. امـا اولیـن کاری کـه انجـام میداد دعـا بـود.

شـنیدهام کـه میگوینـد زنانـی کـه در دعـا زانـو میزننـد شـوهرانشـان را پایـدار نگـه میدارنـد. ایـن ممکـن اسـت درسـت باشـد. بـا پشـتوانهٔ محکـم کتابمقدسـی، میتوانـم بگویـم کـه دعـای راهبـران اغلـب باعـث رشـد و شـکوفایی افـراد تحـت راهبـری آنها در کارشـان میشـود. بارزتریـن نمونـه، موسـی اسـت کـه در زمـان جنـگ یوشـع بـا عمالیقیهـا، هـارون و حـور دسـتهای او را بـالا نـگاه داشـتند و دعـا کردنـد (خـروج ۱۷: ۸-۱۳). سرنوشـت لشـکریان در آن روز بـا توجـه میـزان دعـای موسـی متغیـر بـود.

هیـچ جایگزینـی بـرای دعـا در زندگـی خـادم مسـیحی وجـود نـدارد. واعظ اسـکاتلندی مشـهور، رابـرت مـوری مـک کینـی (۱۸۱۳ -۱۸۴۳) گفـت: «انسـان چیـزی نیسـت جـز کسـی کـه در حضـور خـدا زانـو زده»[۷] هیـچ کـس نمیتوانـد در حیـات دعـا راه میانبـر بزنـد. همـهٔ خدمـت

مسیحی در روح است و مطالبه در روح. نمی‌شود خدمت عمق روحانی داشته باشد و ثمراتش ماندنی باشد مگر اینکه در زندگی در دعا ریشه ندوانیده باشد.

دنیا با ارزش‌ها و جذابیت‌های کاذبش، بی‌وقفه ما را با یکنواختی بی‌رحمانهٔ خود مورد حمله قرار خواهد داد؛ و اگر با گذراندن وقت با کیفیت با خدا، این تاثیر را از بین نبریم، به زودی متوجه خواهیم شد مثل پطرس شده‌ایم، که عیسی به او گفت: «فکر تو فکر بشری است نه الاهی » (تفسیری- متی ۱۶: ۲۳). عیسی در باغ به شاگردانش گفت: «بیدار باشید و دعا کنید تا در معرض آزمایش نیفتید» (متی ۲۴: ۴۱). با این حال، عیسی می‌دانست که اگرچه این شاگردان دوست دارند دعا کنند، اما خواب‌آلودتر از آن بودند که بتوانند این کار را انجام دهند. به همین دلیل این آیه را اینطور تمام کرد: «روح راغب است، لیکن جسم ناتوان.» این اصل در دعا همانطور که در باغ جتسیمانی صدق می‌کرد، امروز هم صادق است. مایهٔ تسلی است که بدانیم «روح نیز ضعف ما را مدد می‌کند، زیرا که آنچه دعا کنیم بطوری که می‌باید نمی‌دانیم، لکن خود روح برای ما شفاعت می‌کند به ناله‌هایی که نمی‌شود بیان کرد» (رومیان ۸: ۲۶).

ممکن است در ابتدا متوجه نشویم که نشاط روحانی‌مان را به دلیل غفلت از دعا از از دست داده‌ایم. ما همیشه توانایی‌ها و آموزش‌های خود را برای پر کردن خلا ناشی از عدم نزدیکی به خدا داریم. فکر می‌کنم افراد می‌توانند بدون تدهین الاهی، با تکیه بر توانایی‌هایشان برای ادامهٔ زندگی برای مدتی زنده بمانند و در واقع رشد کنند. اگر سخت‌کوش، با استعداد، منظم و مشوق خوبی برای دیگران باشیم، ممکن است خدمت‌مان از نظر کمیت هم رشد کند. بسیاری از افراد کلیساها را بر اساس برنامه‌ای که ارائه می‌دهند انتخاب می‌کنند، و بسیاری از کلیسا حتی اگر راهبران‌شان نزدیک به خداوند نباشند برنامه‌های جذابی دارند. اما قدرت روحانی در چنین کلیساهایی وجود ندارد، و این یعنی آنها در نهایت شکست می‌خورند. معمولا افرادی که به امور مربوط به خدا حساس هستند، می‌توانند پوچی خدمت را حس کنند، اما ممکن است در مورد آن صحبت نکنند، به خصوص اگر رهبر در دستیابی به اهداف قابل‌سنجش موفق باشد.

پولــس می‌گویــد: «تــن خــود را زبــون می‌ســازم و آن را در بندگــی مــی‌دارم، مبــادا چــون دیگــران را وعــظ نمــودم، خــود محــروم شــوم» (اول قرنتیــان ۹: ۲۷). یــک قســمت از ایــن تمریــن بدنــی کــه یــک راهبــر مســیحی انجــام می‌دهــد، جلوگیــری از حواس‌پرتــی اســت تــا بتوانــد زمــان کافــی بــرای دعــا داشــته باشــد.

ایــن را بــه عنــوان کســی می‌نویســم کــه خــودش هــم هنــوز در مســیر اســت. شــاید اینطــور فکــر کنیــد کــه بعــد از ایــن همــه ســال، بایــد یــاد گرفتــه باشــم کــه چــه زمانــی و چطــور بــه دعــا رو بیــاورم. امــا هنــوز نتوانســته‌ام. ایــن نبــردی اســت کــه بایــد هــر روز ادامــه داشــته باشــد. انجــام کارهــای دیگــر برایــم بســیار آســان‌تر اســت، و هــر روز بایــد قاطعانــه تصمیــم بگیــرم کــه از ایــن انحــراف دســت بکشــم تــا بتوانــم دعــا کنــم. اغلــب در ایــن زمینــه شکســت می‌خــورم، و بنابرایــن می‌توانــم بگویــم کــه هــر ثمــره‌ای از خدمتــم نــه بــه خاطــر وفــاداری مــن، بلکــه بــه دلیــل رحمــت خــدا بــوده اســت. امــا مــن مصمــم هســتم کــه علیرغــم گرایشــی کــه بــرای کار کــردن زیــاد دارم، تــا زمانــی کــه زنده‌ام، ایــن نبــرد را بــرای داشــتن اوقــات بــا کیفیــت بــرای دعــا ادامــه دهــم.

دعا در زمان‌های مهم در خدمت عیسی

موضــوع دعــا کــردن عیســی قبــل از یــک اتفــاق مهــم در زندگــی یــا خدمتــش کــه اناجیــل آن را شــرح داده‌انــد، موضوعــی رایــج اســت.

- متــن مــا از مرقــس بــاب ۱، در آغــاز خدمــت عیســی می‌آیــد، درســت پــس از آنکــه در روز ســبت واکنشــی گســترده و حضــوری پرشــمار از مــردم دیــده شــد. او بایــد تصمیــم می‌گرفــت کــه آیــا می‌خواهــد بــر ایــن مــوج محبوبیــت ســوار شــود یــا بایــد راهبــرد متفاوتــی در پیــش بگیــرد. اســتفاده از یــک کلمــهٔ نســبتا منفــی بــرای توصیــف جمعیتــی کــه «دنبــال او می‌گشــتند» (زِتِئــوُ) (مرقــس ۱: ۳۷) مــا را آمــاده می‌کنــد تــا تصمیــم او بــرای رفتــن

به جایی دیگر بدون توجه به خواستهٔ جمعیت را بهتر درک کنیم. اما عیسی قبل از اینکه تصمیم را به شاگردانش بگوید، تنها در مکانی خاص مشغول به دعا بود.

- عیسی بعد از تعمیدش زمانی که روح‌القدس بر او نازل شد، مشغول دعا بود (لوقا ۳: ۲۱).

- او قبل از شروع خدمتش چهل روز روزه گرفت – و البته دعا کرد (متی ۴: ۲).

- قبل از انتخاب شاگردانش «بر فراز کوه برآمد تا عبادت کند و آن شب را در عبادت خدا به صبح آورد» (لوقا ۶: ۱۲). صبح او مستقیم مشغول کار انتخاب دوازده شاگرد شد.

- گفتگوی عیسی با شاگردان در قیصریه فیلیپس، نقطهٔ عطفی در خدمت او محسوب می‌شود (لوقا ۹: ۱۸-۲۷). او از شاگردان پرسید که افراد دیگر و آنها او را که می‌دانند (لوقا ۹: ۱۸-۲۷). سپس او برای اولین بار ماهیت کار خود به عنوان نجات دهنده را به طور کامل افشا کرد، به خصوص اینکه باید کشته و دوباره زنده شود. اما درست قبل از ثبت این گفتگو لوقا اینطور می‌گوید: «یک روز که عیسی به تنهایی دعا می‌کرد، شاگردانش نزد او آمدند» (لوقا ۹: ۱۸ – تفسیری).

- می‌دانیم که تبدیل هیات زمانی اتفاق افتاد که او «پطرس و یوحنا و یعقوب را برداشته، بر فراز کوهی برآمد تا دعا کند. و چون دعا می‌کرد، هیات چهره او متبدل گشت و لباس او سفید و درخشان شد» (لوقا ۹: ۲۸-۲۹). او احتمالا در آن زمان به تنهایی مشغول دعا بود چون لوقا می‌نویسد زمانی که تبدیل هیات اتفاق می‌افتاد «پطرس و رفقایش را خواب در ربود» (۹: ۳۲).

- لوقا موقعیتی را که باعث شد شاگردان دعای بسیار مهم ربانی را بخوانند، اینطور شرح می‌دهد: «و هنگامی که او در موضعی دعا می‌کرد، چون فارغ شد، یکی از شاگردانش به وی گفت خداوندا، دعا کردن را به ما تعلیم نما، چنانکه یحیی شاگردان خود را بیاموخت» (۱۱: ۱). و این تبدیل به دعای مرسوم اکثر مسیحیان در تاریخ مسیحیت شد.

- می‌دانیم که عیسی قبل از مرگ خود چطور شاگردانش را به باغ جتسیمانی برد. او به آنها گفت: «در اینجا بنشینید تا دعا کنم» (مرقس ۱۴: ۳۲). اما او پطرس، یعقوب

و یوحنا را دورتر برد و به آنها گفت چقدر غمگین است. سپس «قدری پیشتر رفته، به روی بر زمین افتاد و دعا کرد» (۱۴: ۳۵). متی می‌گوید «به روی در افتاد و دعا» کرد (متی ۲۶: ۳۹). از زمان عهد عتیق می‌بینیم که یهودیان در حالت‌های مختلف بدنی دعا می‌کردند.[۸] اما حالتی که مسیح در اینجا به کار برد نشان می‌دهد این دعا با جدیت و فوریت خاصی همراه بوده است.

جیمز دان پس از بررسی برخی از متون بالا می‌گوید: «عیسی مردی اهل دعا بود و واکنش طبیعی او، به طور خاص در موقعیت‌های بحرانی و سرنوشت‌ساز، این بود که در تنهایی به خدا پناه ببرد.»[۹]

هنگام بحث در مورد دعا به عنوان یکی از شروط تدهین در فصل ۲، روزه در فصل ۴، و دعا برای بیماران و دیوزدگان در فصل ۱۲، به لزوم زمان‌های خاص دعا قبل از اتفاقات ویژه اشاره کردم. فهرست بالا از مواقعی که عیسی قبل از اتفاقات مهم دعا می‌کرد به ما می‌گوید که دعا در زمان‌های خاص قبل از رویدادهای مهم یک عادت رایج مسیحی است. زمانی که تصمیمات بزرگ می‌گیریم یا مردم خدا را در تجربه‌های خاص راهبری می‌کنیم باید با خدا هماهنگ باشیم. اگر راهبر هستیم، معمولا قبل از چنین رویدادی بسیار مشغول خواهیم بود. اگر اینطور باشد، باید طوری برنامه‌مان را با دقت تنظیم کنیم تا بتوانیم وقتی برای دعا داشته باشیم. شاید لازم باشد برای اطمینان از این موضوع، بعضی از مسئولیت‌ها را واگذار کنیم.

من چند نمونه از رویدادهای مهم در زندگی یک خادم مسیحی را آورده‌ام که در آن‌ها نیاز داریم به‌طور ویژه وارد یک دوره دعا شویم:

یکی از این موقعیت‌ها زمانی است که اعضای یک تیم یا کمیته کنار هم جمع می‌شوند تا در محیطی آرام و دور از شلوغی‌های روزمره، با دعا و جست‌وجوی خدا برای کاری که در پیش دارند از او راهنمایی بگیرند؛ یا وقتی است که راهبر گروه

می‌خواهد دیدگاه خودش را با افراد در میان بگذارد.

- کنفرانس راهبران یا کارکنان.
- قبل از رفتن و دعا کردن برای یک فرد دیو زده.
- قبل از یک جلسهٔ سخت که انتظار می‌رود اختلافات زیادی پیش بیاید.
- قبل از مصاحبهٔ کاری یا قبل از تصمیم‌گیری برای پذیرفتن یا نپذیرفتن پیشنهاد کاری.
- قبل از موعظه (هر وقت سخنرانی می‌کنم به زمان‌های خاصی برای دعا نیاز دارم، اما به ویژه قبل از یک کنفرانس بزرگ این کار ضروری است، چون متوجه شده‌ام که چنین سخنرانی‌هایی از نظر روحی و عاطفی بسیار خسته‌کننده هستند).
- قبل از تصمیم‌گیری برای اینکه تا چند ماه آینده چه موضوعاتی در کلیسا موعظه شود (برخی از کشیشان موضوع موعظهٔ خود را از سه ماه قبل اعلام می‌کنند).
- قبل از تصمیم نهایی برای اینکه با چه کسی ازدواج کنیم.

دعا در میان شلوغی‌ها

اغلب اوقات عیسی در میانهٔ یک گفتگو، ناگهان دعا می‌کرد.

- پس از سرزنش برخی از شهرهایی که مردم آن توبه نکرده بودند، عیسی خدا را شکر کرد که اگرچه خردمندان حقیقت را نفهمیدند اما کودکان آن را درک کردند (متی ۱۱: ۲۶-۲۵). و سپس به گفتگویش با افرادی که اطرافش بودند ادامه داد.
- یک بار بعد از اینکه دربارهٔ مرگ خود که در شرف اتفاق بود و این اصل که مرگ بر زندگی ارجح است صحبت کرد، و نگرانی‌های خود دربارهٔ مرگش را با خدا در میان گذاشت. او گفت: «الان جان من مضطرب است و چه بگویم؟ ای پدر مرا از این ساعت رستگار کن. لکن به جهت همین امر تا این ساعت رسیده‌ام. ای پدر اسم خود را جلال بده! ناگاه صدایی از آسمان در رسید که جلال دادم و باز جلال

خواهـم داد» (یوحنـا ۱۲: ۲۷-۲۸).

- زمانـی کـه بـه قبـر ایلعـازر رسـید گفـت: «پـس سنـگ را از جایـی کـه میـت گذاشـته شـده بـود برداشـتند. عیسـی چشـمان خـود را بـالا انداختـه، گفـت: ای پـدر، تـو را شـکر می‌کنـم کـه سخـن مـرا شـنیدی. و مـن می‌دانسـتم کـه همیشـه سخـن مـرا می‌شـنوی؛ و لکـن بـه جهـت خاطـر ایـن گـروه کـه حاضرنـد گفتـم تـا ایمـان بیاورنـد کـه تو مـرا فرسـتادی» (یوحنـا ۱۱: ۴۱-۴۲). و درسـت بعـد از ایـن بـا صـدای بلنـد گفـت: «ای ایلعـازر بیـرون بیـا.»
- می‌بینیـم کـه عیسـی وقتـی بـه جمـع کثیـری غـذا داد (متـی ۱۵: ۳۶؛ مرقـس ۶: ۴۱) و در شـام آخـر (مرقـس ۱۴: ۲۳؛ لوقـا ۲۲: ۱۹) شکرگزاری کـرد.
- سـه جملـه از هفـت جملـهٔ او بـر روی صلیـب کـه نوشـته شـده اسـت خطـاب بـه خـدا بـود. عیسـی از خـدا خواسـت افـرادی کـه او را مصلـوب کردنـد، ببخشـد (لوقـا ۲۳: ۳۴). او از شـدت ناامیـدی بـه دلیـل حـس رهـا شـدگی توسـط خـدا گریسـت (متـی ۲۴: ۴۶). و درسـت قبـل از مـرگ روح خـود را بـه خـدا تسـلیم کـرد (لوقـا ۲۳: ۴۶).

مـواردی کـه در بـالا آوردم همـه دعاهـای ثبـت شـده عیسـی هسـتند کـه توسـط دیگـران شنیـده شـدند. حتمـا مـوارد دیگـری هـم وجـود داشـته کـه عیسـی در سـکوت در حضـور پـدر آسـمانی‌اش دعـا کـرده باشـد. در فصـل ۱۰ بـه چنیـن دعاهایـی کـه در میـان شـلوغی انجـام می‌شـوند «دعـای سـریع» گفتیـم.

بـه همیـن ترتیـب، مـا هـم وقتـی چیـزی می‌بینیـم کـه نیـاز داریـم دربـارهٔ آن بـا خـدا حـرف بزنیـم، می‌توانیـم دعـا کنیـم.

- وقتـی بـه شـخصی مشـاوره می‌دهیـم، می‌توانیـم از خـدا بخواهیـم کـه بـه مـا کمـک کنـد.
- وقتـی بـا مخالفـت کسـی مواجـه می‌شـویم، می‌توانیـم از خـدا بخواهیـم بـه مـا کمـک کنـد تـا واکنـش مناسـبی بدهیـم.
- قبل از رفتن به سخنرانی معمولا از خدا می‌خواهم که به من کمک کند.

- اغلب در حال سخنرانی دعا هم می‌کنم و از خدا می‌خواهم که با شنوندگان صحبت کند.

- حرف زدن با خدا زمانی که با همسرم جر و بحث می‌کنم برایم مفید بوده است. این کار باعث می‌شود هراسان نشویم، کنترل خود را از دست ندهیم و چیزهایی نگوییم که بعدا پشیمان شویم. وقتی خدا وارد معادله می‌شود با امید ادامه می‌دهیم و می‌دانیم او نه تنها برای حل مشکل، بلکه برای تبدیل آن به چیزی نیکو به ما کمک می‌کند. این موضوع کل نگرش ما را تغییر می‌دهد، و شیوهٔ استدلال‌مان را تعدیل می‌کند.

- گاهی مثل عیسی می‌توانیم در میان یک گفتگو شروع به دعا کنیم.

- وقتی که در جلسه‌ای هستیم و نمی‌توانیم راه‌حلی برای مشکل پیدا کنیم می‌توانیم در میان بحث مکث کنیم و از خدا کمک بخواهیم.

من راهبر کنفراس آموزشی جوانان برای مسیح که در بالا به آن اشاره کردم بودم. سخنران آخر به خوبی توانست سخنرانی‌اش را به نتیجه برساند و مخاطبین را هدایت کند. من هم برنامه داشتم که چنین کاری انجام دهم، به همین دلیل باید راه معنادار دیگری برای پایان دادن کنفرانس پیدا می‌کردم. از خدا خواستم تا راهنمایی‌ام کند. در کنار شخصی نشسته بودم که قرار بود آنچه را که من به زبان سیناهالا می‌گویم به زبان تامیل ترجمه کند. مشکلم را به او گفتم و با هم دعا و درخواست کمک کردیم. با ایده‌ای کلی در مورد کاری که قرار بود انجام بدهم، اما با دعا و تفکر فراوان و با ذهنی کاملا باز به سوی آنچه که از جانب خدا می‌آید، به سمت جایگاه رفتم. و فکر می‌کنم که خوب پیش رفت.

در سال ۱۹۸۸ شش ماه با خانواده‌ام در دانشکدهٔ الاهیات گوردون کانول در آمریکا گذراندم. من همراه بخش خدمت بودم که توسط مرحوم دکتر کریستی ویلسون مدیریت می‌شد. آشنایی با دکتر ویلسون و همسرش بتی یکی از تجربیات درخشان من در خدمت بود. آنها زوجی خداشناس و مهربان بودند. دکتر ویلسون شایستهٔ عنوان

«جنگجوی دعا» بود. اگر دربارهٔ نیاز یا نگرانی‌ای به او می‌گفتم، همان لحظه آن را به حضور خدا می‌برد. یک بار او را در فروشگاهی دیدم و در بین صحبت‌مان به مشکلی در مورد صندلی‌های پرواز برگشت به سریلانکا اشاره کردم. او فورا گفت: «بیا برایش دعا کنیم،» و در آن فروشگاه شلوغ دعا کرد. از او یاد گرفتم که مثل عیسی در میانهٔ یک گفتگو شروع به دعا کنم.

عیسی به راحتی دعا می‌کرد چون همانطور که جیمز تامسون می‌گوید: «دعا فضایی بود که او در آن زندگی و هوایی بود که تنفس می‌کرد.»[۱۰] به همین ترتیب، اگر می‌خواهیم در دعای مؤثر باشیم، باید با خدا هماهنگ باشیم. چنین درک و آمادگی روحانی معمولا از طریق گذراندن وقت بدون عجله با خدا به دست می‌آید. به همین دلیل زمانی که افراد می‌گویند که زمانی برای دعا در نظر نمی‌گیرند و فقط به دعای سریع بسنده می‌کنند، برایم غیر قابل باور است. معمولا وقتی شروع به دعا می‌کنم پانزده دقیقه طول می‌کشد تا حال و هوای دعا پیدا کنم. در پانزده دقیقه اول ممکن است فقط برای افراد کمی دعا کنم چون ذهنم به سختی تمرکز می‌کند. بعد، وقتی وارد حال و هوای دعا شدم، می‌توانم با سرعت بیشتری دعا کنم. بعد از تمام شدن دعا، پیوندم با خدا تجدید می‌شود، به طوری که می‌توانم کاملا طبیعی دعای سریع انجام دهم. دعاهای سریع هرگز جایگزین زمانی که در سکوت و تنهایی با خدا می‌گذرانیم نیستند.

محتوا: شکرگزاری، درخواست و شفاعت

وقتی به محتوای دعاهای عیسی نگاه می‌کنیم، می‌بینیم که بر این سه نکتهٔ اصلی تاکید می‌کند: شکرگزاری، درخواست و شفاعت. ما به دعای ربانی که عیسی به عنوان یک نمونه به همهٔ ایمانداران ارائه کرد و مطمئنا الگویی برای خدمت‌گزاران هم هست، نگاه نمی‌کنیم. این دعا فاقد شکرگزاری و شفاعت است اما در آن ستایش وجود دارد. در اینجا به دعاهای عیسی که در اناجیل ثبت شده نگاه خواهیم کرد.[۱۱]

شکرگزاری

دعاهای شکرگزاری عیسی که در اناجیل ثبت شده در دستهٔ «دعاهای سریع» قرار می‌گیرد. دعای شکرگزاری او قبل از خوراک دادن به پنج هزار نفر (یوحنا ۶: ۱۱)، چهار هزار نفر (متی ۱۵: ۳۵)، شام آخر (متی ۲۶: ۲۷)، و شکستن نان در خانهٔ شاگردان در عموآس (لوقا ۲۴: ۳۰)[۱۲] هم در همین دسته قرار می‌گیرد.

در دو دعای دیگر، عیسی در واکنش به شرایطی که پیش آمده بود با گفتن چند جملهٔ ساده از خدا شکرگزاری کرد. اولین مورد از این موارد همراه با چنین سخنانی است: «آنگاه شروع به ملامت نمود بر آن شهرهایی که اکثر از معجزات وی در آنها ظاهر شد زیرا که توبه نکرده بودند» (متی ۱۱: ۲۰). با این حال، بعد از محکوم کردن آنها به دلیل نپذیرفتن تعالیمش، تصدیق می‌کند که برخی دیگر آن را پذیرفته‌اند. او اینطور می‌گوید: «ای پدر، مالک آسمان و زمین، تو را ستایش می‌کنم که این امور را از دانایان و خردمندان پنهان داشتی و به کودکان مکشوف فرمودی! بلی ای پدر، زیرا که همچنین منظور نظر تو بود» (۱۱: ۲۵-۲۶). دفعهٔ دیگر بر سر مزار ایلعازر بود، که او دعایی شبیه به دعای شهادت و با هدف بشارت انجیل انجام داد. یوحنا می‌گوید: «عیسی چشمان خود را بالا انداخته، گفت: ای پدر، تو را شکر می‌کنم که سخن مرا شنیدی. و من می‌دانستم که همیشه سخن مرا می‌شنوی؛ و لکن به جهت خاطر این گروه که حاضرند گفتم تا ایمان بیاورند که تو مرا فرستادی» (یوحنا ۱۱: ۴۱-۴۲).

شکرگزاری بخش مهمی از دعاهای پولس هستند، چون پانزده بار به شکرگزاری در دعاهای رسالات اشاره شده است. یک بار او شکرگزاری‌ای کلی برای عطایای خدا انجام می‌دهد (دوم قرنتیان ۹: ۱۵). او ده بار خدا را برای ایمان، شهادت و تجربهٔ مسیحی افرادی که رسالاتش را می‌خوانند شکر می‌کند.[۱۳] او به خاطر مصاحبتی که با مخاطبینش در انجیل دارد خدا را شکر می‌کند (فیلیپیان ۱: ۳-۵). او به خاطر فیضی که خودش دریافت کرده (دوم قرنتیان ۱: ۳-۴؛ ۲: ۱۴) و به دلیل این حقیقت که خداوند او

را بـه خدمـت خوانـده اسـت (اول تیموتائـوس ۱: ۱۲-۱۷) خـدا را می‌سـتاید (یولگِتُـوس) و او را شـکر (کاریـس) می‌گویـد. بـا نگاهـی بـه ایـن فهرسـت چشـمگیر نبایـد از چیـزی کـه پولـس می‌گویـد متعجـب شـویم: «در هـر امـری شـاکر باشـید کـه ایـن اسـت ارادهٔ خـدا در حـق شـما در مسـیح عیسـی» (اول تسـالونیکیان ۵: ۱۸).

شـواهد بـالا بایـد مـا را قانـع کنـد کـه شـکرگزاری جنبـهٔ کلیـدی در زندگـی خادمیـن مسـیحی اسـت. در فصـل ۷ گفتیـم کـه نبایـد اجـازه بدهیـم خشـم مهـار زندگـی مـا را در دسـت بگیـرد. در فصـل ۱۱ دربـارهٔ اهمیـت شـادی در تجربه‌مـان صحبـت کردیـم. کلیـد ایـن دو عامـل، داشـتن قلبـی سرشـار از شـکرگزاری اسـت. متوجـه شـدیم عیسـی حتـی وقتـی شـهرهایی کـه پیامـش را نپذیرفتـه بودنـد و محکـوم می‌کـرد، چیـزی بـرای شـکرگزاری از خـدا یافـت (متـی ۱۱: ۲۰-۲۶). پولـس حتـی بـه خاطـر اهالـی قرنتـس کـه او را بسـیار ناراحـت کـرده بودنـد، خـدا را شـکر کـرد (اول قرنتیـان ۱: ۴-۹).

اگـر در هـر موقعیتـی در زندگـی خـدا را شـکر کنیـم می‌توانیـم قلبـی شـکرگزار داشـته باشـیم. ایمـان داریـم کـه او حاکـم مطلـق اسـت و می‌دانیـم کـه هـر موقعیتـی را بـه چیـزی نیکـو تبدیـل خواهـد کـرد. بـه همیـن دلیـل همیشـه می‌توانیـم از او تشـکر کنیـم. می‌توانیـم افـرادی کـه بـه مـا آسـیب زده‌انـد را ببخشـیم و قطعـا ایـن را بگوییـم کـه حتـی نامهربانـی آنهـا بـه شـرایطی خـوب بـرای مـا تبدیـل خواهـد شـد. ایـن بـه مـا کمـک می‌کنـد تـا یـوغ تضعیـف کننـدهٔ خشـم و ناراحتـی را از بیـن ببریـم و شـادی زندگـی را تـا زمـان مـرگ حفـظ کنیـم.

برنـارد گیلپیـن یـک واعـظ انگلیکـن در قـرن شـانزدهم بـود کـه بـه دلیـل موعظـهٔ انجیـل دسـتگیر شـد. درحالیکـه او را سـوار بـر اسـب بـرای محاکمـه بـه لنـدن می‌بردنـد مـدام ایـن جملـه را تکـرار می‌کـرد: «همـه چیـز بـرای خیریـت اسـت.» نگهبانـان همـراه او حرف‌هایـش را مسـخره کردنـد. او در راه از اسـب افتـاد و پایـش شکسـت و ایـن موضـوع باعـث خوشـحالی ویـژه نگهبانـان شـد. امـا گیلپیـن بـه آرامـی اینطـور می‌گفت: «شـک نـدارم کـه حتـی ایـن اتفـاق دردنـاک هـم موهبتـی خواهـد بـود.» او بـه دلیـل آسـیب دیدگـی چنـد روز دیرتـر از آنچـه

انتظار می‌رفت به لندن رسید.

وقتی به زندان رسیدند، صدای شادی‌بخش زنگ‌ها را در شهر شنیدند. وقتی دلیل آن را پرسیدند به آنها گفتند که ملکه مری مرده و دیگر مجازات سوزاندن برای پروتستان‌ها وجود ندارد.

گیپلین گفت: «آه، می‌بینید؟ همه چیز برای خیریت است.»[۱۴]

این نگرشی است که می‌توانیم در مواجهه با زندگی داشته باشیم. ما با چسبیدن سرسختانه به این واقعیت که خدا با ماست و برای ما کار می‌کند چنین انظباطی را پرورش می‌دهیم. و سپس همانطور که پولس از ما خواست می‌توانیم تحت هر شرایطی شکرگزار باشیم.

درخواست

در دعاهای ثبت شدهٔ عیسی، در تعداد شگفت‌آوری از آنها او برای خودش دعا می‌کند. و همهٔ آنها مربوط به کار حقیقتا سخت مردن برای گناهان جهان است. زمانی که مرگش نزدیک شد و به پیامدهای آن فکر می‌کرد اینطور دعا کرد: «الان جان من مضطرب است و چه بگویم؟ ای پدر مرا از این ساعت رستگار کن. لکن به جهت همین امر تا این ساعت رسیده‌ام. ای پدر اسم خود را جلال بده» (یوحنا ۱۲: ۲۷-۲۸). و در شام آخر اینطور دعا کرد: «ای پدر ساعت رسیده است. پسر خود را جلال بده تا پسرت نیز تو را جلال دهد. همچنان که او را بر هر بشری قدرت داده‌ای تا هر چه بدو داده‌ای به آنها حیات جاودانی بخشد» (یوحنا ۱۷: ۱-۲). بعدا در باغ، او در حالیکه به مرگ خود فکر می‌کرد، در عذاب بود و اینطور دعا کرد: «یا اَبا پدر، همه چیز نزد تو ممکن است. این پیاله را از من بگذران، لیکن نه به خواهش من بلکه به اراده تو» (مرقس ۱۴: ۳۶). عبرانیان ۵: ۷ این نبرد با خدا را در دعا به روشنی توصیف می‌کند: «او

در ایام بشریت خود، چونکه با فریاد شدید و اشک‌ها نزد او که به رهانیدنش از موت قادر بود، تضرع و دعای بسیار کرد و به سبب تقوای خویش مستجاب گردید.»

دو دعای باقی مانده از روی صلیب انجام شد، زمانی که عیسی از خدا پرسید چرا او را رها کرده است (مرقس ۱۵: ۳۴) و زمانی که روح خود را به خدا سپرد (لوقا ۲۳: ۴۶).

فکر می‌کنم طفره رفتن از مرگ بزرگ‌ترین وسوسه‌ای بود که عیسی با آن مواجه شد، و وقتی برای خودش دعا می‌کرد بیشتر در مورد همین موضوع دعا می‌کرد. ما هم به همین شکل برای خودمان دعا می‌کنیم، به طور خاص در قسمت‌هایی که آسیب‌پذیر هستیم یعنی مواردی که وسوسه می‌شویم تا کارهایی را انجام دهیم که مخالف ارادۀ خدا هستند.

به مدت سی و هشت سال برای ساعت‌های دعا فهرستی از دعاها داشتم. چند سال پیش متوجه شدم که خیلی برای خودم دعا نمی‌کنم. و بیشترین زمان دعایم را به دعا برای دیگران اختصاص می‌دهم. با اینکه قسمت‌های بسیار زیادی در زندگی‌ام وجود داشت که در آنها شکست می‌خوردم و مستعد وسوسه بودم. تصمیم گرفتم که این موارد را در ابتدای فهرست دعایم بنویسم. معتقدم که بهتر است همۀ راهبران جایگاه برجسته‌ای در دعاهای‌شان برای ضعف‌ها و چالش‌های خود در نظر بگیرند.

شفاعت

در فصل ده، در درس شاگردسازی، دربارۀ دعای شفاعت صحبت کردیم، پس اینجا به تفصیل در مورد آن بحث نخواهیم کرد و فقط به مواردی که دعای شفاعت در انجیل ثبت شده است اشاره می‌کنم. اولین مورد دعای عیسی برای شمعون است، که حتی اگر او مسیح را انکار کند اما ایمانش از بین نرود و بعد از توبه برادرانش را تقویت کند (لوقا ۲۲: ۳۱-۳۲). مورد بعدی دعای کهانت اعظم است که او برای شاگردانش (یوحنا

۱۷: ۶-۱۹، ۲۴-۲۶) و افـرادی کـه بعـدا ایمـان خواهنـد آورد (۱۷: ۲۰- ۲۳) دعا می‌کنـد. مـورد بعـدی کـه ثبـت شـده دعـا از روی صلیـب اسـت کـه عیسـی از خـدا می‌خواهـد افـرادی کـه او را کشـتند ببخشـد چـون نمی‌داننـد کـه چـه کاری انجـام می‌دهنـد (لوقـا ۲۳: ۳۴).

در فصـل ده چیـزی دربارهٔ آن قسـمت از زندگـی پولـس پرداختیـم کـه بـه دعـای شـفاعت اختصـاص داده بـود. و گفتیـم کـه او در ده رسـاله از سـیزده رسـاله‌اش بـه دعـا بـرای دریافت کننـدگان آنهـا اشـاره کـرده اسـت.

جالـب اسـت کـه بدانیـم عیسـی همچنـان بـرای مـا دعـا می‌کنـد و کامـل شـدن نجات‌مـان بـه دعـای او بـرای مـا بسـتگی دارد. عبرانیان ۷: ۲۵ اینطـور می‌گویـد: «از ایـن جهـت نیـز قـادر اسـت کـه آنانـی را کـه بوسـیله وی نـزد خـدا آینـد، نجـات بی‌نهایـت بخشـد، چونکـه دائمـا زنده اسـت تـا شـفاعت ایشـان را بکنـد.» درسـت همانطـور کـه شـفاعت یـک کار حیاتـی اسـت کـه او انجـام می‌دهـد، همینطـور هـم یـک کار حیاتـی اسـت کـه مـا انجـام می‌دهیـم.

سـال‌ها پیـش بـه یکـی از همکارانـم گفتـم کـه نگـران از دسـت رفتـن شـور و شـوق دعـا در جوانـان بـرای مسـیح هسـتم. او گفـت شـاید چـون بـا هیـچ بحرانـی مواجـه نشـده‌ایم از ایـن موضـوع غفلـت کرده‌ایـم. بـه حـرف او فکـر کـردم و متوجـه شـدم کـه مـا بـا یـک بحـران عظیـم رو بـه رو هسـتیم. مـا بـا ایـن بحـران مواجـه هسـتیم کـه میلیون‌هـا نفـر از مـردم کشـورمان بـه سـوی ابدیتـی بـدون مسـیح می‌رفتنـد. مـا بـا ایـن بحـران مواجـه بودیـم کـه صدهـا جـوان از طریـق خدمـت مـا بـا مسـیح ملاقـات کـرده بودنـد امـا زندگـی مسـیحی شکسـت خورده‌ای داشـتند. و مـا بـا بحـران کلیسـایی رو بـه رو بودیـم کـه بـه شـدت نیـاز بـه احیـا داشـت.

وقتـی بـه قلـب خـدا نزدیـک می‌شـویم و می‌بینیـم کـه کلیسـا و خودمـان چقـدر از معیارهـای او عقـب مانده‌ایـم، آنـگاه قلب‌هایمـان از آرزوی تحقـق تمـام اهـداف خـدا مشـتعل می‌شـود و دعـای شـفاعت صادقانـه نتیجـه خواهـد داد. مـورخ برجسـتهٔ کلیسـا، ارل ای. کیرنـز، در مطالعـه

تاریخـی خـود دربـارهٔ بیـداری روحانـی می‌گویـد: «دعـا در رسـیدن بـه بیـداری روحانـی در رتبـه اول قـرار دارد ... بیـداری روحانـی نمی‌توانـد وجـود داشـته باشـد مگـر اینکـه مسـیحیان بـرای آن دعـا کننـد.»[۱۵]

خـدا می‌دانـد کـه مـا بـه بیـداری روحانـی نیـاز داریـم، و اگـر بـه قلـب خـدا نزدیـک بودیـم مـا هـم ایـن را می‌دانسـتیم؛ و خـود را بـه خدمـت شـفاعت متعهـد و دیگـران را هـم تشـویق می‌کردیـم کـه واسـطهٔ شـفاعت شـوند.

شاگردان او را در حال دعا دیدند

چندیـن بـار در اناجیـل می‌بینیـم بـا اینکـه عیسـی همـراه شـاگردان بـود امـا اغلـب در زمـان دعـا تنهـا بـود. قبـلا بـه مثال‌هـای تبدیـل هیـات در کـوه و بـاغ جتسـیمانی اشـاره کرده‌ایـم. در شـهر قیصریـه در فلیپـی قبـل از اینکـه او ایـن سـوال را بپرسـد کـه «مـردم مـرا کـه می‌داننـد؟» لوقـا می‌گویـد: «او بـه تنهایـی دعـا می‌کـرد و شـاگردانش همـراه او بودنـد» (لوقـا ۹: ۱۸).

بـه نظـر می‌رسـد دیـدن او در حـال دعـا عطـش یـک زندگـی پـر از روح دعـا را در شـاگردان بـه وجـود آورد. لوقـا می‌گویـد: «هنگامـی کـه او در موضعـی دعـا می‌کـرد، چـون فـارغ شـد، یکـی از شـاگردانش بـه وی گفـت: خداونـدا، دعـا کـردن را بـه مـا تعلیـم نمـا، چنانکـه یحیـی شـاگردان خـود را بیامـوخت» (لوقـا ۱۱: ۱). و در پاسـخ عیسـی دعـای ربانـی را بـه آنهـا یـاد داد (۱۱: ۲-۴). و بـه ایـن ترتیـب عیسـی ایـن فرصـت را بـه شـاگردانش داد تـا زندگـی دعاگونـهٔ او را مشـاهده کننـد. پولـس هـم اغلـب دربـارهٔ زندگـی دعاگونـه‌اش در رسـالات خـود صحبـت می‌کـرد.

بـه همیـن ترتیـب بـرای افـرادی کـه آنهـا را راهبـری می‌کنیـم خـوب اسـت کـه چیزهایـی دربـارهٔ زندگـی دعاگونـهٔ مـا بداننـد. البتـه همانطـور کـه عیسـی در موعظـهٔ بـالای کـوه هشـدار داد مـا نبایـد در دام نمایـش زندگـی دعاگونـهٔ خـود همـراه بـا تکبـر بـرای دیگـران بیفتیـم (متـی ۶: ۵-۶). اگـر بـه افـرادی کـه آنهـا را راهبـری می‌کنیـم نزدیـک بمانیـم آنهـا مـا را در حـال دعـا

خواهنـد دیـد. همچنیـن می‌توانیـم در مـورد تجربیـات خودمـان از دعـا بـا آنهـا صحبـت کنیـم.

پولـس بـه تیموتائـوس اینطور گفت: «لیکـن تـو تعلیـم و سـیرت و قصـد و ایمـان و حلـم و محبـت و صبـر مـرا پیـروی نمـودی، و زحمـات و آلام مـرا» دیـده‌ای (دوم تیموتائـوس ۳: ۱۰- ۱۱). کلمـه‌ای کـه در اینجـا «پیـروی» یـا پاراکُلوتئـوُ ترجمـه شـده بـه معنـای اطاعـت آگاهانـه و دقیـق از بـاور کسـی اسـت، بـه طـوری کـه بـا وفـاداری کامـل و مثـل یـک قانـون از آن پیـروی می‌کنـد.»[۱۶]

همانطـور کـه در فصـل ۱۰ دیدیـم، راهبـران، الگویـی بـرای دیگـران در مـورد نحـوۀ رفتـار مسـیحیان ارائـه می‌دهنـد. زندگـی دعاگونـۀ پولـس یکـی از الگوهایـی بـود کـه تیموتائـوس می‌توانسـت آن را ببینـد.

در زندگـی خـودم، الگوهـای دعـا کـردن چنـد نفـر از مشـایخی کـه امتیـاز مشـاهدۀ آنهـا را داشـته‌ام، بسـیار بـه مـن کمـک کـرده اسـت. از زمـان کودکـی می‌دانـم کـه مـادرم چقـدر از وقتـش را صـرف دعـا می‌کنـد. زمانـی کـه در خانـۀ مادربـزرگ مادری‌ام می‌مانـدم وقتـی صبـح زود کـه هنـوز هـوا تاریـک بـود بـرای رفتـن بـه دستشـویی بیـدار می‌شـدم بایـد از کنـار اتـاق او رد می‌شـدم؛ و مادربزرگـم را می‌دیـدم کـه بـا سـری پوشـیده کنـار تختـش زانـو زده و دعـا می‌کنـد. بعـدا فهمیـدم کـه از روز بـه دنیـا آمدنـم، مادربزرگـم هـر روز برایـم دعـا می‌کـرده اسـت.

در اوایـل خدمتـم همـراه یـک مبشـر مسـن بـه نـام سـموئیل مندیـس بـه چنـد روسـتا در سـری‌لانکا سـفر کـردم و از او یـاد گرفتـم کـه چطـور بـه فقـرا بشـارت بدهـم. در یکـی از سـفرهای‌مان شـب را در کلاس یـک مدرسـه گذرانـدیم. دو یـا سـه نیمکـت چوبـی را کنـار هـم گذاشـتیم و روی آنهـا خوابیدیـم. وقتـی صبـح زود بیـدار شـدم دیـدم کـه ایـن مـرد پیـر زودتـر بیـدار شـده و دعـا می‌کنـد. ایـن موضـوع تاثیـر مانـدگاری در ذهـن مـن گذاشـت.

بـرای مـا والدیـن، فرزندانمـان تنهـا بـا نـگاه کـردن بـه عادتهـای دعـای مـا، چنـد پیـام مهـم دربارۀ خـدا و اینکـه چطـور بایـد از او پیـروی کـرد دریافـت میکننـد. وقتـی بچـه بـودم، بـه همـراه خانـوادهام بـه یـک اردوی کتـاب مقـدس رفتـم کـه سـخنران اصلـی آن تئـودور اچ. اپ، بنیانگـذار برنامـهٔ «بازگشـت بـه کتـاب مقـدس» بـود. از گفتههـای او فقـط ایـن را بـه یـاد دارم کـه گفـت: وقتـی بچههایـش کوچـک بودنـد، میدانسـتند کـه یـک سـاعت در روز نمیتواننـد بـه اتـاق پدرشـان برونـد. و آن، زمانـی بـود کـه او بـا خـدا خلـوت میکـرد. چنیـن ممنوعیتـی مطمئنـا احتـرام بـه خـدا را در زندگـی فرزندانـش نهادینـه کـرد.

دعا راهی برای پیشگیری از فرسودگی

دوبـاره یـادآوری میکنـم کـه آن وقـت دعایـی کـه عیسـی صبـح زود در مرقـس ۱: ۳۵ گذرانـد، بعـد از یـک روز سـبت پـر مشـغله بـود. او عـلاوه بـر موعظـه افـراد زیـادی را شـفا داده بـود. چنیـن کاری میتوانـد هـم از نظـری احساسـی و هـم روحانـی طاقتفرسـا باشـد. معتقـدم کـه دور شـدن از جمعیـت و تنهـا بـودن بـا خـدا در دعـا بعـد از چنیـن روز شـلوغی، بـه او آرامـش زیـادی مـیداد.

مطمئنـا، دعـا بـه نـدرت کاری اسـت کـه بخواهیـم بـه طـور طبیعـی بعـد از یـک روز کاری سـنگین انجـام بدهیـم. و مـن متوجـه شـدهام کـه اغلـب در روزهـای تعطیـل هـر هفتـه بـرای دعـا کـردن مشـکل دارم. و میخواهـم «بیخیـال باشـم». مـن فکـر میکنـم بعـد از فعالیتهـای پرفشـار، بـه کمـی زمـان بـرای «بیخیـال شـدن» و تجدیـد قـوا نیـاز داریـم. در واقـع، مـا بایـد بـرای اسـتراحت برنامهریـزی کنیـم، در غیـر اینصـورت بـا ایـن همـه سـرگرمی غیراخلاقـی موجـود میتوانیـم بـه دام گنـاه بیفتیـم.

مـن بایـد در سـفر بـرای تفریحاتـم برنامهریـزی ویـژهای داشـته باشـم. سـعی میکنـم از رفتـن بـه هتـل اجتنـاب کنـم. متوجـه شـدم اقامـت در خانـۀ افـراد سـالمتر اسـت و کمـک میکنـد

تا افراد را بهتر بشناسم. ممکن است میزبان ما زمانی که خسته هستیم خیلی طولانی حرف بزند، اما این راهی عالی برای شناختن افراد است. اگر در هتل بمانم، وقتی بعد از یک روز طولانی به اتاقم می‌روم، ذهنم معمولا همچنان فعال است و نمی‌توانم بخوابم؛ و ممکن است وسوسه شوم تا برنامه‌های تلویزیونی غیراخلاقی تماشا کنم. به همین دلیل باید از قبل برای کارهایی که قرار است انجام دهم برنامه‌ریزی کنم. تفریح و سرگرمی به کاهش اضطراب کمک می‌کند. اما اگر به دام چیزی غیر اخلاقی بیفتیم با مقوله‌ای جدیدی از فشار، یعنی فشار وجدان ناآرام مواجه می‌شویم.

عیسی یک فعال متفکر بود، و این همان چیزی است که همهٔ ما باید برای رسیدن به آن تلاش کنیم. اسقف اعظم دونالد کوگان، در مورد تصویر مرقس از مسیح در حال کار و دعا، اینطور می‌گوید: «بنابراین، به نظر می‌رسد ریتم خاصی در زندگی عیسی وجود داشته است – کناره‌گیری و کار؛ کناره‌گیری و کار.»[۱۷] اغلب به کارمندان جوانان برای مسیح می‌گویم که زندگی ما هم چنین الگویی را دنبال می‌کند. ما از بودن با خداوند قدرت می‌گیریم، و سپس وارد دنیایی پر از خصومت می‌شویم و مورد ضرب و شتم قرار می‌گیریم. و بعد برای احیا از این نبرد و به دست آوردن دوبارهٔ قدرت به حضور خدا می‌رویم. پس حالا که قدرتمند شده‌ایم به دنیا برمی‌گردیم تا دوباره ضربه بخوریم! اما قدرتی که از خدا می‌گیریم ما را قادر می‌کند تا برای پادشاهی خدا به جنگ برویم.

البته، کار نباید هرگز ما را از دعا دور کند. در واقع، وقتی که حجم کارمان زیاد است، باید نسبت به زمان معمول بیشتر دعا کنیم، تا این قدرت را به دست بیاوریم که کارمان را «در روح» انجام بدهیم. معمولا خلاف این موضوع اتفاق می‌افتد. وقتی حجم کارمان بالاست اولین کاری که انجام می‌دهیم حذف کردن وقت دعا است. مارتین لوتر اینطور می‌گوید: «آنقدر مشغله دارم که متوجه شدم که باید حداقل چهار ساعت از روز را در حضور خدا بگذرانم.»[۱۸] ما در سری‌لانکا، بر خلاف غرب در همه جا پمپ بنزین نداریم. به همین دلیل اگر قرار است به یک سفر طولانی برویم، قبل از حرکت

باید باک وسیله نقلیه را پر کنیم. به همین شکل، حجم کار اضافی برای لوتر نیاز به قدرت داشت و این باعث شد که او وقت بیشتری را با خداوند بگذراند. هیچ کس را نمی‌شناسم که بدون گذراندن وقت بدون عجله با خداوند و خواندن کتاب‌مقدس به طور روزانه، در خدمتش تازه نفس مانده باشد.

اخیرا دربارهٔ اینکه دعا یکی از مطمئن‌ترین راه‌های جلوگیری از فرسودگی شغلی در خدمت است، زیاد فکر کرده‌ام. امروزه این یک موضوع مهم است چون فرسودگی در خدمت فراگیر شده. اخیرا بسیاری به من گفته‌اند که برنامهٔ کاری‌ام مرا به یکی از کاندیداهای اصلی فرسودگی شغلی تبدیل می‌کند. فکر می‌کنم هیئت منصفه هنوز در این مورد نظر قطعی نداده است، چون من الان پنجاه و سه ساله هستم (این کتاب در سال ۲۰۰۲ برای اولین بار منتشر شده است) و امیدوارم چند سال دیگر از خدمتم باقی مانده باشد. احتمالا پانزده سال دیگر بتوانم دربارهٔ این موضوع با اطمینان بیشتری صحبت کنم. اما معتقدم که گذراندن وقت روزانه در حضور خدا، عامل بازدارندهٔ بزرگی برای فرسودگی شغلی و دیگر عوارض ناشی از اضطراب و کار سخت است. در اینجا به چند دلیل برای چنین باوری اشاره می‌کنم؛ که به برخی از آنها در فصل‌های قبلی اشاره شده است، اما صحبت از آنها در غالب این بحث مفید است.[۱۹]

نخست اینکه اگر گذراندن یک وقت خوب با خدا در هر روز عاملی غیر قابل چشم‌پوشی در تقویم روزانه ما باشد، این زمان واقعا می‌تواند ما را آرام کند و آن بی‌قراری ناسالم و رفتار عجولانه‌ای که باعث فرسودگی می‌شود را از بین ببرد. چیزهای کمی وجود دارند که به اندازه گذراندن وقت در حضور خدا، به التیام بی‌قراری ما کمک می‌کنند. اگر هر روز یک وقت مشخصی برای دعا کنار گذاشته شود، عجله برای انجام آن مفهومی ندارد، چون در هر صورت چه عجله داشته باشیم چه نه آن زمانی که از پیش تعیین شده را خواهیم گذراند.

دوم، گذراندن یک ساعت یا بیشتر در هر روز در حضور خداوند متعال و حاکم بر جهان،

به طـرز شـگفت انگیـزی حـس امنیـت مـا را افزایـش می‌دهـد (مزمـور ۴۶: ۱-۱۱)، کـه فقـدان آن یکـی دیگـر از دلایـل رایـج فرسـودگی شـغلی اسـت. بـاور داریـم کسـی کـه بـا ماسـت و قدرت‌مـان را از او می‌گیریـم خداونـد همـه اسـت. کلام اینطـور می‌گویـد: «خـدای ازلـی مسـکن توسـت و در زیـر تـو بازوهـای جاودانـی اسـت» (تثنیـه ۳۳: ۲۷). در ایـن آیـه امنیـت بزرگـی وجـود دارد. همـراه ایـن امنیـت «آرامـش خدا کـه بالاتـر از فهـم بشـر اسـت» (فیلیپیـان ۴: ۷ - عصـر جدیـد) می‌آیـد کـه مطمئنـا گنجـی شـگفت‌انگیز بـرای گذرانـدن زندگـی اسـت. زمانـی کـه در رابطه‌مـان بـا خـدا امنیـت نداریـم بـا بی‌قـراری کارهـای مختلفـی انجـام می‌دهیـم و بـه صـورت ناخودآگاه امیدواریـم کـه ایـن فعالیت‌هـا خـلا زندگی‌مـان را پـر کننـد. مـا از بـودن در سـکوت در حضـور خـدا می‌ترسـیم چـون ایـن سـکوت باعـث می‌شـود کـه صادقانـه بـا آنچـه در زندگی‌مـان می‌گـذرد مواجـه شـویم. بـه همیـن دلیـل بـه فعالیت‌هـای پـر مشـغله‌مان ادامـه می‌دهیـم تـا بـه مـرز فرسـودگی برسـیم.

آرامشـی کـه آن را توصیـف کردیـم نتیجـۀ گفتـن خواسـته‌های‌مان بـه خداسـت (فیلیپیـان ۴: ۶). زمانـی کـه بـا خـدا وقـت می‌گذرانیـم، چـون مـا بـرای او مهـم هسـتیم می‌توانیـم تمـام نگرانی‌های‌مـان را بـه خـدا بسـپاریم (اول پطـرس ۵: ۷). در دوران بحرانـی جـدی در خدمتمـان بـود کـه مـن بـه رهایـی بزرگـی کـه از سـپردن آگاهانـه بارهایـم بـه خـدا بـه دسـت آمـد، پی بـردم. خوابیـدن برایـم سـخت شـده بـود چـون غـرق در نگرانـی بـرای شـرایط پیـش آمـده بودم. یـاد گرفتـم کـه بـه ناتوانی‌ام در تحمـل ایـن بارهـا بـه تنهایـی اعتـراف کنـم، و بـا یـک عمـل آگاهانـه بـرای رهایـی، آنهـا را بـر دوش خـدا گذاشـتم. و رهایـی همـان چیـزی بـود کـه در نتیجـه احسـاس کـردم.

وقتـی کـه دعـا می‌کنیـم، در قلب‌مـان را بـه سـوی آرامـش شفابخش خـدا می‌گشـاییم. و اگـر شـخصی مـا را اذیـت کـرده باشـد مجبـور می‌شـویم کـه بـه خاطـر آن بـا خـدا درگیـر شـویم و کشـمکش داشـته باشـیم. ایـن درگیـری فرصتـی را بـرای خـدا فراهـم می‌کنـد تـا بـا آرامـش خـود وارد زندگـی مـا شـود. و ایـن آرامـش مـا را قـادر می‌سـازد تـا بـر دردی کـه از طـرف افـراد بـه مـا تحمیـل شـده اسـت غلبـه کنیـم. و درد چـه بـار سـنگینی بـرای انسـان اسـت؛ و مـا را

در زندگی روحانی‌مان به پایین می‌کشد و ما را به اولین گزینه برای فرسودگی تبدیل می‌کند.

در واقع، همان‌طور که فرسودگی شغلی یک مشکل است، افسردگی هم در میان بعضی از مسیحیان سالمند دیده می‌شود؛ کسانی که بیشتر عمرشان را با مهربانی و ملاحظه با دیگران گذرانده‌اند، حتی وقتی خیلی‌ها با آن‌ها بدرفتاری کرده‌اند. اما پشت چنین ظاهری که خوب به نظر می‌رسد درد احساسی بزرگی وجود دارد. وقتی این افراد پیرتر می‌شوند دیگر قدرتی برای مهار درد خود ندارند. و بعد مثل بچه‌ها هر چه در قلب‌شان می‌گذرد را به زبان می‌آورند. چیزی که گفته می‌شود افسردگی‌ای تلخ است. بسیار مهم است قبل از اینکه پیر شویم درمانی برای این زخم‌ها پیدا کنیم. دیگران می‌توانند در این مورد به ما کمک کنند. اما در نهایت چیزی که به ما شفای دائمی می‌بخشد آرامش خداوند است. وقتی به جای اینکه دردمان را پنهان کنیم، در دعا با خدا حرف می‌زنیم او می‌تواند ما را شفا دهد.

اگر وقت خود را با خدا صرف دعا برای دیگران کنیم، در حقیقت واسطه‌ای برای رساندن محبت او می‌شویم. وقتی برای دیگران دعا می‌کنیم، محبت از زندگی ما جاری می‌شود. اما این محبتی نیست که قدرت عاطفی ما را از بین ببرد. ما دعا می‌کنیم، و این یعنی با او که منبع بی‌پایان محبت است، در ارتباط هستیم. وقتی در دعا محبت خود را به دیگران می‌دهیم، محبت خدا هم وارد قلبمان می‌شود، و این جریان مداوم دادن و گرفتن محبت، نوری از شادی در زندگی ما می‌آفریند که فقط از محبت سرچشمه می‌گیرد. پولس می‌گوید: «محبت خدا در دل‌های ما به روح‌القدس که به ما عطا شد ریخته شده است» (رومیان ۵: ۵). کلمه‌ای که «ریخته شده» ترجمه شده است (اِکئُو) «هم معنای فراوانی دارد و هم گسترده شدن... ایدۀ طراوت و تشویق معنوی از طریق استعاره آبیاری منتقل می‌شود.»[۲۰] وقتی در ارتباط حیاتی با خدا هستیم، به اندازۀ کافی به محبت دسترسی داریم تا بعد از دوران شفاعت، درخشان و سرزنده بیرون بیاییم.

اگـر سـخت کار کنیـم، امـا قدرت‌مـان را از خـدا نگیریـم، در واقـع فرسـوده شـده‌ایم. بـرای دریافـت قـدرت خـدا بایـد بـا خـدا در ارتبـاط باشـیم، و بهتریـن راه بـرای نزدیـک مانـدن بـه او دعـا اسـت. شـخصی اینطور گفتـه اسـت: «هفـت روز بـدون دعـا انسـان را ضعیـف می‌کنـد.» اشـعیا ۴۰: ۳۱ می‌گویـد: «آنانـی کـه منتظـر خداونـد می‌باشـند قـوت تـازه خواهنـد یافـت و مثـل عقـاب پـرواز خواهنـد کـرد. خواهنـد دویـد و خسـته نخواهنـد شـد. خواهنـد خرامیـد و درمانـده نخواهنـد گردیـد.»

بنابرایـن، وقتـی کـه هـر روز بـا خـدا می‌گذرانیـم، بـه نشـاط‌آورترین کاری تبدیـل می‌شـود کـه انجـام می‌دهیـم. چنیـن طراوتـی، محرک‌هـای فرسـودگی شـغلی کـه اغلـب بـا اضطـراب و فشـارهای ناشـی از خدمـت همـراه هسـتند را از بیـن می‌بـرد.

ایـن کتـاب را بـا ایـن امیـد بـه پایـان می‌رسـانم کـه خواننـده همیشـه در کار خداونـد تـازه بمانـد و بـه ایـن ترتیـب از دیـدن جـلال خـدا در خدمتـش محـروم نشـود. ایـن حقیقتـا کاری عظیـم اسـت، و اگـر قـرار اسـت خدمـت ما سـالم باشـد، بایـد همیشـه ایـن تصویـر از شـکوه آن را پیـش روی خود داشـته باشـیم.

ارجاعات

بخش سپاسگزاری

Robert E. Coleman, *The Mind of the Master* (Wheaton, Ill.: Harold Shaw Publishers, repr. 2000).
Robert E. Coleman, *The Master Plan of Evangelism*, 30th Anniversary Edition (Grand Rapids: Fleming H. Revell, 1993).

فصل اول: هم‌ذات‌پنداری با افراد

1 Larry W. Hurtado, *Mark: The New International Biblical Commentary* (Peabody, Mass.: Hendrickson Publishers, 1, (1989.

2 Nathaniel was from Cana in Galilee (John 21:2).

نتنائیل اهل قانای جلیل بود (یوحنا ۲۱: ۲)

3 Craig L. Blomberg, *The New American Commentary: Matthew* (Nashville: Broadman Press, 81 ,(1992.

4 Donald English, *The Message of Mark: The Mystery of Faith, The Bible Speaks Today* (Downers Grove, Ill., and Leicester, England: InterVarsity Press, 39 ,(1992.

5 See Jonathan Edwards, *A History of the Work of Redemption*, in *The Works of Jonathan Edwards*, vol. 1 (Edinburgh: Banner of Truth, 1834, repr. 572 ,80-272 ,(1974.

6 For an exposition of this concept, see Daniel P. Fuller, *The Unity of the Bible* (Grand Rapids: Zondervan Publishing House, 209 ,(1992, and my *The Supremacy of Christ* (Wheaton, Ill.: Crossway Books,

63-162 ,(1995.

برای تفسیر این موضوع با این دو کتاب فوق مراجعه کنید.

7 See Murray J. Harris, *Slave of Christ: A New Testament Metaphor for Total Devotion to Christ* (Leicester: InterVarsity Press, 1999).

8 Laurence W. Wood, "Telling the Old, Old Story in the Postmodern Age," *The Asbury Herald*, Autumn 3 ,1996.

9 Matt. 12-5:10; Luke 6:23; John 24-16:20; Acts 5:41; Rom. ;12:12 ;11-5:3 2 Cor. 12:10 ;8:2 ;7:4 ;6:10; Phil. 2:17 ;1:18; Col. 1:24; Heb. 12:2; James ;1:2 1 Peter 13-4:12 ;9-1:6; Rev. 12-12:11.

متـی ۵: ۱۰-۱۲؛ لوقـا ۶: ۲۳؛ یوحکنـا ۱۶: ۲۰-۲۴؛ اعمـال ۵: ۴۱؛ رومیـان ۳:۵- ۱۱؛ ۱۲: ۱۲؛ دوم قرنتیـان ۶: ۱۰؛ ۷: ۴؛ ۸: ۲؛ ۱۲: ۱۰؛ فیلیپیـان ۱: ۱۸؛ ۲: ۱۷؛ کولسـیان ۱: ۲۴؛ عبرانیـان ۱۲: ۲؛ یعقـوب ۱: ۲؛ اول پطـرس ۱: ۶-۹؛ ۴: ۱۲- ۱۳؛ مکاشـفه ۱۲: ۱۱- ۱۲.

10 For this interpretation of the expression, "I fill up in my flesh what is still lacking in regard to Christ's afflictions," see David E. Garland, *The NIV Application Commentary: Colossians* (Grand Rapids: Zondervan Publishing House, 23-118 ,(1998.

برای تفسیر این بخش ارجاعی به کتاب فوق می‌توانید مراجعه کنید.

11 Dennis F. Kinlaw, *Preaching in the Spirit* (Grand Rapids: Francis Asbury Press, Zondervan Publishing House, 87 ,(1985.

12 From W. T. Purkiser, *The New Testament Image of the Ministry* (Grand Rapids: Baker Book House, repr. 64 ,(1974.

فصل دوم: قدرت یافته از روح

1 Barclay M. Newman, Jr., *A Concise Greek-English Dictionary of the New Testament* (United Bible Societies, 1971; Deutsche Bibelgesellschaft Stuttgart, 1993). Taken from the electronic version by iExalt, Inc., 1998.

2 See Morna D. Hooker, *The Gospel According to St. Mark*, Black's New Testament Commentary (Peabody, Mass.: Hendrickson Publishers, repr. 46 ,(1991.

3 Frederick Danker, *A Greek-English Lexicon of the New Testament and Other Early Christian Literature*, 3rd ed., based on Walter Bauer's Lexicon in German and other previous editions by William F. Arndt, F. Wilbur Gingrich, and F. W. Danker (Chicago, London: University of Chicago Press, 164 ,(2000. See this article for a classification of the various uses of baptizö.

4 Robert E. Coleman, *The Mind of the Master* (Wheaton, Ill.: Harold Shaw Publishers, 36-35 ,(2000.

5 Some of the fruit of this study is recorded in my article "The Holy Spirit: The Divine Implementer of Mission," in *Global Missiology for the 21st Century: The Iguassu Dialogue*, ed. William D. Taylor (Grand Rapids: Baker Book House, 36-232 ,(2000.

6 Cited in J. Christy Wilson, Jr., *More to Be Desired Than Gold* (privately published, 78 ,(1992.

7 *George Mueller: Man of Faith*, ed. A. Sims (privately published in Singapore by Warren Myers), 51; taken from *An Hour with George Mueller* (Grand Rapids: Zondervan Publishing House).

8 Danker, *A Greek-English Lexicon*, 143.

9 Robert E. Coleman, *"Nothing to Do but to Save Souls": John Wesley's Charge to His Preachers* (Grand Rapids: Zondervan Publishing House, 28 ,(1990.

10 A. J. Appasamy, *Sundar Singh: A Biography* (Madras: The Christian Literature Society, 27-26 ,(1966.

11 W. E. Sangster, *Power in Preaching* (Grand Rapids: Baker Book House, repr. 106 ,(1976.

12 Ibid., 107.

همان کتاب ارجاع شماره ۱۱، ص ۱۰۷.

13 I copied this quote down from a *Decision* magazine several years

ago.

این نقل قول را سالها پیش از مجله دسیژن برداشتم.

فصل سوم: تایید شده توسط خدا

1 Willem A. Van Gemeren, "Psalms," Expositor's Bible Commentary (Grand Rapids: Zondervan Publishing House, 1998).
2 Donald English, The Message of Mark: The Mystery of Faith, The Bible Speaks Today (Downers Grove, Ill., and Leicester, England: InterVarsity Press, 40 ,(1992.
3 Van Gemeren, "Psalms," Expositor's Bible Commentary.

فصل چهارم: بازنشستگی از فعالیت

1 Craig L. Blomberg, The New American Commentary: Matthew (Nashville: Broadman Press, 83 ,(1992.
2 Henri Nouwen, The Way of the Heart: Desert Spirituality and Contemporary Ministry (San Francisco: Harper & Row, 63 ,(1981.
3 J. C. Pollock, Hudson Taylor and Maria (Eastbourne: Kingsway Publications, repr. 215 ,(1983.
4 Eugene H. Merrill, "Fast, Fasting," Evangelical Dictionary of Biblical Theology, ed. Walter A. Elwell (Grand Rapids: Baker Book House, 246 ,(1996. See this article for examples of these three types of fasting.
5 Craig S. Keener, A Commentary on the Gospel of Matthew (Grand Rapids: Wm. B. Eerdmans Publishing, 227 ,(1999.
6 John Wesley, The Works of John Wesley, Vol. 5 (Grand Rapids: Baker Book House, repr. 346 ,(1984.
7 Merrill, "Fast, Fasting," Evangelical Dictionary, 246.
8 Wesley, Works, Vol. 89-288 ,7.

9 Ibid., Vol. 17-316 ,8.

همان کتاب ارجاع شماره ۹، بخش ۸، صص ۳۱۶ و ۳۱۷.

فصل پنجم: تایید ارادهٔ خدا

1 Leon Morris, The Gospel According to Matthew (Grand Rapids: Wm. B. Eerdmans Publishing; Leicester, England: InterVarsity Press, 71 ,(1992.
2 Craig Keener, A Commentary on the Gospel of Matthew (Grand Rapids: Wm. B. Eerdmans Publishing, 138 ,(1999.
3 Ibid., 139.
4 J. A. Broadus, Commentary on the Gospel of Matthew (Valley Forge, Pa.: Judson Press, reprint of 1886 edition), 64.
5 John Wesley, The Works of John Wesley, Vol. 3, Journals (Grand Rapids: Baker Book House, repr. 225 ,(1984.
6 Spiritual Secrets of George Mueller, selected by Roger Steer (Wheaton, Ill.: Harold Shaw Publishers; Robesonia, Pa.: OMF Books, 72 ,(1985.
7 Jean Cadier, The Man God Mastered, trans. O. R. Johnstone (London: Inter-Varsity Fellowship, 105 ,(1960.
8 Roger Steer, J. Hudson Taylor: A Man in Christ (Singapore: OMF Books, 299 ,(1990.

فصل ششم: اشباع از کلام

1 Leon Morris, The Tyndale New Testament Commentaries: Luke: An Introduction and Commentary, rev. ed. (Grand Rapids: Wm. B. Eerdmans Publishing; Leicester: InterVarsity Press, 83 ,(1988.
2 Earle E. Ellis, The New Century Bible: The Gospel of Luke

(Greenwood, S.C.: The Attic Press, 77 ,(1974.

3 Robert E. Coleman, *The Mind of the Master* (Wheaton, Ill.: Harold Shaw Publishers, 54 ,(2000.

4 Robert E. Coleman, *The Master Plan of Discipleship* (Old Tappan, N.J.: Fleming H. Revell, 105 ,(1987.

5 F. F. Bruce, *The New International Commentary on the New Testament: The Book of Acts*, rev. ed. (Grand Rapids: Wm. B. Eerdmans Publishing, 335 ,(1988.

6 From A. Skevington Wood, *Captive to the Word: Martin Luther, Doctor of Sacred Scripture* (Grand Rapids: Wm. B. Eerdmans Publishing, 72 ,(1969.

7 John Wesley, *The Works of John Wesley*, Vol. 5 (Grand Rapids: Baker Book House, 1872, repr. 3 ,(1984.

8 A. Skevington Wood, *The Burning Heart: John Wesley, Evangelist* (Grand Rapids: Wm. B. Eerdmans Publishing, 212 ,(1967.

9 Ibid., 213.

10 E. W. Bacon, *Spurgeon: Heir to the Puritans* (Grand Rapids: Baker Book House, 109 ,(1967.

11 Willem A. Van Gemeren, "Psalms," *Expositor's Bible Commentary*, vol. 5 (Grand Rapids: Zondervan Publishing House; taken from the electronic version).

12 *George Mueller: Man of Faith*, ed. A. Sims (privately published in Singapore by Warren Myers), 52; taken from *An Hour with George Mueller* (Grand Rapids: Zondervan Publishing House), 51.

13 From Wood, *Burning Heart*, 211.

14 For a critique of this approach see David F. Wells, *No Place for Truth* (Grand Rapids: Wm. B. Eerdmans Publishing Co., 1993).

15 C. S. Lewis, *Reflections on the Psalms* (New York: Harcourt, Brace and World, 62 ,(1958.

16 Carl F. H. Henry, *Confessions of a Theologian* (Waco, Texas: Word Books, 67 ,(1986 (italics his).

17 Dietrich Bonhoeffer, *Meditating on the Word*, trans. and ed. David McI. Gracie (Boston: Cowley Publications, 23-22 ,(2000 *(italics mine)*.

18 From Sherwood Eliot Wirt and Kersten Beckstrom, *Living Quotations for Christians* (New York: Harper & Row, 216 ,(1974.

19 *The Table Talk of Martin Luther*, ed. Thomas S. Kepler (New York: The World Publishing Company, 7 ,(1952.

20 Quoted in W. T. Purkiser, *The New Testament Image of the Ministry* (Grand Rapids: Baker Book House, 55 ,(1970.

21 Quoted in ibid., 56.

22 John Stott, *I Believe in Preaching* (London: Hodder & Stoughton, 125 ,(1982. The American edition is entitled *Between Two Worlds* (Grand Rapids: Wm. B. Eerdmans Publishing Co., 1981).

23 For a recent appeal for expository preaching, see R. Kent Hughes, "Restoring Biblical Exposition to Its Rightful Place," in John H. Armstrong, ed., *Reforming Pastoral Ministry: Challenges for Ministry in Postmodern Times* (Wheaton, Ill.: Crossway Books, ,(2001 95-83.

فصل هفتم: مواجهه با وحوش

1 I am indebted to J. A. Brooks, *The New American Commentary: Mark* (Nashville: Broadman Press, 1991) and Robert A. Guelich, *The Word Biblical Commentary: Mark 8:26–1* (Dallas: Word Publishing, 1989) for some of the material in this section.

2 John Wesley, "Hebrews," in *Classic Bible Commentary*, ed. Owen Collins (Wheaton, Ill.: Crossway Books, 1445 ,(1999.

3 See Billy Graham, *Angels: God's Secret Agents* (Dallas: Word Publishing, 1986).

4 Barclay M. Newman, Jr., *A Concise Greek-English Dictionary*

of the New Testament (United Bible Societies, 1971; Deutsche Bibelgesellschaft Stuttgart, 1993). Taken from the electronic version by iExalt, Inc., 1998.

فصل هشتم: خوش خبران

1 Larry W. Hurtado, Mark: The New International Biblical Commentary (Peabody, Mass.: Hendrickson Publishers, 1 ,(1989.

2 Ibid., 22.

3 I have presented this in contemporary English, from Robert Mounce, "Gospel," Evangelical Dictionary of Theology, ed. Walter Elwell (Grand Rapids: Baker Book House, 472 ,(1984.

4 Cited in David L. Larsen, The Company of the Preachers: A History of Biblical Preaching from the Old Testament to the Modern Era (Grand Rapids: Kregel Publications, 282 ,(1998.

5 Cited in Stanley N. Gundry, Love Them In: The Life and Theology of D. L. Moody (Grand Rapids: Baker Book House, 98-97 ,(1976.

6 Quoted in Sherwood E. Wirt, Billy: A Personal Look at the World's Best-Loved Evangelist (Wheaton, Ill.: Crossway Books, 47 ,(1997.

7 From The Best of Vance Havner (Grand Rapids: Baker Book House, 91 ,(1988.

8 Larry Hurtado, Mark, 22.

9 George Eldon Ladd, The Presence of the Future: The Eschatology of Biblical Realism (Grand Rapids: Wm. B. Eerdmans Publishing Co., 1974).

10 George Eldon Ladd, The Gospel of the Kingdom: Scriptural Studies in the Kingdom of God (Grand Rapids: Wm. B. Eerdmans Publishing Co., 123 ,(1959.

11 Donald English, The Message of Mark: The Mystery of Faith, The Bible Speaks Today (Downers Grove, Ill., and Leicester: InterVarsity Press, 50 ,(1992.

12 See Murray J. Harris, Slave of Christ: A New Testament Metaphor

for Total Devotion to Christ (Leicester: InterVarsity Press, 1999).

13 See Charles Templeton, Farewell to God (Toronto: McCelland and Stewart, 1996).

14 See Billy Graham, Just as I Am: The Autobiography of Billy Graham (HarperCollins Worldwide, 39-137 ,(1997 and William Martin, A Prophet with Honor: The Billy Graham Story (New York: William Morrow and Co., 13-110 ,(1991.

15 Martin, Prophet with Honor, 112.

16 Jill Morgan, A Man of the Word: Life of G. Campbell Morgan (Grand Rapids: Baker Book House, 1972 reprint), 40-39.

17 J. I. Packer, "Fundamentalism" and the Word of God (Grand Rapids: Wm. B. Eerdmans Publishing Co., 1958).

18 On the issue of doubt, see Os Guinness, God in the Dark: The Assurance of Faith Beyond a Shadow of Doubt (Wheaton, Ill.: Crossway Books, 1996).

19 Dennis F. Kinlaw, Preaching in the Spirit (Grand Rapids: Zondervan Publishing House, 30 ,(1985.

فصل نهم: رشد در یک تیم

1 Much of the material in the last two paragraphs is from my book The NIV Application Commentary: Acts (Grand Rapids: Zondervan Publishing House, 42-141 ,(1998.

2 Crucial Questions About Hell (Eastbourne, UK: Kingsway Publications, 1991; Wheaton, Ill.: Crossway Books, 1994).

3 Reclaiming Friendship (Leicester: InterVarsity Press, 1991; Scottdale, Pa. and Waterloo, Ont.: Herald Press, 1993).

4 Barclay M. Newman, Jr., A Concise Greek-English Dictionary of the New Testament (United Bible Societies, 1971; Deutsche

Bibelgesellschaft Stuttgart, 1993). Taken from the electronic version by iExalt, Inc., 1998.

5 "Twelve Rules of a Helper," cited in D. Michael Henderson, John Wesley's Class Meeting: A Model for Making Disciples (Nappance, Ind.: Evangel Publishing House, 168 ,(1997.

6 J. C. Pollock, Hudson Taylor and Maria (Eastbourne, UK: Kingsway Publications, 1983 reprint), 60.

7 Ibid., 61.

8 Chris Wright, "Personal Struggle and the Word of Lament," Truth on Fire: Keswick Ministry 1998, ed. David Porter (Carlisle, Cumbria: OM Publishing, 29 ,(1998.

9 See my The Supremacy of Christ (Wheaton, Ill.: Crossway Books, 1995), chaps. 4-2.

10 The book I was studying was Jeff VanVonderen, Good News for the Chemically Dependent and Those Who Love Them (Minneapolis: Bethany House Publishers, 1991), chap. 3.

11 Henderson, John Wesley's Class Meetings, 18-117. This book provides a helpful introduction to Wesley's small groups.

12 www.menofintegrity.org

فصل دهم: شاگردسازی راهبران جوان‌تر

1 Robert E. Coleman, The Master Plan of Evangelism, 30th Anniversary Edition (Grand Rapids: Fleming H. Revell, 1993).

1 2 Cor. 4:17; Phil. 1 ;2:22 Tim. 2 ;18 ,1:2 Tim. 2:1 ;1:2; Tit. 1:4; Philem. 10.

3 Cleon L. Rogers, Jr., and Cleon L. Rogers III, The New Linguistic and Exegetical Key to the Greek New Testament (Grand Rapids: Zondervan Publishing House, 500 ,(1998.

4 From Daily Readings from F. W. Boreham, selected by Frank Cumbers (London: Hodder and Stoughton, 297 ,(1976.

5 *This is demonstrated in a book on Sathya Sai Baba, possibly the world's most popular guru, by Tal Brooke, Avatar of Night (Berkeley, Calif.: End Run Publishing, 1999).*

6 *Richard K. Curtis, They Called Him Mister Moody (New York: Doubleday, 150 ,(1962. Cited in Warren W. Wiersbe and Lloyd M. Perry, The Wycliffe Handbook of Preaching and Preachers (Chicago: Moody Press, 204 ,(1984.*

7 *R. T. France, Jesus the Radical: A Portrait of the Man They Crucified (Leicester: InterVarsity Press, 68 ,(1989.*

8 *Donald Guthrie, A Shorter Life of Christ (Grand Rapids: Zondervan Publishing House, 136 ,(1970.*

9 *On this see my Spiritual Living in a Secular World (London: Monarch, 2002).*

10 *"Occupations and Professions, Steward," NIV Bible Dictionary, ed. J. D. Douglas and Merrill C. Tenney, 1989 (from Zondervan Reference Software, 1999).*

11 *I owe this insight to my friend and former colleague Richard Brohier.*

12 *Barclay M. Newman, Jr., A Concise Greek-English Dictionary of the New Testament (United Bible Societies, 1971; Deutsche Bibelgesellschaft Stuttgart, 1993). Taken from the electronic version by iExalt, Inc., 1998.*

13 *Clement of Alexandria, Who Is the Rich Man Being Saved? 42#. Cited in J. Ramsey Michaels, "Finding Yourself an Intercessor: New Testament Prayer from Hebrews to Jude," in Into God's Presence: Prayer in the New Testament, ed. Richard N. Longenecker (Grand Rapids and Cambridge: Wm. B. Eerdmans Publishing Co., 2001).*

14 *On this see Chuck Lowe, Territorial Spirits and World Evangelization (Ross-Shire: Christian Focus Publications; Sevenoaks, Kent: OMF, 1998).*

15 *See Ruth Bell Graham, Prodigals and Those Who Love Them*

(Colorado Springs: Focus on the Family Publishing, 1991).
16 Roger Steer, George Mueller: Delighted in God (Wheaton, Ill.:
Harold Shaw Publishers, 267 ,(1975.

فصل یازدهم: اعزام شاگردان برای خدمت

1 The definitions here are from Barclay M. Newman, Jr., A Concise
Greek-English Dictionary of the New Testament (United Bible
Societies, 1971; Deutsche Bibelgesellschaft Stuttgart, 1993). Taken
from the electronic version by iExalt, Inc., 1998.
2 Peter T. O'Brien, The Letter to the Ephesians (Grand Rapids: Wm.
B. Eerdmans Publishing Co.; Leicester: Apollos, 279 ,(1999.
3 Spiritual Secrets of George Mueller, selected by Roger Steer
(Wheaton, Ill.: Harold Shaw Publishers; Robesonia, Pa: OMF Books,
12-111 ,(1985.
4 From Sherwood Eliot Wirt and Kersten Beckstrom, Living
Quotations for Christians (New York: Harper & Row, 266 ,(1974.
5 James Moffatt, The New Testament: A New Translation (London:
Hodder and Stoughton; New York: George H. Doran Co., 191 ,(1913.
6 Cleon L. Rogers, Jr., and Cleon L. Rogers III, The New Linguistic
and Exegetical Key to the Greek New Testament (Grand Rapids:
Zondervan Publishing House, 325 ,(1998.
7 Cited in C. E. B. Cranfield, A Critical and Exegetical Commentary
on the Epistle to the Romans, vol. 1 (Edinburgh: T. & T. Clark Ltd.,
263 ,(1975.
8 Rogers and Rogers, New Linguistic and Exegetical Key, 332.
9 Robert E. Coleman, The Master Plan of Evangelism, 30th
Anniversary Edition (Grand Rapids: Fleming H. Revell, 1993).
10 D. A. Carson, The Gospel According to John (Leicester:

InterVarsity Press; Grand Rapids: Wm. B. Eerdmans Publishing Co., 1991), 567.

فصل دوازدهم: خدمت به بیماران و افراد گرفتار روح پلید

1 See Chuck Lowe, Territorial Spirits and World Evangelization (Ross-Shire: Christian Focus Publications; Sevenoaks, Kent: OMF, 1998).
2 See Timothy Warner, "Power Encounter with the Demonic," in Evangelism on the Cutting Edge, ed. Robert Coleman (Old Tappan, N.J.: Fleming H. Revell, 1986), 89-101; Timothy Warner, Spiritual Warfare: Victory over the Powers of This Dark World (Wheaton, Ill.: Crossway Books, 1991).
3 Peter H. Davids, "A Biblical View of the Fruits of Sin," The Kingdom and the Power, ed. Gary S. Greig and Kevin N. Springer (Ventura, Calif.: Regal, 1993), 118-20.
4 See the helpful little article by Clinton E. Arnold, "Exorcism 101," Christianity Today, September 3, 2001, 58.
5 Ibid.
6 Mark 2:12; 4:41; 5:15; 20, 33, 42, 61; 6:50; 9:6, 15; 16:8.
7 Acts 2:43; 3:11; 5:5, 12; 11, 24; 8:13; 12:17.
8 Ajith Fernando, NIV Application Commentary: Acts (Grand Rapids: Zondervan Publishing House, 1998).
9 Jack Deere, Surprised by the Power of the Spirit (Grand Rapids: Zondervan Publishing House, 1993).
10 Craig S. Keener, The IVP Bible Background Commentary: New Testament (Downers Grove, Ill.: InterVarsity Press, 1993), 139.
11 Derek J. Tidball, Skillful Shepherds: An Introduction to Pastoral

Theology (Grand Rapids: Zondervan Publishing House, 181 ,(1986.
12 Quoted in ibid., 82-181.
13 Quoted in Eberhard Bethge, Bonhoeffer (London: HarperCollins
Publishers, 62 ,(1979.
14 Matt. 20:34 ;15:32 ;14:14 ;9:36; Mark 8:2 ;6:34 ;1:41; Luke 7:13.
15 Morna D. Hooker, The Gospel According to St. Mark, Black's New
Testament Commentary (Peabody, Mass.: Hendrickson Publishers,
repr. 79 ,(1991; C. E. B. Cranfield, The Gospel According to St.
Mark, The Cambridge Greek Testament Commentary (Cambridge:
Cambridge University Press, 92 ,(1959.
16 See my "Joy and Sacrifice in the Lord," in Doing Member Care
Well, ed. Kelly O'Donnell (Pasadena: William Carey Library, 2002),
chapter 22.
17 Barclay M. Newman, Jr., A Concise Greek-English Dictionary
of the New Testament (United Bible Societies, 1971; Deutsche
Bibelgesellschaft Stuttgart, 1993). Taken from the electronic version
by iExalt, Inc., 1998.
18 Ibid.
19 William Wrede, The Messianic Secret (London: James Clark, 1971).
20 Of the several books written recently defending this view, my
favorites are Craig Blomberg, The Historical Reliability of the
Gospels (Leicester and Downers Grove, Ill.: InterVarsity Press, 1987)
and F. F. Bruce, The New Testament Documents: Are They Reliable?
(Leicester and Downers Grove, Ill.: InterVarsity Press, 1960). See also
my The Supremacy of Christ (Wheaton, Ill.: Crossway Books, 1995),
chapter 6: "Are the Gospels Historically Accurate Accounts?"
21 David E. Garland, The NIV Application Commentary: Mark
(Grand Rapids: Zondervan Publishing House, 77 ,(1996.
22 Mary Ann Tolbert, Sowing the Word: Mark's World in Literary-
Historical Perspective (Minneapolis: Fortress Press, 228 ,(1989,
quoted in David Garland, NIV Application Commentary, 76.

23 D. A. Carson, "The Purpose of Signs and Wonders in the New Testament" in Power Religion: The Selling Out of the Evangelical Church? ed. Michael Scott Horton (Chicago: Moody Press, 99 ,(1992.
24 Stephen S. Short, "Mark," The International Bible Commentary, rev. ed., ed. F. F. Bruce et al. (Grand Rapids: Zondervan Publishing House, 1159 ,(1986.
25 John T. Seamands, Pioneers of the Younger Churches (Nashville: Abingdon Press, 197 ,(1967.
26 John Wesley, "Matthew," in The Classic Bible Commentary, ed. Owen Collins (Wheaton, Ill.: Crossway Books, 922 ,(1999.
27 This insight came to me when I was reading Jim Glennon, Your Healing Is Within You: An Introduction to Christian Healing (London: Hodder & Stoughton, 1996 ,1978).
28 Ibid., 83.

فصل سیزدهم: ملاقات خانگی

1 William L. Lane, The New International Commentary on the New Testament: The Gospel According to Mark (Grand Rapids: William B. Eerdmans Publishing Co., 78 ,(1974.
2 See Leon Morris, The New International Commentary on the New Testament: The Gospel According to John, rev. ed. (Grand Rapids: William B. Eerdmans Publishing Co., 139 ,(1995.
3 See ibid., 157.
4 Lane, Mark, 93.
5 Leon Morris, The Gospel According to Matthew (Grand Rapids: William B. Eerdmans Publishing Co.; Leicester: InterVarsity Press, 348 ,(1992.
6 Ajith Fernando, NIV Application Commentary: Acts (Grand Rapids: Zondervan Publishing House, -324 ,321 ,15-314 ,35-134 ,127 ,123 ,(1998

492 ,31-330 ,25.

7 C. E. B. Cranfield, *The Gospel According to St. Mark*, *The Cambridge Greek Testament Commentary* (Cambridge: Cambridge University Press, 103 ,(1959.

8 From John C. Pollock, *Moody: A Biographical Portrait* (Grand Rapids: Zondervan Publishing House, 13 ,(1963.

9 *Constitutions of the Holy Apostles*, Book II, Section III, chap. 20; quoted in Thomas C. Oden, *Classical Pastoral Care*, vol. 4, *Crisis Ministries* (Grand Rapids: Baker Book House, 27 ,(1994.

10 Kenneth E. Bailey, *Poet and Peasant* (Grand Rapids: Wm. B. Eerdmans Publishing Co., 181 ,(1976.

11 Richard Baxter, *The Reformed Pastor* (Carlyle, Pa., and Edinburgh: Banner of Truth, 1979 reprint), 43; quoted in Oden, *Classical Pastoral Care*, vol. 28 ,4.

12 Gilbert Burnet, *Of the Pastoral Care*, chap. 8; quoted in Oden, *Classical Pastoral Care*, vol. 27 ,4.

13 This point was made by Dr. Allan Coppedge in a seminar on John Wesley's theology held at the ministers' conference at Asbury Theological Seminary in February 1989.

14 Taken from David Bentley-Taylor, *Augustine: Wayward Genius* (Grand Rapids: Baker Book House, 58 ,(1981.

15 J. van Zyl, "John Calvin: the Pastor," in *The Way Ahead*, quoted in Derek J. Tidball, *Skillful Shepherds: An Introduction to Pastoral Theology* (Grand Rapids: Zondervan Publishing House, 190 ,(1986.

16 van Zyl, in *Skillful Shepherds*, 190.

17 M. J. Evans, "Blessing and Cursing," *The New Dictionary of Christian Ethics and Pastoral Theology*, ed. David J. Atkinson and David H. Field (Leicester and Downers Grove, Ill.: InterVarsity Press, 197 ,(1995.

18 Ibid., 73.

19 Gilbert Burnet, *Of the Pastoral Care*, chap. 8; quoted in Oden,

Classical Pastoral Care, vol. 28 ,4.
20 George Herbert, The Country Parson, chap. 14; quoted in Oden,
Classical Pastoral Care, vol. 29 ,4.
21 Murray J. Harris, "Frederick Fyvie Bruce," Bible Interpreters of
the Twentieth Century, ed. Walter A. Elwell and J. D. Weaver (Grand
Rapids: Baker Book House, 221 ,(1999.
22 I received this insight over twenty years ago at a seminar
conducted by Christian human resource consultant Dick Hagstrom.
However, the figures he used may be different from what I have used
here.

فصل چهاردهم: دعا

1 I. Howard Marshall, "Jesus—Example and Teacher of Prayer
in the Synoptic Gospels," Into God's Presence: Prayer in the
New Testament, ed. Richard N. Longenecker (Grand Rapids and
Cambridge: Wm. B. Eerdmans Publishing Co., 116 ,(2001.
2 J. D. G. Dunn, "Prayer," Dictionary of Jesus and the Gospels, ed.
Joel B. Green and Scot McKnight (Leicester and Downers Grove, Ill.:
InterVarsity Press, 1992), taken from the electronic version.
3 Lyle Wesley Dorsett, E. M. Bounds: Man of Prayer (Grand Rapids:
Zondervan Publishing House, 34-133 ,(1991.
4 Morna D. Hooker, The Gospel According to St. Mark, Black's New
Testament Commentary (Peabody, Mass.: Hendrickson Publishers,
repr. 76 ,(1991.
5 Barclay M. Newman, Jr., A Concise Greek-English Dictionary
of the New Testament (United Bible Societies, 1971; Deutsche
Bibelgesellschaft Stuttgart, 1993). Taken from the electronic version
by iExalt, Inc., 1998.
6 Frederick Danker, A Greek-English Lexicon of the New Testament

and Other Early Christian Literature, 3rd ed., based on Walter Bauer's Lexicon in German and other previous editions by William F. Arndt, F. Wilbur Gingrich, and F. W. Danker (Chicago and London: University of Chicago Press, 852 ,(2000.
7 From Sherwood Eliot Wirt and Kersten Beckstrom, Living Quotations for Christians (New York: Harper & Row, 177 ,(1974.
8 See Howard Peskett, "Prayer in the Old Testament Outside the Psalms," Teach Us to Pray, ed. D. A. Carson (Grand Rapids: Baker Book House, 25 ,(1990.
9 Dunn, "Prayer," Dictionary, taken from the electronic version.
10 James G. S. S. Thomson, The Praying Christ (Grand Rapids: Wm. B. Eerdmans Publishing Co., 37 ,(1959. Quoted in Robert E. Coleman, The Mind of the Master (Wheaton, Ill.: Harold Shaw Publishers, 39 ,(2000.
11 For the lists of prayers mentioned in this section I am indebted to Donald Coggan, The Prayers of the New Testament (New York: Harper & Row, 1967).
12 While several Bible versions use "blessed" here, the NIV uses "gave thanks," which correctly communicates the meaning of eulogeö here.
13 Rom. 1 ;1:8 Cor. 9-1:4; Eph. 1:16; Col. 1 ;4-1 Thess. 2 ;2:13 ;4-1:2 Thess. 2 ;14-2:13 ;4-1:3 Tim. 3-1:2; Philem. 4.
14 Taken from Tom Carter, comp., Spurgeon at His Best (Grand Rapids: Baker Book House, 34-323 ,(1988.
15 Earle E. Cairns, An Endless Line of Splendor (Wheaton, Ill.: Tyndale House Publishers, 41-340 ,(1986.
16 Danker, A Greek-English Lexicon, 767.
17 Coggan, Prayers of the New Testament, 16.
18 Quoted in Coggan, Prayers of the New Testament, 16.
19 Some of the following material appears in my "Joy and Sacrifice in the Lord," in Doing Member Care Well: Perspectives and Practices from Around the World, ed. Kelly O'Donnell (Pasadena: William

Carey Library, 2002), chap. 22.

20 Cleon L. Rogers, Jr., and Cleon L. Rogers III, *The New Linguistic and Exegetical Key to the Greek New Testament* (Grand Rapids: Zondervan Publishing House, 325 ,(1998.